KORSIKA

VERLAG
MARTIN
VELBINGER
Bahnhofstr. 1o6, 8o32 Gräfelfing/München

Dieses vorliegende Buch erscheint als BAND 13 einer Reihe unkonventioneller Reiseführer im VERLAG MARTIN VELBINGER:

Buchkonzept: Martin Velbinger
Illustrationen: Bettina v. Hacke
Layout: Volker Wild, Peter Westermeier, Maru Velbinger, Klaus Hulha
Karten: Martin Velbinger, Bettina v. Hacke, Susanne Becker
Cover: Bettina v. Hacke und Martin Velbinger

ISBN: 3-88316-015-6

ALLE ANGEGEBENEN PREISE sind Ca.-Preise, auch wenn sie nicht als solche bezeichnet sind. Für die Richtigkeit und Vollständigkeit aller Angaben, insbesondere der Abfahrtszeiten und Preise kann keine Gewähr übernommen werden.

DRUCK: Pressedruck Augsburg
COVER-LITHOS: Pressedruck Augsburg
SATZ: Verlag Martin Velbinger, Gräfelfing/München
PRINTED IN WEST GERMANY

6. AUFLAGE 1989

INHALT

KORSIKA

Anreise

1.) Anreise per Schiff 12
Fähren ab Frankreich 14
Fähren ab Italien 15
Fähren über Sardinien 16

2.) Anreise per Auto/Motorrad 21
Routen nach Korsika 21
Via Brenner 22
Via Schweiz 25
Via Frankreich/Rhonetal 27

3.) Anreise per Bahn 29
Via Frankreich 29
Via Schweiz 31
Via Italien 31

4.) Trampen 33

5.) Anreise per Flug 34

Insel Transporte:

38
Auto 38
Automieten 39
Motorradurlaub auf Korsika 41
Motorrad, Mopeds und Fahrrad mieten 41
Trampen 42
Linienbusse 42
Transkorsika- Eisenbahn 43
Flugverkehr 44

Allgemeine Tips:

Geographie......45/ Klima......45/ Beste Reisezeit.......47/
Einreise.......47/ Zollbestimmungen.......47/ Kleidung......49/
Gesundheit.......5o/ Apotheken.......5o/ Geld.......51/ Post......52/
Telefon........53/ Literatur.......53/ Radio.......56/ Karten........56/
Feiertage......56/ Öffnungszeiten.......57/ Nützl. Adressen........57/
Tourist Info.......58

INHALT

Dieser Band ist als Rundtour aufgebaut:

Beginn im Fährort BASTIA (Drehscheibe und meist frequentierter Fährhafen Korsikas); anschließend entgegen dem Uhrzeigersinn um die Insel mit Abstechern ins Hinterland.

Das INSELINNERE wird in 2 gesonderten Kapiteln behandelt, wobei zuerst der Norden, anschließend der Süden präsentiert wird (beide mit zahlreichen Wanderungen).

Der letzte Teil des Buches beschreibt die WANDERROUTE GR 20, die hochalpine Durchquerung Korsikas.

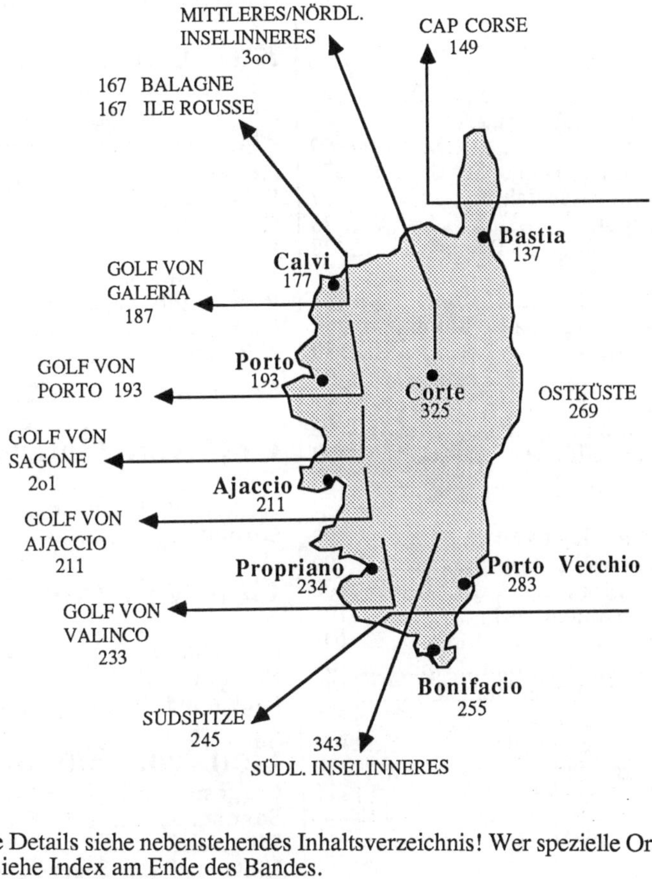

Computergraphik: Velbinger Verlag

Weitere Details siehe nebenstehendes Inhaltsverzeichnis! Wer spezielle Orte sucht: siehe Index am Ende des Bandes.

INHALT:

Unterkunft 58
Hotel 59
Camping 59
Ferienwohnungen 60
Jugendherbergen 61

Essen und Trinken 62
Korsische Spezialitäten 62
Wein 63
Spirituosen 65
Bar 66
Rezepte 66

Sport 67
Baden 67
Thermalquellen 68
Surfen 69
Bootfahren und Segeln 70
Wildwasserfahren 77
Angeln 78
Snorkeling & Diving 78
Wandern 81
GR 20 87
Strada tra Mare e Monti 88
Klettern 89
Reiten 91
Jagd 91
Tennis 92
Fahrradfahren 92
Skifahren 95

Die Korsen 98
Korsische Sprache 99
Folklore 100
Kunsthandwerk 101
Regionalpark 101
Fremdenlegion 102
Wald, Macchiabrand 103
Tierwelt 105
Pflanzenwuchs 106
Torregiana 110
Kirchen auf Korsika 111

Geschichte 112

Bastia 137

Cap Corse 149
Miomo 151
Erbalunga 152
Macinaggio 155
Rogliano 155
Centuri Port 156
Nonza 158
Patrimonio 159
St. Florent 160
Hinterland St. Florent 163

Balagne 167
Ile Rousse 167
Hinterland Balagne 171
Algajola 173
Calvi 177
Sehenswertes 177
Geschichte 178
Sport 180
Verbindungen 180
Restaurants 181
Unterkunft 182
Ausflüge 183
Calenzana 185

Golf von Galeria 187
Galeria 188
Hinterland: Fangotal 190
Girolata 191

Golf von Porto 193
Porto 193
Calanche 196
Piana 197
Hinterland Porto 198

Golf von Sagone 201
Cargèse 201
Sagone 204
Tiuccia 206
Hinterland von Sagone 207

INHALT:

Golf von Ajaccio.. 211

Ajaccio ... 211
Sehenswertes ... 212
Napoleon Bonaparte ... 216/218
Geschichte ... 218
Sport ... 220
Restaurants ... 221
Verbindungen ... 222
Unterkunft ... 223
Ajaccio-Umgebung ... 225
Hinterland von Ajaccio ... 228
Porticcio ... 226

Golf von Valinco.. 233

Propriano ... 234
Porto Pollo ... 238
Filitosa ... 239
Campomoro ... 241
Hinterland von Valinco ... 241

Südspitze ... 245

Sartène ... 246
Prähistorische Fundstätten ... 250
Golfe de Roccapina ... 252
Bonifacio ... 255
Sehenswertes ... 258
Geschichte ... 260
Restaurants ... 261
Unterkunft ... 262
Sport ... 263
Verbindungen ... 264
Ausflüge ... 264

Ostküste ... 269

Moriani Plage ... 273
Aleria ... 277
Ghisonaccia ... 279
Solenzara ... 280
Porto Vecchio ... 283
Sehenswertes ... 283
Geschichte ... 284
Sport ... 286
Restaurants ... 287
Verbindungen ... 288
Unterkunft ... 288
Badebuchten um P.V ... 290
Torreanische Kultmonumente ... 292
Inland Ausflüge ... 295

Nördl. Inselinneres

Ponte Nuovo ... 300
Ponte Leccia ... 301
Asco Tal ... 302
Haut-Asco ... 304
Wanderungen ... 305
Niolo-und Golotal ... 308
Calacuccia ... 310
Casamaccioli ... 311
Wanderungen ... 312
Castagniccia ... 319
Morosaglia ... 320
La Porta ... 321
Piedicroce ... 322
Cervione ... 323
Corte ... 325
Sehenswertes ... 325
Restaurants ... 330
Unterkunft ... 330
Verbindungen ... 331
Ausflüge ... 331
Wanderungen ... 333
Venaco ... 337
Vivario ... 337
Vizzavona ... 338
Wanderungen ab Vizzavona ... 339
Bocognano ... 342

Südl. Inselinneres

Ghisoni ... 343
Wanderungen ... 344
Aullène ... 346
Quenza ... 346
Zonza ... 347
Bavella ... 348
Wanderungen ... 348
Levi ... 350
Castellu di Cucuruzzu ... 351
Ste. Lucie de Tallano ... 351

INHALT:

GR 20 353
Übernachtung............... 354
Handwerkszeug............ 357
Klima......................... 357
Verpflegungsnachschub.. 361
Ausrüstung................. 362
Routenbeschreibungen.... 363-382

Französischer Wortschatz 385

Korsischer Wortschatz 394
Index 397

Handwerkszeug

★ KARTENMATERIAL: vor Ort auf Korsika unabdinglich. Empfehlenswert die Korsika- Detailkarte Nr. 9o von Michelin (im Maßstab 1 : 2oo.ooo). Vorteil: die ganze Insel auf einen Blick , jedes Nest, selbst Wanderrouten sind eingetragen, - landschaftlich schöne Strecken grün nachgezeichnet. Mit rund 8 DM preiswert und auch auf Korsika direkt im Buchhandel und vielen Souvenirshops erhältlich.

Alternative ist das 2 blättrige Kartenwerk von IGN (Institut Geographique National). Noch detaillierter, da Maßstab 1 : 1oo.ooo, - die Karte Nr. 73 (Bastia/Corte) deckt den nördlichen Teil der Insel und die Karte Nr. 74 (Ajaccio/Bonifacio) den südlichen ab. Superdetailliert, selbst Höhenlinien eingetragen. Kostet pro Karte 7,8o DM. Sinnvoll, wer den GR 2o wandert oder andere Sachen auf Korsika. Ansonsten reicht die Michelin- Korsika Karte jedoch voll aus.

Für die ANREISE (wer nicht den Flieger nimmt): genaue Straßenkarte sehr sinnvoll. Spart nicht nur viel Zeit, sondern ist auch nützlich zur Anreise-Routenplanung und für seitliche Abstecher. Beispielsweise auch, wenn´s Stau gibt auf den Hauptrouten...

Wir empfehlen die Shell- Autokarten/ Mairs Geographischer Verlag-Stuttgart. Als Kartenwerk excellent! Klar und übersichtlich, genaue Kennzeichnung der der Paßstraßen mit Steigungen, landschaftl. schöne

Strecken grün eingetragen.

TIP: die Italien-Karte /Shell-Mairs Geogr. Verlag. Deckt die Alpenübergänge ab Ausgangspunkt Basel bis Wien komplett ab - somit die gesamten Anreiserouten zu allen Fährhäfen nach Korsika (mit Ausnahme Marseille und Toulon). Zudem hat man noch sämtliche Karteninfos für unseren Rundreisetip Korsika - Sardinien (12,8o DM).

★ **FÄHRPROSPEKTE:** ebenfalls elementares Handwerkzeug im Vorstadium der Reise. Durch geschickten Preisvergleich im Zusammenhang der günstigsten Anreiseroute kann man sich viel Reisekapital ersparen. Tips siehe Kapitel "Anreise".

Beim ADAC gibts eine handwerklich Top- gefertigte Fährübersicht für die Strecken nach Korsika, jedes Jahr aktualisiert. Für Mitglieder gratis, kann allerdings nur Kompaktübersicht liefern. Besser:

jede Reederei bringt eine komplette Broschüre ihrer Strecken heraus, mit Fahrzeiten, Häufigkeiten, Preisen und Vergünstigungen. Es lohnt sich, die Prospekte zu besorgen. Erhältlich übers Franz. Fremdenverkehrsbüro, gute Reisebüros bzw. direkt vom Generalvertreter der Reederei, Adressen und Tips siehe unser Text!

Dann den Taschenrechner rauskramen und die Sache durchrechnen. Lohnt sich und kann viel Geld einsparen, - auch in Sachen Anreise- Km, Autobahngebühren, Mautgebühren für Alpenpässe, Spritkosten. Denn die KM- kürzeste Anreise zum Fährhafen ist nicht immer die billigste und bequemste, wenn man danach dann 6 - 8 Std. an Bord übers Meer schaukelt, was andere Fähren in 3 - 4 Std. und billiger erledigen...

Handwerkszeug

★ BAHNFAHRER: unbedingt vorher die Ermäßigungsbroschüren für die jeweiligen Transitländer besorgen (BRD/Italien/Frankreich). Auch hier lässt sich viel Geld sparen, siehe auch unsere Tips "Anreise per Bahn"!

★ FLIEGEN: zwischenzeitlich breites Angebot für Direktflüge nach Korsika ohne den Umweg über z.B. PARIS. Prospekte in Reisebüros besorgen! Die Anreise per Flug spart nicht nur 2 Anreisetage, die dem Urlaub zu gute kommen, - sondern kann auch preislich (per Flug & Mietwagen) mit der Überlandanreise/eigener PKW + Schiff konkurrieren.

Tips siehe S. 34!

Tourist INFO

Französische Fremdenverkehrsämter im Heimatland für die ersten Infos über Korsika. Spezielle Wünsche angeben, wenn man mehr als nur die obligatorischen Broschüren haben will.

in der BRD: Westenstraße 47, 6000 Frankfurt/Main 1 Tel.: 069-74055 / 752029
Berliner Allee 26 4000 Düsseldorf Tel.: 0211-80375

in ÖSTERREICH: Landstraßer Hauptstraße 2, 1030 Wien Tel.: 0222-75706

in der SCHWEIZ: 2, Rue Thalberg 1201 Genf Tel.: 022-328610

Office de Tourisme bzw. Syndicat d' Initiative heißen die Infostellen auf Korsika; in jedem wichtigen Ort vertreten. Hier Stadtpläne, lokale Infos z.B. zu Transporten, Übernachtungen, Sport etc. Öffnungszeiten (sehr unterschiedlich) und Adressen jeweils im Text .

ANREISE

Korsika

Flüge

Details siehe Seite 34

Für reinen Relaxurlaub mit festem Standquartier am bequemsten und schnellsten das FLUGZEUG. Unter Berücksichtigung der Alternative Bahn plus Fähre kommen Charterflüge noch vergleichsweise günstig weg und sparen gut 2 Urlaubstage. Gleiche Überlegung gilt auch für Leute, die auf Korsika schwerpunktmäßig wandern wollen, bzw. die große Durchquerung auf dem GR 20 geplant haben.

Mit der Bahn/Bus

Details siehe Seite 29 und 12

Eine Korsika-Rundreise ist rein per Bahn und Bus realisierbar, erfordert aber Zeit und manchmal lange Warterei. Besonders in der Vor- / Nachsaison sind die Busverbindungen "mager". Auf den interessanten Küstenstrecken zur Hauptsaison max. 2-3 mal tgl., ergänzt durch die Bahnlinien quer durchs Inland. Zu abgelegenen Stränden oder in idyllische Dörfer fast eine Himmelfahrt, oft geht's zu Fuß schneller.

Per Auto/Motorrad

Details siehe Seite 21 und 12

Um möglichst viel von Korsika zu sehen, bleibt das eigene Fahrzeug die beste Alternative. Das vollbesetzte AUTO ist bei einem 3-Wochenurlaub trotz hoher Fährkosten für den PKW immer noch günstiger als Flug plus Mietwagen.

Im WOHNMOBIL größtmögliche Unabhängigkeit, aber auch wenig Kontakt zur Bevölkerung. Lohnt bei längerem Aufenthalt; am besten zur Vor- und Nachsaison, dann schrumpft die Überfahrt auf vergleichsweise PKW-Kosten (zur Spitzensaison) zusammen. Weiterer Vorteil: die engen Straßen weniger befahren.

Per MOTORRAD eine ideale Kombination; günstige Fährüberfahrt, keine Wartezeit, maximale Flexibilität auf der Insel bei super schönen Motorradstrecken. In Verbindung mit einem kleinen Zelt ein billiges Urlaubsvergnügen (Regen zur Hochsaison die Ausnahme).

ANREISE nach Korsika

FÄHRVERBINDUNGEN nach Korsika gibts sowohl vom französischen Festland, als auch von Italien: die kürzeste Strecke ab Piombino/Italien nach Bastia (nur 3 Std. Überfahrt), - die längste ab Südfrankreich/Marseille (ca. 10 Std.).

Zur Hauptsaison rund 20 Verbindungen mit verschiedenen Fährgesellschaften. Am preisgünstigsten und kürzesten von Italien aus. Im Winter stark reduzierte Fahrpläne; SNCM,CORSICA FERRIES und NAVARMA dann eingestellt. Ganzjährig auch via Sardinien mit der TIRRENIA.

Die kürzeste Entfernung muß nicht automatisch die günstigste sein: mit einzukalkulieren sind die zusätzlichen Anreisekosten zum Fährhafen, Sprit, Autobahngebühr, Bahnfahrt etc. Wer hier clever ist, kann einiges einsparen!

Vorbuchen zur Hochsaison ist für alle Linien nötig, - speziell für die PKW-Passage. Sonst längere Wartezeit, dann u.U. Übernachtung einkalkulieren. Buchung über die jeweiligen Reisebüros. Autotyp, Kennzeichen, Fahrzeuglänge und eventuelle Dachlasten wie Surfbrett, Boot etc. bei der Buchung angeben, insbesondere falls die Fahrzeughöhe mehr als 1,80 m beträgt. Eine Kabine unbedingt ratsam für die Nachtpassage ab Frankreich, ebenfalls rechtzeitig vorbuchen.

Umbuchung oder Stornierung kostet Gebühr. Auch bei Vorbuchung am jeweiligen Fährhafen das Ticket bei der Ankunft bestätigen lassen - die Italiener nehmen es mit der Reihenfolge oft nicht so genau.

MOTORRADFAHRER können aufs Vorbuchen verzichten, selbst in der Hochsaison findet sich immer noch ein Platz für die Maschine, so läßt sich die Anfahrt zeitlich flexibel gestalten.

Die Tabelle erleichtert die Auswahl:

Nach Bastia ab:	Gesellschaft	Mindest-Dauer	Häufigkeit der Fähren (Hauptsaison), ca.- Angaben
Savona	Corsica Ferries	8 Std.	3 x / Woche
La Spezia	Corsica Ferries	5 Std.	1 x tägl.

La Spezia	Navarma Lines	4-5 Std.	2 x tägl.
Livorno	Corsica Ferries	4 Std.	1-2 x tägl.
Livorno	Navarma Lines	4 Std.	1-2 x tägl.
Piombino	Navarma Lines	3 Std.	1 x tägl. (nur Hochsaison)
Nizza	SNCM	6 Std.	1 x tägl.
Toulon	SNCM	8 1/2 Std.	unregelmäßig, 3 x /Woche, z.T. nur Fahrten ab Korsika
Marseille	SNCM	10 Std.	1 x tägl.
Porto S. Stefano	Navarma	4 1/2 Std.	1 x tägl. zur Saison
Porto S.Stefano	Corsica Ferries	5 Std.	1 x tägl. zur Saison

Nach Ajaccio ab:			
Nizza	SNCM	7 Std.	3 - 4 x / Woche
Toulon	SNCM	7-8 Std.	z.T. nur Fahrten von Korsika
Marseille	SNCM	8 Std.	7 x / Woche
Nach Calvi bzw. Ile-Rousse ab:			
Savona	Corsica Ferries	5-6 Std.	3 x / Woche
Nizza	SNCM	5 Std.	4 x / Woche
Toulon	SNCM	7 Std.	2 x / Woche
Nach Propriano ab:			
Marseille	SNCM	10 Std.	z.T. nur Fahrten von Korsika
Nizza	SNCM	8 Std.	z.T. nur Fahrten von Korsika
Toulon	SNCM	8 Std.	4 x / Woche

Bei den Reisebüros gibts die aktuellsten Informationen über die Abfahrtszeiten.

① FÄHREN AB DEM FRANZÖSISCHEN FESTLAND:

Mit der staatlichen Gesellschaft SNCM (Société Nationale Maritime Corse Mediterranée). Zur Saison mehrmals tägliche Verbindungen (siehe Tabelle), im Winter seltener. Viele der Fährschiffe fahren nachts, wodurch man sich bei geschickter Wahl der Anreiseroute und Fährverbindung unter Umständen 1 - 2 Urlaubstage gewinnen kann. (Preise siehe Seite 18)

AGENTUREN:
BRD: Karl Geuther & Co, Heinrichstr. 9, 6000 Frankfurt / M.
Schweiz: Ouboter Travel, Pelikanplatz 15, 8022 Zürich
Österreich: Universal Reisen, Schubertring 9, 1015 Wien

Die komfortablen Fährschiffe der SNCM gehören zu den größten auf den Korsikarouten. Maximale Kapazität von 2000 Passagieren, gut ausgestattet, vom Restaurant bis Kinoraum. Kabinen in der 1.Klasse mit 1-4 Betten, Dusche, Toilette etc.

Couchetten in der 2.Klasse mit Waschbecken und max. 2-4 Liegen. Bei einer Nachtüberfahrt macht sich der Preisaufschlag zum einfachen Sitzplatz bezahlt, - letzterer knallharte Plastik und wahres Folterinstrument!

Besonderheiten: Das Ticket wird ohne Duplikat ausgestellt, bei Verlust problematisch! Außerdem darauf achten, daß bei der Einschiffkontrolle das "Billet retour" nicht versehentlich einbehalten wurde.

"Installation": Unterbringung in der gleichen Kabine nur dann, wenn auf dem Ticket auch die gleichen Zahlen bzw. Nummern erscheinen - bei Reservierung kontrollieren!

Fahrzeugabmessungen: Preisstaffelung nach Saison und Länge, bei max. 2,40 m Höhe: unterste Kategorie 3,80 m max 5,43 m Länge. Gleiche

Kat. für Anhänger über 2 m Länge. Teurere Spezialtarife für längere und / oder höhere Fahrzeuge.

Wohnmobilfahrer müssen durch den Fahrzeugschein nachweisen, daß es sich um ein Campingfahrzeug handelt.

Einschiffung der Fahrzeuge ca. 1 1/2 Std. vor Abfahrt. Wer erst 1/2 Std. vorher einrollt, muß damit rechnen, nicht mehr verladen zu werden.

Preise: Personenpassage ganzjährig gleiche Preise, ausgenommen Sondertarife, Couchetten, Schlafkabinen teurer. Preise für Fahrzeuge in 3 Saisonabschnitte gestaffelt, von und nach Korsika jeweils unterschiedlich.

Nach Korsika: Hauptsaison ab Ende Juni - Anfang August, Zwischensaison Mai und Juni / Mitte August - Ende September. Wintersaison von Oktober bis April, Ausnahme der Osterzeit.

Ab Korsika: Hauptsaison ab Ende Juli - Anfang September, Zwischensaison Anfang Mai - Ende Juli und September, Wintersaison Oktober - Anfang Mai.

(2) FÄHREN AB ITALIEN:

Gute Verbindungen durch zwei bzw. drei Fährgesellschaften (bei Berücksichtigung der Sardinienalternative).

Abfahrt von den Häfen SAVONA, LA SPEZIA, LIVORNO, PIOMBINO und PORTO S. STEFANO nach Bastia (von Savona auch nach Calvi) mit den Gesellschaften NAVARMA LINES und CORSICA FERRIES.

Die nördlich gelegenen Fährhäfen sind mit Autobahnen gut angeschlossen. Die längste Überfahrt von Savona (8 Std.), spart dafür einige Autobahnkilometer für den, der aus der Schweiz kommt.

Kürzeste Überfahrt von Piombino (besonders bei rauher See ein Argument), dafür etwas längere Anfahrt. - La Spezia liegt günstig für die Anfahrt über Österreich / Brenner.

Via Sardinien kann für Bahnreisende interessant sein, gute Verbindung bis Rom, Transfer zum Fährhafen Civitavecchia, billige Überfahrt mit der Tirrenia.

NAVARMA Lines:

Bedienen außer Korsika auch Elba. Preislich attraktives Spezialticket für Korsika und anschließend Sardinien! Knapp 1 Dtzd. blau/weiße Liner sind den ganzen Sommer im Einsatz, am riesigen Walaufkleber zu erkennen. Durch neueste Technik soll die Navarma-Flotte geringste Schaukelfreiheit haben, für Emfindliche sicherlich ein überzeugendes Argument.

AGENTUR: in BRD durch Seetours International, Weissfrauenstr. 3, 6000 Frankfurt / Main, - Tel.: (069) - 13 33 - 26o

Überfahrten von März bis Oktober.

Preisstaffelung: Saison bzw. Wochenendabhängig; alle Korsikastrecken preislich gleich. Kabinenpreise je nach Komfort.

Fahrzeugabmessung: preislich gestaffelt nach Saison und Länge bei max. 2,20 m Höhe; von 3,50 m für jeden 1/2 m eine neue Kategorie. Preis für Wohnmobile, Wohnwagen, Kleinbusse, Anhänger, Boote etc. nach angefangenem Meter, Zuschlag für Fahrzeuge über 2,20 m Höhe. Ermäßigung für Camper und Gespanne an bestimmten Tagen.

Attraktive ERMÄßIGUNG zur Vor/Nachsaison auf Fahrten an bestimmten Werktagen. Für MOTORRÄDER 2 Preiskategorien, bis 125 ccm und darüber.

Einschiffung: PKW ca. 2 Std. vor Abfahrt, Passagiere ohne PKW 1 Std. vorher da sein, nur dann hat man Anspruch auf den garantierten Sitzplatz, bzw. die Chance einer der begehrten Liegestühle zu ergattern.

CORSICA FERRIES

Markante gelb/weiße Liner, etwa 1/2 Dtzd. Schiffe. Das komfortabelste der Flotte "Corsica Viva" auf der langen Passage Savona-Bastia (8 Std.) als einziges mit Kabinen ausgestattet, Sauna, Turnhalle und Disco. Zusätzliche Sardinienfähre Livorno-Olbia.

HAUPTBÜRO in Bastia (Korsika) B.P. (Postfach) 239, 5, rue Chanoine Leschi

Preisberechnung: sehr verwirrend, da viele Sonderregelungen. Grundsätzliche Einteilung in 3 Preiskategorien: Spitzensaison, Normalsaison und ermäßigter Tarif. Zur Hauptsaison Juli / August am Wochenende oft teuerste Kategorie, am Freitag oder Montag wieder günstiger, mitten in der Woche nochmal ermäßigt. Spart dann bei Fahrzeugen etwa 25 % (allerdings nur an wenigen Tagen).

Fahrzeugberechnung: niedrigste Kategorie bis 3,30 m Staffelung: 4 m / 4,50 m / 5m darüberhinaus Pauschale für jeden weiteren Zusatzmeter (Wohnmobile, Anhänger, etc.). Zuschlag ab 2,20 m Höhe, Zuschlag bei mehr als 1,80 m Breite, zusätzliche Preisstaffelung nach obigen 3 Tarifen.

Corsica Ferries gewährt eine Vielzahl von ERMÄßIGUNGEN auch während der Saison, doch alle an den Terminkalender gebunden und nur an ausgewählten Tagen, manchmal sehr selten zu bekommen. Ein intensives Fahrplanstudium und entsprechendes Timing notwendig.

③ Eine der interessantesten Varianten führt über **SARDINIEN** nach **KORSIKA**. Beide Inseln fast zum Preis von einer! Überfahrt durch die kurze und preisgünstige Verbindung Bonifacio (Südspitze Korsikas) mit dem Nordzipfel Sardiniens. Abfahrt zur Saison mehrmals täglich, im Winter seltener. Bei NAVARMA Lines: Spezialtarif für PKW.

Die zusätzlichen Bahnkilometer fallen kaum ins Gewicht, da die Eisenbahn in Italien sehr billig ist. Überfahrt mit der Tirrenia ab Civitavecchia (bei Rom) nach Olbia in der Kabine ca. 45 DM, allerdings während der Saison häufig ausgebucht. Mit dem Bus rauf nach Sta. Teresa di Gallura, von dort mehrmals täglich eine Fähre rüber nach Korsika (ca. 10 DM / Person, bzw. PKW ab 50 DM einfach). Sehr lohnend allerdings, zuvor noch ab Olbia ein Abstecher ins Gebiet Arbatax, Gennargentu mit schönen Wanderungen, Höhlen und schönen Felssteilküsten bei Dorgali.

Die Zeiten, da Wildcampen auf Sardinien erlaubt oder zumindest geduldet wurde, sind vorbei. Es hat zuviel Dreck gegeben, den die Einheimischen LKW-weise wegtransportieren mußten, ohne an den Wildcampern zu verdienen. Man sollte daher besonders während der Hauptsaison (Juni bis September) gut informiert rüberfahren, da gewisse Übernachtungsengpässe bestehen! Alle Details in unserem Sardinien- Band/Velbinger-Führer 14.

TIRRENIA

Die führende Gesellschaft auf der Sardinienstrecke. Alle im Fahrplan enthaltenen Fähren verkehren ganzjährig incl. Santa Teresa - Bonifacio.

AGENTUREN:

BRD: Karl Geuther & Co, Heinrichstr.9, 6000 Frankfurt / M
Schweiz: Suisse-Italia, Thalacker 50, 8001 Zürich
Österreich: Adratica / Tirrenia, Kärntnerring 6, 1015 Wien

Auf der Strecke Civitavecchia - Olbia kein Saisonzuschlag. Wohnmobile nach laufendem Meter, unter 1,85 m Höhe günstiger. Zudem gibts für PKW und Personen einen äußerst günstigen Hin + Rückfahrt Tarif. Außerdem sehr günstige Tarife für Motorräder!

SARDINIA FERRIES

Auf der Strecke Livorno - Olbia, preislich allerdings teurer als die direkte Fahrt nach Korsika. Vergleichbar mit den Zusatzkosten über Bonifacio nach Sardinien, daher als Rückreise interessant, spart viele Kilometer auf teuren Autobahnen. Infos zu Sardinia Ferries siehe vorne.

Weitere Fährgesellschaften, die Sardinien anlaufen: Grandi Traghetti, FS - Ferrovie Dello Stato (ital. Staatsbahn), SNCM. Detaillierte Angaben im Sardinienreiseführer der gleichen Reihe, Band 14.

★ FAHRPREISE stark saison- und linienabhängig: Preisbeispiele:
La Spezia / Livorno - Bastia mit NAVARMA (Hochsaison einfach ohne Ermäßigung): Erwachsenenpassage 54 DM; Auto bis 4,50 m 158 DM, Motorräder 52 DM bzw. 69 DM, Fahrrad 10 DM.

Mit SNCM von Nizza nach Korsika (Hochsaison einfach ohne Ermäßigung): Erwachsenenpassage (Sitzplatz) 63 DM; Auto bis 4,42 m 205 DM; Motorräder 105 DM.

Preise und Ermäßigungen (siehe Erläuterung der voran beschriebenen Reedereien) variieren mit jeder neuen Saison. Eine aktuelle Übersicht beim ADAC erhältlich. Für spezielle Ermäßigungen, die bis zu 30 % betragen können, die jeweiligen Fährprospekte genau studieren.

Generell ist die Überfahrt von Südfrankreich (SNCM) am teuersten, dafür lange Nachtfahrten! Personenpassagen auf Italienfähren preislich in etwa gleich, allerdings superbillig: Civitavecchia-Olbia: ca. 15o DM retour (!) für den PKW mit "Tirrenia".

Hier einige Spartips:

- KINDERERMÄßIGUNG: ab wann ein Kind schon erwachsen ist, darüber haben die Gesellschaften unterschiedliche Auffassungen. Eltern können bei der Wahl der richtigen Fähre einiges sparen: NAVARMA ist da am günstigsten, Kinder bis 4 Jahre frei, bis 12 Jahre halber Fahrpreis. Bei SNCM bis 4 Jahre freie Passage, bis 11 Jahre max. 40% Ermäßigung. Corsica Ferries: bis 3 Jahren frei, 4 bis 10 Jahre 50%. Tirrenia bis 3 Jahre frei, bis 12 Jahre ermäßigt.
- JUGENDLICHE (12-14 Jahre) bekommen geringe Ermäßigung auf der Nizza-Korsika Route der SNCM.
- PKW / Wohnmobile: Fahrzeugpreise staffeln sich nach (vorne angegebener) Länge und Höhe. Grundlage sind die Maße im Fahrzeugschein; da nützt es auch nicht, die Stoßstange abzuschrauben oder die Luft aus den Reifen zu lassen. Besser eine Gesellschaft mit der passenden Kategorie wählen. Günstig stehen sich PKW-Fahrer und Wohnmobilisten an Wochenenden und zur Hauptsaison oftmals bei NAVARMA. Hohe Wohnmobile bis 2,40 m können mit der SNCM noch zum Normaltarif fahren, während bei den anderen Gesellschaften schon ein Zuschlag nötig ist.
- Kein Open Ticket nehmen, wenn die Rückfahrt in die Nachsaison fallen kann, die Differenz zum gezahlten Fährpreis bekommt man nicht ersetzt.
- 20 - 30% Ermäßigung bei Corsica Ferries durch Stand by Tickets. Unsicherheit bis 1 Std. vor der Abfahrt!

- Zu den Fähren von Südfrankreich bieten die Corsica Ferries auf der Strecke Savona - Calvi eine preisliche Alternative durch ihre Ermäßigungen.
- Wer nicht vorbuchen will / muß (außerhalb der Spitzenzeiten nicht nötig), bekommt günstigere Preise vor Ort im jeweiligen Ticketbüro am Fährhafen (Zahlung in Landeswährung!)
- Sondertarife mit Interrail, bei SNCM spart man runde 40%
- HAUSTIERE dürfen mit an Bord, müssen aber zahlen. Für Hunde und Katzen ist das vorgeschriebene Impfzeugnis erforderlich. Bei NAVARMA müssen Hunde an Bord einen Maulkorb tragen.
- MOTORRADFAHRER: Preisstaffelung bei Navarma in 2 Kategorien, für kleine Maschinen günstiger als die Einheitspreise der Konkurrenzgesellschaften.
- FAHRRÄDER werden überall mitgenommen, niedrige Preise siehe Beispiel oben.
- ZOLLFREIES EINKAUFEN: nur auf den Italien-Fähren! Man kann sich auf dem Schiff mit Alkoholika, Tabak und Parfumwaren eindecken, sollte aber die Zollmengen beachten - siehe Einreise / Zoll. In der Regel werden Markenwaren angeboten.
- FORMALITÄTEN VOR DER PKW / MOTORRADEINSCHIFFUNG: auch wenn das Ticket schon im voraus gebucht ist, muß man sich kurz vor der Abfahrt (1-2 Std.) einschreiben lassen, d.h. im jeweiligen Fährbüro / direkt am Hafen das Ticket vorzeigen, Name und Fahrzeugnummer eintragen lassen, erst dann ist der Platz auf der Fähre gebongt. Besonders wichtig zur Hauptsaison, wenn alles drängelt.

  Zusätzliches Formblatt für den Zoll ausfüllen, Name, Geburtsdatum, Paßnummer etc. (für jede Person), wird bei der Einfahrt aufs Schiff eingesammelt.

✦ KURZINFO HÄFEN:

In allen FÄHRHÄFEN zur Saison lange Warteschlangen bei der Einschiffung und beim Erledigen der Zollformalitäten. Es gilt: wer zuerst kommt, mahlt zuerst. Und um Ärger und Stress zu vermeiden, sollte man mindestens 2 Std. vor Abfahrt des Schiffes da sein. Wohnmobilfahrer haben den Vorteil, daß sie auf dem Parkplatz davor übernachten können (falls kein Verbotsschild).

Während der Fahrer sich in die Warteschlange einweisen läßt, kann der Beifahrer in den Büros der Schiffahrtsgesellschaften am Hafen Tickets und Pässe vorzeigen und die Formalitäten erledigen. Keine Panik beim Einschiffen: die Einweiser helfen beim Rangieren. Persönliche Sachen wie Zahnbürste, aber auch Essen und Wertsachen aus dem Auto holen, denn während der Überfahrt kommt man meist nicht ran! Und die Verpflegung an Bord ist knackig teuer, daher besser selbst mitbringen.

✶ <u>LA SPEZIA</u>: Fährabfahrt in Zentrumsnähe (ausgeschildert). Schönes Ambiente um den Hafen, lange Palmenpromenade, alte Palazzi in erster Reihe zum Meer, dahinter die grüne Hügelkette. Cafés mit Hafenblick für die Wartezeit. Baden möglich, die Wasserqualität durch Hafennähe nicht überzeugend. Kriegsschiffe, Fischkutter etc. im Blickfeld.

Anlegestelle der NAVARMA und CORSICA FERRIES ganz vorne am Kai. Kleine Ticketbuden beider Gesellschaften nebeneinander.

BUS Nr. 4 zum / vom Bahnhof, zu Fuß gut 20 Min.

Bei längerem Aufenthalt Kurzausflug nach Norden ins hügelige "Cinque Terre" - wird immer noch als Geheimtip gehandelt, schöne Badestellen.

Ca. 25 km südlich La Spezia in "Carrara", der berühmteste Marmorsteinbruch Italiens - sehenswert, wie sich die diamant-bestückten Drahtseilsägen durch den harten Stein fressen.

✶ <u>LIVORNO</u>: wer in Livorno auf die Fähre warten muß, verbringt die Zeit angenehmer im Städtchen Antignano, wenige Kilometer südlich. Kleine Mole am Hafen mit Anglern und Fischerbooten. Campingplatz "Miramare", 3 km nach Antignano. Busverbindung (Richtung Antignano).

✶ <u>PIOMBINO</u>: wer sich in Piombino die Zeit vertreiben muß, findet in der "Bar Nazionale" (Via Cesare Lambroso) ein gemütliches, ruhiges Plätzchen unter der großen Palme. Campingplätze ca. 15 km vor Piombino. - In Piombino ist die Zufahrt zur Fähre besonders chaotisch. Alle Autos nach Elba, Korsika und Sardinien müssen durchs Nadelöhr am Hafen. Jeder versucht zu drängeln und durch rasantes Fahren 2 m Platz zu gewinnen. Fußgänger haben es viel bequemer. Der Zug hält direkt am Hafen. Von Florenz Verbindung über Pisa - Campiglia - Piombino Stadt - Piombino Porto.

✶ <u>CIVITAVECCHIA</u>: diese Stadt hat flotte und häufige Zugverbindung ab Rom (wer von BRD oder Schweiz kommt, fährt bequemer via Rom, um sich das lästige Umsteigen zu ersparen und nimmt den Zubringerzug zur Fähre). Civitavecchia selber ist ziemlich scheußlich, wenn man auf die Fähre warten muß: im Bausenhardt / Sardinien - Band Tips zu schönen Stellen im Landesinneren / Etrurien, wo man angenehmer auf die nächste Fähre wartet. Ebenso Tips, wo man die Civitavecchia-Fähre in Italien vorbuchen kann.

A

Mit dem eigenen **Auto / Motorrad**
nach Korsika bzw. zu den Fährhäfen:

ab Süddeutschland ca. 1.000 km zu den Fährhafen Norditaliens. Bei Fahrerwechsel an einem Tag zu schaffen.

ROUTEN nach KorsiKa

Es bieten sich grob drei Richtungen an: ÖSTERREICH / BRENNER - durch die SCHWEIZ - die RHONEAUTOBAHN nach SÜDFRANKREICH. Die jeweils günstigste Route hängt stark vom Ausgangspunkt und dem gewählten Fährhafen ab.

EINSTIEGSROUTEN:

1.) München / Brenner

Für den Bayrischen Raum / Österreich, aber auch für Berliner schnellste Verbindung über den Brenner zu den italienischen Fährhafen La Spezia, Livorno, Piombino. Preislich bei den jeweiligen Fährgesellschaften keine Differenz.

2.) Durch die Schweiz

Aus Mitteldeutschland, Rheinland, Ruhrgebiet der direkteste Weg zu den Fährhäfen Savona und Genua (Sardinienfähre) bzw. auf französischer Seite Nizza. Preislich zwischen beiden Gesellschaften keine wesentlichen Differenzen, Nachtfähre mit SNCM, Stand by Ticket bei den Corsica Ferries.

3.) Frankreich / Rhônetal

Für Leute aus dem Rheinland und Frankfurter Raum bietet sich als Alternative die Frankreichroute zu den Fährhäfen Marseille, Toulon an. Attraktiv durch Nachtüberfahrten, man landet direkt an der Westküste Korsikas. Preise unabhängig vom Ankunftshafen.

Autobahngebühren fallen auf jeder Strecke an. Die Sparversionen über Landstraße sind wesentlich zeitaufwendiger und anstrengender, dadurch unter Umständen eine zusätzliche Übernachtung notwendig. Bei entsprechender Routenwahl und viel Zeit eine interessante Anreisevariante. Die Autobahnen sind zur Hauptreisewelle oft total überfüllt, kilometerlange Warteschlangen an den Zahlstellen und Grenzen. Wer nicht auf andere Termine ausweichen kann, sollte kleine Grenzübergänge wählen und / oder Landstraßenalternativen raussuchen. Nach Möglichkeit das Nadelöhr Brennerpass meiden.

Lohnende Landstraßenvarianten und empfehlenswerte Abstecher im nachfolgenden Text.

Mit "UMWELTAUTOS", sprich Bleifreischluckern, zumindest auf der Anreise kein Problem (ausreichend Zapfsäulen, Übersicht siehe ADAC Infokarte "Bleifreier Kraftstoff in Europa"). Da es auf Korsika bisher (!) noch keinen bleifreien Sprit gibt: in Italien nochmals richtig volltanken (große Reservekanister). Wird sich in Zukunft aber sicher ändern!

1 MÜNCHEN - BRENNER - ITALIEN

Bekannteste Verbindung zu den italienischen Fährhäfen. Kürzeste Strecke München - La Spezia 730 km via Autobahn. Durch die Autobahn/ Landstraßenabkürzung über den Zirlerberg (bei Garmisch) und durch die Poebene ab Mantua reduziert man die Strecke auf runde 650 km. Brennerautobahngebühr ca. 18 DM.

Spartip: die alte Brennerstraße wird oft wegen ihrer vielen Serpentinen und Frostaufbrüche gemieden. Das ist unserer Meinung nach nur bis zur Abzweigung Stubaital / Schönberg gerechtfertigt, danach ist die Paßstraße gut zu befahren. Bis zur Ausfahrt Stubai zahlt man nur 6 DM, danach kann man die Landstraße Matrei - Brenner - Sterzing nehmen. Motorradfahrer finden hier eine traumhafte Strecke mit weiten Kurven.

RESCHENPASS (1.508 m): Brenneralternative bei Stau oder reizvolle Anreisevariante, dann aber einen gemütlichen Zusatztag einplanen.

Einstieg ab München über die kürzere Route via Garmisch. Bei Staumeldungen (durch Ö 3) ab Garmisch via Ehrwald/Imst nach Landeck fahren. Danach folgt die landschaftlich großartige Strecke zum Reschenpaß über Prutz, Nauders zur Paßhöhe am Dreiländereck: Silvretta und Engadin auf der Westseite, Ötztaler Alpen und Ortlergruppe als begleitendes Bergpanorama bis Meran.

München - Garmisch - Reschenpass - Meran - Bozen ist sogar an KM knapp kürzer als die Autobahn. Für Motorradfahrer auf jeden Fall zu empfehlen. Wer will, kann die Strecke variieren: kurz vor Garmisch rüber nach Oberammergau - Linderhof zum Schloß Hohenschwangau (König Ludwig Märchenschloß, supergelegen!) und bei Füssen rüber nach Reutte - Imst - Reschenpass. Plus ca. 4o Km, lohnt sich!

Ab Brenner bis Höhe Gardasee / Verona bringt es wenig, die Autobahn zu verlassen, kurvige Landstraße, durch viele kleine Ortschaften mit Geschwindigkeitsbeschränkung. Abwechslungsreich durch die Burgen, wie Festungsriegel im Tal oder als ehemalige Wachtposten am Hang.

Empfehlenswerter Übernachtungsstop am Kalterer See (10 km südlich Bozen) unweit der Autobahn (eigene Ausfahrt), trotzdem ganz idyllisch gelegen. Campingplätze am See - ideal zum Surfen, ringsherum Weinberge - edle Tropfen. Viele Privatpensionen, Hotels im Ort Kaltern mit einer großen Auswahl gemütlicher Restaurants. Zur Hochsaison allerdings ein beliebtes Urlaubsziel.

Weiterer lohnender Stop der GARDASEE, das Surf Eldorado Oberitaliens! Kilometermäßig ohne nennenswerten Umweg. Campingplätze und Hotels an der Uferstraße. Gute Einstiege, der Seebereich jedoch total touristisiert, entsprechendes Preisniveau. Zur Hochsaison schiebt sich Blech & Mensch um den See.

ITALIENISCHE VERKEHRSBESTIMMUNGEN:

Höchstgeschwindigkeiten		Landstraßen	Autobahnen
PKW	bis 599 ccm	80 km/h	90 km/h
PKW	von 600 bis 900 ccm	90 km/h	110 km/h
PKW	von 901 bis 1300 ccm	100 km/h	130 km/h
PKW	über 1300 ccm	110 km/h	140 km/h
Motorräder	bis 99 ccm	80 km/h	verboten
Motorräder	von 100 bis 149 ccm	90 km/h	verboten
Motorräder	ab 150 ccm	100 km/h	130 km/h

PKW mit Anhänger außerorts 80 km/h; auf Autobahnen 100 km/h. In Orten mit guter Straßenbeleuchtung nur Standlicht. In Tunnels und Galerien immer Abblendlicht.

PANNENHILFE kostenlos beim ADAC-Auslandsschutzbrief durch die italienischen Kollegen.

AUTOBAHNGEBÜHREN in Italien obligatorisch. Der Betrag ist je nach Autobahn abhängig vom Hubraum - oder vom Radstand des Fahrzeugs. Gebührenklasse 2b für Radstand 2,05 m - 3,20 m.

PKW bis 1.372 ccm = Klasse 3, PKW über 1.372 ccm = Klasse 4

Der Mautner peilt die Klasseneinteilung über den Daumen, was bei gängigen Fahrzeugtypen in der Regel auch klappt. Wer überfordert wird, zeigt den Fahrzeugschein mit Hubraum oder Radstand.

Brennerautobahn:	ca. 18 DM
Brenner - Livorno:	ca. 50 DM
Brenner - La Spezia:	ca. 45 DM
Brenner - Savona:	ca. 40 DM
Como - Savona:	ca. 25 DM

BENZINGUTSCHEINE: unbedingt für Italien zu empfehlen, da der Sprit dort (außer für Diesel) sehr teuer ist. Gibts beim ADAC oder an den Hauptgrenzübergängen und zwar nur für Super, welches in Italien auch für Normalbenzinautos zu empfehlen ist. Als "Dreingabe" bekommt man noch ein paar Autobahngutscheine, die für den Gesamttrip jedoch nicht ausreichen und wohl eher zum "Angewöhnen" ans Autobahnfahren gedacht sind. Die Benzingutscheine sparen jedoch erheblich Geld!

In Verona stellt man Weichen für die Weiterfahrt zu den Fährhäfen:

*** ZIELORT GENUA / SAVONA:** 260 km / 300 km Autobahn über BRESCIA - PIACENZA - TORTONA: Landstraßenvariante ab Piacenza durch den Appennin bringt kilometermäßig keine Ersparnis, zeitlich durch Kurven und Paßstraßen erheblich länger.

* ZIELORT LA SPEZIA: 265 km Autobahn, VERONA - MODENA - PARMA: Landstraße ab Mantua durch die Poebene (kaum Kurven), spart gut 70 km, einige Tausend Lire und bringt zwei sehenswerte Städte: MANTUA mit hübschem Stadtkern, Stuckarbeiten in der "Loggia del Capitano", prachtvoller "Palazzo Ducale" mit Gemälden aus dem 16.-18.Jhd. Mittelalterliche Malerei im Stadtmuseum.

PARMA, bekannt durch seinen köstlichen Schinken und Parmesankäse. Altes Stadtbild um die Klosterkirche und Dom. Freskenschmuck im Baptisterium.

* ZIELORT LIVORNO: 340 km Autobahn ab VERONA über MODENA - BOLOGNA - FLORENZ - PISA. Landstraße Verona bis Modena durch die Poebene bringt landschaftlich wenig, unter der Woche viel LKW-Verkehr.

Eine echte Abwechslung dagegen: Modena - Pisa/TOSCANA via SS 12 (ab Modena Beschilderung Abetone folgen): landschaftlich sehr reizvoll. Bald nach Modena beginnen die Ausläufer des Appennin, dann windet sich

die Straße den Kamm entlang. Sehr kurvig! Bei Lama ein toller Rückblick über die sanften Hügel.

Bis Abetone (781 m hoch) über die Höhenzüge, dann gehts in Serpentinen wieder bergab. Am kleinen Flüßchen Lima entlang bis Lucca. Für die 180 km 3-4 Std. einkalkulieren, spart ca. 60 km, und Luca ist Leckerbissen!

Kürzere Alternative, die oben genannte Route über La Spezia, nach der Landstraßenvariante (Mantua - Parma) durchgehend Autobahn bis Livorno. Insgesamt ca. 280 km.

* ZIELORT PIOMBINO, ca. 100 km südlich Livorno, überwiegend Landstraße, Teilstrecken schnellstraßenmäßig ausgebaut.

Bei den italienischen Fährhäfen Livorno, Piombino und La Spezia fällt es einem richtig schwer, nicht eine kleine Toscanarundfahrt einzubauen: z.B.

bei Bologna die Autobahn verlassen und auf der SS 65 - gute Straße auf einer Hügelkette - nach FLORENZ (herrlicher Dom mit Baptisterium; der Blick über Florenz vom Campanile lohnt unbedingt; jede Menge Kirchen, die Uffizien oder einfach ein gemütlicher Stadtbummel mit Pläneschmieden für den nächsten Urlaub!). Weiter nach SAN GIMIGNANO, ein malerisches gemütliches Städtchen mit seinen 13 noch erhaltenen Geschlechtertürmen. Nur 30 km südlich liegt SIENA - mit dem muschelförmigen Platz - Piazza del Campo - unser Lieblingsplatz - eingerahmt von einigen Cafes und dem Palazzo Pubblico mit schlankem Turm.

Von hier aus über Landstraße nach Piombino oder Livorno.

2 ANREISE VIA SCHWEIZ

A) nach SAVONA / GENUA über BASEL - LUZERN - ST.GOTTHARD TUNNEL - COMO - MILANO

Direkteste Verbindung zu den norditalienischen Fährhäfen. Durchgehend Autobahn, damit sehr zügig zu fahren - enorm viele Tunnels. Mit 17 km hält der Gotthard- Tunnel die Spitze. Tunnelgebühr in der Autobahngebühr enthalten, wer diese sparen will, muß außer Landstraße auch den Gotthard Paß fahren, sehr zeitaufwendig, wegen der Aussicht aber eine sehr lohnende Sache (außer für Wohnmobile!).

Insgesamt berührt die Strecke quer durch die Schweiz sehr schöne Bereiche: an vielen Seen vorbei (Badestops), Hochgebirgspanorama, - etwa ab Luzern, direkt am Vierwaldstätter See entlang, bis 3.000 m hohe Berggipfel z.T. noch schneebedeckt, bewaldete Hänge, hübsche Dörfer im Tessin, am Luganer- und Comer See vorbei nach Oberitalien.

BESONDERHEITEN IN DER SCHWEIZ:

Sehr differenzierte Geschwindigkeitsbeschränkungen:

Höchstgeschwindigkeit: außerorts 80 km/h, auf Autobahnen 120 km/h; in Tunnels mit zwei Fahrspuren in beiden Richtungen 100 km/h, mit einer Fahrspur 80 km/h; PKW mit Anhänger 80 km/h, über 1000 kg Anhängergewicht 60 km/h, auf Kraftfahrstraßen und Autobahnen 80 km/h; Kfz beim Abschleppen 40 km/h.

Kostenlose Pannenhilfe bei Auslandsschutzbrief durch "Touring Hilfe" des TCS, Tag und Nacht unter der Rufnummer 140, Zentrale in Genf, 9 rue Pierre-Fatio.

Die obligatorische Autobahngebühr wird pauschal erhoben und gleich an der Grenze abkassiert. Preis 30 SF, als Gegenwert gibts eine Plakette, gilt ein Kalenderjahr, max. bis Ende Januar des darauffolgenden Jahres und ist nicht übertragbar, Gotthardtunnelgebühr im Preis inbegriffen.

Tanken: "Umweltautos" bekommen an jeder Tankstelle bleifreies Normalbenzin, verbleit nur noch Super, an manchen Stellen auch dafür bleifreie Zapfsäulen.

Für MOTORRADFAHRER bieten die Schweizer Landstraßen super Strekken, gut ausgebaute, kurvige Paßstraßen und immer wieder enorme Ausblicke. Monotones Gasgeben dann wieder auf italienischen Autobahnen, die Landstraßen um Mailand, Genua bringen wenig.

Autobahn Mailand - Genua A 7 125 km

Führt durch die Poebene, brettleben, landschaftlich nicht umwerfend; Felder, kleine Dörfer. Kurz nach Tortona bis Genua wirds landschaftlich wieder spannender, Befestigungsanlagen auf den Berggipfeln, viele schwach beleuchtete Tunnels - LKW-Verkehr.

B) Alternativroute nach SAVONA / GENUA über BERN - LAUSANNE (via AOSTATAL)

Ca. 560 km via Autobahn und Schnellstraßen, kostspieliger als A) durch die Tunnelgebühr (St. Bernhard).

Weniger befahren als die bekannte Gotthardstrecke, landschaftlich super. Nach dem Genfer See dicht am Mont Blanc Massiv vorbei, vis-à-vis das Matterhorn. Durch den 5,8 km langen Tunnel des großen St. BERNHARD rüber nach Italien.

Tunnelgebühr: beispielweise für PKW bis 2,08 m Radstand ca. 18 DM. Hin und Rückfahrt ermäßigt.- Alternativ über die Paßstraße - auf ca. 2.500 m rauf, für Motorradfahrer ein Genuß. Wohnmobilisten sollen top das Fahrzeug beherrschen, oder besser tief in die Tasche greifen (damit auch Verzicht auf die enorme Aussicht).

Auf italienischer Seite ca. 25- 30 DM Autobahngebühr bis Savona bzw. Genua. Landstraßenvarianten nicht ratsam, da kurvig, z.T. schmal und viel Ortsverkehr.

C) Via BODENSEE - COMO - MAILAND - GENUA

Interessant für den Stuttgarter und Schwäbischen Raum, aber auch für Leute aus Norddeutschland: über die Kasseler Autobahn - Würzburg, entweder weiter über Heilbronn, Stuttgart (durchgehender Autobahneinstieg). Direkter allerdings: Würzburg, Heidenheim, Lindau mit kurzer Landstraßenpassage.

Nach ca. 850 km Hamburg - Bodensee bietet sich ein Zwischenstop an. Übernachtungsmäßig ist das Gebiet gut ausgestattet: viele Campingplätze direkt am See, kleine Pensionen und gepflegte Hotels. Als Pausenstop den Rheinfall von Schaffhausen einplanen (nichts Gigantisches, aber lohnt).

- SCHAFFHAUSEN - ZÜRICH - GOTTHARDTUNNEL - MAILAND - GENUA knapp 500 km fast durchgehend Autobahn, Landstraßenvariante sehr zeitaufwendig.
- LINDAU - CHUR - SAN BERNARDINOTUNNEL - MAILAND - GENUA ca. 420 km, in der Schweiz einige Landstraßenpassagen.

<u>Ab Genua Autobahnverbindung zu den südlicheren Fährhäfen:</u>
<u>GENUA - LIVORNO</u>, ca. 100 km ausgesprochen schöne Strecke, gebirgig, parallel zum Meer, immer wieder Blick auf die blaue Badewanne, z.T. verwilderte Oliventerrassen, Weinanbau, viele Tunnels. Landstraße kann zur anstrengenden Kurbelei werden. Kurz vor La Spezia durch die Küstenlandschaft "<u>Cinque Terre</u>". Zum Fährhafen Livorno weitere 85 km über Autobahn. Bis Piombino anfangs Schnellstraße, auf den mäßig ausgebauten Landstraßen viel Flickwerk.

Teurer wird die Fahrt von den Fährhäfen Savona (35 km ab Genua) mit Corsica Ferries bzw. Nizza (200 km ab Genua) mit SNCM. Beide bieten die Möglichkeit, gleich an der Westküste Korsikas zu landen, - Calvi, Ile Rousse, Ajaccio, Propriano.

3 VIA FRANKREICH NACH KORSIKA:

In Verbindung mit einem zusätzlichen Südfrankreichaufenthalt bieten sich die Fährhäfen der Côte d'Azur an.

Gute Verbindungen über die Rhôneautobahn. <u>MÜLHAUSEN - LYON - ORANGE - MARSEILLE</u> ca. 700 km Autobahn.

Kürzerer Zubringer für Leute aus dem Ruhrgebiet, Rheinland über <u>TRIER - NANCY - LYON</u>. Ab Mülhausen mit 58 DM Autobahngebühr rechnen.

Kilometersparende Landstraßenvariante von <u>BESANÇON</u> nach <u>LYON</u> (ca. 200 km). Im Rhônetal verläuft die Landstraße parallel zur Autobahn, durch kleine Ortschaften - viel Weinanbau und Weinangebote, allerdings zeitaufwendiger.

<u>Jede Menge lohnender Abstecher und Zwischenstops:</u> sehenswert das

römische <u>Theater in ORANGE</u>, es zählt zu den besterhaltenen der Antike. Bühnenrückwand komplett erhalten (über 100 m hoch) mit der Kaiserstatue als Kulisse. Die Anlage bietet Platz für 7000 Menschen, unglaublich gute Akustik. Triumpfbogen aus Cäsars Ära (49 v.Chr.).

In AVIGNON der berühmte Papstpalast, gewaltige Stadtmauer aus dem 14.Jhd. knapp 5 km lang, mit 8 Toren und 39 Türmen. Sehenswerte Gassen, gute Lokale und viel Rummel.

Die gemütlichste Stadt AIX EN PROVENCE kurz vor der Hafenmetropole Marseille, die ehemalige alte Hauptstadt der Provence.

Abweichende Verkehrsbestimmungen in Frankreich: Tempolimit in Ortschaften 60 km/h, Landstraße 90 km/h (bei Nässe 80 km/h), Schnellstraßen (d.h. mindestens 2 Fahrbahnen in jeder Richtung) 110 km/h bzw. 100 km/h bei Nässe. Autobahnen 130 km/h (110 km/h bei Nässe).

Weitere Infos im Kapitel Innerkorsische Verbindungen.

✶ ALTERNATIVROUTE durch die FRANZÖSISCHEN SEEALPEN nach NIZZA:

Eine Strecke, die besonders MOTORRADFAHRER begeistern dürfte, teilweise wenig befahrene Straße und einzigartige Landschaft. Etwa 10-12 Std. einplanen.

Routenverlauf: Basel bis Genfer See noch Autobahn möglich, Landstraße ab Martigny-Ville durch Chamonix am Fuße des Mt. Blanc nach Albertville. Die N 6 bis ST. Michel und schmale Paßstraße über Col De Galibier über 2.000 m hoch, 12% Steigung. Über Briançon schmale und schnelle Straßen nach Digne. Die letzten 100 km über Grasse nach NIZZA.

Für Übernachtungen gibts viele schöngelegene Campingplätze und gemütliche Pensionen. Per Autobahn ab Genfersee über Grenoble auf die Rhônestrecke nach Marseille / Toulon.

Alle Details zu dem Trip via Südfrankreich nach KORSIKA siehe unser VELBINGER- FÜHRER BAND 6/"Südfrankreich"!

✶ Autoreisezüge:

für Leute, die es gerne bequem haben. Nachtzüge mit Schlaf- und Liegewagen, während das Auto auf einem Anhänger verladen ist. Allerdings nicht billig, z.B. Köln - Genua retour 2 Klasse, 2 Erwachsene und 1 PKW ca. 1.35o DM!

Strecken: Hamburg/Hannover - Verona (nördl. Po-Ebene/Italien). - Von Köln nach Genua. - Von Düsseldorf, Köln und Frankfurt nach Mailand und Bozen. - Von Hamburg, Hannover, Frankfurt und Köln, sowie Karlsruhe nach Frejus und St. Raphael. - Von Saarbrücken nach Nizza. Straßburg - Nizza, Straßburg - Marseille.

Die Verbindungen sind durchgehend, Zusteigen unterwegs nicht möglich. Neueste Infos direkt bei der Bundesbahn holen.

Anreise: Bahn

Wer mit der Bahn nach Korsika fährt, muß gutes Sitzfleisch haben. Von München nach Savona sinds allein runde 14 Std. Doch Zugfahren in Italien macht Spaß. Die Italiener sind sehr lebhaft und im Nu ist man im Gespräch mit drin. Auch wenns mit Händen und Füßen geht.

Bequem wird die lange Fahrerei durch Frankreich / Italien im Schlaf- oder Liegewagen, und man kommt nicht so zerknautscht am Fährhafen an.

Von SÜDDEUTSCHLAND / ÖSTERREICH sind die italienischen Fährhäfen am preis- und zeitgünstigsten. Für Leute aus dem Ruhr/Rheingebiet ist die Frankreichroute kürzer. Von Norddeutschland Hamburg, Hannover über beide Routen etwa gleich weit. Aus Südwestdeutschland durch die Schweiz zum günstig gelegenen Fährhafen Savona.

Unbedingt die Ermäßigungen der jeweiligen Länder berücksichtigen; z.T. sind sie an bestimmte Termine gebunden; die Ersparnis ist so erheblich, daß es sich lohnen kann, die Hin- und Rückreise entsprechend zu timen: in Frankreich 25% Ermäßigung durch das "Billet de Séjour". Transalpino / Eurotrain für junge Leute bis 26 Jahre; Touristenkarte auf der ohnehin schon billigen ital. Eisenbahn.

In Deutschland diverse Vergünstigungen, manche altersabhängig! Für mindestens 3 Personen "Rail Europ für Familien" (R.E.F.). Aktuellen Stand am Fahrkartenschalter bzw. in speziellen Reisebüros erfragen. Beim Ausstellen der Fahrkarten auch auf (folgende) Auslandsvergünstigungen hinweisen.

Preisbeispiele (2.Klasse einfach ohne Zuschlag) zu den günstigsten Fährhäfen):

	Normalpreis	ermäßigt für Jugendliche unter 26 J.
München - Kufstein - Savona (Italien)	ca. 90 DM	67 DM
München - Düsseldorf - Nizza (Frankr.)	210 DM	152 DM
München - Piombino - Livorno, La Spezia	ca. 90 DM	74 DM
Basel - Savona	ca. 85 DM	72 DM

✶ Anreise per Bahn über Frankreich:

Interessant für Leute aus dem Rhein/Ruhrgebiet und Hessen. Je nach Ausgangspunkt ist es durchaus nicht abwegig, den Schlenker über Paris miteinzubauen und etwas Großstadtflair zu schnuppern. An reiner Fahrzeit kaum Differenz. Weitere Attraktion: mit dem "TGV" (= train de grande vitesse), dem zur Zeit schnellsten Zug Europas mit einer Spitzengeschwindigkeit von 270 km/h. Alle 1-2 Std. die Strecke Paris - Lyon in nur 2 Std., mit Anschluß zu den Fährhäfen Marseille / Toulon.

Viele lohnende Abstecher in Südfrankreich: Avignon, die schönste Stadt der Provence, Orange mit dem besterhaltenen römischen Theater, der größte Canyon Europas "Grand Canyon du Verdon" um einige Bonbons zu nennen. Mehr im Südfrankreichband/Velbinger-Führer- Band 6.

Ermäßigungen in Frankreich:

- "Billet de Séjour" - eine lohnende Sache: 25% Ermäßigung auf den französischen Fahrpreis, wenn innerhalb Frankreichs mindestens 1000 km zusammen kommen. Hin- und Rückfahrtkilometer können bei einem Mindestaufenthalt von 5 Tagen addiert werden. Maximal 2 Monate gültig. Es darf innerhalb Frankreichs nur in der verkehrsarmen = blauen Zeit des "Calendrier voyageurs" gefahren werden (siehe unten).
Die Strecke Mülhausen - Marseille allein schon 700 km.

Berechtigt sind Reisende jeden Alters, Kinder bis 12 Jahre zahlen die Hälfte des ermäßigten Erwachsenenfahrpreises. Erhältlich bei der DB und amtlichen Reisebüros (DER, abr).

"LE CALENDRIER VOYAGEURS" informiert über Hauptreisetage und Saure-Gurkenzeit. Blaue Felder markieren "lahme Tage", weiße Felder durchschnittlich frequentierte Zeiten, rote Felder den Hauptbetrieb. - Ein wichtiges Infoheft, da die meisten Ermäßigungen nur für die "période bleue" gelten.

- Ferienkarte "FRANCE VACANCES". Unbegrenzte Kilometer auf dem gesamten Zugnetz der SNCF inkl. Pariser Vorortstrecken der SNCF, Zuschläge entfallen. Gültigkeit ein Monat, in dieser Zeit kann man an 4, 9 bzw. 16 verschiedenen Tagen die Bahn benutzen. Die Karte muß selbst vor Antritt der Fahrt im Automaten entwertet werden. Preis:

4 Fahrtage / Monat 156 DM (2.Klasse) bzw. 215 DM (1.Klasse)
9 Fahrtage / Monat 345 DM (2.Klasse) bzw. 509 DM (1.Klasse)
16 Fahrtage / Monat 440 DM (2.Klasse) bzw. 640 DM (1.Klasse)

Nur außerhalb Frankreichs in größeren deutschen Bahnhöfen und DER Reisebüros erhältlich. Lohnt da nicht der kostenlose Umweg über Paris? Metrokarte "Paris Sésame" sogar im Preis enthalten.

- Familienkarte "CARTE COUPLE / FAMILLE" gewährt 50% Ermäßigung ab der 2.Person, wobei die erste Person voll zahlt. Die Reise muß in der période bleue begonnen werden, bei 3 oder mehr zahlenden Personen kann die Fahrt auch in die weiße Periode fallen.
Die Carte Couple /Famille erhält man an franz. Bahnhöfen gegen Vorlage des Ausweises und Paßfotos. Auch für Paare, die nachweislich zusammenleben, möglich (Gültigkeit 5 Jahre).

- Kleingruppen ab 5 Personen "BILLET MINI GROUPE" 25% Ermäßigung, die Fahrt muß in der période bleue begonnen werden, 2 Tage vorher reservieren.

- KINDER unter 4 Jahren fahren umsonst, wenn sie keinen eigenen Sitzplatz beanspruchen, Kinder zwischen 4 und 12 Jahren zahlen die Hälfte. Kinder- und Familienfahrkarte sind kumulierbar, d.h. durch beide Ermäßigungen zahlt ein Kind dann nur noch 25%.

Alle weiteren Infos und neueste Preise in den SNCF-Büros zu erfragen:
Rüsterstr. 2, 6000 Frankfurt / Main 1
31 Effingerstr., CH 3001 Bern
1 Opernring, A-1010 Wien

✶ Aus / über die Schweiz:

Schweizer bzw. Leute aus dem südwestdeutschen Raum steuern am besten die Savona oder La Spezia Fähre an. Gute Zubringerverbindung nach Basel. Ab / via Basel / SBB - Zürich - Mailand - Genua - Savona.

Stündliche IC - Verbindung auf der Strecke Basel - Mailand. Häufiger Anschluß nach Genua und weiter nach Savona bzw. La Spezia.

✶ Tips für die Italienroute:

für Bahnfahrer ist der Fährhafen Piombino ideal, Zugverbindung bis zum Hafen! Nur noch 200 m zu Fuß zum Schiff.

In Livorno steigt man vor dem Bahnhof in den Bus Nr. 1 oder 7 zum Hafen. In La Spezia etwa 20 Min. zu Fuß zum Fährhafen oder Bus Nr. 4 ab Bahnhof.

Platzreservierungen sind in Italien unbedingt ratsam. Auf Nacht-Langstreckenzügen die preiswerten Couchetten (ca. 15 DM), oder Schlafwagen (46 DM / Person im 3er Abteil; im 2er oder Single Abteil entsprechend teurer) reservieren. Fahrkarte natürlich extra Platzreservierung bei Auslandszügen möglich.

Ermäßigung auf italienischen Zügen:

10% Rabatt durch das "Kilometerheft" (ca. 191 DM / 2.Klasse, 344 DM / 1.Klasse). Dafür gibts 3.000 km, die man in Italien beliebig auf FS-Strecken abfahren kann.Vorteil: bis zu 5 Personen können gemeinsam mit diesem Heft reisen.

Oder eine "Touristenkarte": für 8 Tage ca. 178 DM, - für 15 Tage ca. 215 DM, die für alle FS-Strecken gelten. 1.Klasse entsprechend teurer. Rentiert sich bei langen Zusatzstrecken in Italien, z.B. Inselspringen, Sizilien, Korsika.

Zwischenstops und Abstecher bei der Fahrt durch die Toskana mit einplanen, schöne Ziele liegen unmittelbar an der Strecke. Bei wenig Zeit unbedingt einen Bummel durch die Kunststadt Florenz und durch Pisa einkalkulieren. Alle Details im Velbinger-Reiseführer/Band 11 "TOSCANA".

TIPS für JUGENDLICHE unter 26:

In Frankreich:

- Die "CARTE JEUNE" ermöglicht von Juni - Sept. 50% Ermäßigung auf allen Strecken in Frankreich bei Fahrten in den Saure-Gurken-Tagen (période bleue).
- Alternativ der Juniorpaß "CARRÉ JEUNE", gilt 1 Jahr und gewährt auf 4 Fahrten in Frankreich (2. und 1.Klasse) 50% Ermäßigung in der blauen Periode, 20% in der weißen.

Beide Juniorpässe nur in französischen Bahnhöfen erhältlich, Preis je 50 DM.

Von Deutschland, Österreich, Schweiz: gut 30 % Ersparnis mit

- EUROTRAIN, TRANSALPINO und TWENTOURS für Jugendliche bis 26 Jahren auf den meisten regulären Linien. Solltet ihr bei der Fahrt durch Deutschland nutzen, - für Frankreich besser erst die oben erwähnten Er-mäßigungen abchecken: durch sie könnt ihr u.U. noch einiges mehr einsparen.

Vorteil von EUROTRAIN / TRANSALPINO, daß man im Ausland die Reise jederzeit unterbrechen kann (die Unterbrechung am ausländischen Bahnhof bestätigen lassen, damit es keinen Ärger gibt!). Sitzplatzreservierung obligatorisch.

Eurotrain, Twen Tickets bei der DB erhältlich, dagegen Transalpino nur beim Reisebüro.

✶ INSELSPRINGEN:

bei den konkurrenzlos billigen Eisenbahnpreisen in Italien bietet sich folgender Rundtrip an, für den man allerdings ca. 1 Monat Zeit haben sollte, - unter 3 Wochen wird die Sache sehr stressig:

zunächst mal: das reguläre Ticket München - Palermo/SIZILIEN (ohne Altersbegrenzung) kostet nur ca. 11o DM!! (mit einem Transalpino etc-Ticket sogar noch billiger). Nonstop ca. 25 - 3o Std., aber jede Menge interessanter Sachen unterwegs, Florenz, Rom etc. etc. Der Transport auf Sizilien ebenfalls sehr billig, auch per öffentliche Busse oder per Schiff beispielsweise rüber zu den sehr lohnenden EOLISCHEN INSELN (Gruppe von Vulkaninseln, die bis zu 1.ooo m steil aus dem Meer aufsteigen). Überfahrt ca. 1o DM und weiter nach Neapel per Deck-passage ca. 5o DM, bzw. ab Palermo nach Cagliari/SARDINIEN (ca. 7o DM).

Dort Überland die Insel SARDINIEN entdecken, billige Buspreise, super-Badestrände, Höhlen, Schmalspur- Eisenbahnstrecken. Die Inselberge steigen bis auf knapp 2.ooo m, schöne Wanderungen (auch für 1 - 2 Tage), großartige Landschaften!

Von Sta. Teresa/Nordsardinien dann in Sichtweite rüber nach Bonifacio/KORSIKA . Kostet wegen der kurzen Entfernung lediglich ca. 1o DM! Mehrmals täglich Überfahrten. Von Korsika dann preiswerte Verbindung retour zum ital. Festland und Zug nach BRD/ CH/ A.

Ohne Frage sicher ein heißer Tip bei den günstigen Transportpreisen und viel Kompakt- Erlebnis unterwegs. Ein Trip zum Anschnuppern. Wo´s einem gefallen hat: später intensiver...

Trampen:

Trampen: wird durch die Autobahn bis Livorno bzw. Savona erleichtert. In Italien muß man vor der Mautstelle stoppen! Eine günstige Gelegenheit, um die haltenden Autos direkt anzusprechen.

Da die Eisenbahn in Italien extrem billig ist, lohnt sich Trampen ab Italien nicht mehr. Am BRENNER kann man bequem in den Zug zusteigen, nur ein paar Meter von der Straße (egal ob Landstraße oder Autobahn) zum Bahnhof.

ANREISE- Alternative stellen die verschiedenen MITFAHRZENTRALEN dar. Besonders in Unistädten gutes Angebot. In Deutschland gibt es bereits in jeder größeren Stadt eine MFZ. Gratis Broschüren mit Adressen und Tel.-Nr. bei jeder MFZ. Feste Preise, die unter Eisenbahnniveau liegen; gute Kontaktbörse. Rechtzeitig seinen Zielwunsch mitteilen, empfehlenswert auch, in den Nachbarstädten nachzufragen.

In Frankreich heißen sie ALLOSTOP, in Italien AGENZIA AUTOSTOP.

Allostop Paris: 84, Passage Brady, 75010 Paris, Tel.: 42 46 00 66
Allostop Strasbourg: 5, Rue du Gen. Zimmer, Tel.: 88 37 13 13
Agenzia Autostop Firenze: Corso dei Tintori 39; 50122 Firenze, Tel.: 055 - 24 78 626

In eigener Sache:

Es liegt in der Natur der Dinge, daß bei der Fülle an konkreter Information, die dieses Buch enthält, sich im Laufe eines Jahres einiges ändern kann.

Deshalb bitten wir um Mitteilung von Abweichungen. Wer uns ansonsten irgendwelche ausgefallenen Tips wie neue Routen, schöne Hotels mit viel Atmosphäre oder ähnliches schickt, wird bei der Neuausgabe dieses Buches namentlich zitiert.

Bitte schreibt uns, wir freuen uns über jeden brauchbaren Tip, weil wir es wichtig finden, daß man nicht irgend ein blödes Laberbuch, wie leider viele Reiseführer mit sich schleppt, sondern etwas, was wirklich nützlich und hilfreich ist! –

KORSIKA- REDAKTION
VERLAG
MARTIN
VELBINGER
8032 München- Gräfelfing, Bahnhofstr. 106

©Flüge:

Die schnellste und bequemste Anreise nach Korsika. Kostet pro Richtung: per Auto/Schiff im Minimum 18 - 24 Std., per Flug ca. 2,5 Std.

Spart nicht nur Zeit, sondern auch Anreise Stress. Im Sommer überfüllte Autobahnen, Staus an den Grenzen und Mautstellen, Warterei auf die Korsikafähre... Auch wird das eigene Auto geschont, da die ca. 1.6oo - 3.ooo Anreise- Km retour und je nach Heimatort entfallen, die zudem ca. 2 Tage vom Urlaub abknapsen.

Auch in der Preiskalkulation ist die Anreise per Flug sehr interessant: man spart sich nicht nur jede Menge an Spritkosten, Autobahn- und Alpentunnel- Gebühren, sondern insbesondere auch die Fähre, die für den PKW nicht gerade billig ist.

Unterm Strich kommt man per Flug (bei cleverer Wahl der günstigsten Route, siehe folgende Tips!) billiger weg, als es auf den ersten Blick vermuten lässt, - selbst wenn man sich auf Korsika zeitweise ein Auto mietet.

PRINZIPIELL läuft die Sache auf LINIENFLUG (unter Ausnutzung Spezialangebote) raus - oder auf FLUG + PAUSCHALARRANGEMENT von Reiseveranstaltern.

1.) Linienflüge: das Normalticket (z.B. Frankfurt - Ajacchio retour) kann man sich sparen, kostet retour saftige ca. 1.5oo DM.

Erheblich billiger gehts per "Flieg & Spar"- Ticket, das man sich je nach Heimatort in der Route entsprechend legt. (Ca. 4oo - 7oo DM retour).

Zunächst das Lufthansa- "Sparbuch" besorgen (gibts in jedem Reisebüro), sowie das Flugplanheft der Air France und Air Inter (Tochtergesellschaft der AF) für die franz. Inlandsstrecken nach Korsika. Und den Taschenrechner rausholen. Es gibt 2 verschiedene "Flieg & Spar"- Tickets:

Das **"Flieg & Spar" (F&S)** gilt 3 Monate, wobei Hin und Rückflug vorab fixiert werden müssen. Gilt sowohl auf bestimmten Strecken ab Deutschland nach Frankreich/Festland, z.B. PARIS, - als auch auf der Direktstrecke München - Bastia/Korsika.

"Super - Flieg & Spar" (SF&S) hat als zusätzliche Einschränkung, daß es spätestens 1 Woche vor Reiseantritt gebucht werden muß, bringt Preisvorteil, der in der Nähe des Eisenbahntickets liegt, ist ab Deutschland in der Regel aber nur auf Strecken nach PARIS anwendbar.

Ähnliche Tickets zwischen Deutschland und Frankreich gibts auch von der Air France, die sich dort **"Vol Vacance"** nennen und preislich gleich sind wie "Flieg & Spar". Als Tip insofern interessant, wenn die Abflugszeiten bei der Air France günstiger liegen als bei Lufthansa. Ein Wechseln zwischen beiden Tickets, also z.B. hinwärts mit der Lufthansa, retour mit Air France ist selbstverständlich nicht möglich.

Die Flugroute legt man sich je nach Heimatort entweder via Paris (weiter per franz. Inlandsflug nach Korsika), - oder via München (Direktflug via Nizza nach Bastia/Korsika), - oder via Mulhouse/Frankreich.

Was die jeweils preiswertere Flugroute ist, ist ein Rechenexempel.

1.) Ab Norddeutschland in der Regel günstiger via PARIS, wobei man sich ein "F&S" oder "SF&S" kauft, z.B. Düsseldorf- Paris retour 39o bzw. 26o DM. Weiter nach Korsika per Inlandsflug (retour ca. 6oo DM, je nach Bedingungen auch für ca. 3oo DM realisierbar, Details siehe "Innerfranz. Flüge nach Korsika").

   Im günstigsten Fall ist also ein Retourflug nach Korsika im Dreh von ca. 56o DM drin!

2.) Ab Mittel- und Süddeutschland kann sowohl die Strecke via Paris, alsauch via München - Bastia/direkt günstiger sein: mit dem Lufthansa-Sparbuch durchkalkulieren! Paradoxer Weise ist dabei die Region Düsseldorf /Frankfurt (obwohl weiter von Korsika entfernt) billiger als Strecken ab z.B.München. Liegt preislich im Dreh 55o - 7oo DM.

3.) Am billigsten stehen Leute, die im Raum Freiburg/- Basel-Bern wohnen: mit dem Zug rüber nach Mulhouse/Frankreich und dort Inlandsflug nach Korsika.

   Kostenpunkt retour ca. 55o DM, bei entsprechenden Ermäßigungen rund 4oo DM!

   Unter dem Aspekt ist zu überlegen, ob man aus dem Großraum Stuttgart (bis rauf Frankfurt) per Zug nach Mulhouse fährt...

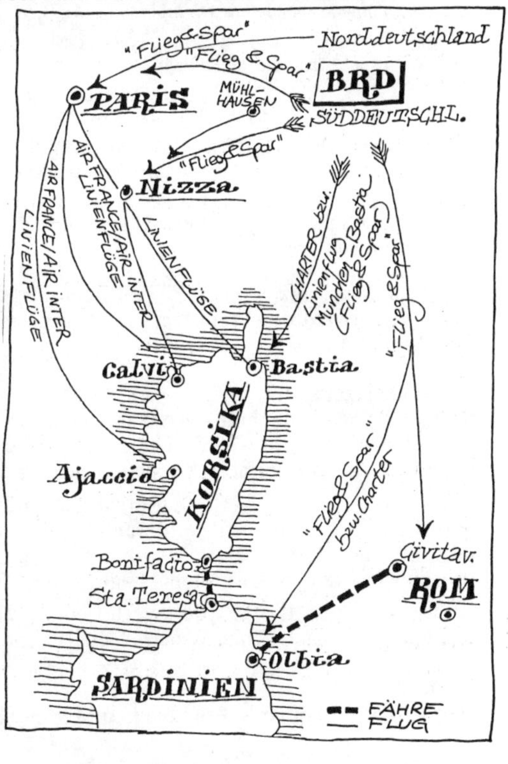

Weitere Tips: die Anreise via PARIS hat ohne Frage den Vorteil, daß man die franz. Metropole anschnuppern oder einige Tage dort verbringen kann, was in jedem Fall viel bringt.

Wer Paris dagegen nur als Umsteigepunkt einbaut, hat als Nachteil, daß die internat. Flüge ab BRD ausschließlich im Norden von Paris (Charles de Gaulle- Airport) landen. Der Inlandsflug weiter nach Korsika geht ab Paris/Orly im Süden. Es gibt zwar einen Bus zwischen beiden Airports (halbstündlich), mindestens 2 -

3 Stunden sind aber für die Umsteigerei inklusiv Ein- Auschecken und Warterei auf den Bus weg. Wenn via Paris, zumindest 1 Tag einbauen, z.B. Morgenmaschine nach Paris und Abendmaschine nach Korsika!

Innerfranzösische Flüge nach Korsika:

Ab PARIS: 2 x tägl. nach Ajaccio, bzw. häufig tägl. nach Bastia. Flugzeit ca. 1 1/2 Std., kostet regulär einfach ca. 3oo DM, Studenten bis 27 Jahren ca. 16o DM. Die Strecken fliegen Air France und Air Inter. Je nach Flugtagen sind Ermäßigungen bis zu 5o % aufs Normalticket möglich.

Ab NIZZA: tägl. nach Bastia, Flugzeit ca. 3o Min, 1oo DM/einfach. Ebenfalls an bestimmten Tagen Ermäßigungen, die den Preis bis auf ca. 5o DM runterdrücken, sowie ganzjährig Studentenermäßigungen.

Die Korsika- Airports von Calvi und Figari/Bonifacio werden seltener angeflogen. Zusätzliche Flüge ab Straßburg und Mulhouse, - sowie in den Sommermonaten mit Air Alpes und TAT.

Airports auf Korsika:

- BASTIA: PORETTA, ca. 2o km südlich von Bastia mit den dichtesten Flugverbindungen, auch internat. Verbindungen, z.B. via Nizza nach München

  Von seiner Lage hat Bastia - Poretta die besten Start und Landebedingungen, da es im Küstenflachland liegt.
- AJACCIO: CAMPO DELL´ORO, ca. 6 km östl. von Ajaccio im Mündungstal des Gravona, der 2. wichtigste Airport Korsikas.
- CALVI: STE. CATHERINE, ca. 7 km südöstlich von Calvi im relativ engen Tal des La Figarella. Als Airport sekundär wichtig.
- FIGARI: an der Südspitze Korsikas, ca. 17 km nach Bonifacio bzw. ca. 24 km nach Porto Vecchio. An Starts und Landungen der unbedeutendste der Korsika Airports.

Infos zu innerfranzösischen Flügen über die AIR FRANCE, die Büros in Berlin - Düsseldorf - Frankfurt - Hamburg - Hannover - Köln - München und Stuttgart haben.

Alternativen:

Flieg & Spar München - Rom (ca. 56o DM retour), bzw. München - Olbia/Sardinien (ca. 67o DM retour). Die Überfahrt von der Nordspitze Sardiniens nach Bonifacio/Korsika kostet nur ca. 1o DM, häufig am Tag.

Über diese Variante lässt sich noch der landschaftlich sehr interessante Norden Sardiniens mit einbauen, - dies bei den Vorteilen eines Direktfluges, der preislich kaum über dem Direktflug München - Bastia/Korsika (65o DM retour) liegt.

Wer via Rom fliegt: preiswerte Nachtfähre mit der Tirrenia ab Civitavecchia nach Olbia. Weitere Details siehe unser Sardinien- Band.

Auto Mieten:

"Super Saver" bei Avis. Man bucht und reserviert den Wagen vorab und in

Deutschland. Preisermäßigungen um ca. 4o %! Zusätzliche Preisersparnis durch Anmiete 1 Woche, wobei es 1 Tag gratis gibt. Infos über Avis, aber auch mal bei Hertz nachfragen!

2.) Flug mit Pauschalarrangement:

Gibt es ab Deutschland und im Direktflug zu Preisen ab ca. 5oo DM retour, - die Alternative, preiswert nach Korsika zu fliegen. Da in den beiden Hauptferienmonaten Juli/August die Küstenhotels vielfach ausgebucht sind, kann es empfehlenswert sein, das Hotel gleich mitzubuchen.

Zu den führenden Korsika - Veranstaltern gehören "AGENCE FRANCE"/ München und "JET- REISEN"/Frankfurt. Weitere Veranstalter siehe Liste vom Franz. Fremdenverkehrsamt.

Flug + preiswerte Pension/Campingplatz, retour ab ca. 5oo DM. In der Vor- und Nachsaison, aber auch in der Hochsaison ist durchaus auch mal ein "Schnäppchen" drin, wenn der Veranstalter die gekauften Plätze in seiner Maschine nicht voll bekommen hat. Infos über Anzeigen im Reiseteil der überregionalen Tageszeitungen, z.B. in der "Süddeutschen", "Stuttgarter", "WAZ" etc., sowie in der "Zeit".

FLY & DRIVE Preisgünstiger Flug und dann der Mietwagen ab Ankunft korsischer Airport. Kostenpunkt je nach Saison bei 4 Personen ab ca. 7oo DM/ Woche/Person, preislich in jedem Fall billiger, als wenn man den Wagen vor Ort auf Korsika anmietet.

FLY & SAIL alles organisiert: Transfer zum Hafen, dort liegt die Yacht bereits startklar für Turns um die Insel. Preis je nach Größe und Saison zwischen 1.ooo und 1.8oo DM/Woche plus Flug -

ZODIAC & ZELT man mietet Schlauchboot und Zelt. Der Zodiac: sicheres Schlauchboot mit Außenborder (1o - 3o PS), komplette Campingausrüstung mit Spitzdachzelt für 4 Personen, ca. 1.ooo DM/Person und 1 Woche. - Weitere Infos siehe Prospektmaterial Reisebüros und Franz. Fremdenverkehrsbüro Frankfurt.

Unter Umständen auch interessant, in **Studentenreisebüros** nachzufragen, was sich dort an Angeboten tut...

Verbindungen auf Korsika:

Hier muß man alle Vorstellungen von Tempo, Eile und Hast aufgeben. Um sich fortzubewegen, braucht man viel Zeit. Öffentliche Verkehrsmittel führen nicht überall hin, verkehren meist nur zweimal am Tag.

Erst mit dem AUTO kann man die Insel so richtig entdecken (Automieten möglich.). Die Straßen sind schmal, kurvig und teilweise in schlechtem Zustand.

Unvergesslich bleibt eine Fahrt mit der korsischen EISENBAHN. Ein lebendiges Souvenir aus der Gründerzeit.

KORSIKA ist zwar ein kleines "Inselchen", aber einmal rum sind es immerhin 600 km. Außerdem ist die Insel ein Gebirge mit Pässen im "Brennerformat" (höchster 1.480 m). Viele Kurven, kaum Brücken oder Tunnels. Eine Durchschnittsgeschwindigkeit von 40 km/h einplanen, an der Westküste und im Inselinneren häufig noch weniger. Den "4." einzulegen, kann man fast vergessen.

Besonders an der Westküste und im Landesinneren schmale Straßen - auf Ausweichstellen achten.

Kurven schneiden unbedingt vermeiden, stark rechts fahren, vor Kurven hupen und horchen, ob jemand antwortet.

Der Frost hat in die Fahrbahn manches Loch gerissen. Teilweise stopft der Straßendienst sie wieder zu und macht Buckel draus. Doch bei den insgesamt ca. 7.000 Straßenkilometern (!) kommt er nicht so schnell hinterher.

Die Nationalstraße (Kartenbezeichnung: "N") in relativ gutem Zustand. Manchmal sogar Mittelstreifen und neue Teerdecke. Das beste Stück an der Ostküste.

Den rasanten Fahrstil der Korsen kann man sich nicht in einem Urlaub aneignen, die trainieren dafür das ganze Jahr.

Im Winter, bis etwa Anfang März auf den Paßstraßen oft Schneeketten oder Spikes vorgeschrieben. Aufklappbare Schilder kündigen den Zustand an, abgelegene Strecken manchmal sogar ganz gesperrt.

Caravanfahrer sollten das Rückwärtsfahren beherrschen. Bei den schmalen

Straßen - besonders Westküste - ist es u.U. nötig, öfter mal bis zur nächsten Ausbuchtung zurückzusetzen und Busse oder LKW's vorbeizulassen. Um Streß zu vermeiden lieber mal einen Umweg auf einer breiten Nationalstraße in Kauf nehmen. In den Städten kommen zu der üblichen Rush hour noch Stoßzeiten durch das Entladen der Fährschiffe hinzu. Aus jedem Bauch rollen Hunderte von Autos raus.

Straßenkarte: Michelin "Corse 90", Maßstab 1: 200.000 Gibt Auskunft über Straßenzustand, ob asphaltiert (revêtue), schlechter Zustand (viabilité mauvaise), Entfernung und Steigung. Stets auf dem neuesten Stand. Abgesehen davon sind landschaftlich schöne Strecken in der Karte grün nachgezeichnet.

Einreisebestimmungen: Nationaler Führerschein und Fahrzeugschein genügen. Grüne Versicherungskarte ratsam (stellen die KFZ-Versicherungen kostenlos aus) "Triptik" oder "Carnet de Passage" für die Mitnahme von Außenbordmotoren über 92 ccm.

Verkehrsbestimmungen: Generell wie in Deutschland Anschnallpflicht, Helmpflicht für Moped- bzw. Motorradfahrer, ebenfalls gilt: Abblendlicht einschalten.

Im Kreisverkehr (Rond Point) wird die Vorfahrt nicht durch Schilder geregelt, dann gilt rechts vor links. Wichtig: "Vous n'avez pas la priorité" - sie haben keine Vorfahrt. Toutes Directions (= alle Richtungen) häufiges Hinweisschild in Ortschaften. Sammelbezeichnung für alle Richtungen, die nicht separat ausgewiesen sind. Im Zweifelsfall also immer "Toutes Directions" (Durchgangsverkehr) folgen.

Tempolimit in Ortschaften 60 km/h, Landstraße 90 km/h (bei Nässe 80 km/h).

ADAC Notrufzentrale München rund um die Uhr besetzt, Telefon von Frankreich: 19 49 89 22 22 22. Ein Auslandsschutzbrief kann im Pannenfall viel Geld sparen (Abschleppen, Unfall, Krankenrücktransport, Ersatzteilbeschaffung). Beim ADAC oder anderen Versicherungen (KFZ) abzuschließen, gilt 1 Jahr und ist als EUROSCHUTZ-BRIEF auch zuhause gültig.

Parkuhren bzw. Parkautomaten in größeren Orten über Mittag zwischen 12-14 Uhr oft gebührenfrei. Falschparken kann gut 25 DM kosten.

Reservekanister immer voll machen. Tankstellen gibts meist nur in größeren Städten - dort teilweise sehr modern, im Inland lange Durststrecken.

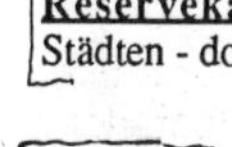

Automieten: sehr verbreitet auf Korsika. Praktisch, denn man spart den Streß bei der Anreise und die Kosten der Fähre. Für diesen Betrag kann man sich schon einige Tage ein Auto mieten, wobei gleichzeitig die eigene Kiste zu Hause geschont wird. Denn die vielen stoßdämpferfressenden Schlaglöcher strapazieren den Wagen ganz schön.

Der Flugzeug- oder Tramptourist kommt auf Korsika mit Bus oder Bahn nicht überall hin. Die schönsten Flecken der Insel kann man viel besser mit dem Mietauto erkunden. Zu mehreren wird`s billiger.

Die **Preise** variieren je nach Unternehmen, Preisvergleich lohnt. Beachten, ob die Bedingungen gleich sind und aufpassen, daß der niedrigere korsische Mehrwertsteuersatz von 25 % (statt der franzöischen 33,3 %) angesetzt wird.

Ein "R 5" kostet z.B. ca. 65 DM/Tag + 90 Pf./km, wenn man ihn auf Korsika mietet. Größere Typen natürlich teuerer. Wer 1 Woche mietet, erhält Rabatt, der ca. der Miete eines Tages entspricht. Da die Fahrzeuge bereits ab Airport bereitstehen, spart man sich teure Taxikosten oder den Bus + Gepäckschlepperei.

* **Fahrzeug- Typen:** Sehr beliebt sind die offenen Strandwagen von Citroen und Renault. Mit dem Vorteil, daß man schön braun wird (Sonnenhut gegen Stich), - und dem Nachteil, daß man sein Gepäck nicht verschließen kann. Der technische Zustand der Wagen ist meist Tip-Top. Natürlich gibt's überwiegend Franzosen, aber auch Ford, Volvo und Mercedes. Die Kleinen sind wegen ihrer Wendigkeit auf engen Straßen und geringem Verbrauch günstiger. 4 Leute haben da auch Platz. Viele PS kann man bei der Menge Kurven sowieso nicht ausfahren (außer am Berg zum sicheren Überholen). Schiebedach ist bei der Hitze eine tolle Sache.

* **Vermieter:** Örtliche Vermieter sind z.B. Alfa Cital, Balesi, Emanuelli, Solvet. Vorteil: meist etwas billiger als die internationale Vermieter (wie z.B. Hertz, Avis, Europcar, Interrent). Wer größere Korsika- Trips ab Verleihort plant, sollte überprüfen, ob die Verleihfirma breitflächig mit Filialen auf Korsika vertreten ist. Dies, damit bei Fahrzeug- Pannen schnell Ersatz geleistet werden kann.

Internationale Autovermieter (Hertz, Avis, Europcar, Interrent) haben den Vorteil, daß man sie von zu Hause schon vorbuchen kann, was insbesondere in der Hochsaison sinnvoll ist. Tip ist hier der "Super Saver" (z.B. bei Avis); Bedingung: man bucht bereits in Deutschland vor und bekommt das Fahrzeug zu Preisen, die erheblich unter den normalen von Avis, insbesondere aber auch denen der örtlichen Vermieter liegen!

Wie man nach Korsika anreist, - also ob mit Flug oder Zug/Schiff ist dabei egal. Ähnliche Angebote wie "Super Saver" gibts auch von anderen internat. Verleihfirmen (z.B. Hertz). Infos siehe dort!

Als Variante ebenfalls interessant könnte die Kombination Fly & Drive verschiedener Korsika- Reiseveranstalter sein. Man bucht Flug und Mietwagen, der bei Ankunft im Flughafen bereit steht. Was billiger kommt - also Flug (z.B. "Flieg & Spar" oder "Campingflug") plus "Super Saver" z.B. von Avis, - oder ein "Fly and Drive" ist Rechenexempel.

Sowohl die Internationalen wie auch korsischen Autoverleihfirmen haben Büros in den Hauptairports und in den wichtigsten Städten der Insel. Details siehe Text.

* **Miet- Bedingungen:** Fahrer muß mindestens 21 Jahre (bei manchen Gesellschaften 23 Jahre) alt sein und 1 Jahr Fahrpraxis vorweisen können, Pass bzw. Personalausweis.

* **Versicherungen:** Inbegriffen ist Haftpflicht, Vollkasko (gute 1.000 DM Selbstbeteiligung), Abschleppen bei Unfall oder Defekt. Zusätzlich kann man eine Kranken-Unfallversicherung abschließen.

* **Kaution:** mehrere Hundert DM, die es zurück gibt, wenn das Fahrzeug ordentlich zurückgegeben wird. Wer eine Credit Card besitzt, zahlt keine Kaution, stattdessen wird die Credit Card durchgeratscht. Bevor man das Fahrzeug übernimmt, nicht nur den technischen Zustand (Blinker, Bremsen etc.) überprüfen, sondern auch eventuelle Beschädigungen des Fahrzeuges (Lack- Kratzer etc.) im Vordruck - Papier des Vermieters notieren und gegenseitig unterschreiben!

* **Wohnmobil:** interessante Variante, wer sich Unterkunftskosten sparen und am "Busen der Natur" leben will. Die engen, kurvigen Paßstraßen können allerdings mit einem un-

gewohnten und unhandlichen Wohnmobil einigen Angstschweiß kosten. Rückwärtsrangieren ausprobieren, denn entgegenkommende Busse fahren nicht zurück. Verschieden große Typen im Angebot.

"Routes Insolites" (in Ajaccio und St. Florent) vermieten kleine, handliche Wohnmobile auf VW Basis; auch Alkovenfahrzeuge. Als Mindestalter wird meist 23 Jahre verlangt. Infos und Adressen über Franz. Fremdenverkehrsbüro.

In Deutschland ein Wohnmobil zu mieten ist prinzipiell möglich, allerdings kommt dann noch die relativ teure Fährüberfahrt hinzu. Preisgünstiger durch "Mi-Mobile", einer Agentur, die Wohnmobile von Privat an Privat vermittelt (in über 24 Städten der BRD).

③ 

Motorradurlaub auf Korsika: ist mit Recht immer mehr im Kommen. Superschöne Landschaft, abwechslungsreiche Strecken, kurvenreich an der Westküste, geradliniger und eintöniger an der Ostküste, im Inland Paßstraßen bis auf 1.480 m.

Rallye-Strecken wie in den Alpen darf man nicht erwarten, obwohl es auf der Insel der 1.000 Kurven immer bergauf, bergab geht. Die Straßen sind z.T. mit Schlaglöchern gespickt, eine sensible Gashand und weiche Federung ist empfehlenswert. Gut ausgebaut in der Regel nur die Nationalstraßen.

Für Enduros gibt es noch genug Spielmöglichkeiten. Mit genügend Wasservorrat wäre das Desert des Agriates, westlich des Cap Corse ein Ziel. Maschinen mit kleinem Tank rechtzeitig nachtanken, besonders im Inland. Lieber einmal mehr als kilometerweit schieben.

Zur Hauptreisezeit Juli/August kann eine zweite Lederhaut ganz schön unangenehm warm werden, außerdem ist auf den Straßen auch viel los. In jedem Fall ist die Vor-/Nachsaison empfehlenswerter, zudem weniger Verkehr, so daß man sich mehr auf die Landschaft konzentrieren kann.

Motorradwerkstätten in den Städten, ob mit Ersatzteilen so gut bestückt wie die Fachwerkstatt daheim, ist fraglich. Notfalls können Ersatzteile von Marseilles oder Paris geordert werden.

④ 

Motorrad Mopeds und Fahrräder mieten: Viel Spaß macht es, einen Tag mit einem der vielen kleinen Rasenmäher durch die Gegend zu tuckern. Mopeds 50 ccm bekommt man für 40 DM/Tag plus Kaution. Der Preis beinhaltet nur die Haftpflicht. Vermietungsstellen siehe Text.

Wegen des günstigen Preises ist die Anmiete von Mopeds und Motorrädern bei Korsika-Besuchern sehr beliebt. Wie auch in den anderen Mittelmeerländern massiv viele Unfälle:

Problempunkt 1: Fahren mit bloßem Oberkörper oder im Bikini (=massiver Sonnenbrand, da man die Sonne beim kühlenden Fahrtwind nicht spürt, - sowie Blessuren bei Stürzen, die entsprechend deftiger bei blanker Haut ausfallen), -

Problempunkt 2: dicke Unfälle wegen rasanter Fahrerei in Kurven. Vielfach mieten Leute die Kisten an, die zu Hause kein Moped/Motorrad fahren und daher nicht über entsprechende Fahrpraxis verfügen. Finger weg von Vespas; wegen ihrer kleinen Reifen sind sie auf Buckelpisten erheblich Sturz anfälliger.

Problempunkt 3: teils ungenügende Wartung der Maschinen durch Vermieter, die auf schnellen Profit aus sind.

Ein Moped/Motorrad bringt ohne Frage viel Fahrvergnügen in der Wärme des Mittelmeers. Preislich liegt man durch die Anmiete eines PKW's auf Basis "Super Saver" (vorallem wenn man diesen zu mehreren benutzt) - nicht nur billiger, sondern bereist Korsika auch sicherer.

Fahrräder gibts überall zu mieten, im allgemeinen sind sie recht gut in Schuß. Pro Tag zahlt man ca. 15-20 DM. Siehe unsere Ortsbeschreibungen (in den meisten Touristenorten an der Küste). Schöne Tourenvorschläge im Sportkapitel unter "Fahrradfahren".

⑤ 

Trampen auf der Insel, bes. im Landesinnern sehr zeitaufwendig. Die Erfahrungsberichte reichen von "ganz gut" bis "absolut miserabel". Folgende Faustregel gilt auch hier: je einsamer die Gegend, desto seltener kommt ein Auto, das dafür aber umso eher hält. Nicht irgendwo auf der Strecke aussteigen, auf jeden Fall bis zum nächstgrößeren Ort mitnehmen lassen.

⑥ **Taxi**: wichtig, da die Busse nicht überall verkehren. Taxis mit Zähler gibt es nur in den Städten, für weitere Strecken vereinbart man besser vorher den Preis. Für die 13 km von Calvi nach Calenzana haben wir beispielsweise 35 DM bezahlt.

⑦ 

Linienbusse: Die korsischen Busverbindungen sind nicht mit unseren zu vergleichen. Für die 150 km Strecke Ajaccio - Bastia braucht der Linienbus ungefähr 4 Std. Die Häufigkeit läßt zu wünschen übrig, deshalb rechtzeitig da sein. Wer den Bus verpaßt, kann u.U. erst am nächsten Tag weiter. Nur selten gibt es mehr als 2 Busse am Tag.

Private Gesellschaften betreiben die meisten Linien. Sie haben ihren Fuhrpark gründlich renoviert. Trotzdem vereinzelt noch einige Oldtimer mit den großen Dachgepäckträgern, auf denen der Fahrer die Rucksäcke stapelt, wo's innendrin rappelt und dröhnt und der Fahrer ständig in den 8 Gängen wühlt.

Gut erreichbar sind die größeren Küstenorte. Inselumrundung ist per Bus realisierbar, zur Vor-/Nachsaison wird's an der Westküste allerdings problematisch. Gutes Timing erforderlich. An stille Badeplätze kommt man allerdings oft nur zu Fuß, per Tramp oder im Mietwagen.

Außer der Inlandsverbindung Bastia - Corte - Ajaccio gibts kaum Busse in die Gebirgstäler und zu den Ausgangspunkten für Wanderungen.

Korsika Sightseeing per Linienbus: "Tour de la Corse" in 6 Tagen folgende Route: Calvi, Bastia, Corte, Bonifacio, Ajaccio, Porto, Calvi. Vernünftige Fahrpläne, nicht zu nachtschlafender Zeit. In der Regel so getimt, daß 1/2 Tag Aufenthalt pro Stadt rausspringt. Übernachtung in den obigen Orten. Fahrplan im Fahrplanheft Haute-Corse.

Aufpassen: nicht alle Busse fahren auch sonntags und an Feiertagen. Unsere Angaben beziehen sich auf die Hauptsaison. Im ungünstigsten Fall nur von Juli bis August, sonst Mitte Juni - Mitte Sept.

Zur Vor-/Nachsaison deutlich weniger Busse. Sonntags kann man große Schwierigkeiten haben fortzukommen. Besonders an der Westküste Calvi - Porto gibt es außerhalb der Saison z.T. nur 1 x/Woche einen Bus. Bei der Reiseplanung einkalkulieren. Alle Details siehe Text.

Preisbeispiel: Bastia - Porto-Vecchio, ca. 25 DM. Gepäck in der Regel extra zu bezahlen.

Bei Touristenbüros ist für jedes Département ein kleines Busfahrplanheft erhältlich, - unentbehrlich. Auskünfte über Abfahrtzeit mehrmals bestätigen lassen.

Transkorsika - Eisenbahn:

(8) 

Abenteuerliche Fahrt mit dem "Bahnfossil Elias", dem "Korsika Express" - ein Fahrgefühl wie zu alten Zeiten. Ratternd und stampfend springt die Diesellok über die Schienen: schaukelnd geht's über schwindelerregende Brücken und durch Tunnels.

Kühe auf den Schienen, ein Anhänger, der aus dem Gleis gehüpft ist, oder Qualm unter der Lok, das alles bringt noch keinen Korsen aus der Ruhe - dann kommt man eben später an .

Die korsische Eisenbahn erschließt einen guten Teil der Insel: die Hafenstädte Bastia, Calvi und Ajaccio, zur Spitzensaison auch die Badeküste Nordkorsikas von Calvi nach Ile Rousse. Besonders interessant auch für Leute mit Wanderambitionen, denn die Eisenbahn durchquert das korsische Gebirge, der Weiler Vizzavona liegt für GR 20 Wanderer auf halber Strecke. Guter Stop bzw. Einstieg.

Die Schmalspurbahn durchquert diagonal die Insel von Bastia nach Ajaccio, 158 km, unbedingt lohnende Strecke, steigt maximal auf 1.000 m an, passiert dabei 51 Viadukte und Brücken - der 80 m hohe Viadukt vor Vivario wurde von Gustave Eiffel erbaut, dem bekannten Pariser Eiffelturm-Konstrukteur.

Durch 43 Tunnel und Galerien gehts z.T. nur im Schneckentempo, manche dürfen wegen "Einsturzgefahr" nur mit 5 km/h befahren werden. Die Bahn quert mehrfach den Golo, im Schnitt schafft sie doch 50 km/h. Der schönste Streckenabschnitt zwischen Corte und Ajaccio, im Sommer total überfüllte Waggons, nicht auf den letzten Drücker ankommen.

Wichtig: Gepäck oder Rucksack gut verschließen. Im Gepäckabteil werden die Sachen nacheinander reingestopft und hinterher wieder einzeln rausgezerrt. Der Fuhrpark der "Transkorsika" wird leider derzeit modernisiert. Z. Zt. fahren noch seltene, fast 40 Jahre alte Dieseltriebwagen.

Geschichte der Eisenbahn: Seit Ende des 19. Jhd. gibt es den "Feurigen Elias". 16 Jahre dauerte das mühevolle Unternehmen, bis 297 km Schienen verlegt waren. Zahlreiche Tunnel und Brücken waren im Gebirge nötig, die Verpflegung wurde per

Maultier angekarrt. Prozesse gegen Grundbesitzer und Demonstrationen verzögerten die Arbeiten. Gegen die Besitzer des "Reisekoffer-Post-Beförderungsmittels" stiegen Maultiertreiber und Fuhrmänner auf die Barrikaden, weil sie um ihre Existenz fürchteten.

Die Strecke an der Ostküste bis Porto-Vecchio wurde 1935 fertig, doch schon bald darauf im Krieg zerstört. Die Verluste waren beträchtlich: 25 Personenwagen, 250 Güterwagen, 4 Lokschuppen, 3 Triebwagen. Daß die Kriegsverluste nicht wieder ausgeglichen wurden, ist der steigenden Bedeutung des Autos, aber auch dem Verwaltungschaos zuzuschreiben. Der Staat hat die Baukosten übernommen, dann aber immer wieder die Verwaltung in private Hände gegeben. Heute ist die korsische Eisenbahn ein Stiefkind unter den Transportmitteln. Seit 1984 Tochtergesellschaft der französischen Staatsbahnen SNCF.

Verbindungen

Bastia - Ajaccio 4 x werktags, Sonntags mindestens 2 x tgl., Fahrzeit gut 3 1/2 Std.

Bastia - Calvi 2 x tgl. Fahrzeit knapp 3 1/2 Std.

Calvi - Ajaccio mit Umsteigen in Ponte Leccia 2 x tgl., Fahrzeit ca. 5 1/2 Std.wegen Umsteigewarterei in Ponte Leccia.

Zur Hochsaison auch Calvi - Ile-Rousse (Tramway de Balagne) alle 1-2 Std., im September seltener. Auf Grund der Riesennachfrage ist im Gespräch, die Frequenz zu erhöhen.

Fahrpläne und Bahnkarten in jeder größeren Bahnstation. Auskunft auch in den Touristenbüros.

Preisbeispiel: Bastia - Calvi ca. 25 DM.

9

FLUGVERKEHR INNERKORSIKA: Von den Jetairports Bastia, Ajaccio und Calvi, Figari häufige Flugverbindungen zum französischen Festland (Paris, Marseille, Nizza). Auch Direktverbindung nach Italien.

Regelmäßige innerkorsische Linienverbindungen im üblichen Sinne gibt es nicht. Die Entfernungen sind so kurz, daß Starten und Landen der Jets nicht lohnt. Kurzstrecken mit Sportmaschinen nach Absprache.

Zu den 4 großen Flughäfen zusätzliche Sportairports mit asphaltierten, kurzen Landepisten in Propriano und Figari, beide im Süden. Wer mal die Insel von oben sehen möchte, findet bei den Sportfliegern Gelegenheit. Die Aeroclubs bieten Rundflüge meist in 2-motorigen an.

Informationen bei den jeweiligen Flughäfen. Details siehe Text.

Korsika-Fakten

Korsika ist ein Gebirge im Meer. Die Bergrücken erstreckten sich S-förmig von Nord nach Süd - ähnlich einer Wirbelsäule mit rippenförmigen Ausläufern nach Ost und West. Zur Westküste steil abfallend - schroffe, felsige Küste. Nach Osten langsam auslaufend, seichter Sandstrand. Viele Bergseen und Gebirgsbäche - die größten fließen zur Ostküste. Über die Hälfte der Insel ist mit Wäldern, Buschwerk und Macchia bedeckt.

Naturwunder sind die zerfressenen Felsen -Tafoni (siehe "Calanche"). Wind und Wetter haben am Granit genagt und bizarre Gesteinsformen geschaffen.

Wie es zum Namen Korsika kam: Der Trojaner CORSUS soll die schöne Sica entführt und sich mit ihr auf eine Insel geflüchtet haben, um so den Nachstellungen des Sardus zu entgehen. Die beiden Verliebten landeten in Erbalunga am Cap Corse, während Sardus sie auf Sardinien vermutete und dort weitersuchte. Die Griechen nannten die Insel "Kyrnos" und "Kalliste" - Insel der Schönheit, die Römer "Corsica".

Steckbrief: Größe: 183 km lang, 83 km breit, 2.700 m hoch, 8.720 qkm, die viertgrößte Mittelmeerinsel (die größte Frankreichs). 1.000 km Küste, 300 km Badestrand, ca. 50 Berge über 2.000 m.

Ca. 86 % der Insel ist Bergland, nur 14 % Küstentiefland. Westkorsische Berge: überwiegend Granitgestein mit den höchsten Gipfeln, stark zerklüftete Felsküste, eine Riasküste mit weit eingeschnittenen Golfen. Ostkorsische Berge: überwiegend Glanzschiefer, flacher, bis 1.800 m, Mittelgebirgscharakter.

Ca. 240.000 Inselbewohner, davon verteilen sich etwa 40% auf die Städte Ajaccio und Bastia. Im Schnitt 28 E./qkm, im Vergleich 99 E./qkm in Frankreich. In grossen Teilen Korsikas leben nur 2 Einwohner auf einem Quadratkilometer. An Bevölkerungszahl steht Korsika an 7. Stelle der Mittelmeerinseln.

2 Départements: Haute Corse mit Bastia als Hauptstadt - Autokennzeichen **2 B**, Corse du Sud mit Ajaccio als Hauptstadt **2 A**.

Im Zuge der Französischen Revolution wurde ganz Frankreich in Départements aufgeteilt, die meist nach Flüssen benannt wurden. Korsika wurde vom Pariser Direktorium 1797 in das Département Golo und Liamone gesplittet. Napoleon vereinigte die beiden wieder und bestimmte 1811 Ajaccio als Verwaltungssitz. 1972 wurde Korsika Region. Seit 1974 wieder 2 Départements im Rahmen eines Reformversuchs Giscard d'Estaings.

Klima

Faszinierend neben der Landschaft das Klima. Ab März steht alles in voller Blüte, im Sommer über 30 Grad, ab April kann man baden, bis in den September (Küste) praktisch "regensicher".Um Ostern hat das Mittelmeer fast schon Sylter Sommertemperaturen. An der Küste ganz anders als im Gebirge, je höher man kommt, desto angenehmer wird's im Sommer, Schnee glitzert oft noch im Juni auf den höchsten Bergspitzen.

Küste: im Sommer meist an die 30 Grad, die Hitze allerdings erträglich, durch ständige Brisen vom Meer. Kaum Regen, höchstens mal ein Sommer-Gewitter. Ab Oktober muß man mit Regen rechnen (im ganzen Jahr nur 67 Regentage). Auch im Winter angenehm, selten unter 6 Grad, Ajaccio hat das mildeste Winterklima mit durchschnittlich 14 Grad.

Klimatabelle Korsika (Ajaccio)

Monat	Tageshöchst-Temp. in °C	Tiefste Temp. nachts in °C	Sonnenstdn. tägl.	Wassertemp. in °C	Regentage
Januar	13	3	4	13	8
Februar	14	4	5	13	7
März	16	5	6	13	6
April	18	7	8	14	7
Mai	21	10	10	16	6
Juni	25	14	11	20	2
Juli	27	16	12	22	1
August	28	16	11	23	1
September	26	15	9	22	4
Oktober	22	11	7	20	7
November	18	7	5	17	9
Dezember	15	4	4	15	9

Gebirge: wenns am Strand zu heiß wird, hier angenehmer. Temperaturen um 25 Grad max., nachts kann`s auf 8 Grad abkühlen. Im Sommer kaum Regen, November - Februar gießt es häufiger, in höheren Lagen auch Nachtfrost. Schnee von Dezember - März. Ab 1.500 m praktisch alpine Verhältnisse, Stürme und Nebel im Herbst, ab Oktober Frost und viel Schnee im Winter, Reste davon noch im Mai.

Frühjahr: unbeständig, an der Küste fast sommerlich warm. Im Gebirge noch Schnee. Mit Badehose und Daunenjacke ist man immer richtig ausgerüstet.

Die Winde - sehr eindrucksvoll, in den Bergen bei gutem Wetter zu beobachten, wie von beiden Küsten die Wolken ansteigen und sich über dem Zentralgebirge vereinigen. Auf Korsika weht eigentlich immer ein Lüftchen, am angenehmsten der TRAMONTANE, ein frischer trockener Wind aus dem Norden. Der SCIROCCO, der heiße Südwind, weht selten, weil er oft von Sardinien abgefangen wird. Der MISTRAL, trocken und kalt aus Nordwesten von der Camargue her, gefürchtet wenn stark bis

stürmisch.
LIBECCIO, der häufigste Wind an der Westküste. Als leichter Wind ist er warm und mild. Wenn er stärker wird, bedeutet das meist schlechtes Wetter. Gefürchtet, wenn er über`s Gebirge fegt und auf die Ostküste einfällt, dann bedeutet er Gefahr für die Schiffahrt. An der Ostküste weht vorwiegend der LEVANTE. Er schafft eine Treibhausatmosphäre, oft in Bastia, auf dem Place St. Nicolas, zu spüren.

Mai, Juni und September, dann hat man die Strände fast für sich. Die Mittagssonne ist erträglicher, das Wasser trotzdem angenehm.Im Mai blüht die Macchia, die Wiesen sind noch nicht "verbrannt", Baden bis Oktober möglich. Für Leute ohne eigenes Fahrzeug können allerdings Transportprobleme auftreten, besonders an der Westküste.

Bergsteiger: wählen besser Juli - August. Praktisch "regensicher ". Um die Mittagszeit fast zu warm zum Laufen. Günstig: morgens, bei Sonnenaufgang los, Mittag im Schatten pausieren.

"Weißer Frühling auf Korsika" im März. Blühende Obstbäume, weißes Heidekraut, rosa Mandelbäume, dunkelrote Alpenveilchen, im Gebirge Schnee. Fähren billiger und leer. Gute Möglichkeit, die häßlichen Wintermonate zu überbrücken. Allerdings noch nicht alles offen.

Wintersport: nur bedingt. Korsika ist zwar schneesicher (Dezember - April), aber für Skitourismus wenig erschlossen. Skitouren im März - April spitze (näheres unter Sport).

Allgemeine Tips:

★ EINREISE:

Reisepaß oder Personalausweis reicht aus, doch ist es praktisch, beides mitzunehmen, in der Regel behalten Campingwarte ein Dokument für die Dauer des Aufenthaltes ein, manchmal macht es Schwierigkeiten sie kurzfristig wieder zu bekommen (Beispielsweise zum Geldwechseln, Bank etc.).

Kinderausweis bis 16 Jahre oder Eintrag bei den Eltern. Bei Aufenthalt über 3 Monate in Frankreich Aufenthaltsgenehmigung erforderlich. Bis 6 Monate keine besonderen Formalitäten für PKW bzw. Anhänger, Motorräder oder in Gebrauch befindliche Fahrräder.

Für Hunde und Katzen ist ein amtsärztliches Impfzeugnis gegen Tollwut nötig. Die Impfung muß mindestens 1 Monat zurückliegen, darf aber nicht älter als 1 Jahr sein. Jungtiere unter 3 Monaten müssen daheim bleiben.

Einreise mit eigenem Auto: nationaler Führerschein und Fahrzeugschein genügen für Frankreich. Grüne Versicherungskarte ratsam.

Zollbestimmungen: (Ein- und Ausfuhr): Für Nicht-EG-Länder Österreich, Schweiz gelten die reduzierten Mengen in Klammern.

Alkohol/Zigaretten/Zigarren bis Kaffee: 300 (200) Zigaretten oder 150 (100) Zigarillos oder 75 (50) Zigarren oder 400 (250) Gramm Tabak, 5 (2) l Wein und 1,5 (1)l Getränke mit mehr als 20 %, oder 3 (2) l mit 20 % oder weniger, 75 g (50) g Parfüm, 3/8 (1/4) l Toilettenwasser, 1.000 (500) g Kaffee oder 400 (200) g Kaffee-Extrakt, 200 (100) g Tee bzw. 80 (40) g Tee-Extrakt. Andere Waren und Artikel im Wert von maximal 2.400 FF.

Waren bis Geschenke: (300 FF) dürfen von Personen über 15 Jahren bzw. 620 FF (150 FF) von Personen unter 15 Jahren zollfrei eingeführt werden. Kleider und Wäsche, persönliche Schmuckstücke (maximal 500 g), verschiedene Sportartikel, Kinderwagen, gewisse tragbare Apparate und Geräte, 2 Fotoapparate mit 10 Filmen pro Apparat, eine Lichtbildkamera Kleinformat mit 10 Filmspulen.

Ein Musikinstrument, ein Plattenspieler mit 10 Schallplatten, ein Rundfunkgerät, ein tragbares Fernsehgerät, ein Sprechfunk-Sende- und Empfangsgerät, eine Schreibmaschine, ein Tonbandgerät mit 2 Spulen oder Kassetten, eine Taschenrechenmaschine, ein paar Ferngläser. Jugendliche unter 17 J. dürfen weder Tabakwaren, noch alkoholische Getränke steuerfrei einführen. Benzin in Reservekanister über 10 l steuerpflichtig.

Wein schmuggeln lohnt absolut nicht. Über die oben genannten 5 l Freimenge hinaus mitgebrachter Wein muß verzollt werden. Bei Flaschenwein problemlos, Zollgebühr 5 % des Wertes, wenn der Gesamtpreis 290 DM nicht übersteigt. Wenn der Wert 290 DM übersteigt, sind 14 % Mehrwertsteuer zu zahlen. Bei Wein in Kanistern ist ein spezielles "Zeugnis" nötig, aus dem hervorgeht, daß der Wein den deutschen Vorschriften genügt. Rechnung vorweisen.

Sind obige Angaben nicht überschritten, also nichts zu verzollen, kann man dies zur schnelleren Abfertigung durch eine grüne Scheibe (mindestens 8 cm Durchmesser) hinter der Windschutzscheibe ankündigen und darf im Schrittempo durchrollen - Stichproben nicht auszuschließen.

✶ Vorab-Einkäufe:

Nach Korsika zu reisen ist natürlich keine Fahrt in die Wildnis. Hier gibt's das gleiche zu kaufen wie bei uns, nur manches teurer.

Einkaufszettel:

Badezubehör*	Filme
Kosmetika	Luftmatratze
Sonnenbrille	Sonnenschirm- sehr nützlich
Sonnenschutzmittel	Schlauchboot
Mückenspray	Schnorchel
Medikamente	Flossen
	Taucherbrille

Ferienlektüre - deutschsprachige selten

*Bei uns in Kaufhäusern um einiges preiswerter.

Bei Filmen ist viel zu sparen. Lieber einen Film mehr einpacken, an lohnenden Motiven fehlts bestimmt nicht. Preise für Filme in Korsika liegen im Durchschnitt 40-50 % über günstigen deutschen Angeboten.

Wer sich selbst verpflegen möchte und mit eigenem Fahrzeug nach Korsika anreist, - kauft in Deutschland wesentlich preiswerter ein, was Konserven betrifft. Diese kosten auf der Insel gut das Doppelte wie bei uns.

Dafür aber Inselspezialitäten, begonnen von Käse bis Wein erheblich billiger. Unbedingt probieren, "spécialités du pays".

★ Kleidung + Koffer packen

Die Kleidung hängt natürlich davon ab, was man im Urlaub vorhat. Wichtig selbst im Sommer eine warme Jacke oder Pullover gegen kühlen Wind. Strapazierfähige lange Hose und Sportschuhe für Wanderungen in Macchiagebieten, sonst hat man hinterher zerkratzte Beine. Für Bergwanderungen unbedingt Bergschuhe mit Profilsohle, denn der korsische Granit wird bei Regen ganz schön glatt.

Für Regen: Anorak, Regenschutz; für Sonne: Kopfbedeckung, denn in größeren Höhen spürt man die Sonne tagsüber nicht so stark, dafür am nächsten Tag die Kopfschmerzen. Bikini und Badehose nicht vergessen, nicht überall ist FKK erlaubt. Und Hot pants werden in Dörfern nur ungern toleriert.

Reisewecker, damit die Fähre nicht verschlafen wird. Wasserkanister, um für einsame Plätze immer genug Süßwasser zu haben. Feldflasche ist für Wanderungen unentbehrlich. Kompaß und gute Karte, denn die Markierung ist oft spärlich. Reiseapotheke. Weitere Details siehe Kapitel "Wandern"!

Ob nun der Koffer oder der Tramperrucksack das bessere Gepäckstück ist, das ist abhängig vom Vorhaben auf der Insel (z.B. Wanderungen).

★ Versicherungen:

gibts heutzutage für alles. Die "Sicherheits- Freaks" bauen auf Rundumschutz. Brauchbar davon erscheinen uns eine Krankenversicherung und der Auslandsschutzbrief, sofern man mit eigenem Fahrzeug unterwegs ist:

Auslandsschutzbrief: bekannt vom ADAC. Wer nicht Mitglied ist, bekommt ihn auch bei anderen KFZ-Versicherungsgesellschaft. Die Leistungen sind umfangreich: Pannenhilfe, Krankenrücktransport, Abschleppen, Ersatzteilversorgung, Mietwagen, Heimfahrt bei Defek, Totalschaden oder Krankheit, ca. 25 DM beim ADAC für Mitglieder, 1 Jahr gültig.

Bedingungen vor der Fahrt genau studieren, damits hinterher keine Enttäuschung gibt.

Krankenversicherung fürs Ausland: übernimmt alle Arztkosten, die von der gesetzlichen Krankenkasse nicht erstattet werden. Zusätzlich: Krankentransport und Überführung im Todesfall. Gibts bei Krankenkassen, Reisebüros, günstig für ADAC-Mitglieder.

Gesundheit

Die medizinische Versorgung in Frankreich generell ausreichend, Krankenhäuser in größeren Städten, private Ärzte haben montags oft geschlossen.

Der Gang zum Arzt (médecin oder docteur) muß zunächst selbst bezahlt werden. Ärztliche und zahnärztliche Behandlungen sind auch für Franzosen nicht kostenlos, bei der späteren Abrechnung mit den zuständigen Ortskrankenkassen erstatten diese nur einen Teil. Gleicher Abrechnungsmodus gilt auch für Ausländer (deren Land ein Abkommen mit Frankreich hat).

Voraussetzung für die Kostenerstattung:

- Vordruck E 111, bzw. SE 11007 für Österreicher, der bei jeder Krankenkasse erhältlich ist. Es ist kein Behandlungsschein, sondern nur der Nachweis einer Versicherung im Heimatland.
- Die erbrachte Leistung muß vom Arzt im Vordruck "feuille de soins (assurance maladie)" bestätigt werden. Mit den beiden Formularen und der
- Rechnung bekommt man bei der für den Aufenthaltsort zuständigen "caisse primaire d`assurance maladie" (Ortskrankenkasse) den in Frank-reich üblichen Satz sofort erstattet. Der Eigenanteil kann jedoch erheblich sein

Der gleiche Abrechnungsmodus gilt auch für Arzneimittel. Nur der Betrag besonders wichtiger Medikamente wird zu 100 % erstattet. Den lästigen Vorgang der Kostenerstattung übernimmt in der Regel auch die heimatliche Krankenkasse - aber erst nach Rückkehr in Deutschland.

Bei stationärem Krankenhausaufenthalt stellt die "Caisse primaire d' assurance maladie" einen Kostenübernahmeschein aus, wenn vom Arzt eine Notwendigkeitsbescheinigung und der Vordruck E 111 bzw. für Österreicher SE 11007 vorgelegt werden kann.

Bei Notfallaufnahmen übernimmt das Krankenhaus den Verwaltungskram. Auch hier kann bei der Endabrechnung ein Differenzbetrag auftreten, der aus eigener Tasche gezahlt werden muß bzw. durch obige Zusatzversicherung abgedeckt wird.

Apotheken (Pharmacie) an Schildern mit grünem Kreuz zu erkennen. Montags haben viele geschlossen. Eine gut ausgestattete Reiseapotheke ist in jedem Fall goldwert.

- Schmerzmittel, fiebersenkende Mittel, Grippetabletten
- Medikamente gegen Magen- und Darmstörungen, Seekrankheitstabletten
- elastische Binde, Schnellverband, entzündungshemmende Salbe und gegen Prellungen.
- Tinktur zum Desinfizieren, Pflaster und das praktische Spraypflaster für kleine Wunden
- Creme gegen Sonnenbrand und Insektenstiche.
- Pinzette (wenn man sich einen Stachel reingezogen hat), kleine Schere
- Sonnencreme, After Sun Lotion. Gibts zwar auch vor Ort
- weiteres mit dem Hausarzt absprechen

Sonne: Vorsicht, bei der leichten Brise spürt man die starke Sonneneinwirkung kaum. Schnell ist man rot wie ein Hummer im Kochtopf, besonders bei "oben ohne". Rechtzeitig vorbeugen: Sonnencreme, Sonnenschirm und Sonnenhut sind in jedem Badeort in großer Auswahl erhältlich. Und die ersten Tage mit dem Sonnenbaden langsam beginnen.

Toiletten: weit verbreitet sind noch die originellen, wenn auch gewöhnungsbedürftigen "Hocke-Dusch-Dich-Klos". Klartext: Nach erledigtem Geschäft an die Türklinke, erst dann den Wasserabzug betätigen und schnell raus.Sonst gibts nasse Füße oder mehr... Unterm Strich sind sie, sofern man die "Bedienung" beherrscht, - aber hygienischer als verdreckte "Brillen".

Hommes	=	Männer (oder Symbole)
Dames bzw. Femmes	=	Frauen (oder Symbole)

GELD

Rund ums Geld: Den korsischen Franc gibt es noch nicht. Es gilt der franz. Franc (FF) gesplittet in 100 centimes. Banknoten zu 500, 100, 50, und 20 FF. Münzen zu 10, 5, 2, 1, 1/2 FF und 20, 10, 5 Centimes (C).

Einfuhr von französischen Noten und Münzen unbegrenzt. Ausländische Banknoten, Reiseschecks etc. können in unbegrenzter Höhe eingeführt werden, müssen aber deklariert werden.

Ausfuhr nur bis maximal 12.000 FF in französischen oder entsprechenden Banknoten. Ausfuhr von Reiseschecks, ausländischen Banknoten etc. nur in Höhe der deklarierten Einfuhr möglich.

Es ist ratsam, verschiedene Zahlungsmittel gut verteilt mitzunehmen. Euroschecks, Travellerchecks, Postsparbuch, Bargeld möglichst nur als Reserve, es wird generell zum schlechtesten Kurs getauscht. Am günstigsten noch im Heimatland. Für Schecks erhält man in jedem Falle einen günstigeren Kurs. Schecks und Ausweis(karte) getrennt aufbewahren.

Travellerschecks sind eine sichere Sache, denn bei Verlust gibts Ersatz, zur Zeit sind Reiseschecks in französischen Francs günstiger als DM-Schecks (1 % Bearbeitungsgebühr, neueste Entwicklung auf der Bank erfragen).

Euroschecks - bequemes Zahlungsmittel - werden auf jeder Bank in grösseren Shops, Hotels etc. eingelöst, in Restaurants ist es nicht üblich damit zu zahlen. Höchstausstellungssumme variiert von 750 FF - 1.200 FF. Umgerechnet wird in Deutschland nach dem Tageskurs. Kosten: 1,75 % der Ausstellungssumme, mindestens 2,50 DM. Für überraschende Notfälle auf jeden Fall genügend Scheckformulare mitnehmen.

Creditcards: in Frankreich weit verbreitet. Praktisch, da man nicht viel Bargeld mit sich rumtragen muß. Restaurants, größere Hotels, Autovermieter etc. akzeptieren die kleinen Plastikkarten.

Telegrafischer Nachschub, falls doch mal das Geld ausgeht. Dauert ca. 1 Tag, kostet jedoch einiges an Gebühr (gestaffelt nach der Höhe der angeforderten Beträge). Ausweis beim Abholen nicht vergessen.

Billiger: Auslandspostanweisung, dauert den normalen Briefweg, Gebühr gestaffelt z. B. bei 500 DM kostets ca. 7 DM. Ausweis beim Abholen nicht vergessen.

Banken: sehr zahlreich, allerdings total uneinheitliche Öffnungszeiten. Viele Banken haben montags geschlossen, dafür Samstag geöffnet. Mittagspause unterschiedlich, selten bis spät abends offen. Die Öffnungszeiten variieren zudem noch mit Sommer- und Wintersaison. Öffnungszeit im Text.

Scheck und Postsparbuch kombiniert, kam uns am praktischsten vor. Geldabheben vom Postsparbuch in größeren Städten und Touristengebieten. Aufkleber "Postsparkasse" am entsprechenden Schalter. Zur Zeit etwa in 20 Orten Korsikas (im Ausbau begriffen). Verzeichnis an deutschen Postämtern erhältlich.

Abheben wie zu Hause: grünes Auszahlungsformular auf deutsch und französisch beschriftet. Personalausweis bzw. Reisepaß und Ausweiskarte erforderlich. Innerhalb von 30 Tagen kann man 2.000 DM abheben, Auszahlung in Francs (nach Tageskurs). Ausstellung nur in Hunderterbeträgen, maximal 1.000 DM/Tag.

Geldwechsel in Postämtern, mit dem Aufkleber "Change". Per Kreditkarte "Visa" oder "Eurocheque" bekommt man auch an französischen Postämtern Geld, wenn der Aufkleber CB\VISA bzw. EC vorhanden.

Postämter (PTT) fast in jedem Ort. Öffnungszeiten variabel. Details siehe Text.

Briefkästen: In den Postämtern bzw. manchmal auch an der Außenwand versteckt. Briefkasten in den Orten gelb. Achtung, verschiedene Einwürfe. Einen für das jeweilige Département, der andere "autres destinations" fürs Ausland bzw. Unterteilung in Brief (lettre), Eilbrief (par express) und Drucksache (imprimé).

Briefmarken (timbres) in Postämtern erhältlich (auch Luftpostbriefe = aerogrammes), an gelben Briefmarkenautomaten mit Münzeinwurf oder in Tabakwarenläden. Für Einschreibesendungen (recommandé) wie üblich separaten Zettel mit der Anschrift ausfüllen. Für Päckchen (paquet) ins Ausland ist ein grünes Zolletikett notwendig.

Poste restante: postlagernde Briefe können an jedes Postamt gesandt werden. Sie gehen automatisch ans Hauptpostamt, anderenfalls ist ein Vermerk nötig. Beim Abholen geringe Gebühr pro Brief, Ausweis unbedingt erforderlich. 2 mal im Monat werden postlagernde Sendungen durchforstet. Alles was zu dem Zeitpunkt länger als 15 Tage dort liegt wird zurückgeschickt.

Nachsendeantrag möglich (Ordre de Réexpedition Temporaire). Von Post zu Post kostenlos, andernfalls ca. 25 DM Gebühr. Anschrift in Frankreich mit 5-stelliger Postleitzahl (wichtig).

Telefon:

Rund 1.160 Telefonzellen über die kleine Insel verteilt, trotzdem mitunter ein Geduldsspiel, eine funktionierende zu finden. Von jeder "Zelle" direkte Durchwahl ins Ausland. 19 vorwählen. Brumm-Ton abwarten, dann 49 für Deutschland, 43 für Österreich, 31 in die Schweiz plus Ortsvorwahl ohne "0". Beispiel nach München: 19-49 89 + Rufnummer.

Achtung: in Frankreich muß innerorts auch die Ortskennzahl mitgewählt werden, also 8-stellige Nummer.

Fast in jeder Telefonzelle kann man sich zurückrufen lassen - Rufnummer in der Kabine angeschrieben. Vorwahl aus der BRD, Österreich, Schweiz nach Frankreich 0033 und die 8-stellige Nummer. Telefonkabinen in den Postämtern ohne Münznachwurfstreß.

Vom Hotelzimmer, Café oder Restaurant kann die Einheit bis zu 40 % teurer sein. Münzeinwurf bei allen Apparaten. 5 FF, 1 FF, 50 Centimes (1/2), 20 centimes oft gesperrt, die neuen "Digitalautomaten" haben statt 20 centimes den 2 FF Einwurf.

Telefonkarte: Ein Sonderservice für lange Gespräche. Nur an speziellen Fernsprechern verwendbar, die notwendigen Plastikkarten mit 40 und 120 Einheiten in den Postämtern und an speziellen Verkaufsstellen mit dem Hinweis "Télécarte" erhältlich.

Ermäßigte Gesprächszeiten in den Abendstunden und an den Wochenenden bis zu 60 %, gilt für Telefonate in EG-Länder. Schweiz, Österreich und Jugoslawien 30 % verbilligt von Mo.-Fr. 18-21.30 Uhr. 50 % verbilligt von Mo.-Fr. 6-8 Uhr und 21.30 - 23 Uhr, Sa. 6-8 Uhr und 14 - 23 Uhr, So. 6 - 23 Uhr. 65 % verbilligter Nachttarif von 23 - 6 Uhr.

Literatur:

Am spaßigsten liest sich "Asterix auf Korsika", Band XX. Mit liebevoller Ironie werden Korsen und Korsika charakterisiert.

Prosper Mérimée: "Colomba"

Die Hauptperson Colomba lebte in Olmeto bei Propriano - man findet es als Taschenbuch in allen grösseren Buchhandlungen, wir haben es nur auf Französisch entdeckt.

P. Mérimée: "Mateo Falcone"
Eine tragische Geschichte eines Korsen, der seinen Sohn zugunsten seines Ehrgefühls opfert. Reclamheft (Nr. 9795) französisch und deutsch.

Guy de Maupassant: "Ein Leben".

"La Corse - Album d´un collectionneur" von J. P. Marzocchi. Korsika in historischen Postkarten, ein sehr schöner und interessanter Band. Die Menschen, Häuser, Leben, Landschaft zu Anfang des Jahrhunderts. Text nur auf französisch. (im Buchhandel auf Korsika erhältlich)

"Korsika. Historische Skizzen und Wanderungen im Jahre 1852", von Ferdinand Gregorovius, Societäts-Verlag.

"Corsica", James Boswell, Elster Verlag, Moos & Baden-Baden von Dirk Gerdes neu herausgegeben. Eine interessante Mischung aus Reisetagebuch, Bevölkerungstudie und historischem, politischem Background durch die Brille eines liberal-fortschrittlichen Engländers des 18. Jhd. gesehen, der ein Verehrer des korsischen Nationalhelden Pascal Paolis war.

"Auf Korsika", Reisen durch Raum und Zeit von Ingeborg Guadagna, Prestel Verlag, München. Recht lyrisch geschrieben, man vermißt etwas die sonst übliche Informationsdichte der Reihe.

"Korsika" von Tulio Bagnati und Albano Marcarini, Verlag Scheuble & Baumgartner. Von 2 italienischen Städtebauplanern recht engagiert geschrieben. Liebhaber in der Macchia versteckter Kirchenruinen, finden in dem Buch neue Hinweise.

"Korsika" von Hermann Schreiber, Hallwag Verlag mit 30 Farb- und 55 Schwarzweiß Fotos.

"Korsika in Farbe" von Jean Hureau, ein Bildband mit schwärmerischen Beschreibungen. Viele Zukunftsprognosen. Geo Center Stuttgart 3. 88 Farbfotos.

"Korsika" Merian Band. Auf 136 Seiten interessante Hintergrundinformation über Land und Leute, sehr schöne Fotos.

"Korsika. Kunstreiseführer. Natur und Kultur auf der Insel der Schönheit.". Menhirstatuen, pisanische Kirchen und genuesischen Zitadellen Autoren: Almut und Frank Rother. DuMont Verlag Köln.

"Die Megalithkulturen" Zeugnisse einer verschollenen Ur-Religion. Von Sybille von Reden. DuMont Verlag Köln.
Sehr empfehlenswert zur Vertiefung der korsischen Megalithepoche. Der Band befaßt sich mit Forschungsmethoden, Datierungsproblemen, Theorien und den Fundstätten in ganz Europa von England über Frankreich, Korsika, Sardinien, Malta etc.

"Und sie erstarrten in Stein - frühe Mysterienstätten in Korsika als Keime unserer Zeit" von Adalbert Graf von Keyserlingk. Basel 1983. In diesem Band stellt Keyserlingk seine Observatoriumstheorie vor: Kultmonumente als astronomische Beobachtungsposten.

"Corse la liberté pas la mort", Vanina, Acratie. Sehr informatives Buch zur korsischen Frage. Guter Überblick über die historischen Hintergründe der Autonomiebewegung, deren Ursachen und die politische Entwicklung bis 1983.

"La Question Corse", von M. Labro, Ed. Entente 1977. Beide in Buchhandlungen auf Korsika erhältlich.

"Berge-Korsika" Nr. 22. Ein ganzes Magazin nur über die Insel der Schönheit. Viele Tips zum Wandern, Klettern, Kanufahren und Skifahren. Buchler-Verlag Schweiz. Im Buchhandel erhältlich.

"Die Kosmos Mittelmeerflora". Über 500 Mittelmeerpflanzen in Farbe. Von Ingrid und Peter Schönfelder. Kosmos-Verlag, Franckh'sche Verlagshandlung. Stuttgart 1984.

Spezial- Literatur:
zu Segeln, Wandern, Klettern, Kanufahren etc. : siehe jeweiliges Kapitel/Abteilung "Sport" ab Seite Seite 67

Tageszeitungen:

"Corse Matin" und "La Corse" - Le Provençal - richtige Lokalblätter, informieren über Inselalltag und -politik. Wichtig für Kinoprogramme, Abfahrtszeiten der Fähren und Flugzeuge, eventuelle Streiks und Adressen (wie ärztl. Bereitschaftsdienst etc.), kaum Weltpolitik.

Deutsche Zeitungen gibts in Touristengebieten.

Eine Zeitschrift mit aktueller Hintergrund-Information ist "Kyrn, Le Magazine de la Corse" mit einer Rubrik in korsischer Sprache. Erscheint alle 1-2 Monate, seit Anfang der 70er Jahre. Engagiert und kritisch hält Kyrn der Insel den Spiegel vor. Kritisiert konstruktiv, regt an, berichtet über große und kleine Probleme der Insel.

In eigener Sache:

Es liegt in der Natur der Dinge, daß bei der Fülle an konkreter Information, die dieses Buch enthält, sich im Laufe eines Jahres einiges ändern kann.

Deshalb bitten wir um Mitteilung von Abweichungen. Wer uns ansonsten irgendwelche ausgefallenen Tips wie neue Routen, schöne Hotels mit viel Atmosphäre oder ähnliches schickt, wird bei der Neuausgabe dieses Buches namentlich zitiert.

Bitte schreibt uns, wir freuen uns über jeden brauchbaren Tip, weil wir es wichtig finden, daß man nicht irgend ein blödes Laberbuch, wie leider viele Reiseführer mit sich schleppt, sondern etwas, was wirklich nützlich und hilfreich ist! –

VERLAG
MARTIN
VELBINGER
Bahnhofstr. 106
8032 Gräfelfing/München

Radio:

Der Sender RCI Radio Corsica International bringt u. a. korsische Nachrichten, korsische Musik (91 und 95 MHz FM).

Ebenso Cap Radio Corsica in Bastia 100,8 MHz. FM. und 100,45 MHz.FM Radio Calvi Citadelle auf 91,7 MHz.

Fernsehen: FR 3 Corse sendet z. Zt. ca. 45 Min., Nachrichten "E Nutizie", Magazine etc. zusätzlich sportliche, kulturelle, aktuelle Ereignisse. Zur Zeit haben sie ca. 24 Std. Sendezeit im Monat, im Vergleich zur Zeit vor 1982 ist das ein gewaltiger Fortschritt, mehr Sendezeit wäre den Korsen natürlich lieber. Der Traum bleibt jedoch eine unabhängige Fernsehstation.

Karten:

Michelin Straßenkarte Nr. 90, Maßstab 1:200.000. Gute Bezeichnung der Straßen, Steigung, Teerdecke etc. In Frankreich sehr preiswert.

"Corse Nord 73" und "Corse Sud 74", Maßstab 1: 100.000 des IGN/France, über Geo-Center Stuttgart. Beinhaltet viele Wanderwege und alle Hütten.

Besser für Wanderungen die Karten "Itinéraires Pédestres" Corse Nord (Nr. 20) und Corse Sud (Nr. 23). Maßstab 1:50.000. Decken fast die ganze Insel ab, sehr detailliert,sogar Quellen eingetragen. Entweder direkt auf Korsika oder beim GeoCenter Stuttgart besorgen.

Feiertage: In Frankreich: 1. Januar, Ostermontag, 1. Mai, Christi Himmelfahrt, Pfingstmontag, 14. Juli (Nationalfeiertag), 15. August, 1. November, 11. November (Waffenstillstand 1918), 25. Dezember. Von den vielen lokalen Prozessionen zu Ehren ihres Schutzheiligen sind folgende interessant:

Feste und Festivals:

Karfreitag: "Catenacciu Prozession" in Sartène (mehr im Text); "Uniate" in Cargèse: eigene Osterfeiern in den dunklen Kirchen mit orientalisch anmutenden Gesängen, Erbalunga bei Bastia: eine Prozession "Cerca" von Kirche zu Kirche, 7 km lang.

Ende Juli - Aleria: "Alegru in Aleria", Musikfestival mit klassischer Musik.

Ende Juli/Anfang August: "Internationals Festival des Milelli" in Ajaccio. Konzerte mit klassischer Musik, Jazz oder moderner Musik, Opernaufführungen oder Ballett. Orgelkonzert in la Porta, Piedicroce, Ghisoni ... Anschläge beachten.

15. August: Maria Himmelfahrt, Napoleons Geburtstag, Feuerwerk in Calvi.

8.-10. September: Fest der Santa di Niolo, viele Stände, Musik und Prozession. Näheres siehe Text - Niolo.

Erste Novemberhälfte: Autorallye der 10.000 Kurven: Bastia.

Öffnungszeiten:

Kein einheitliches Ladenschlußgesetz, doch die Mittagspause ist in Frankreich heilig. Zwischen 12 und 14 Uhr ist fast alles geschlossen. Das Wochenende erstreckt sich von Sonntag bis Montag, im Klartext: Samstag nachmittag ist fast alles offen, dafür haben montags die meisten Läden zu.

Geschäfte: Etwa von 8 bis 19 bzw. 9 bis 20 Uhr offen, ausgenommen Mittagspause 12 - 14 Uhr. Auf frisches Brot kann auch Sonntag und Montag kein Franzose verzichten.

In Touristengebieten gibt es keine Regel, die meisten Shops über Mittag bzw. bis spät abends geöffnet.

Banken haben sehr individuelle Öffnungszeiten. Entweder von Montag bis Freitag oder Dienstag bis Samstag im Winter nochmal anders. Angaben im Text.

Post generell von Montag bis Samstag Mittag, Einzelheiten im jeweiligen Ort.

Strom: 220 V/50 Hz Wechselstrom. Nur die flachen Stecker passen. Für deutsche Schuko (Schutzkontakt) - stecker Adapter erforderlich. Als Eurostecker im Fachhandel oder beim ADAC erhältlich.

Adressen:

Tourist INFO

FRANZ. FREMDENVERKEHRSÄMTER:

BRD: Westendstraße 47, 6000 Frankfurt/Main 1,
Tel.: (069) - 74 05 51/ 75 20 29 und
Berliner Allee 26, 4000 Düsseldorf, Tel.: (0211) - 8 03 75

ÖSTERREICH: Hilton Center Nr. 259, Landstraßer Hauptstr. 2, 1030
Wien, Tel.: (222) 75 70 62,

SCHWEIZ: 2, rue Thalberg, 1201 Genf, Tel.: (022) 32 86 10, und
Bahnhofstr. 16, 8022 Zürich

ZENTRALE IN PARIS: A.N.I.T.; 8, Av. de l'opéra, F-75041 Paris.

Zentrale Informationsstelle in Korsika: L'Agence Regional du Tourisme et
des Loisires de la Corse
BP 19 - 22 Cours Grandval
20176 Ajaccio Cedex

Tourist Info in jedem größeren Touristenort. Adressen und Öffnungszeiten siehe jeweiliger Text.

BOTSCHAFTEN:

Bundesrepublik Deutschland:
13/15 Av. Franklin D. Roosevelt.
75008 Paris

Auf Korsika kein deutsches Konsulat, das nächste in Marseille: 338,Avenue des Prado sowie in Nizza: 31, Avenue de Baumettes.

Republik Österreich:
6, Rue Fabert, 75007 Paris

Schweizerische Eidgenossenschaft:
142, Rue de Grenelle, 75007 Paris

NOTRUFE = Appels urgents

Police: 17

Feuerwehr (Pompiers): 18

Gendarmerie: Bastia: 95 31 42 81
Ajaccio: 95 21 08 26

Wetteramt (Météo): 95 21 05 81

In der Tageszeitung unter "A votre Service" stehen die wichtigsten Telefonnummern.

ARZTBESUCH

KRANKENHÄUSER:

Ajaccio: Centre Hospitalier, Av. Impératrice - Eugénie,
Bastia: Centre Hospitalier Toga,

weitere Krankenhäuser in Calvi, Corte, Porto-Vecchio, Sartène

Im Fernsprechbuch, gelbe Seiten sind weitere Telefonnummern unter

Ambulances = Krankenwagen
Cliniques = Krankenhäuser
Médecins = Ärzte
Pharmacies = Apotheken

Gendarmeriestationen stehen ganz oben beim jeweiligen Ortsverzeichnis.

Unterkunft

Hier gibt es im wesentlichen die Möglichkeiten: Hotel, Appartement, Camping oder Jugendherbergen.

Privatpensionen können übers Touristenbüro vermittelt werden, aber selten. Preislich günstige, einfache Zimmer mit familiärer Atmosphäre. Wer billig übernachten möchte, dem ist ein kleines Zelt zu empfehlen. Das Wetter ist im Sommer zum Campen prima.

Wie bei südlichen Hotels, ist (meist) der Komfort nicht mit den heimischen Hotels vergleichbar. Die billigsten Zimmer sind klein, einfach, das Mobiliar häufig älteren Datums. In der mittleren Preisklasse sieht es besser aus.

Andererseits ist es im Sommer auf Korsika so warm, daß man es im Zimmer gar nicht lange aushält. Wir haben die bekannten Sterne * mit angegeben, damit sich jeder die Kategorie vorstellen kann. 4* Luxushotels gibt es nur eine Handvoll.

Die Preise sind für Doppelzimmer (DZ) angegeben, Einzelzimmer selten. Preise für Vollpension (VP), Halbpension (HP) gelten für eine Person. Die billigsten Doppelzimmer ab 30 DM, *** Hotel 80 DM und mehr. Zur Vor-/Nachsaison günstiger.

Wichtig sind Europastecker, sonst paßt kein Rasierapparat, 220 V, Wech-selspannung vorhanden.

Zur Hauptsaison Zimmer unbedingt vorbuchen, oder lange Suche einplanen. Im Winter und Frühjahr sind viele Hotels geschlossen, die Auswahl natürlich damit geringer. Hotel-Übernachtung außerhalb der Saison aber kein Problem, Engpässe eventuell in kleineren Orten.

Hotelverzeichnis im Touristenbüro erhältlich (gratis). Für Adressen, Öffnungszeiten und Telefonnummern o.K., Preise schon oft überholt.

Campingplätze sind zahlreich über die Insel verteilt. Am häufigsten natürlich an der Küste.

Der Komfort ist sehr unterschiedlich; die Anzahl der Sterne gibt darüber kaum Auskunft. Er macht sich im wesentlichen bei den Sanitäranlagen und dem Vorhandensein von Stromanschlüssen bemerkbar.

Die meisten Plätze besitzen einen Lebensmittelladen oder sogar Restauration. Die grünen Wiesen sind im Sommer häufig vertrocknet, der Platz dann staubig. Schattige Bäume sind aber die Regel und bei den Sommertemperaturen auch nötig. Wenig Plätze liegen direkt am Meer - Ausnahme Ostküste.

Ein Verzeichnis der Campingplätze mit Öffnungszeit, Telefonnummern etc. bekommt man kostenlos in den Touristenbüros.

Die Campingplatz-Preise variieren je nach Ausstattung, Lage und Anzahl der Sterne. Durchschnittlich haben wir 10 DM - 15 DM für 2 Personen, Zelt/Auto, bzw. Wohnmobil festgestellt. Bei Preisvergleichen darauf achten, ob Warmduschen inbegriffen sind. Strom kommt extra hinzu.

Achtung: die meisten Plätze sind nur zur Saison geöffnet, d.h. bis Anfang oder Mitte Oktober. In Stadtnähe auch ganzjährig geöffnete Plätze zu finden.

Da offenes Feuer auf Korsika strengstens verboten ist, unbedingt einen kleinen Kocher (Gas, Spiritus, Benzinkocher etc.) mitnehmen. Die kleinen GAZ- Kartuschen gibts überall in den Shops auf Korsika, - für größere:

Campinggas: Blaue Gasflaschen (1,8 kg und 2,7 kg z.B. Nr. 907) bekommt man problemlos getauscht, oft sogar in Supermärkten, sonst Sporthandlungen etc. Campinggaskartuschen überall erhältlich, in etwa gleicher Preisklasse wie zuhause.

Die großen Campinggasflaschen (5 kg und 11 kg) werden bisher nur bei THERMOGAZ, südlich von Bastia nachgefüllt: von Bastia kommend einige Kilometer stadtauswärts (Süden), zwischen Kreisverkehr und nächster Ampel auf der linken Seite etwas zurückgesetzt der Straße.

Im Süden bei Porto-Vecchio weitere Anlaufstelle bei M. Albertini, Tankstelle Elf Antar, Route de Sotta. Unter Umständen 1 Tag Warten einkalkulieren, da er den Transport zur Nachfüllstation übernimmt. Flaschentausch ist im Gepräch.

Wildcampen ist generell verboten: "CAMPING INTERDIT"- ein Schild, das auch ernst zu nehmen ist! Polizeikontrollen, mitunter auch Geldstrafen. Wer dann noch sein Lagerfeuer in der Macchia anzündet, weil er sich den Kocher sparen wollte, handelt unverantwortlich, ja sogar grob fahrlässig, denn auch gewissenhaft gelöschte Feuer können sich u.U. wieder selbst anzünden. Leider sind jedes Jahr Großbrände zu verzeichnen (siehe auch "Waldbrand"!).

Ferienwohnungen:

Vielfältiges Angebot von Privatleuten, über Makler vermittelt. Die Preise sind recht hoch. In Erbalunga z.B. ein altes Haus für 6 Personen zur Saison 2.200 DM/Monat. Vermietung meist nur monatsweise.

Kleine Villen in Porto-Vecchio z.B. für 2- 4 Personen. Ausgestattet mit Kitchenette und Bad. Der Swimmingpool der Anlage kann mitbenutzt werden, nicht am Meer gelegen. Preis pro Woche ca. 1.000 DM (siehe dort). Schriftliche Anfragen und Vorbestellungen über die Touristenbüros (rechtzeitig).

Häufig auch Feriendörfer bzw. Clubs. Ausstattung der Unterkünfte total unterschiedlich, oftmals großes Freizeitangebot mit Animation und/oder FKK. Buchung und Infos in der Regel über Reisebüros. Anlagen dieser Art vorwiegend an der Ostküste bzw. Porto - Vecchio sowie im Küstenbereich um Calvi.

Gites Ruraux: Ferienwohnungen auf dem Lande, komplett ausgestattete Wohnungen bzw. kleine Häuser, allerdings selten am Meer. Auf Korsika gibt es knapp 300 solcher Gites Ruraux, die überwiegend Privatleuten gehören. Ausstattung und Komfort variiert natürlich. Infos und Adressen über: Gites Ruraux 22, Bv. Paoli 20.000 Ajaccio

Jugendherbergen (Auberges de la Jeunesse)
"E Case Amiche" - die korsische Version der Auberges de la Jeunesse, jugendherbergsähnliche Unterkünfte überwiegend im Inland, oft an Wanderrouten gelegen. Manchmal ist ihnen ein Reitcenter angeschlossen, manche eignen sich auch gut als Stützpunkt für Skilanglauf im Winter.

Kapazität im Schnitt 20 - 30 Betten, z.T. werden auch Mahlzeiten angeboten, bzw. Kochgelegenheit vorhanden.

Mittlerweile gibts rund 2 Dutzend solcher "Case Amiche" auf Korsika. Ausstattung und Größe variieren stark - reicht von der Unterbringung in einem ehemaligen Convent wie in Calacuccia, über Räume in Dorfschulen, bis zur Zeltunterkunft. In der Regel einfache Schlafsäle, kein Luxus - aber mit Atmosphäre.

Zur Saison z.T. starker Andrang, deswegen am besten schon vormittags um einen Platz kümmern.

Naturgemäß gibt es von Saison zu Saison gewisse Veränderungen, was bei der geringen Kapazität und der Improvisiertheit nicht ausbleibt.

Deswegen vorher die Broschüre "E CASE AMICHE - Auberges de la Jeunesse" besorgen. Enthält wichtige Kurzinfos, Adressen, Telefonnummern, Zahl der Betten, ob Mahlzeiten (repas) angeboten werden, Preise durchschnittlich bei 12 DM/Person, Zeltübernachtung billiger. Anzufordern über:

Agence Regionale du Tourisme et des Loisirs, 20.000 Ajaccio oder Ligue Française pour les Auberges de la Jeunesse, 38 Bd. Raspail, 75007 Paris.

Zusätzlich preiswerte Unterkunftsmöglichkeiten für Jugendliche in Verbindung mit Sportkursen.

Adressenliste anfordern bei: Directions Régionale de la Jeunesse et les Sports, Residence Triana BP 294, 20184 Ajaccio.

Essen und Trinken

Pikant, herzhaft und interessant gewürzt ist die korsische Küche. An der Küste Fisch- und Meeresspezialitäten, im Landesinneren eher deftige Kost. Aber auch in Korsika hinterläßt der Tourismus seine Spuren. Die echte korsische Küche findet man am ehesten in kleinen unscheinbaren Gaststätten, da wo die Einheimischen hingehen.

Wie in Frankreich üblich, werden Menüs serviert. Menüs sind zwar teurer als ein deutsches Durchschnittsessen, dafür reichhaltiger mit Vorspeise, Hauptgericht und Nachtisch. Gelegentlich ist auch der Wein mit einbegriffen.

Das Charakteristische an der korsischen Küche sind die Gewürze, Kräuter wie Majoran, Thymian, Basilikum, Fenchel, Myrthe bestimmen das Aroma. Zubereitet werden die Speisen in Olivenöl, Butter ist die Ausnahme.

Charcuterie Corse: verschiedene Wurst- oder Schinkensorten, meist als Vorspeise serviert. Ganz ausgezeichnet.

Das korsische Schweinefleisch ist besonders schmackhaft. Die Tiere laufen frei herum und ernähren sich im Herbst überwiegend von Kastanien. Geräuchert über Macchiakräutern gibt es den herzhaften Geschmack.

Spezialität, die köstliche **Coppa** und **Lonzu** aus würzigem Schweinefleisch im Naturdarm, die Coppa rollbratenähnlich eingebunden.

Korsischer **Prizuttu**, roher Schinken, butterweich und zart, mit frischem Landbrot und Wein eine herzhafte casse-croûte.

Pâté de Merle, Amselpastete mit Myrthe gewürzt, gilt als korsische Spezialität, doch Geschmacksache, uns gefallen die Amseln im Wald besser. Inzwischen sind Fabrikation und Verkauf gesetzlich verboten, lediglich die Restbestände dürfen noch verkauft werden.

Zuppa Corsa: Gemüsesuppe ähnlich wie die ital. Minestrone.

Langusten: frisch gefangen, am ehesten am Cap Corse oder in Bonifacio. Nicht ganz billig, aber schmecken ausgezeichnet. Zubereitet entweder a l'américaine, à la mayonnaise, oder à la vinaigrette.

Soupe de poisson: Fischsuppe mit geriebenem Käse und geröstetem Brot serviert.

Friture du golfe: fingerlange Fischchen im Omeletteig gebacken, gelegentlich auch 1 größeres Exemplar.

Dorade: Goldbrasse und Rouget (Meerbarbe) kommen aus heimischen Gewässern.

Bachforelle: schmeckt ganz prima. Bekommt man im Inland.

Zum Nachtisch gibts Käse, Obst oder Eis. Wenn es jedoch **Fiadoni** (Torte mit Brocciufüllung) oder **Fritelli** gibt, sollte man sich das nicht entgehen lassen (Omelett aus Kastanienmehl).

Der **korsische Käse** ist grundsätzlich aus Schafs- (Brebis) oder Ziegenmilch (Chèvre) hergestellt, sehr pikant und herzhaft, z.B. der "Ponte Leccia" oder der "Corso", ein Schafskäse aus dem Golotal. Meist werden sie als runde, 300 - 400 g Stücke angeboten. Äußerlich nicht sehr attraktiv gemacht. Eine Riechprobe beim Kaufen bewahrt einen vor bösen Überraschungen. Je älter der Käse, desto dunkler und "stinkiger".

Als Spezialität gilt der "Brocciu", ein frischer, quarkähnlicher Schafskäse. In Omelett gefüllt, schmeckt er prima. Lecker sind auch Fladen aus Brotteig mit Brocciu gefüllt. "Imbrocciata" heißen Weißkäsetörtchen.

Obst wird in großen Mengen angebaut: Weintrauben, Mandarinen, Orangen, Pfirsische und Aprikosen. Feigen wachsen überall wild.

Brot: man bekommt fast nur Weißbrot, meist das stangenförmige Baguette oder das runde Pain de Campagne. Vollkornbrot oder ähnliches kaum zu finden (pain de seigle = Roggenbrot). Zum Frühstück ißt man meistens croissants (Hörnchen) und pains au chocolat.

Honig: beliebtes Mitbringsel vieler Touristen. Die einzelnen Honigsorten unterscheiden sich stark. Kastanienhonig ist dunkel und schmeckt sehr kräftig, fast bitter, nicht jedermanns Geschmack. Honig aus Cargèse, unser Lieblingshonig, würzig, ohne aufdringlich zu schmecken. Der Honig aus der Balagne ist recht mild.

Wein

Ein Mahlzeit ohne Wein ist auf Korsika undenkbar, begünstigt durch Klima und Bodenbeschaffenheit wachsen hervorragende Sorten. Die Griechen brachten bei ihrer Kolonialisierung erfreulicherweise auch das Know-how des Weinanbaus mit , der nun seit rund 2.500 Jahren betrieben wird.

Im Mittelalter hatte der korsische Wein ein recht gutes Renommée - sogar die Päpste sollen korsischen Wein bestellt haben. Einen Einbruch erlebte der Weinanbau im 19. Jhd. durch starken Reblausbefall. Der Weinanbau wird zum Teil heute noch auf winzigen Parzellen, an steilen Hängen im Bergland betrieben. Die dort geringen Erträge bedeuten natürlich etwas höhere Preise. Insgesamt lebt etwa 1/5 der Bevölkerung vom Rebanbau.

Seit den 60 er Jahren wurde im Zuge der Neuansiedlung der Pieds Noirs (siehe Ostküste und Geschichte) verstärkt Wein in Monokultur an der fruchtbaren Ostküste angebaut. Riesige Anlagen in der 12 km breiten Ebene lassen sich rationell bewirtschaften. Die dort produzierten einfachen "Vins de Pays" beeindrucken jedoch eher durch Ertragsmenge als durch Qualität und werden nicht unbedingt als Werbung für korsischen Wein empfunden. Bekannte Namen stammen kaum von der Ostküste. Weinskandale skrupelloser Geschäftemacher brachten den korsischen Wein zeitweise in Mißkredit.

Der Weinanbau wird zunehmend unrentabel, die Größe der Anbaugebiete geht stark zurück. Das liegt an den wirtschaftlichen Schwierigkeiten der Weinbauern angesichts der EG-Überproduktion und an den Prämien, die bei Aufgabe von Weinanbauflächen winken. Fatalerweise müssen sie häufig zum Zurückzahlen von Schulden verwendet werden, statt damit eine neue Existenz aufzubauen. 1985 wurden insgesamt 995.000 Hl produziert, davon 72.000 Hl AOC-Weine. Etwa 90 % der Gesamtmenge waren Rotweine.

Die aufgegebenen Weinberge werden z.T. zum Getreideanbau genutzt, trotz relativ ungünstiger klimatischer Bedingungen. Seit Anfang der 80er Jahre hat man zunehmend auch auf Kiwis umgestellt.

Nur Weine aus **AOC**- (Appellation d'origine contrôlée) Gebieten dürfen die Qualitätsbezeichnung **Vin de Corse** tragen, an die strenge Produktionsanforderungen gestellt werden. Bedingungen: trockene Rebhänge/-felder, Setzlinge edler Sorten, natürlicher Alkoholgehalt, mindestens 50 % müssen aus traditionellen korsischen Reben bestehen z.B. Niellucciu, Sciacarellu, Malvoisie. Begrenzte Erzeugermengen von max. 50 hl/ha Voraussetzung.

Jedes Jahr werden die Weine getestet und die Prädikate erneut vergeben. Damit die lokale Bezeichnung z.B. "Figari" auf dem Etikett erscheinen darf, dürfen maximal 45 hl/ha erzeugt werden.

Als erstes erhielt das bekannte Anbaugebiet von Patrimonio das begehrte Etikett - der dortige schiefrige, sand- und tonhaltige Boden liefert besonders gute Qualitäten. Rot, Rosé und Weißweine mit mehr als 60 % Niellucciu Rebanteil dürfen die besondere Bezeichnung Patrimonio führen.

Weitere AOC-Gebiete:

Figari - (L'Omu di Cagna) ein besonders guter Wein, meist aus kleinen Weingärten, Rebsorten Sciacarellu, Vermentinu, Carcajolu werden gekeltert.

Porto-Vecchio - leichte Roséweine, trockene Weißweine, z.B. Domaine de Torraccia.

Um Ajaccio - die Rotweine mit mindestens 40 % Sciacarellu Rebanteil dürfen sich Coteaux d'Ajaccio nennen.

Coteaux du Cap Corse - ein guter trockener Weißwein aus der Malvoisie Rebe.

Sartène und Calvi sind weitere AOC-Gebiete.

Verschiedene Rebsorten:

Eine traditionelle Rebe ist die blaue Niellucciu, sie wird u.a. im Patrimonio Gebiet und in der Casinca angebaut. Unter anderem Namen soll sie eine der besten Rebsorten des italienischen Chianti Weines sein.

Sciacarellu, auch als Tafeltraube verwendet, besonders in der Gegend um

Ajaccio und Sartène.
Vermentinu (Malvoisie) weiße Traube.
Weitere Rebsorten: Barbarosso, Carcajolo, Allatico, Rossala, Riminese werden zur Rotweinproduktion verwendet.

Preiswerten Vin de Table gibts in Weinhandlungen direkt vom Faß mit dem typischen leicht modrigen Geschmack, Flasche mitbringen! Offenen Karaffenwein bestellt man im Lokal als "Pichet".

Süßweine vom Cap Corse: Muscat, Rappu, Impassitu

Der Weinanbau vom Cap Corse macht eher durch Qualität als durch Quantität von sich reden und wird noch traditionell in sorgfältiger "Handarbeit" betrieben. Um den fruchtigen süßen Wein von 16° Alkoholgehalt zu erhalten, werden die Trauben gut 2 Wochen lang getrocknet, dadurch das Wasser entzogen und eine Erhöhung des Zucker und Alkoholgehalts auf natürliche Weise erreicht. Erst anschließend werden sie gepreßt.

Rappu: Aperitif oder Dessertwein, aus drei verschiedenen Rebsorten. Nach dem Trocknen wird er gepreßt, dann einige Tage in Holzbottichen aufbewahrt und ruhen gelassen und dann nochmal 45 Tage im Holzfaß zur Fermentierung gelagert. Er muß bei 15° C bis 17° C getrunken werden.

Impassitu: ein weißer Aperitifwein ausschließlich aus der Vermentinu Traube. Goldgelbe Farbe, trocken.

Muscat: ein Süßwein aus der Rebsorte Muscat, nur aus kleinen erlesenen Trauben.

APERITIF:

Pastis ist das Nationalgetränk der Franzosen. Ein Branntwein aus verschiedenen Kräutern und Anis hergestellt. Ähnlich wie der griechische Ouzo und der türkische Raki. Der Pastis wird zu jeder Tages- und Nachtzeit getrunken, nach Belieben mit Eiswasser verdünnt. Alternativmarke ist "Ricard".

Cap Corse, leicht süßlicher Aperitif, mit Eis sehr erfrischend.

LIKÖRE:

Cédratine, sehr süßer Likör aus der Zedratfrucht, einer pampelmusenähnlichen Zitrusfrucht.

Myrthenlikör aus der Myrthe gewonnen, der klare schmeckt leicht parfumiert.

Kastanienlikör, süßer klebriger Likör mit intensivem Maronengeschmack.

"Vin de pêche", ein süßer Aperitif aus Pfirsichen, ca. 18° Alkohol.

BAR

Hier trifft man sich, empört sich über die letzten Preiserhöhungen, spielt Karten und trinkt schnell einen Café. Morgens steht ein Körbchen mit Croissants auf der Theke, gelegentlich bekommt man auch Sandwiches.

Der Cafe: wer einfach "Café" bestellt, erhält einen "petit-noir" (kleiner Schwarzer), ähnlich dem italienischen Espresso.

Der "grand café" ist die doppelte Menge. Nur mit viel Zucker genießbar. Das Frühstücksgetränk der Franzosen, der "Café au lait" besteht halb aus Milch, halb aus Cafe.

"Café crème", kommt unserem deutschen Kaffee am nächsten.

Snacks:

Snacks gibts wie überall, Hamburger und Pommes Frites.

Sandwich = halbes Baguette mit Käse oder Wurst

Pan bagnat = Riesenbrötchen mit Salat, Thunfisch, Ei ...

Courge = feste Blätterteigtasche, gefüllt mit Gemüse. Schmeckt am besten warm.

Beignet au brocciu = süßes Schmalzgebäck mit Brocciu gefüllt.

Crêpes - Stände findet man überall.

Kuchen aus Kastanienmehl wird gelegentlich wieder angeboten, lecker, aber etwas "mampfig". Das dazu verwendete Kastanienmehl wird auf der Insel produziert. Die korsischen Produzenten müssen sich jedoch gegen italienische Ware zur Wehr setzen, die unter korsischem Etikett in den Handel gebracht wird. Das echte korsische Kastanienmehl wird unter dem Namen "Farina Corsa - Garantie d'authenticité" angeboten.

Rezepte

Crêpes au brocciu

Für 4-6 Personen, 500 g Brocciu, Salz, Pfeffer, 200 g Mehl, 150 g zerlassene Butter, 4 Eier, Kräuter nach Gusto.

Den Käse durch eine Gemüsemühle drehen. Hat man kein derartiges Utensil zur Hand, zerkleinere man den Käse, füge Mehl hinzu, Butter, Salz und Pfeffer, gehackte Kräuter und die geschlagenen Eier. Alles gut mischen, in der Pfanne wie Crêpes mit Schweineschmalz zubereiten.

Ratafia de châtaignes

1 kg Kastanien, 250 g Zucker, 1 Liter Eau - de - vie

Eingeschlitzte Kastanien werden in kaltes Wasser gelegt. Einige Minuten kochen lassen. Die beiden Schalen entfernen. Dann 20 Minuten ohne Salz in sprudelndem Wasser kochen. Abtropfen lassen und in ein Weckglas füllen. Zucker mit etwas Wasser zum Kochen bringen, Eau - de - vie hinzufügen, sobald es sprudelt ausschalten, abkühlen lassen, über die Kastanien gießen. Mehrere Monate einweichen lassen.

Canistrelli
aus Mehl, Hefe, etwas Anisschnaps, etwas Öl, Wasser, Prise Salz einen Teig herstellen, kleine Häufchen bilden, in kochendes Wasser geben - warten bis sie an die Oberfläche steigen, herausnehmen, abtrocknen und ca. 10 Minuten bei großer Hitze backen.

Fiadone - eine köstliche korsische Spezialität
500 g frischen Brocciu, 6 Eier, 300 g Zucker, geraspelte Schale einer unbehandelten Zitrone, 1 Likörglas Schnaps

Den Brocciu in eine Schüssel geben, Eier mit Zucker, Zitronenschale und Schnaps mischen, alles zusammen gut durchschlagen. In eine gefettete Form geben, im Backofen bei wenig Hitze ca. 45 Min. backen.

KLEINES SPEISELEXIKON siehe am Ende des Buches in Wortschatz!

SPORT auf Korsika

Baden und Korsika gehören einfach zusammen. Bei 300 km reinen Badeständen bieten sich sämtliche Strandvarianten an, von Feinsand über Grobkies bis zu felsigen Partien mit taucherbrillenklarem Wasser. Fast überall schöne Bergkulisse . Eine angenehme Alternative zum Salzwasser sind die kristallklaren Gebirgsbäche mit idyllischen Badegumpen.

Teutonengrill - Atmosphäre findet man Gott sei Dank nicht an Korsikas Stränden. Baderummel mit Liegestuhl -, Tretbootverleih, Snacklokalen und Strandbars beschränkt sich auf die wichtigen Zentren, z.B. Calvi, Ile-Rousse, Ajaccio, Porticcio. Bewachte Badestrände allerdings nicht die Norm. Makellose Sandstrände ohne Tang, Algen etc. darf man natürlich nicht an einsamen Buchten erwarten!

In Touristengebieten dagegen werden Strände regelmäßig gereinigt, aber gegen das "bizarre" Umweltverhalten vieler Urlauber ist auch die beste Strandreinigung machtlos. Vorsicht ist bei Felsbuchten geboten - hier hausen bevorzugt die Seeigel; Abhilfe schaffen Badeschuhe.

Luftmatratze in Verbindung mit Taucherbrille ist eine bequeme und lustige Schnorchelvariante. Nacktbaden wird in der Regel nicht gern gesehen, dafür gibts eigene FKK-Plätze. Monokini ist dagegen nach wie vor in, doch bitte mit etwas Sensibilität handhaben, besonders an abgelegenen Stränden in dörflichen Gebieten.

Kinderfreundliche Badeplätze gibt es rund um die Insel, aber keine Kinderclubs wie z.B. in der Bretagne. Zur Saison sind idyllische Buchten oft nur per Boot oder nach längerem Fußmarsch zugänglich. Ideal dagegen die Reisemonate September/Oktober, fast badewannenwarmes Mittelmeer und viel, viel Platz an den Stränden.

Welche Badeplätze an welcher Küste?

Der längste Sandstrand an der Ostküste, gut 100 km von Bastia bis kurz vor Porto-Vecchio ein 10 - 20 m breiter Streifen, der seicht ins Meer abfällt, ideal für Kinder.

Die Sandqualität variiert, großteils grauer Sand mit einigem Strandgut. Die attraktivsten Sandpartien mit schöner Regelmäßigkeit von FKK-Zentren, Feriendörfern oder Campingplätzen reserviert.

Die lagunenartigen Etangs sind nichts zum Baden. Sehr schöne Strände auch am Golf von Porto-Vecchio.

Am Cap Corse kleine Badebuchten mit Sand, Kies oder Felsklippen, im Norden vorgelagerte Inselchen. Bei St. Florent superseichter Strand, allerdings nicht picobello sauber.

An der Westküste zwischen Ile-Rousse und Calvi schöne Sandstrände in weiten Buchten. Besonders frequentiert der Strand von Calvi mit großem touristischen Angebot. Langer Kiesstrand bei Galeria, kleinere Kiesbuchten bei Porto zwischen steilen Felswänden - eine faszinierende Kulisse beim Baden.

Die folgenden drei großen Golfe: Sagone, Ajaccio und Valinco gliedern sich in kleinere Buchten, überwiegend Sandstrände, gute Zugänge durch Straßen.

Um Bonifacio neben gut zugänglichen Stränden auch zahlreiche abgelegene Buchten, die schnell per Boot erreichbar sind.

Details zu Strandgröße, Beschaffenheit, Zufahrt und Sportmöglichkeiten im jeweiligen Kapitel.

Thermalquellen auf Korsika

waren schon bei den Römern bekannt und geschätzt. Anfang dieses Jahrhunderts herrschte z.B. in Orezza (Castagniccia) ein geradezu nobler Kurbetrieb. Der kommerzialisierte Kurbetrieb steckt allerdings auf Korsika noch in den Kinderschuhen, erscheint aber durchaus ausbaufähig. Pläne liegen schon in den Schubladen, heilkräftiges gesundes Wasser sprudelt in Mengen, noch fehlt es an einer attraktiven Infrastruktur (Hotels, Amusements etc.), um eine entsprechende Klientel vom Kuren auf Korsika zu überzeugen.

Das Gros der genützten Quellen liegt in Südkorsika. Die bedeutendste Quelle, schon seit 1840 anerkannt, sprudelt bei Guagno. 72.000 Liter/Tag bei einer Temperatur von 49° C. Das schwefelhaltige Wasser soll besonders bei Rheuma helfen.

Bains de Taccana auch als Bäder von Urbalacone bekannt. 35° C warmes, schwefelhaltiges Wasser. 36.000 l/Tag. Indikation bei Rheuma, chronischen Ekzemen.

Bäder von Guitera, 45° C warm, sprudeln 90.000 l schwefelhaltiges Wasser pro Tag. Hilft bei Krankenheiten der Atemwege, Rheuma und Hautkrankheiten (Bei Ste. Marie-Sicche bei Zicavo).

Bad von Caldane, besonders reizvoll durch den kleinen open-air Pool. 37° C warmes schwefelhaltiges Wasser (riecht nicht!) hilft bei Rheuma und Hautkrankheiten.

In Nordkorsika wird die Quelle bei Petrapola (12 km westlich von Ghisonaccia) genutzt, am linken Ufer des Abatescu. 200.000 l/Tag, 52° C heißes, schwefliges Wasser. Indikation: Rheuma und Arthroseleiden.

Bei Puzzichellu sprudelt heilkräftiges Wasser mit 17° C, angezeigt bei Rheuma, bei Krankheiten der Atemwege, Psoriasis und anderen Hautkrankheiten (In der Nähe von Ghisonaccia).

Aus der Quelle von Orezza - eisen-, manganhaltig, wird das sehr gute Mineralwasser gewonnen - überall im Handel angeboten.

Weitere Quellen sind bekannt, aber noch nicht ausgebaut. Details zu den meisten Thermalquellen siehe Text.

Surfen: Für Surfer ist Korsika mit seinen 1.000 km Küste einfach ideal. Vom Anfänger bis zum Brandungssurfer kommt jeder auf seine Kosten, jede Menge Boardvermietungen. Das Material reicht von der soliden "Badewanne" bis zum Funboard (Preise siehe Text). In Touristenzentren auch Surfunterricht möglich. Das eigene Board erhöht natürlich die Flexibilität.

Bevorzugt werden die Buchten der Westküste, halbkreisförmig geschwungen mit Sand- oder Kiesstränden bieten sie die besten Surfmöglichkeiten. Minimale Wellen bei optimalem Wind und geben "Nicht Profis" ein sicheres Gefühl jederzeit wieder an Land zu kommen, im Gegensatz zu dem endlos weiten Horizont der Ostküste.

Surfstellen rund um die Insel:

Im Westen: Gute Bedingungen in der Bucht von Calvi (familienfreundlich) und im Golf von Galeria. Anspruchsvoll in Algajola. Porto ist weniger empfehlenswert, da fjordartig eingeschnitten, z.T. gefährlich hoher Wellengang bei Mistral. Ideal wiederum die Golfe Sagone, Ajaccio und Valinco mit dem großen Vorteil bei drei verschiedenen Windrichtungen (N/W bis S/W) auflandige Buchten mit schönen Stränden zu finden. Fast überall führen Straßen dicht ans Meer. Bei Figari, kurz vor Bonifacio, die besten Surfbedingungen an der Südspitze, Treffpunkt der Freaks. Spitze bei Mistral und Scirocco.

Auf der Ostseite nördlich von Bonifacio sehr gute Bedingungen in der Bucht von Santa Manza, weit ins Land eingeschnitten bietet die Bucht vorne tolle Brandung, weiter innen dagegen meist wellengeschütztes Wasser. Bequemer Einstieg, da Stichstraßen unmittelbar ans Wasser führen. Ähnliche Bedingungen im Golf von Porto-Vecchio (Touren-Surfen), allerdings bei dem häufig blasenden Libeccio mit Fallböen rechnen. Anschließend gut 100 km Sandstrandküste, z.T. mit Stichstraßen ans Meer! Meist jedoch ablandiger Wind.

Cap Corse, oft gute Zugänge von der Küstenstraße, dafür kaum wellengeschützte Buchten. Sehr häufig Westwinde. Bei St. Florent superseichter Einstieg, so daß das Schwert lange im Sand kratzt, problemlos für Anfänger (Details an der jeweiligen Textstelle).

Surfshops in den Städten, recht gut sortiert, diverses Zubehör und Ersatzteile. Die wichtigsten Verschleißteile bringt man allerdings besser selber mit, damit die Surferei nicht in eine Suche nach dem richtigen Ersatzteil ausartet.

Literatur: Detaillierter Bericht in der SURF, Nr. 2/87.

Bootfahren und Segeln

Die günstige Lage, ca. 100 Seemeilen von der Côte d'Azur, weniger als 50 Seemeilen von Italien machen Korsika zu einem immer beliebteren Segelgebiet. Tendenz steigend (ca. 10 %).

Der besondere Reiz Korsikas liegt in den starken Kontrasten zwischen Meer und Gebirge. Auf keiner anderen Mittelmeerinsel liegen die beiden Elemente so dicht beieinander, zudem superschöne Buchten oft mit einsamen Sandstränden und glasklarem Wasser. Bei der stark gegliederten Küste lassen sich auch zur Saison noch einsame Ankerplätze finden.

Für Leute ohne eigenes Boot existieren Bootsvermietungen in den größeren Küstenorten (St. Florent, Calvi, Ajaccio, Propriano, Porto-Vecchio, Bastia). Die Typen variieren vom seetauglichen Schlauchboot mit Außenborder bis zum festen Polyesterkreuzer. Führerscheinfrei bis 9,9 PS. Von der Segeljolle bis zur Hochseeyacht.

Catamaranverleih: An größeren Badeorten meist stundenweise zu mieten (ohne Segelschein) macht besonders viel Spaß. Sie sind recht schnell und leicht zu bedienen, wer etwas mit dem Prinzip des Segelns bzw. Surfens vertraut ist, kommt schnell damit klar. Ebenso Jollen- und Pedaloverleih (Details siehe Text).

Die komplette Korsikaumrundung erfordert lange Vorbereitung, gute Planung und viel Erfahrung, besonders die Südpassage um Bonifacio hat's in sich. Für eine Kanupaddeltour entlang der Westküste beispielsweise gut 1 Woche einkalkulieren (Ile-Rousse bis zum Golf von Valinco ca. 220 km bei Tagesetappen von 30 - 40 km), einmal rum mindestens 4 Wochen, ca. 550 km. Bequemer natürlich im Zodiac Schlauchboot mit PS-starkem Außenborder, Zelt, Kocher etc. viel Süßwasser und Verpflegung (Zodiacvermietung in Ajaccio).

Für Segler stehen etwa 12 große Jachthäfen zur Verfügung, die in der Regel mindestens 1/4 ihrer Liegeplätze für Gäste bereithalten.

Liegeplatzgebühren in den Jachthäfen variieren mit der Größe der Jacht - für ein 10 m Boot im August zwischen 25 und 35 DM einplanen.

Segelgebiete rund um die Insel

CAP CORSE:

Eine nicht ganz ungefährliche Region, stellt hohe Anforderungen an die Navigationsfähigkeit. Steile Küste an der Westseite mit schönen Gutwetter-Ankerplätzen. Der Fischerort Centuri Port ist auf jeden Fall einen Stop wert. Im Norden vorgelagert die Ile de la Giraglia mit Leuchtturm. Die Ostküste des Cap Corse passiert man möglichst schnell, nur wenige Anlegemöglichkeiten, die kleinen Marinas bieten bei Unwetter wenig Schutz.

Jachthafen Macinaggio: 350 Liegeplätze. Hafen gegen alle Winde geschützt, besonders gut gegen Westwinde, Mistral und Libeccio. Leichte Ansteuerung bei Tag, Wassertiefe bei der Zufahrt 3 m. Problematisch bei starken N-O bis Ostwinden. Wasser, Strom, Duschen, WC, Tankstelle, 15 t Kran und Slip.

Ankerbuchten am Cap Corse:

Nonza nur bei gutem Wetter (Lebensmittelladen, Bar, Restaurant)

Centuri, kleiner Fischerhafen, Ankerplatz für kleine Boote (Lebensmittel, Hotel, Restaurant).

Reede von Sta. Maria - guter Ankerplatz bei Libeccio.

Erbalunga - klein, meist überfüllt (Lebensmittel, Rest., Hotel).

OSTKÜSTE:

Der schnurgerade Küstenverlauf mit Sandstränden bietet wenig Abwechslung, aber auch kaum navigatorische Probleme. Bergpanorama weiter im

Inland, wenig Häfen. Ab Solenzara wird's buchtenreicher, grün überzogene Hänge, sehr geschützter Jachthafen bei Porto-Vecchio, schwieriger nach der Pointe de la Chiappa, aber auch interessanter. Schöne Buchten am laufenden Band.

Jachthafen Campoloro: 500 Liegeplätze, neuer, komfortabler Jachthafen, sehr gut geschützt. Bei starken Nord-Ostwinden schwierige Ansteuerung. Alle Serviceeinrichtungen - Wasser, Strom, Duschen, WC, Tankstelle, 50 t Kran, Reparaturwerft.

Der Jachthafen liegt in einem touristisch recht uninteressanten Küstenbereich Korsikas; die gute Busverbindung Richtung Bastia mehrmals tgl. macht das wieder wett.

Unbedingt lohnt ein Ausflug in die Castagniccia mit ausgedehnten Kastanienwäldern, authentischen Dörfern, Restaurants mit guter korsischer Küche. Busverbindung; besser jedoch per Mietauto (Car Rent am Jachthafen).

Jachthafen Solenzara: 350 Liegeplätze, moderner Hafen, kein sehr gemütliches Ambiente, Süßwasser, 20 t Kran, Tankstelle, Reparaturmöglichkeit, Restaurants, Geschäfte im Ort. Lohnende Ausflüge ins Bavellagebirge.

Jachthafen Porto-Vecchio: 480 Liegeplätze. Sehr gut geschützt am Ende des Golfes; schöner Blick abends zur angestrahlten Stadtbefestigung. Wasser, Strom, Tankstelle, etc.

Guter Stützpunkt für Ausflüge ins Gebirge, zu torreanischen Fundstätten etc. Autovermietung in der Stadt. Alle Details siehe Porto-Vecchio.

Ankerbuchten zwischen BASTIA und BONIFACIO:

Bastia - der alte Hafen, malerisch gelegen, aber nur bedingt für Jachten geeignet. Einfahrt wird durch Frachtverkehr verkompliziert. Tankstelle am Südkai, Duschen, WC, 5 t Kran, 40 t Slipway, Ankern wegen des Schlicks problematisch. Der neue Fähr/Handelshafen für Jachten gesperrt. Shipchandler am Kai.

Favone - guter Ankerplatz außer bei Nordostwind (Restaurants).

Im Golf von Porto-Vecchio gute Ankerplätze in der Bucht von St. Cyprien, Stagnolo, Pinarello mit Restaurants und Versorgungsmöglichkeiten - viele Campingplätze mit Libre Service.

Cerbicales Insel - Naturschutzgebiet, recht überfüllt.

Golf von Sta. Giulia - wunderschön, aber Gefahr durch Felsen!, gut geschützt bei Westwind.

Rondinarabucht - gut geschützt; Basis der bretonischen Segelschule "Des Glenans"

Golf von Sta. Manza - tief eingeschnittene Bucht, sehr gut geschützt; nur zur Saison Obst/Gemüse/Brotverkauf. Gute Restaurants.

Lavezzi Inseln - Naturschutzgebiet, einmalig schön, bei Seglern stark frequentiert, sehr felsig, Zugang nur bei Tag.

Ile de Cavallu - die Jetsetinsel. Herrliche, geschützte und glasklare Buchten. Superteures Restaurant. "Normalsterbliche" sind auf der Insel (Privatbesitz) nicht gerne gesehen.

SÜDSPITZE:

Hauptattraktion der Südspitze zweifellos Bonifacio mit seinem optimalen Naturhafen, der fotogenen Kreideküste und interessanten Zitadellenstadt. Schöne Grotten an der Südküste, z.B. die Sdragonato Grotte mit den Umrissen Korsikas im Fels, St. Antoine eine weitere Grotte in der Kreidewand.

Die Straße von Bonifacio erfodert gute Navigationskenntnisse. Schwierige Windverhältnisse durch die Düsenwirkung. Viele schöne Ankerplätze zwischen Bonifacio und dem Golf von Valinco - einsame Buchten, die nur von der See her zugänglich sind, rötlich schimmernde Felsen.

Jachthafen Bonifacio: 320 Liegeplätze; einer der frequentiertesten Jachthäfen Korsikas, kein Wunder bei der Attraktivität der Stadt. Ideal geschützter natürlicher Hafenschlauch mit 2 Ausweichbuchten Anse de Catena und Arinella. Im Prinzip leichte Ansteuerung bei Tag und bei Nacht; problematisch evtl. bei starken Winden um West und Ost. Wasser, Strom, Duschen, WC, 18 t Kran, sämtliche Shops, Restaurants.

Ankerbuchten zwischen BONIFACIO und dem GOLF VON VALINCO :

Baie de Figari - recht guter Schutz, Restaurant, Versorgungsmöglichkeit.

Bucht von Roccapina - sehr schöne Sandbucht von Felsen eingerahmt, ziemlicher Betrieb, da Autozufahrt, Versorgung evtl. beim Camping Municipal einige hundert Meter vom Strand.

Tizzano - kleine Bucht, nur für kleine Boote; Verpflegung zur Saison evtl. beim Campingplatz.

Campomoro - superschöne, weite Bucht, hügelige Macchialandschaft; mit bequem zugänglichem Genuesenturm. Guter Schutz bei Libeccio. Restaurants, Libre Service evtl. beim Campingplatz.

Portigliolo - Schön-Wetter Ankerplatz, sehr langer Sandstrand.

Porto-Pollo - hübsch gelegenes Fischerstädtchen, sehr gut geschützter Hafen, auch bei Libeccio. Libre Service, Restaurants.

NORDWESTKÜSTE

Die Küste von der reizvollen Hafenstadt St. Florent bis Calvi landschaftlich sehr schön, relativ problemlos zu befahren. Um die breite Landnase "Désert des Agriates", eine karge, einsame Gegend, 200-300 m hohe Hügel, felsige Buchten, beliebt bei FKK-lern, kleine Sandstrände, die nur per Boot zugänglich sind. Jedoch nur Schönwetter Ankerplätze. Felsbuchten und Sandstrände wechseln bis Calvi. Netter Zwischenstop im Städchen Algajola.

Jachthafen St. Florent: 400 Liegeplätze, leichter Zugang bei Tag und Nacht. Wasser, Duschen, Strom, Tankstelle, 12 t Kran.

Hafen von Ile-Rousse: nicht ungefährliche Ansteuerung, Felsen! 15 Plätze am Anfang des Kais, Wasserstelle, nicht sehr gut geschützt, Vorsicht Fährverkehr. Alles Nötige in der Stadt. Ausflugsangebot etc.

Jachthafen Sant'Ambroggio: 130 Liegeplätze, Wasser, Strom, nicht ganz einfache Ansteuerung, besonders bei Nacht.

Jachthafen Calvi: wichtigster und größter Hafen im nordwestlichen Bereich. Einklarierung, 500 Liegeplätze, leichte Ansteuerung, geschützter Hafen außer bei starken SW und NW Winden. Bei der Einfahrt den Fährverkehr beachten. Wasser, Strom, Duschen, WC, Slips, Kräne etc.

WESTKÜSTE

Bietet die spektakulärsten Küstenpartien. Viele einsame Stellen, einige gute Ankerplätze mit kristallklarem Wasser und schöner Felskulisse. Höhepunkt der Golf von Porto, senkrecht steigen die rötlichen Felswände mehrere hundert Meter aus dem Meer auf. Die schönste Stelle zwischen Porto und Cargèse ist Capu Rosso, die Südspitze des Golfes. Bizarre Felsen spiegeln sich im Wasser, Grotten, aber auch Riffe dicht an der Küste - Vorsicht!

Der Golf von Sagone eher uninteressant, die Berge weit im Landesinnern.

Der Golf von Ajaccio bietet im Süden weitgeschwungene Buchten, idyllische Plätze auf dem Weg zum Golf von Valinco.

Jachthafen Ajaccio: 250 Plätze an Pontons, gut geschützt, Zugang bei Süd- und Südwest Winden schwierig. 100 m Quai für längere (über 15 m) Boote. Wasser, Strom, 20 t Kran, Duschen, WC.

Weiterer Jachthafen "L'Amirauté" mit 700 Plätzen, etwas vom Zentrum entfernt.

Jachthafen Propriano: 300 Liegeplätze gut geschützt. Wasser, Strom, Duschen, WC, Tankstelle. Gute Ausflugmöglichkeiten zu den prähistorischen Ausgrabungen von Filitosa, ins Inland nach Sartène. Autovermietung am Jachthafen; Ausflugsbusse.

Ankerplätze zwischen CALVI und GOLF VON VALINCO:

Galeria: hübsche Bucht, gut vor Libeccio geschützt, Geschäfte, Restaurants/Hotels, lohnender Ausflug ins Fangotal; Fahrradverleih im Ort.

Marine d'Elbo - superschöne Bucht mit vielgeknipstem Genuesenturm

Girolata - kleines, nur von See bzw. zu Fuß erreichbares Dorf, fantastisch schön gelegen; recht sichere, gut geschützte Ankerbucht; Restaurants, Ausflugsrummel.

Golf von Porto - landschaftlich Spitze, aber bei Westwinden absolut schutzlos. Geschäfte, Restaurants en masse. Ausflug in die Spelunca Schlucht und zu der Felsformation Calanche lohnt sehr.

Cargèse - kleiner, wenig geschützter Hafen, besser als Zwischenstop einplanen, interessante Stadt.

Sagone - Ankermöglichkeiten in kleinen Buchten; Lebensmittel, Bank etc. in Sagone.

Golfe de Lava - gute Ankermöglichkeit in der weiten Bucht.

Winde

Von Mai bis September bläst vorwiegend der Libeccio aus Südwest bis West, das bedeutet steile See vor der Westküste, tückische Fallböen auf der Ostseite, besonders im Bereich um Porto-Vecchio und Bastia. Zudem lokale Winde, verursacht durch Thermik und den Gebirgszug.

Tageszeitlich wechselnde Winde auf der Westseite. Verstärkte Winde in der Straße von Bonifacio durch Düseneffekte. Der Mistral aus dem Rhonetal kann im Süden Fallwinde verursachen. Am Cap Corse herrschen Westwinde vor. Die verschiedenen Winde im Kapitel Korsika Fakten.

Überfahrt und Einreise

Am häufigsten von Südfrankreich ca. 125 sm bis Calvi bzw. vom Küstenabschnitt um Genua; eine der kürzesten Verbindungen Livorno-Bastia ca. 60 sm. Gute Planung der Überfahrt erforderlich; laufend die neuesten Wettervorhersagen abhören.

Einreise von See nur über einen der großen Hafenorte mit Zollbehörde. Dort als erstes einklarieren, auch wenn man direkt von Frankreich kommt. Siehe auch allgemeine Zollbestimmungen; Führerschein für Motorboote ab 10 PS erforderlich, Sport- oder Motorbootführerschein. Zudem eine behördliche Bescheinigung für das Führen der Bundesflagge. Beim Bundesamt für Schiffsvermessung in Hamburg beantragen.

Für Außenbordmotoren mit mehr als 92 ccm, die ohne Boot nach Frankreich gebracht wurden oder Ersatzmotoren, ist das Grenzdokument Triptik bzw. Carnet de Passage erforderlich. (Info beim ADAC), Grüne Versicherungskarte empfehlenswert.

Wetterbericht

In deutscher Sprache über Deutsche Welle 6075 kHz bzw. 9545 kHz jeweils einmal vor- und nachmittags. Radio Norddeich auf 2614 kHz. Österreichischer Rundfunk auf 6155 kHz und 7170 kHz Vorhersage 2 x am Tag.

In französischer Sprache: France Inter, Ajaccio 1161 kHz. Bastia 1071 kHz, Marseille 675 kHz. 2 x tgl. Wettervorhersage, Sturmwarnung etc. Telefonische Wettervorhersage über die jeweilige "Station meteo" an den Flughäfen in Ajaccio, Bastia und Calvi. Weitere Infos in den jeweiligen Handbüchern siehe Literatur.

Segelzubehör, Ersatzteile etc., bei den Shipchandlern in größeren Orten, gut sortiert z.B. in Bastia, Ajaccio, Porto-Vecchio etc.

Literatur/Handbücher/Seekarten

- Rund Korsika: Häfen. Buchten. Ankerplätze. Wolfgang Banzhaf, Verlag Rheinschiffahrt. Ausführlicher allgemeiner Teil. Tips zu Seekarten, Klimaverhältnissen, Überfahrt, Wetter etc. Buchten und Häfen rund um Korsika in Form von Skizzen und Fotos.

- Die Häfen um Korsika, Elba und Nordsardinien. Ein Führer für Sportschiffer, von Jean-Michel Barrault, Delius Klasing Verlag. Im wesentlichen Hafen- und Buchtenbeschreibungen mit Kartenskizzen, Fotos.

- Hafenführer Tyrrhenisches Meer - Sardinien (Korsika) von Axel Kramer, Mairs Geo-Vlg., Kem. F.Goldmann, Tulln.

- Mittelmeerküste von Rapallo bis zur spanischen Grenze - ein Führer für Sportschiffer von Joachim Schulte. Delius Klasing Verlag, 1985. Recht brauchbar für Infos zur Überfahrt direkt von Deutschland aus. Ausführliche Zollbestimmungen für Frankreich und Italien.

- Hafenhandbuch der Kreuzerabteilung des DSV "Mittelmeer II-Mitte".

Seekarten

Französische Sportbootkarten "Cartes Guides" Nr. 1006-1008, Maßstab 1:100.000, wasserfest, mehrfarbig mit Hafenplänen u.a. auch deutsche Zeichenerklärung. Viele Details, für Sportbootfahrer konzipiert. Auf Korsika in Hafenorten erhältlich. Preislich unter 20 DM/Stück.

Seekarten des Deutschen Hydrographischen Instituts Nr. 499 Gesamtübersicht Maßstab 1:250.000. Nr. 438 Straße von Bonifacio Maßstab 1:60.000. Nr. 675 Ankerplätze von Korsika.

Bezugsquelle z.B. Eckardt+Messtorf, 2000 Hamburg 11, Rödingsmarkt 16 oder direkt beim D.H.J., 2000 Hamburg 4, Bernhard-Nochtstr. 38.

Segeltörns auf "stattlichen" Jachten werden z.B. in Propriano oder in Bonifacio angeboten. Charterboote von 7-11 m beispielsweise in Porto-Vecchio bei Europ Jachting oder in Ajaccio. Siehe dort.

Segelkurse mit Navigationsunterricht etc., Hochseesegeln bietet die bretonische Segelschule Centre Nautique des Glenans in Bonifacio an, Unterricht auf verschiedenen Niveaus mit international anerkanntem Hochseezertifikat. Details, Preise etc. siehe Bonifacio.

Wildwasserfahren auf Korsika

Kanu/Kajakfahren ist auf einem Großteil der vielen korsischen Bergbäche sowie auch an der Küste möglich; Golo, Tavignano, Fium Orbo, Abatesco, Asco, Vecchio, Rizzanese, Solenzara etc. Aber Korsika ist kein leichtes Revier, bestimmt kein Gebiet für Anfänger oder durchschnittliche Wildwasserfahrer. Als beste Zeit gilt April, Mai, nicht zu früh im Jahr bevor die Schneeschmelze eingesetzt hat. (Grobeinstufung der Schwierigkeit zwischen 3 und 6)

Problematisch sind häufig die Einstiege, dichte Macchia versperrt den Weg; niedrige Wassertemperaturen, urplötzlich auftretendes Hochwasser, z.T. schlechte Einsehbarkeit der Partien stellen hohe Anforderungen an Können, Kondition und Ausrüstung.

Optimale Ausrüstung, solides, strapazierfähiges Material, Ersatzpaddel, Rettungsleinen, Flickzeug, Erste Hilfe Ausrüstung. Doppelkajaks sind nur begrenzt einsetzbar an den Unterläufen der großen Flüsse wie Golo, Tavignano, Taravo.

Wendigkeit ist ein wichtiges Auswahlkriterium für das richtige Boot, Einer-Kajaks besser als Kanadier. Robuste, nicht zu lange Paddel. Kleine Gruppen, gute Kondition und viel Erfahrung vonnöten.

Zur kompletten Korsikaumrundung auf dem Meer s. d. Kapitel Bootfahren.

Literatur

-Wildwasserparadies Korsika von Josef Haas im Verlag des Südkurier. Konstanz. Beschreibung von rund 30 Flüssen; motivierende Fotos. Hinweise über Befahrbarkeit, Schwierigkeit, PKW Begleitung, Ein-Ausbootstellen, Vorschläge für Tagesetappen, Kartenskizzen. Ebenso ein Bericht im Magazin Berge-Korsika (siehe Literatur).

Zu folgenden Flüssen existieren Beschreibungen, Erfahrungsberichte etc. in Zeitschriften, anderen Kanuführern etc.:

Asco in "Alpinismus" 4/76; "Österreichs Kanusport" 2/3/70, 6/75; DKV 3.

Cruzzini DKV 3

Fango DKV 3; "Österreichs Kanusport" 2/3/70. "Kanusport" 24/70

Fium'Orbo DKV 3. "Kanu magazin" 3/79. "Kanusport" 15/75

Golo "Alpinismus" 10/73. DKV 3. "Österreichs Kanusport" 2/3/70

Gravona DKV 3."Österreichs Kanusport" 2/3/70

Liamone DKV 3

Prunelli DKV 3. "Österreichs Kanusport" 2/3/70

Rizzanese DKV 3

Taravo DKV 3

Tartagine DKV 3. "Österreichs Kanusport" 2/3/70; "Kanu-Sport" 24/70

Tavignano "Bergwelt" 8/78; DKV 3. "Österreichs Kanusport" 2/3/70. "Kanu-Sport" 24/70

Travo DKV 3, "Kanusport" 22/79; 4/80

Vecchio "Alpinismus" 11/75; "Österreichs Kanusport" 7/75; "Kanu-Sport" 13/75; DKV 3

-"Alpinismus",= Zeitschrift für Bergsteiger, Skifahrer und Kanusportler, Heering-Verlag, Ortlerstr. 8, 8000 München 70

-"Kanu-Sport",= Zeitschrift des Deutschen Kanu-Verbandes, Berta-Allee 8, 4100 Duisburg 1

-"Österreichs Kanusport", Zeitschrift des Österreichischen Kanuverbandes, Österreichischer Kanuverband, Berggasse 16, A - 1090 Wien

- "Bergwelt", Alpinzeitschrift im Bergverlag Rudolf Rother, Landshuter Allee 49, 8000 München 19

-"Kanu Magazin". Berner Verlag, Kirchstraße 1, 8311 Velden/Vils

- DKV 3: Auslandsführer des Deutschen Kanuverbandes Band 3

⑤ ANGELN

Ein beliebter Sport im Meer und in den Gebirgsflüssen. Für die Flüsse und Gebirgsseen braucht man einen Angelschein, im Meer darf jeder fischen. Die Saison für Flußforelle und Aal von Mitte Februar bis Ende September. Am erfolgreichsten zwischen März und Juni.

Angelmethode: mit Lachseiern auf Aale, Forelle mit Blinker, an Stellen ohne Vegetation hat sich getrocknete Fliege bewährt.
Angelschein im Armerie-Geschäft für 45 DM.
Meeresfische: Seezunge, Meeresche, Rochen, Umbafisch, Meeraal, Dorade, Rouget.

⑥ Snorkeling & Diving

Herzliche Bitte: Unterwasser-Fotografieren, aber nicht Jagen!

Das Wasser ist im August mit 23 Grad sehr angenehm. Die Sicht in den Felsbuchten 30 m und mehr. Besonders viel zu entdecken gibt es an der felsigen Westküste: kleine Grotten oder Felsvorsprünge, bunte Fischschwärme, manchmal schielt sogar ein Oktopus verstohlen aus einer Felsspalte.

Wer als Schnorchler sein Fotoalbum durch Unterwasserbilder bereichern will, bekommt schon für wenig Geld eine wasserdichte Pocket. Gute Schnappschüsse in geringer Tiefe bis zu 3 m Entfernung. Gleichzeitig auch über Wasser verwendbar.

Für die Spiegelreflex gibt's im Fachhandel spezielle Klarsichttaschen. Vorher testen, ob sie auch wirklich dicht sind. Salzwasser ist tödlich für die

Kamera. Sollte sie tatsächlich ins Wasser fallen, blitzschnell in Süßwasser ausspülen, so kurios es klingt, aber es ist die einzige Rettung.

Entscheidungshilfen bei der Ausrüstung für Schnorchelneulinge: Preisvergleich hilft sparen. Nicht alles was teuer ist, ist auch besser. Flossen, Schnorchel, Brille schon für 40 DM.

Maske:

- darauf achten, daß der Rand dicht anliegt. Leicht beim Kauf zu prüfen: man halte die Maske vors Gesicht, einatmen durch die Nase, dann muß sie von selber "kleben" bleiben.
- splitterfreies Glas. Bei zwei einzelnen Gläsern (brillenartige Masken) dürfen sie nicht versetzt sein, sonst sieht man unter Wasser doppelt.
- für Brillenträger gibt's spezielle Masken
- wer etwas tiefer runter tauchen möchte, sollte eine Brille mit "Nasenerker" aus Gummi nehmen, zwecks Druckausgleich.

Schnorchel:

Hier ist wichtig, daß das Mundstück paßt, alles andere ist Schnick-Schnack.

Flossen:

- keine Panik bei den verschiedenen Sorten
- mit den Harten schwimmt man schneller, aber es strengt auch sehr an
- für Anfänger besser die weichen Flossen. Sie geben nach und das Paddeln ist nicht so ermüdend.
- sicherheitshalber die "schwimmenden" Flossen kaufen. Bei den rauhen Felsen fanden wir die Flossen mit Gummifersen sehr angenehm.

Tip gegen beschlagene Brillengläser:

Entweder das Glas mit einer Kartoffelscheibe einreiben, oder weil man selten eine Kartoffel in der Tasche hat: Spucke auf dem Glas verteilen und anschließend mit Wasser kurz spülen.

Druckausgleich:

Beim Abwärtstauchen verspüren manche schon nach wenigen Metern einen Druck im Kopf. Wer den Trick noch nicht kennt: Nase zuhalten und gegen den Widerstand Luft in die Nase pressen. Wenn's im Ohr leicht knackt, läßt der Druck nach.

Der Taucher

findet die schönsten Riffs des Mittelmeeres bei Korsika. Einige Wracks und ein viermotoriger Bomber (bei Calvi) sind schon entdeckt worden, viele gestrandete Schiffe werden noch vermutet. Besonders wrackverdächtig die Meerenge bei Bonifacio.

Im glasklaren Wasser sind Pflanzen, Korallen und mehr als 200 Fischarten beliebte Unterwassermotive.
Bei Porto setzen sich die steilen Felsen bis 50 m unter Wasser fort.
Wer mit dem Flugzeug anreist, kann sich bei den Tauchclubs Sauerstoff-Flaschen, meist auch eine komplette Ausrüstung leihen (siehe Text).

Um an die interessanten Stellen zu kommen, ist ein Boot mit Außenborder unbedingt nötig (auch zu mieten). Die interessanten Tauchstellen vor der Küste sind meist zu weit zum Rausschwimmen. An der Steilküste zu ankern ist allerdings oft ein Problem.

Was gibt es unter Wasser zu sehen?

Beispielsweise
- ein Amphorenfeld bei Porto-Vecchio
- bei Campoloro in 35 m Tiefe ein Frachter
- gigantische Überhänge in 40 m bei Capo Palazzo und bei Capo Rosso
- zahlreiche Grotten in den weichen Kreidefelsen bei Bonifacio
- ein abgestürztes Canadair Wasserflugzeug im Golf von Sagone
- römisches Amphorenwrack bei Calvi

Für erfahrene Taucher:

Am Cap Corse die Insel Giraglia, die Iles Sanguinaires vor Ajaccio, im Süden die Inseln Les Moines (vor Roccapina).

Flaschennachfüllen bei fast allen Clubs möglich; für deutsche Flaschentypen besser einen Adapter selber mitbringen. Fast alle Tauchclubs bieten auch Tauchfahrten an. Spart den teuren Transport des eigenen Boots und die Suche nach interessanten Gebieten. Gegen Aufpreis auch Ausrüstungsverleih. Die individuelle ABC Ausrüstung bringt man jedoch besser selber mit.

Ausrüstungsverleih bzw. organisierte Tauchfahrten z.B. in Propriano, Golf von Sagone, Ajaccio, Cargèse, Galeria, Calvi, Ile-Rousse, St. Florent, Solenzara, Porto-Vecchio, Bonifacio.

Entsprechend gut sortierte Shops auf der Insel. Details s. Text.
Wer alleine losziehen möchte, kann an diversen Stellen Boote mit Außenborder mieten (z.B. in Propriano, Ajaccio etc.).

Tauchschulen in Ajaccio, Bastia, Bonifacio, Calvi, Ile-Rousse, Porto-Vecchio - mehr im Text.

Harpunieren bedarf einer Genehmigung. Auskunft bei den Clubs oder Harponclub Ajaccio, 25 Bd. Dom Paoli.

Korallentauchen verboten!! Trotzdem werden bei Kontrollen immer wieder schwarze Schafe entdeckt, ihnen winkt eine Geldstrafe bis zu mehreren tausend Mark.

Historische Funde gehören dem Staat, Ausplünderung steht unter Strafe, Wracks müssen der Marinebehörde angegeben werden. Bei wichtigen archäologischen Stücken gibt's eine Finderurkunde. Die Funde werden vom Staat abgelöst oder dem Finder zur Aufbewahrung überlassen.

Dekompressionskammer in Ajaccio. Bei Tauchunfällen Tel.: 95 21 52 67 oder 95 21 37 02

Gewisse Schutzzonen mit Tauch- und Fischfangverbot bestehen rund um die Insel. Vorher beim örtlichen Club erkundigen. Schutzzone z.B. bei St. Florent zwischen Nonza und dem Turm von Farinole. Bei Calvi von der Pointe Revellata bis Pointe Rossa. Das Naturreservat von Scandola (Westküste) siehe auch Regionalpark. Weitere Schutzzonen um Porto, Sagone, Propriano, Porto-Vecchio, Lavezzi Insel etc.

WANDERN

7

Rund 50 Wandertouren jeder Schwierigkeit und 18 Etappen des GR 20 sind in diesem Band beschrieben.

Das korsische Gebirge bietet sich optimal zum Wandern an; Wandern auf Korsika bedeutet nicht nur GR 20, der nach wie vor "in" ist. Im Gegenteil, die breite Palette reicht von schönen Spaziergängen, leichten Wanderungen bis zu anspruchsvollen Bergtouren; von Halbtages/-Tageswanderungen bis zur 2-wöchigen Korsikadurchquerung; alternativ die leichtere "Strada tra mare e monti" 9 Tage durchs Küstengebirge im Westen.

Landschaftlich reicht die Variationsbreite von lieblichen Tälern in Meernähe, bis zu schroffen Schluchten mit Wildbächen oder idyllischen Bergseen. Das Gebirge im Zentrum (Haut-Asco) total konträr zu den dolomitenartigen Nadeln im Bavellamassiv (Südkorsika).

Der besondere Reiz auf Korsika liegt auch in den kurzen Entfernungen zwischen Meer und Gebirge, z.T. nur eine Autostunde zwischen Baderummel und Bergtour in hochalpiner Umgebung.

Vorstellungen von unseren alpenländischen Verhältnissen mit Liften, Jausenstationen, solider Schweinshaxe und einem kühlen Blonden wirft man am besten gleich über Bord; Picknick, Verpflegung etc. muß alles selber im Rucksack mitgebracht werden.

Markierung: einen Schilderwald wie in den Alpen sucht man vergeblich. Fast alle beschriebenen Touren sind jedoch farbig markiert, zusätzlich werden sogenannte "Steinmännchen" aufgestellt - Steinpyramiden aus mehreren, faustgroßen, aufeinandergestapelten Steinen, hauptsächlich im offenen Gelände.

Die Hauptschwierigkeit beim Wandern in Korsika liegt oftmals darin, den richtigen Pfad bzw. Einstieg zu einer Wanderung zu finden. Gute Orientierung im Gelände ist wichtig; viel Aufmerksamkeit für die richtungsweisenden Markierungen an Felsen oder Bäumen; Kompaß, gute Karte, evtl. Minifernglas. Bei Schlechtwettereinbruch besondere Aufmerksamkeit, die Markierungen liegen für dichten Nebel manchmal zu weit auseinander (z.B. Ninosee).

Bei Flußläufen bedeutet orthografisch links - in Flußrichtung (vom Ursprung/Quelle her) das linke Ufer; entsprechend fürs rechte Ufer.

Zeitangaben: ein Problem für sich; jeder Wanderer hat sein individuelles Tempo, unterschiedliche Kondition, verschieden schweren Rucksack, etc. Unsere Angaben entsprechen der Wanderzeit, die ein durschnittlich trainierter Wanderer braucht. Bei Wanderungen mit Kindern entsprechend mehr ansetzen. Unsere Zeitangaben verstehen sich grundsätzlich ohne Rast und Pausen.

Beste Wanderzeit in puncto Wetterbeständigkeit ist Juli/August, doch dann wirds mittags auch im Gebirge knallheiß und die Touren sind stellenweise ziemlich belaufen. Sehr früh aufbrechen, lange Mittagsrast einplanen. Im Oktober sind die Gipfel oft in Wolken, die Tage kurz und abends schon kühl und feucht; z.T. mit Regen rechnen. Ab Ende Oktober sind Wanderungen auf Korsika nicht mehr zu empfehlen.

Der Frühsommer Mai/Juni ist eine sehr schöne Wanderzeit, aber noch Schneereste, gefährliche Firnfelder etc. in den Gebirgsregionen. Guter Kompromiß ist der Monat September, allerdings fahren die Busse/Bahn teilweise schon nach dem Winterplan, u.U. schwierig zu den Wandereinstiegen zu kommen. Viele Verpflegungsmöglichkeiten (bes. für den GR 20 wichtig) bereits geschlossen. Siehe auch GR 20 und Klima.

Hütten (Refuge)

Fast alle Schutzhütten liegen am GR 20; sie sind ausschließlich Selbstversorgerhütten, überwiegend vom Parc Regional gebaut und unterhalten. In den größeren Hütten (29 Lager) ist zur Sommersaison ein Gardien, der sich um das Refuge kümmert. Alle Hütten sind mit Matratzen, Gaskocher und Kamin bzw. Kanonenofen ausgestattet.

Die Übernachtung inkl. Gas kostet 10 DM. Entweder kassiert der Hüttenwart, oder es sind eigene Wandtresore eingerichtet. Bitte auch wirklich benutzen. Leider gibt es immer wieder schwarze Schafe unter den Wanderern, deshalb sind manchmal auch die Hirten der nahegelegenen Bergerien berechtigt, das Geld einzunehmen. Im Juli/August sind die Hütten oft überfüllt; deswegen Biwakausrüstung mitnehmen. Reservieren ist in den Hütten nicht möglich; Hunde verboten.

Kostenlose Campmöglichkeit bei den Hütten, sonst ist wild campen verboten. Offenes Feuer absolut verboten! Unbedingt einhalten, verheerende Waldbrände haben schon mehreren Wanderern das Leben gekostet. Deswegen gehört ein kleiner Kocher unbedingt in den Rucksack.

Hütten am GR 20 von Nord nach Süd:

Ortu di u Piobbu 1570 m	L'Onda 1430 m
Carozzu auf 1260 m	Capanelle 1640 m
Haut-Asco 1492 m	Col de Verde 1290 m (privates Refuge)
Hütte im oberen Virotal (1640 m)	Prati 1820 m
Ciottuli di Mori	Usciolo 1730 m
Manganu 1600 m	Asinao 1530 m
Pietra-Piana 1840 m	Paliri 1060 m

Hütten außerhalb des GR 20:

Vizziluca südlich des Renoso, Esetal, nicht bewacht; 15 Lager
Sega im Tavignanotal; 15 Lager, nicht bewacht
Ercu, Ostseite des Monte Cinto im Niolo. 15 Lager, nicht bewacht

Achtung: Die obigen Wanderhütten/Refuges sind in den korsischen Wanderkarten z.B. Itinèraires pedestres Corse Nord (Nr. 20) und Corse Sud (Nr. 23) eingetragen.

Wanderkarten:

Recht brauchbar die Karten Corse Nord/Sud (Nr.73/74 "Carte touristique IGN/France") Maßstab 1:100.000.

Sehr empfehlenswert, da detaillierter, die Wanderkarten "Itinéraires Pedestres IGN" Maßstab 1:50.000. Corse Nord (Nr. 20) und Corse Sud (Nr. 23) decken fast ganz Korsika ab, zum Wandern unentbehrlich. Preis ca. 20 DM pro Stück (in Frankreich), bieten jedoch enorm viel (genaue Wegangabe, Höhenlinien, Quellen, Unterkünfte, Hütten etc.). Unterm Strich billiger als 2 Gebietskarten im gleichen Maßstab. In den meisten Buchhandlungen der Insel erhältlich. In Deutschland meist nur auf Vorbestellung.

Wer mit Höhenmesser arbeitet, tut sich natürlich mit den Gebietskarten 1: 25.000 leichter, dort sind die Höhenlinien besser unterteilt.

Ergänzende Literatur:

"Berg welt Korsika", Führer für Wanderer und Bergsteiger von Hans Schymik.

Wanderbeschreibungen und Gipfeltouren; inkl. GR 20. Verlag Fink-Kümmerly+Frey, Stuttgart.

"Korsika für Bergsteiger und Kletterer" ebenfalls von Hans Schymik. Selbstverlag, Aalen.

Französischsprachiger Führer von Michael Fabrikant: "Le Guide des Montagnes Corses", éditions Didier et Richard, 1982.

Familienfreundliche Wanderungen im Führer "Mit Kindern wandern auf Korsika", 27 Touren, die laut Autor Walter Eckel mit Kindern realisierbar sind. Die Auswahl reicht von Wanderungen mit 4-5jährigen bis zu Wanderungen mit Jugendlichen. Liebevoll in Handarbeit zusammengestellte Wanderungen, minutiös beschrieben. Für Neulinge in Wanderschuhen eine brauchbare Hilfe. Hamburg, Götze, 1983.

Organisierter Wanderurlaub:

Geführte Wanderwochen mit Unterkunft in Hütten oder einfacher Unterbringung in Dörfern; Touren im Mittel- und Hochgebirge unter sachkundiger Leitung. Wanderwoche um die 800 DM.

Prospekt, Info und Buchen bei I Muntagnoli Corsi Associu di i muntagnoli corsi 20122 Quenza bzw. Muntagne corse in Liberta,parc Billelo - Avenue Napoleon III, 20000 Ajaccio.

Ausrüstungstips für mehrtägige Wanderungen

Ein bequemer, zweckmäßiger Rucksack ist das A&O, wenn das Wandern Spaß machen soll. Wir haben auch Leute mit Holzpantinen in den Bergen getroffen, wie die damit zurecht kommen, ist uns allerdings schleierhaft. Feste Wanderschuhe, die bereits zu Hause eingelaufen sein sollten, geben einem bestimmt ein sicheres Gefühl.

Wenn man sich einen warmen Schlafsack zulegt - aber nicht zu schwer, am besten Daune - dann brauchts einen nie wieder vor kalten Nächten zu grausen. Daunenjacke oder dicken Pullover nicht vergessen, auch wenn's Hochsommer ist. Sicherheitshalber auch einen Regenschutz einpacken. Ersatzkleidung ist klar. Wichtig fanden wir eine Kopfbedeckung gegen Sonne und Wind, die einem nicht bei jedem Windstoß davonfliegt.

Ein Seil erweist sich als recht praktisch, um notfalls mal den Rucksack hochzuziehen. Taschenlampe unbedingt mitnehmen, ebenso ein Erste Hilfe Set. Gibt's extra für Wanderer in Sportgeschäften. Kerze, falls in den Hütten mal kein Licht vorhanden.

Trillerpfeife nimmt kaum Platz weg, kann aber unheimlich wichtig werden. Leichtes Zelt oder Biwaksack. Alu-Rettungsdecke, Kompaß und wer besitzt, einen Höhenmesser. Kleiner Kocher, denn offenes Feuer ist im Sommer wegen der enormen Brandgefahr verboten. Ausreichend große Wasserflasche, 0,7- 1 l.

Die **Verpflegung** sollte leicht und nahrhaft sein. Sehr bewährt haben sich Haferflocken oder fertiges Müsli. Trockenobst und Nüsse ohne Salz,

Brühwürfel, Suppen und Teigwaren. Vollkornbrot bringt man sich am besten von zu Hause mit, denn das französische Brot schmeckt nach drei Tagen wie eine Gummisohle und ist recht sperrig. Statt Wurstkonserven haben wir die gute korsische Coppa und korsischen Käse mitgenommen, aber das wird jeder nach Gusto entscheiden. Praktisch ist Milch- und Kakaopulver. An genügend Schokolade, Honig o.ä. denken. Und natürlich an Gewürze.

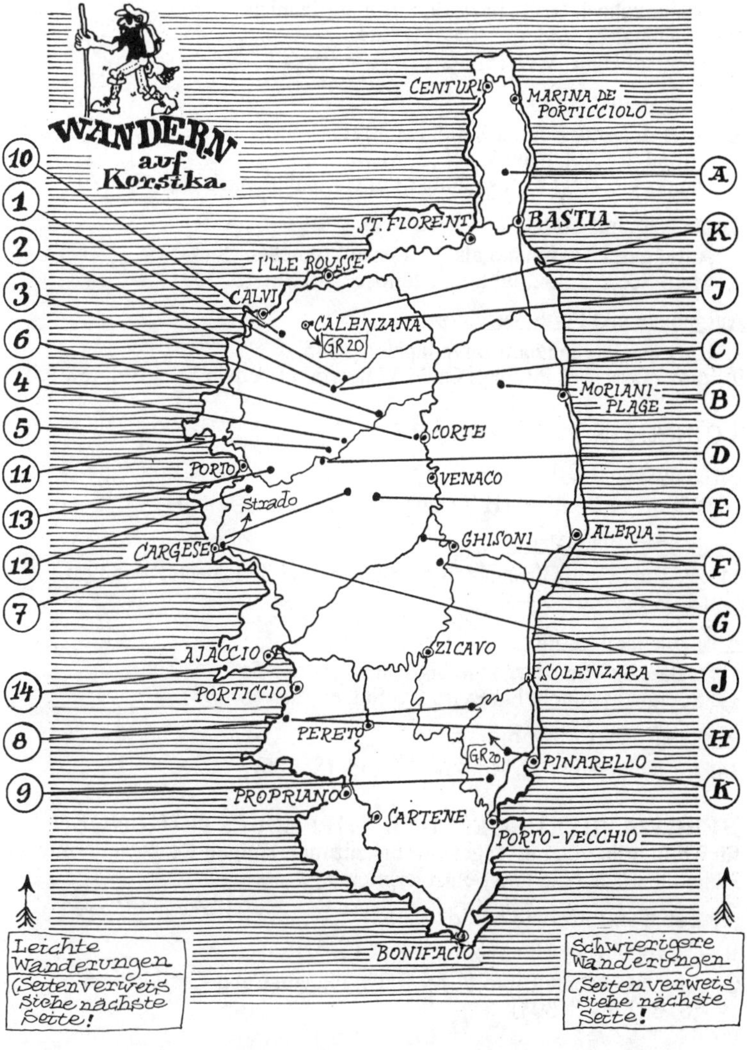

★ KURZTOUREN UND LEICHTERE WANDERUNGEN

ein Teil auch mit Kindern realisierbar:

H = Halbtageswanderung
T = Tageswanderung
Zeitangaben gelten für Hin- und Rückweg

NUMMERN 1–14 siehe Karte/Vorseite!

Ausgangspunkt Ascotal:

1. Tassinettabach (H-T) nach Belieben ausdehnbar (S. 305)
   Manicatal 2-3 Std. (S. 305)
2. Talkessel Haut-Asco (S. 305)

Ausgangspunkt Niolo:

3. Scala di Santa Regina 1 Std. (S. 309)
4. Virotal 2-4 Std. nach Wahl (S. 312)
5. Oberes Golotal (T) ausdehnbar mit Hüttenübernachtung (S. 316)

Ausgangspunkt Corte:

6. Anfang des Tavignanotals (H-T) nach Belieben (S. 335)
7. Melo See 2-3 Std., inkl. Capitellosee 4-5 Std. (S. 333)

Ausgangspunkt Porto-Vecchio:

8. Kurzspaziergänge am Bavellapaß (S. 348)
9. zum Wasserfall Piscia di Gallo/Wald von Ospedale 1 1/2 Std. (S.295)

★ TOUREN IN MEERESNÄHE

Ausgangspunkt Calvi:

10. Wald von Bonifato (H-T) nach Belieben (S. 184/363)

Ausgangspunkt Galeria:

11. zur Bucht von Girolata (autoloses Dorf) (H-T) je nach Kondition (S. 191)

Ausgangspunkt Porto:

12. Calanche - Spaziergänge bis 1 Std.; oder H-Tour (S. 196)
13. Speluncaschlucht bis Evisa 2-3 Std. einfach (S. 198)

Ausgangspunkt Ajaccio:

14. Aussichtspunkt St. Antoine 2-3 Std. (S. 226)

★ BERGWANDERUNGEN UND GIPFELBESTEIGUNGEN

für Trainierte: von der Tagestour bis zur mehrtägigen Bergwanderung mit Hüttenübernachtung und Selbstverpflegung.

A–K siehe Karte/Vorseite!

A) Cap Corse - Monte Stello (S. 152)
B) Castagniccia - Monte San Petrone (S. 320)
C) Ascotal - Monte Cinto, A Mufrella, Pic von Cube, Gratkletterei (S. 302 bis S. 308)

D) Niolo - Monte Albano, Paglia Orba, Capu Tafunato, Nino See/ Monte Tozzo (S. 312-318)

E) Corte - Goria See, Monte Rotondo, Mehrtagestouren (S. 333-335)

F) Vizzavona - Monte d'Oro, Monte Rotondo, Mehrtagestour (S. 339-342)

G) Ghisoni - Monte Renoso (S. 344)

H) Bavella - Rundtour um die Bavellatürme, mehrtägige Hüttentouren (S. 348-349)

I) "Strada tra mare e monti": 9-tägige Durchquerung des westkorsischen Küstengebirges (S. 88)

K) GR 20 - die große Durchquerung Korsikas, gut 2 Wanderwochen, hochalpiner Charakter; Erfahrung und gute Kondition Voraussetzung. (S. 87/353)

✶ AUSGANGSPUNKTE FÜR WANDERUNGEN IM INLAND

Ohne eigenes Auto: Am besten CORTE im Herzen Korsikas. Mehrmals tgl. Bahnverbindung von den Hafenstädten Bastia, Ajaccio, Calvi und Ile Rousse. Zusätzlich Busverbindung nach Bastia, Ajaccio.
Gute Verpflegungsmöglichkeiten, Hotels, Campingplätze etc. schöne Mehrtagestouren; Kurzwanderung zum Melo/Capitellosee am Ende des Restonicatals. Guter Einstieg über die beiden Seen zum GR 20.

Ebenfalls an der Bahnlinie der Weiler VIZZAVONA: schöne Touren zu den Hütten am GR 20, bzw. Gipfeltour zum Monte d'Oro.

Im Süden das BAVELLAMASSIV: von Porto-Vecchio per Bus nach Zonza, zu Fuß oder per Tramp die letzten 9 km zur Paßhöhe, Hüttentouren oder lohnende Kurzwanderungen.Das Niolo ist per Bus zu erreichen (seltene Verbindung). Schöne Tages - und Mehrtagestouren, allerdings ohne Auto längere Anmärsche zu den Ausgangspunkten.

COL DE VERGIO: der höchste Paß Korsikas (1464 m) von der Westküste in nur 1 Std. Fahrzeit mit eigenem Fahrzeug (Tramp) zu erreichen. Viele Tages/Halbtagestouren und Rundtouren möglich, Hotelübernachtung.

Per Auto/Motorrad ist zu den obengenannten das ASCOTAL ein attraktiver Stützpunkt und ein recht vielfältiges Gebiet. Tagestour zum Monte Cinto, Korsikas höchstem Gipfel, ebenso leichte Touren. Hotel, Refuge, Camping.

Das Bergmassiv RENOSO bei Ghisoni/Capanelle ist nur 45 km von der Ostküste entfernt. Autozufahrt bis auf 1600 m Höhe. Panoramaberg Monte Renoso mit Blick zur Ost- und Westküste. Refuge, Berghotel, Restaurant.

✶ Der GR 20:

Sehr anspruchsvolle Wanderung quer durch Korsika, zur Hochsaison fast schon überlaufen. Er führt durch die schönsten Gebirgsregionen Korsikas, berührt aber kein Dorf im Inland außer den Weilern Vizzavona und Col de Bavella.

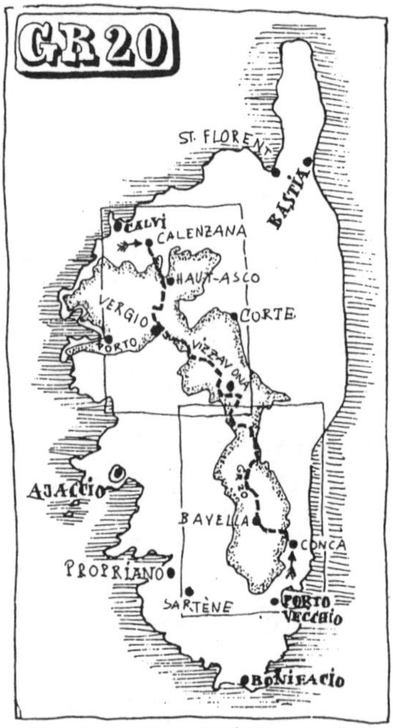

GR20 siehe Seite → 354

Viele unterschätzen diese hochalpine Durchquerung mit Tagesetappen von 8-9 Std. mit 15-20 kg Gepäck. Alle weiteren Details siehe separates Kapitel GR 20 am Ende des Bandes.

Alternativ die Wanderroute "**Strada tra Mare e Monti**" von Calenzana bis Cargèse, für 9 Tage konzipiert, bewegt sich zwischen Meereshöhe und 1100 m, viel durch Macchia. Beste Wanderzeit in der Vor/-Nachsaison, dann zeigt sich die Macchia von ihrer blühenden oder grünen Seite; außerdem ist die Brandgefahr erheblich reduziert.

Im Gegensatz zum GR 20 berührt die "Strada" korsische Berg- und Küstendörfer; das erleichtert die Verpflegung und reduziert das Gepäck, dazu die Möglichkeit, korsische Spezialitäten zu probieren und einen kleinen Einblick in den korsischen Dorfalltag zu bekommen.

Sie verläuft nicht durchs Hochgebirge, bietet aber herrliche Ausblicke, quert korsische Bergbäche und berührt bei Galeria das Meer; evtl. Bade/-Relaxstop einlegen.

Beginn der Tour in Calenzana über Bonifatu -Tuarelli -Galeria -Curzu-Serriera -Ota -Marignana -A Revinda - nach Cargèse an der Küste. Die Wandertour ist jederzeit verkürzbar, kann auch bequem in Teilstrecken gewandert werden, z.B. nur von Galeria nach Cargèse. Tagesetappen liegen zwischen 3 -7 Std. Wanderzeit.

Achtung: an genügend Wasservorräte denken; wild Campen verboten! Wegen der z.T. verheerenden Brände ist Feuer machen verboten! Unbedingt beachten, es ist lebensgefährlich leichtsinnig. Seinen Müll wieder mitzunehmen, sollte eine Selbstverständlichkeit sein. Unterkunft in Refuges, Jugendherbergen, auf Campingplätzen oder in Hotels.

Die "Strada tra mare e monti" wurde vom Parc regional ausgearbeitet, ist gut markiert (orange),dazu gibt es im örtlichen Buchhandel, Maison de la Presse, eine sehr gute Beschreibung, ca. 10 DM, unbedingt besorgen.

Beschreibung der einzelnen Etappen mit Kartenausschnitt, deutlich eingetragenem Weg, Wasserquellen etc. Höhenangaben, Laufzeiten. Erläuterung auf französisch - zusätzlich am besten die Wanderkarten "Itinéraires Pédestres", siehe Wanderliteratur. Kurz:eine rundum gelungene Idee.

Info beim Parc naturel régional de la Corse, Rue General Fiorella, 20.000 Ajaccio, oder Associu di a strada tra mare e monti. M.Paul Ceccaldi 20141 Marignana.

Klettern

Korsika bietet sehr gute Klettermöglichkeiten, und ist noch nicht so überlaufen. Klettern und Baden kann man dank der Geographie ideal kombinieren.

Generell findet man weniger lange Touren als in den Alpen, dadurch kommt man nicht in Zeitverdrückung, zudem ist das Wetter im Sommer recht stabil.

Das notwendige Sicherungsmaterial variiert von Gebiet zu Gebiet, es reicht von diversen Bandschlingen über Klemmkeile, und die variablen Friends bis zu selbstgeschlagenen Haken. Im Juni manchmal noch Schneefelder, Pickel erforderlich.

Einige klettergartenähnliche Partien, z.B. am Bavella unweit der Paßstraße. Durch viele Bohrhaken sehr angenehm. Gute Bedingungen auch für Top rope (max. 40 m hoch). Touren jeder Schwierigkeit zu finden von III bis schätzungsweise VIII-IX mit Überhang; gut als Einstimmung und Vorbereitung für längere Touren im Bavella.

Weiterer kleiner Klettergarten am Anfang des Restonicatals, 500 m nach der Auberge de la Restonica. Der Kletterfels liegt unmittelbar an der Straße; mit Bohrhaken bestückt. Gut 2 Dtz. kurze Touren von ca. 30 m, Schwierigkeit ab II-III aufwärts.

Für Greenhorns in Sachen Kletterei ist Korsika bestimmt nicht zu empfehlen. Ohne Klettererfahrung Hände weg vom Fels, bei Unfällen ist eine eventuelle Hilfe oft zig km entfernt!

Klettern ist ein Sport, der von der Pike auf gelernt sein muß, in Kletterkursen unter erfahrener Leitung; gute Ausrüstung und Einschätzung der Schwierigkeit unter Berücksichtigung des eigenen Könnens.

Ausdrückliche Warnung: Klettern heißt nicht etwa Bergwandern; die Schwierigkeitsbewertung der Kletterstellen entspricht internationalen Normen und reicht von I-VI (bzw. IX unter Berücksichtigung der Freikletterbewertung).

Offizielle Bewertung im Sprachgebrauch des Österreichischen und Deutschen Alpenvereins (DAV):

I = wenig schwierig (leicht)
II = mäßig schwierig
III = ziemlich schwierig
IV = (sehr) schwierig
V = besonders schwierig
VI = äußerst schwierig

Wenn wir von leichter II-er Kletterstelle reden, setzt das Schwindelfreiheit und Trittsicherheit voraus, erfahrene Bergsteiger brauchen dabei nicht unbedingt eine Seilsicherung. Die offizielle Erklärung des DAV lautete: II = mäßig schwierig. Mittlere Schwierigkeiten. Hände sind zur Stützung des Gleichgewichts und zur Fortbewegung erforderlich. Richtige Griff- und Trittkletterei...Meist weniger steil, deshalb oft brüchig und in tieferen Lagen grasdurchsetzt....

Klettergebiete:

Ausgezeichnetes Klettergebiet ist das Bavellamassiv im Süden nur 50 km von Porto-Vecchio (Ostküste) entfernt. Es gilt als Klettereldorado Nr.1, kurze Wege bis zum Einstieg und sehr schöne Gegend. Beliebt sind die Kletterpartien der verschiedenen Bavellatürme mit 4-5 Seillängen rechnen, Schwierigkeit etwa IV-V.

Das Gestein ist gut griffig und sehr rauh, durch die Tafonibildung große "Bier"Henkel und viele Untergriffe. Weniger empfehlenswert die Ferriate Gruppe im Süden, brüchiges Gestein. Als Material Bandschlingen und Klemmkeile jeder Größe.

Am Col de Bavella keine Campingmöglichkeit; erst 12 km weiter bei Zonza. Alle Details siehe Inlandkapitel.

Reizvolle Klettermöglichkeiten in der Calanche zwischen Porto und Piana an der Westküste; das Gebiet liegt nur 400-500 m hoch mit phantastischen Ausblicken auf den Golf von Porto.

Die Calanche bieten naturgemäß keine hochalpinen Klettertouren, sondern spielerische Genußkletterei, in und um die Tafonibildungen. Zugänge unmittelbar von der Straße (D 81) aus, 8 km von Porto entfernt.

Alle Schwierigkeiten sind zu finden, vom niedrigen Bolderfels bis zu extremen Überhängen. Top rope an verschiedenen Stellen möglich. Die rötlich schimmernden Calanchefelsen weisen die schönsten Tafonibildungen Korsikas auf, rauher, durchlöcherter Granit, viele Untergriffe, solide Henkel. Sicherungen fast ausnahmslos in Sanduhren. Klemmkeile sind die Ausnahme, keine vorgegebenen Touren.

Weiteres beliebtes Kletterziel im Zentrum Korsikas die Paglia Orba, der optisch schönste Berg der Insel. Guter Stützpunkt das Refuge "Ciottoli di i Mori" von der Paßstraße Col de Vergio erreichbar. Kurzer Anmarschweg zu den Kletterstellen.
Der Schwierigkeitsgrad der Touren variiert von III/IV (Finch Route) bis VI/VII (Adlerroute).

Ebenfalls schnell von der Hütte erreicht man den "Tafunato", der charakteristische Berg mit Riesenloch; leichte Touren.

Im benachbarten Ascotal der Monte Cinto, höchster Gipfel der Insel. Stützpunkt in Haut-Asco mit Berghotel, Refuge und Campingplatz.
Kürzester Aufstieg zum Cinto von der Bocca Borba, Schwierigkeit III-IV; die Nordwand V-VI bis zu 15 Std.!

Das Klettergebiet Aiguilles de Popolasca nahe Ponte Leccia hat sich erst bei einheimischen Kletterern herumgesprochen. Viele Tourenmöglichkeiten, die Informationen darüber dürftig, daher nur für erfahrene Kletterer.

Literatur:

Detaillierte Routenbeschreibungen im deutschen Kletterführer "Korsika für Bergsteiger und Kletterer" von Hans Schymik, Selbstverlag Aalen. Beinhaltet über 100 Tourenvorschläge.

"Escalades choisies", Beschreibung von Klettertouren im Cinto und Paglia Orba Gebiet mit Skizzen der Touren; detaillierte Erläuterung mit Infos zum benötigten Material. Das französischsprachige Heft kostet ca. 12 DM und ist z.B. bei Omnisport in Corte erhältlich.

Viele Tips mit motivierenden Fotos im Magazin "Berge-Korsika" Nr. 21/Jan '87. Buchler-Verlag Schweiz. Im Zeitschriftenhandel erhältlich.

Zubehörshop: sehr gut sortiert ist Omnisport in Corte. Haken, Karabiner, Keile etc. Literatur, und Tips für Touren, weitere Shops in den Städten.

9 Reiten

Ist auf der Insel ganz groß im Kommen. Reitausflüge am Strand, durch Wälder oder Macchia auf ehemaligen Maultierpfaden ist eine ungewöhnlich schöne Möglichkeit, die unberührte Landschaft zu entdecken. Bei stündlichen Ausritten zeigt der Führer den Weg. Die Pferde oder Ponies sind auch den ganzen Tag zu leihen. Preise pro Std. ca. 18 DM, pro Tag ca. 55 DM.

Rund 20 Reitställe bieten auf Korsika Ausritte mit "Guides" Führern an - meist auch einfache, jugendherbergsähnliche Unterkunft vorhanden.
Reitzentren in Bastelica, Venaco, Ghisonaccia, Baracci (Propriano), Sartène, Bravone, Porto-Vecchio, Sagone, Oletta.

Info und Broschüre bei: Association régionale pour le tourisme equestre, la randonnée et l'equitation de loisirs en Corse,Costa - 20226 Belgodere.

10 Jagd

Ist hauptsächlich eine Sache für Korsen, aber auch organisierte Jagd, z.B. in St. Florent.

Neben dem Wildschwein kann man auch Hasen, Rebhühner und Wildtauben erlegen. Jagd auf Mufflon und Adler ist verboten.

Marken für Jagdscheine ca. 125 DM, nach Vorlage der deutschen Jagderlaubnis. Erhältlich im Armerie-Geschäft, hier auch nähere Auskunft.

Saison: für Rebhuhn, Wachtel, Amsel, Wildtaube - 3.Sonntag im August bis 1.Sonntag im Januar.
Wildente und Schnepfe zahlreich in Lagunen an der Ostküste.
Wildschwein, Hasen etc.: 31.August bis zur 1.Januarwoche.

Rund um die Insel in Touristenorten möglich.Meist gehören die Anlagen zu Hotels, seltener bei Campingplätzen. Fast ausnahmslos Hartplätze.

Courts der Hotelanlagen dürfen in der Regel auch von Nicht-Hotelgästen mitgenutzt werden. Platzreservierung nötig, gerade zur Hauptsaison. Die beliebten Zeiten am kühleren Vormittag bzw. Abend schwer zu bekommen, dafür sind die heißen Mittagsstunden manchmal nur halb so teuer.

Racketverleih oft möglich. An manchen Orten wird auch Tennisunterricht angeboten. Angaben zu Tennisplätzen im Text.

Als Gebirge im Meer hat Korsika reichlich Steigungen, doch wird der Fahrradurlaub immer beliebter - trotz vieler Schlaglöcher, schmaler Straßen und Kurven. Die landschaftliche Schönheit, der intensive Duft der Macchia und die immer wieder superschönen Ausblicke machen die Strapazen wieder wett.

Als "Zweitfahrzeug" ist das Fahrrad prima für Ausflüge und kleinere Touren einsetzbar. Sehr lohnend z.B. die Balagnerundfahrt ca. 50 km ab Ile-Rousse, liebliche Landschaft, fotogene Dörfchen, schöner Blick. Details siehe Text.

Sehr abwechslungsreiche Tour im Hinterland von Porto-Vecchio zu den torreanischen Fundstätten kombiniert mit Kurzspaziergängen durch die Macchia, schöner Blick von den Kultmonumenten. Eine runde Sache.

Kurztour ab Galeria ins Fangotal; ein idyllisches Gebirgstal mit kristallklarem Bergbach, guten Bademöglichkeiten; Picknick einpacken.

Als größere Tour bietet sich eine Cap Corse Umrundung an, sehr reizvolle Landschaft, viele Badestops, fotogene Genuesentürme, Campingplätze, kleine Hotels und Restaurants an der Strecke. Mindestens 2-3 Tage einplanen, Details siehe Cap Corse.
Auch per Mietfahrrad ab Bastia gut möglich.

Fahrradverleih in jedem größeren Touristenort, z.B. in Calvi, Ajaccio, Bastia, Galeria, Porto-Vecchio, Bonifacio, etc. Für längere Touren ist natürlich ein eigenes Fahrrad günstiger.

Beste Fahrrad Reisezeit: in der Vor/Nachsaison, dann sind die Temperaturen angenehmer als im Juli/August, die Straßen nicht so befahren; am Cap Corse kann es allerdings Übernachtungsprobleme geben.

Zubehör und Ersatzteile in den wenigen Städten, doch in der Regel nur für französische Fabrikate; die sind oft etwas anders genormt, so daß selten was paßt. Auf jeden Fall Ersatzschlauch, Mantel und Speichen, sowie spezielle Verschleißteile mitnehmen. Pannen auf abgelegenen Strecken können sonst einige Urlaubstage kosten.

Wasserquellen findet man sehr häufig entlang der Straße, z.T. in sehr schönen Brunnen gefaßt.

Bonbon: die Korsika Umrundung, die überwiegend entlang der Küste führt, einen Teil auch durchs Gebirge. Dietmar Jahnel empfiehlt folgende selbsterprobte Route von ca. 800 km, mindestens 14 Tage einplanen:

"Die Tour führt an der Ostküste nach Süden und dann die Westküste nach Norden hinauf, weil die Steigungen von dieser Seite langgezogener und daher angenehmer zu fahren sind. Andersrum geht's natürlich auch (siehe auch Skizze).

1.Etappe: Bastia - Corte, ca. 75 km; auf der N 193 von Bastia Richtung Süden, Ponte Leccia, über den Col di S.Quilico (559 m)

2.Etappe: Corte - Solenzara, ca. 80 km; immer leicht bergab bis Aleria, eher langweilig, aber eben und schnell nach Solenzara, keine nennenswerten Steigungen.

3.Etappe: Solenzara - Porto-Vecchio, ca. 45 km; schöne Fahrt mit leichten Steigungen.

4.Etappe: Porto-Vecchio - Bonifacio, ca. 30 km; zwei kleine Steigungen.

5.Etappe: Bonifacio - Sartène - Propriano, ca. 70 km; von nun an wird's enger, kurviger, steiler, schlaglöchriger, dafür aber die Landschaft herber, duftender, wilder, einsamer.

6.Etappe: Propriano - Filitosa - Porticcio, ca. 70 km; sehr einsame, enge Küstenstraße, Paß auf etwa 500 m Höhe.

7.Etappe: Porticcio - Sagone, ca. 70 km; Col de Bastiano (464 m)

8.Etappe: Sagone - Porto, ca. 50 km; Col de Lava (498 m), sehr steile Abfahrt nach Porto

9.Etappe: Porto - Galeria, ca. 50 km; Col de Palmarella (408 m)

10.Etappe: Galeria - Calvi - L'Ile Rousse, ca. 55 km; kleinere Pässe

11.Etappe: L'Ile Rousse - St. Florent, ca. 40 km; Bocca di Vezzu (421 m), sehr einsam

12.Etappe: St. Florent - Nonza - Centuri Port, ca. 60 km; Cap Corse - der krönende Abschluß, aber ständig bergauf und bergab. →

13.Etappe: Centuri Port - Miomo, ca. 60 km; Col de Serra (365 m)
14.Etappe: Miomo - Bastia, ca. 6 km; ausrollen.

Ausrüstungstips:

- Rennrad (nicht zu kostbar) oder Tourenrad, 10 oder 12 Gänge, eine Bergübersetzung (28er Zahnkranz hinten) ist nicht teuer und erleichtert das Leben ungemein.
- möglichst wenig Gepäck, die schweren Sachen in die vordere Tasche
- Fahrradhose mit Ledereinsatz: der Allerwerteste wird's danken - vor allem bei längeren Etappen
- Fahrradhandschuhe: sehr empfehlenswert. Beugt schmerzhaften Druckstellen vor und schützt die Hände beim Sturz.
- Clips auf den Pedalen helfen bei Steigungen
- Ersatzteile: Schläuche oder Reifen (mehrere!), Klebeset, Pumpe, Bremsseil, Gangseil, Speichenschlüssel, Werkzeug."

Für konditionsstarke Radelenthusiasten folgende Rundtour:

Sie berührt fast alle landschaftlichen Höhepunkte der Insel an der Küste und im Gebirge. Stellt aber hohe Anforderungen an die Kondition. Sie führt über mehrere Pässe u.a. den höchsten Paß der Insel (1464 m) Col de Vergio. Insgesamt ca. 1200 km mit starken Steigungen. Zeitbedarf hängt sehr von der Kondition ab. 2-3 Wochen dürfte das Minimum sein.

Kartenstudium speziell bei Paßstrecken vor Antritt der Fahrt ratsam, evtl. die Strecke entsprechend der eigenen Verfassung abändern. Teilstrecken herauspicken.Tip: Michelin Straßenkarte, Maßstab 1:200.000, sehr detailliert gibt alle Steigungen und Straßenbeschaffenheit an.

KORSIKA- RADRUND- TOUR

- - - - Korsikaumrundung 800 km (siehe Beschreibung Vorseite!)

——— Konditionsfordernde Tour ca. 1.200 km (in Teilstrecken zu empfehlen)

13 SKI FAHREN

Alpinskifahren auf Korsika ist nicht mit dem 100 Lifte Skizirkus in der Schweiz zu vergleichen. Es gibt drei Skigebiete, jeweils mit einigen Liften: Asco, Ghisoni - Capanelle und am Col de Vergio. Die 400 m Höhenunterschied reißen keinen passionierten Abfahrtsläufer aus dem Sessel.

Höchstgelegenes und größtes Skigebiet Ghisoni-Capanelle auf 1600 m Höhe, mit guten Skitourenmöglichkeiten. Einige Lifte, 2,4 km lange Piste, mittelschwere Abfahrten, von der Ostküste und Ajaccio schnell erreichbar. Unterkunftsmöglichkeit, Restaurant, Skiverleih direkt an den Liften. Zur Wintersaison evtl. Skibus von Ghisonaccia. Vorher abchecken.

Col de Vergio, höchst gelegener Paß Korsikas (1464 m). Großes Hotel/-Restaurant vis-à-vis vom Lift. Skiverleih. Von der Süd/Westküste, Ajaccio und Sagone relativ schnell erreichbar. Guter Stützpunkt für Tagsskitouren.

Haut-Asco am Ende des Talkessels zu Füßen des höchsten Inselgipfels Monte Cinto. Schlepplift. Unterkunft im Hotel "Le Chalet" direkt beim Lift, Skiverleih.

Wesentlich reizvoller als Abfahrt sind die Skitouren im Frühjahr (Ende Feb - Anfang Mai, Steilabfahrten erst ab Mitte März). Da brennt schon wieder die Sonne und das Firnschneefahren wird zu einem besonderen Vergnügen. Grob gesehen reicht im März die befahrbare Schneedecke bis auf 1000 m Höhe an Nordhängen. Im Mai bei gutem Winter auf 1400 - 1500 m.

Die Gefährlichkeit durch Lawinenabgänge darf aber nicht unterschätzt werden, ist mit Alpenverhältnissen vergleichbar. Besondere Vorsicht bei schlechter Sicht.

Skilanglauf (Ski de fond) hat sich mittlerweile auf Korsika gut etabliert. Möglichkeiten bieten sich auf dem Plateau von Val d'Ese auf 1600 m Höhe, ca. 30 km Loipen.

Bei Evisa Loipen im Wald von Aitone und L'Indinoso, Quenza und Zicavo auf dem Plateau von Coscione ca. 25 km Loipen. Z.T. auch mit Skiverleih, Unterricht und Unterkunftsmöglichkeiten in der Nähe.

Die große Korsikadurchquerung im Winter auf Ski (Haute Route à Ski)

Wer sich eine gemütliche Skitour in strahlendem Sonnenschein von Hütte zu Hütte vorstellt, abends prasselnde Kaminromantik mit einem Gläschen Wein und einem deftigen Schnitzel, wird vermutlich übel enttäuscht, ja das kann lebensgefährlich ins Auge gehen.

Die Skidurchquerung Korsikas ist eine äußerst schwierige Gewalttour nur für erfahrene Tourenläufer mit Hochgebirgs/Tiefschneerfahrung, Top

Kondition, und Orientierungsfähigkeit, auch bei Nebel und Schneesturm.

Die Hütten sind unbewirtschaftet, d.h. bei Ankunft kalt und feucht, Verpflegung selber mitnehmen. Oft auch zu Fuß und Ski auf dem Rücken, weil die Schneedecke zu dünn ist.
Fazit: Hobbyskitourenläufer Finger weg!

In den Alpen gibt's leichtere und gefahrlosere Touren. Für Experten dagegen ein Hochgenuß; die beste Zeit März/April.

Gute Ausrüstung ist Voraussetzung - Tourenski/schuhe, Steigfelle, Gamaschen, Steigeisen, Eispickel, Bergsteigerrucksack, an dem die Ski befestigt werden können. Kopflampen, Erste-Hilfe-Ausrüstung, Seil, Abseilhaken, Biwaksack etc...Topographische Karten 1:25.000, Kompaß.

Die Fremdenverkehrszentrale in Ajaccio und "U Associu i Muntagnoli Corsi" vermitteln Bergführer.

Die große Korsika-Durchquerung geht vom Ascotal nach Bastelica - je nach Witterung und Kondition in 8-9 Etappen, Teile der Strecke sind mit dem GR 20 identisch.

Es sind etwa mit 6.500 m Aufstieg zu rechnen. Ob die Tour von Nord nach Süd oder umgekehrt gemacht wird, ist Geschmacksache bzw. Wettersache. Folgende Hütten, natürlich ohne Hüttenwirt, können benutzt werden: Hotel Col de Vergio, Manganu, Pietra Piana, L'Onda, Col de Vizzavona, Hotel in Capanelle, Hotel in Bastelica. Genaue Beschreibung siehe Wanderungen.

Die Hütten haben zwar einen Kamin, es ist nur kein Verlaß darauf, ob Brennholz vorhanden ist. Verpflegung, Schlafsack und komplette Ausrüstung muß mitgetragen werden (auch Kocher).

Die **Literatur** ist dürftig. Hinweise im Jahrbuch 76 des Deutschen bzw Österreichischen Alpenvereins. Einige Tourenvorschläge im Magazin "Berge-Korsika", Nr. 22. Jan 1987. Buchler Verlag Schweiz.

Die Korsen

sind dem Papier nach Franzosen; vom Typ, ihrer Sprache und Mentalität her aber ein eigenes Volk.

Der französische Schriftsteller Prosper Mérimée charakterisierte einen 50jährigen Korsen so: "...Man stelle sich einen kleinen, aber robusten Mann vor, mit krausem Haar, schwarz wie Pech, einer Adlernase, schmalen Lippen, großen und lebhaften Augen und einer Haut von der Farbe einer Stiefelstulpe...". So sah er es vor 100 Jahren.

Der Lauf der Geschichte hatte aus den Korsen ein Berg- und Hirtenvolk gemacht; ständig bedroht von außen zogen sie sich in einem dauernden Überlebenskampf immer perfekter ins Landesinnere zurück; in Dörfer, die wie Adlerhorste auf dem Berg thronen. Man "erkennt" die Korsen an ihrem französischen Vornamen und italienisch klingenden Nachnamen.

Korsika zählt heute zu den am dünnsten besiedelten Gegenden Frankreichs; die Hälfte der Inselbevölkerung lebt inzwischen in und um die beiden Großstädte Bastia und Ajaccio.

Anfang des 20.Jhd. kam es aufgrund wirtschaftlicher Rezession zu einer gewaltigen Abwanderungswelle; die Bevölkerungszahlen gingen um 30-40 % zurück. Erst nach dem 2.Weltkrieg konnte die drohende Entvölkerung allmählich gebremst werden, u.a. durch Programme zur Verbesserung der Wirtschafts- und Lebensbedingungen.

Seit den 70er Jahre ist erstmals wieder eine Bevölkerungszunahme zu verzeichnen; problematisch allerdings die starke Überalterung auf der

Insel, da nach wie vor mangels Arbeitsplätzen viele junge Leute aufs Festland gehen und viele Korsen im Renten/-Pensionsalter auf ihre Insel wieder zurückkehren. Mittlerweile leben ca. 4 x mehr Korsen außerhalb Korsikas, als auf der Insel. So gibt es wohl kaum eine korsische Familie, in der nicht ein oder mehrere Mitglieder auf dem Festland arbeiten. Obwohl die Zeiten, da man sich goldene Berge auf dem Kontinent erhoffte auch längst vorbei sind (zunehmende Arbeitslosigkeit auch auf dem Festland).

Dank eines neuen Bewußtseins korsischer Identität versuchen immer mehr junge Leute sich selber Arbeitsplätze auf der Insel zu schaffen; die Corsicada ist dafür ein kleines Beispiel.

Ein weiteres Problem, das den Korsen schwer zu schaffen macht, ist das der drohenden Überfremdung. Von den rund 240.000 Inselbewohnern sind nur etwa die Hälfte Korsen; der Rest Festlandfranzosen, Algerienfranzosen und ca. 10 % Gastarbeiter aus Nordafrika.

Die korsische Sprache

Deutsch spricht auf Korsika so gut wie niemand, auch mit Englisch kommt man nicht sehr weit. Mit Ausländern reden die Korsen französisch, untereinander sprechen sie korsisch; eine weiche Sprache, an den vielen dumpfen u-Lauten (der männlichen Endsilbe) zu erkennen.

Es ist eine absolut lebendige Sprache, die Umgangssprache eines Großteils der Einheimischen - jung wie alt. Gerade in jüngster Zeit erlebt das

Korsische eine Renaissance, wie auch die vielen Neuerscheinungen von korsischen Lehrbüchern, Grammatiken etc. zeigen.

Korsisch wurde jahrhundertelang als gesprochene Umgangssprache mündlich überliefert; ältere literarische Zeugnisse sind selten.

Die korsische Sprache ist ein Hauptelement bei der Suche und Artikulation einer korsischen politischen und kulturellen Identität. "Persa a lingua, persu u populu" (sobald die Sprache verloren ist, ist auch das Volk verloren).

Im Zuge der römischen Kolonialisierung entwickelte sich die korsische Sprache aus dem Urlatein selbständig weiter; sie wird heute als selbständige Sprache und nicht als Dialekt betrachtet, obwohl Ähnlichkeiten zum Toskanischen unüberhörbar sind. Deswegen kommt man mit Italienisch auch relativ gut klar.

Seit 1770, nachdem Genua die Insel an Frankreich verkauft hatte, wurde die französische Sprache trotz massiven Protests auf Korsika eingeführt und ab der Grundschule als Pflichtfach gelehrt. Korsisch wurde dadurch stark zurückgedrängt, lebte aber intern weiter.

Seit 1971 kämpft J.-B. Stromboni mit der "Scola Corsa" für eine Wiederbelebung und Wertschätzung der korsischen Sprache. Mit neuem Selbstbewußtsein traten die Korsen für die Erhaltung und Entwicklung ihrer Kultur, Tradition und Sprache ein.

Seit 1974 wurde Korsisch offiziell als "lingua regionale" anerkannt - wie auch das Bretonische, Elsässische oder Flämische. Als Wahlfach wird Korsisch mittlerweile an Schulen unterrichtet - die Forderung nach obligatorischem Korsischunterricht schon ab Kindergartenniveau wird allerdings von Paris beharrlich abgelehnt. Zeitschriften und Zeitungen drucken Artikel in korsischer Sprache, der Rundfunk bringt korsischsprachige Sendungen.

Die Tendenz zur Korsifizierung wird z.B. bei Ortsnamen ganz deutlich. Übersprühte Ortsschilder geben Nachhilfeunterricht: aus Bonifacio wird Bonifaziu, Corte - Corti, Ajaccio - Ajacciu.
Die regionalen Variationen des Korsischen können wohl die wenigsten Ausländer wahrnehmen; das in Sartène gesprochene Korsisch gilt als das typischste.

Folklore - Musikgruppen

Eine soirée corse (korsischer Abend) gehört in das Programm jedes Reiseveranstalters: routinierte, touristenerprobte Gitarristen spielen und singen Abend für Abend in der Kneipe korsische Folklore.

Mehr Leben und Flair vermitteln Auftritte von Musikgruppen wie: MUVRINI, CANTA U POPULU CORSU, E DUI PATRIZI, A FILETTA, I CUMPAGNI DI L'AVENU. Hautnah bekommt man korsische Volksmusik bei dem Fest der Santa di Niolu in Casamaccioli mit (siehe dort).

Die verschiedenen Musikgruppen sorgen dafür, daß korsische Lieder modern bearbeitet, nicht in Vergessenheit geraten.

Die typisch korsischen Wechselgesänge Chiam e Rispondi, eine Art musikalische Diskussion, und die Klagegesänge Lamentu und Voceri werden durch die Casa musicale in Pigna wiederbelebt. Die Vereinigung hat sich außerdem zum Ziel gesetzt, den kulturellen Austausch zwischen korsischen und ausländischen (besonders Mittelmeerraum) Musikgruppen zu fördern. Die Casa musicale bietet Übungsabende, Musikunterricht auch auf historischen Instrumenten an, z.B. auf der Cettera, einem gitarre-ähnlichen Instrument.

A Paghiella - ein mehrstimmiger Gesang (meist drei Stimmen), auf einem vorgegebenen Schema improvisiert. Man vermutet, daß die Paghiella ursprünglich von den Balearen importiert wurde. Sie wird zur Messe an bestimmten Tagen in Rusio (Castagniccia) und in Sermano nahe Corte gesungen.

Korsika hat auch eine eigene Hymne: Dio vi Salve Regina - ursprünglich ein religiöser Gesang, der von der korsischen Nationalversammlung (Consulta) am 30.Januar 1735 ausgewählt wurde.

Corsicada - Alternatives Kunsthandwerk

Hier gibt's keinen Napoleon aus Plastik, sondern Handarbeit aus natürlichen Materialien: Töpferwaren, Westen aus Lammfell, handgewebte Decken, geschnitzte Löffel aus Kastanienholz, bunte Seidentücher, Grafiken, Gemälde, Wein, etc.

Auch süße Sachen wie Honig, Kastanienkuchen oder Nußlikör. Verkauft wird auf den "Foires" - eine Art Volksfest - und in kleinen Boutiquen, "Casa di L'Artigiani". In den Läden kaufen nicht nur Touristen, sondern auch Korsen ein.

Corsicada: 1964 von Tony Casalonga gegründet; hieß ursprünglich Coopérative pour l'organisation la sélection et l'indépendance des artisans d'art; wurde 1973 umbenannt in Communauté d'organisation rurale pour le service, l'information et la création dans l'artisanat d'art.

Diese Vereinigung von Künstlern versucht ein eigenständiges Kunsthandwerk wieder zu beleben. Unter ihnen viele junge Leute, die in abgelegenen Dörfern, in kleinen Werkstätten arbeiten. So ist es ihnen möglich, den Lebensunterhalt zu bestreiten. Sie brauchen nicht, wie viele andere, dafür aufs Festland auszuwandern. Gute Qualität ist jedoch Voraussetzung für die Aufnahme in die Vereinigung.

Parc Naturel Régional de la Corse

Der "Regionalpark" - auf jeder Karte eingezeichnet - ist ein 260.000 ha großes Naturschutzgebiet (ca. 1/5 der Inselfläche).

Er schließt die schönsten Stellen der Insel ein. Von der Unterwasserwelt über steile Küsten, bizarre Felsformationen - "Calanche"; insges. 82 Gemeinden.

Hauptaufgabe ist der Schutz seltener Pflanzen und Tiere, Kampf gegen den

Waldbrand und gegen die Vernichtung einer ungewöhnlichen Natur zugunsten des Tourismus. Unterstützung von Bauern und Hirten. Der "Parc" hat weit über 100 Bergerien renoviert oder wiederaufgebaut.

Freiwillige kümmern sich auch um die Wanderwege. Der GR 20 ist von ihnen angelegt und wird ständig gewartet. Er führt durch den gesamten Park und damit durch die vielfältigste Landschaft.

Ebenfalls im Parkbereich liegt das Naturreservat von Scandola an der Westküste nördlich von Porto; es wurde wegen seiner ausgesprochen reichen Fauna und Flora vom Comité des Ministres du Conseil de l'Europe ausgezeichnet. Das Gebiet ist nur von See her zugänglich (siehe Porto).
Die sehr selten gewordenen Mönchsrobben kommen hier noch vor, Haubenkormorane, blaue Delphine, Fischadler, Wanderfalken, etc.

Hauptbüro des Parc Naturel Régional de Corse, B.P. 417, Rue General Fiorella, 20184 Ajaccio Cedex. Filiale in Zonza am Ortsausgang Richtung Bavella und in Corte am Eingang ins Restonicatal.

Die Fremdenlegion

In Calvi und an der Ostküste trifft man sie noch, die Männer mit kahlgeschorenen Köpfen, weißen Käppis, messerscharf gebügelten Hosen und roter Fangschnur. Sie stammen aus aller Herren Länder - es verblüfft ein wenig, wenn man unvermutet Hamburger Platt auf Korsika hört.

Der Fremdenlegion haftet immer noch ein etwas zwielichtiger Ruf an: man kann hier untertauchen. Den Bewerbern, die sich unter richtigem oder falschem Namen anmelden, wird Anonymität zugesichert. Sie verpflichten sich zu 5-jähriger Dienstzeit - mit strengem Drill.

Die Meinung eines Teils der Bevölkerung liest man an den Hauswänden: "Legion fora" (Legion raus). Ein hartes Urteil fällte die Presse, als 1976 ein Deserteur im Bergland von Bustanico 2 Hirten ermordete und ein deutscher Tourist in seinem Ferienhaus ermordet wurde. Das sind aber Ausnahmen geblieben.

Die Legion ist Bestandteil der französischen Armee. Sie wurde zur Sicherung des nordafrikanischen Kolonialbesitzes eingesetzt und findet ihren Einsatz bei Schwierigkeiten außerhalb Europas, z.B. als in Zaire 300 Franzosen aus der Gewalt der Katanga Gendarmen befreit wurden.

Die Ausbildungseinheit wurde 1962 nach dem Algerienkrieg nach Korsika verlegt. Hier herrschten gute Bedingungen zur Ausbildung im Tauchen, Fallschirmspringen und Überlebenstraining.

Anfangs war die Legion recht willkommen, schnell schlug die Stimmung in Ablehnung um; 6 Legionäre kamen bei Streitigkeiten mit Inselbewohnern ums Leben. Z.T. wurden sie auch als Symbol der Kolonialmacht betrachtet.

Oft haben sie sich die alten Zitadellen als Stützpunkt ausgesucht. 1982 waren ca.2300 Legionäre in Calvi, Bonifacio und Corte stationiert.

Nach und nach räumen sie jedoch die Zitadellen dem französischen Militär oder zivilen Zwecken.

Die Fremdenlegion entstand schon 1831 unter König Louis Philipp in Frankreich und nahm politische Flüchtlinge, Deserteure und Abenteurer auf.

Übrigens: Werbung für die Fremdenlegion ist in der BRD strafbar.

Wald,- Macchiabrand

Thema Nummer Eins im trockenen Sommer. Jedes Jahr gehen in Korsika zigtausend Hektar Macchia und Waldgebiete in Flammen auf (allein 30.000 ha im Jahr 1983).

Das Macchiagestrüpp ist pulvertrocken und leicht entflammbar. Bereits eine achtlos weggeworfene Zigarettenkippe kann im Nu verheerende Folgen haben.

Die Ursachen der Brandentstehung sind häufig schwer auszumachen. Nur rund 10 % der Brände entstehen (Schätzungen zufolge) durch Selbstentzündungen; die restlichen 90 % gehen auf Unachtsamkeit und Brandstiftungen zurück.

Brandrodungen der Hirten zur Vergrößerung der Weideflächen sind heute nur selten die Ursache. Häufig stehen Touristen im Verdacht, oft Wildcamper, die trotz aller Warnschilder Lagerfeuer entzünden. Aus einer anderen Ecke fällt der Verdacht auf Grundstücksspekulanten, die sich billiges Bauland erhoffen; wieder andere glauben die Brandstifter im Lager der Extremisten, die dadurch auf die korsische Unabhängigkeitsbewegung aufmerksam machen wollten.

Brandstiftung vermutete die Polizei auch bei dem Großbrand in der Balagne und am Cap Corse im August 1981. Fast zur gleichen Stunde brachen im Norden - von Calvi bis Bastia verteilt - Brände aus. Dazu kam ein Sturm von Windstärke 4 - blitzschnell breitete sich das Feuer aus.

Die Rettungsmannschaften waren total überlastet,an 6 Stellen gleichzeitig zu löschen. Für die ganze Balagne standen 200 Mann, 25 Löschfahrzeuge und 3 Wasserflugzeuge bereit.

Die Löschaktionen müssen sich meist darauf beschränken, Häuser, Hotels und Campingplätze zu schützen, weil die Brandherde irgendwo unzugänglich in der Macchia liegen. Leider werden die Löschaktionen oft durch Schaulustige und sensationsgierige Touristen behindert.

Jeder Urlauber auf Korsika sollte sich seiner Verantwortung bewußt sein; **Lagerfeuer im Sommer absolut verboten!**, auch wenn die Feuerstelle gut gelöscht scheint, kann sie sich nach Stunden wieder selbst entzünden. Wildcampen verboten u.a. auch aus Sicherheitsgründen.

Flaschen, Gläser, etc. sowieso nicht einfach wegwerfen, schon gar nicht in die Macchia; kann Brennglaseffekt geben und das knochentrockene Gestrüpp entzünden.

Löschen:

Hauptproblem ist das unwegsame Gelände. Löschfahrzeuge haben kaum eine Chance. Wenn sich das Feuer bis in die Gärten oder die Tomatenpflanzen hineinfrißt, packen alle Leute mit an, bilden eine Reihe und werfen sich die Wassereimer zu. Die vordersten versuchen sogar das Feuer mit frischen Zweigen auszuschlagen, in der Regel jedoch ein Tropfen auf den heißen Stein. Am wirksamsten sind immer noch die Löschflugzeuge "Canadair" und "DC 6" - gelbe, plumpwirkende Propellermaschinen.

Die Löschflugzeuge "Canadair" von einer kanadischen Firma gebaut, bestanden ihre Feuertaufe auch in Nordamerika. Ca. 1/2 Minute lang gleiten sie dicht über der Wasseroberfläche saugen etwa 40.000 l Wasser in ihren Tank und heben schwerfällig wieder ab. Brandbekämpfung ist nur dann sinnvoll, wenn die Wassertonnen wie eine Fontäne direkt über dem Brandherd abgeworfen werden. Gerade das ist außerordentlich schwierig und gefährlich, weil die Piloten im Blindflug einige Minuten in den Qualm eintauchen müssen.

21 Flugzeuge sind in der Hauptbasis Marignane bei Marseille stationiert; die Piloten meist ehemalige Marineflieger. Tödliche Unfälle bei Einsätzen verstärken die Beschwerden über einen Mangel an funktionsfähigen Maschinen und schlechte Wartung.

Die behäbigen alten Canadair sollen durch eine modernere Version ersetzt werden; die kanadische Flugzeugfirma bietet schon ein Nachfolgemodell an mit viel größerer Wasserkapazität. Ob Paris bei dem gewaltig hohen Anschaffungspreis grünes Licht gibt, ist noch nicht raus, zumal die Forderungen nach sinnvoller Prävention von Macchia/-Waldbränden immer deutlicher werden.

Seit einigen Jahren werden auf Korsika zusätzlich die kleinen "Trush Commandors" eingesetzt; speziell für Kontrollflüge, Brandherdsuche und im Ernstfall natürlich auch Brandlöschung.

Die kleinen gelb-schwarzen Maschinen können auf jedem noch so kleinen Flughafen starten und landen und sind damit schnell einsatzbereit. Die Flugzeuge haben jeweils eine Kapazität von 1500 l. Jede der Maschinen absolviert während der gefährdeten 3 Monate rund 200 Flugstunden. Die Effizienz dieser "Pompiers du Ciel" ist unbestritten - Hauptproblem einer Verstärkung der Flotte bleiben die hohen Kosten mit rund 1300 DM/Flugstunde.

Konsequenzen der Waldbrände: Wald - Macchia - Garigue

Nach großen Waldbränden sprießt als erstes wieder die Macchia; sie gedeiht schneller und stellt weniger Ansprüche an den Nährboden. Ist sie erstmal so richtig verfilzt, hat kein Baum mehr eine Chance hochzukommen.

Die ersten Schößlinge treiben bereits nach den starken Herbstregen; doch das verheerende Bild eines Buschfeuers bleibt über Jahre: dunkle bis tiefschwarz verkohlte Strauchgerippe, Baumstümpfe, angekohlte Telefonmasten staken in den Himmel, verschmorte Leitungen am Straßenrand. Winterregengüsse schwemmen die ohnehin schon dürftige Erdschicht weg.

Selbst Macchiapflanzen brauchen deshalb nach einem wiederholten Buschbrand am gleichen Hang immer länger, um wieder Fuß zu fassen. Schließlich wächst nur noch die Garigue - eine degenerierte Form der Macchia - niedriger und weniger artenreich. In Korsika nimmt sie überwiegend steile Hänge ein, die wiederholt abgebrannt sind. Brennt auch sie mehrfach ab, verschwindet auch die letzte Erdkrume und die Landschaft verkarstet.

Erschwerend kommt für den Pflanzenwuchs nach Buschbränden hinzu, daß in Korsika die Wasserflugzeuge nur mit Meerwasser löschen können, die Böden infolgedessen stark versalzen.

Müll

Traurig, daß man diesem Thema überhaupt einen Satz widmen muß. Sicher, die Korsen gehen mit ihren Müllhalden in der Macchia gleich neben der Straße auch nicht immer mit gutem Beispiel voran. Fehlende Mülltonnen lassen den guten Willen vielfach im Keim ersticken, aber - der viele Zivilisationsmüll an den Stränden, Plastiktüten, Plastikflaschen, Konservendosen, etc. geht eindeutig auf das Konto der Urlauber. Eine Strandmüllabfuhr gibt es nicht.
Herzliche Bitte: sämtliche Abfälle wieder mitnehmen und in den nächsten Mülleimer, aber gut verschließbare nehmen, sonst freuen sich die streunenden Hunde über neue Beute - im Gebirge die Schweine.

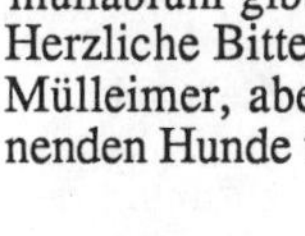

Tierwelt

Auf Korsika ist sie nicht exotisch, aber wer hat schon mal ein Mufflon oder einen Seeadler gesehen?
In den Wäldern ist der einzige Räuber der Fuchs. Im März und November machen viele Zugvögel hier Rast. Die Macchia bietet idealen Lebensraum für Kleintiere wie Eidechsen und Feuersalamander, ein Paradies für Schmetterlinge.

Schlangen gibts auch, jedoch sollen sie nicht giftig sein. In den Gebirgsbächen kann man sich mit Geduld und Glück und Angelschein eine Forelle selber fangen.

Es kommen **Wildschweine** vor , doch nicht verwechseln mit den verwilderten Hausschweinen; die schwarz-rosa gescheckten Vielfraße sind sehr aufdringlich. Uns haben sie mal einen ganzen Käse weggefressen, so schnell konnten wir ihn gar nicht in Sicherheit bringen. Nichts Eßbares im Zelt lassen, sie riechen alles und brechen auch ins verschlossene Zelt ein.

Das echte Wildschwein mit schwarzen langen Borsten und eindrucksvollen Hauern ist hauptsächlich nachts unterwegs, dadurch äußerst selten zu sehen, gejagt wird mit Treibern oder Hunden. Das geschossene Borstenvieh wird dann wie eine Jagdtrophäe auf dem Autokühler durchs Dorf gefahren.

Korsisches Mufflon (Wildschaf): beheimatet im Gebirge von Asco und Bavella. Ausgewachsene Tiere erreichen eine Größe von etwa 65-75 cm, Männchen haben ein Gewicht von 35 -50 kg, Weibchen ungefähr 25 -35 kg. Die Lebensdauer beträgt bei den Männchen ca. 12 Jahre, die Weibchen bringen es auf durchschnittlich 14 Jahre. Lieblingsspeise sind Erdbeerbaumblätter. Meist gebären sie ein Junges (Tragzeit 5 Monate).

Man schätzt, daß es noch 200 -600 Tiere gibt; sie sind zwar geschützt, aber durch Brände (z.B. Riesenbrand im Ascotal) bedroht. Bei den Wilderern wegen ihres braunen Fells und der schneckenförmig gedrehten Hörner der Männchen begehrt.

Im Gebirge gibts noch ca. 10 **Steinadlerpaare**. Sie sind als Lammdiebe verschrien, ernähren sich aber in der Regel von kleineren Tieren. Beachtlich die 2 m Spannweite.

Der **Fischadler** ist sehr selten. Hier an der Westküste brüten noch 6-10 Paare - die einzigen Frankreichs. Auffällig die weißen Schwingen an der Unterseite. Sieht er einen Fisch im Meer, stößt er pfeilschnell ins Wasser ein und taucht mit seiner Beute wieder auf.

Korsika hat einen eigenen Vogel, den **Korsenkleiber** (Sitelle): gekennzeichnet durch grauen Rücken, weiße Brust und einen hellen Augenstreifen. Für seine Art typisch, läuft er mit dem Kopf nach unten den Stamm entlang. Der spitze Schnabel sucht zwischen der Rinde nach Insekten und Larven.

Pflanzenwuchs

Der Pflanzenwuchs ist sehr vielseitig, teilweise schon etwas exotisch: mit Palmen an den Küstenstädten, wilden Feigenbäumen, großen Zitrusplantagen an der Ostküste. Bedeutung für den Export haben auch Kork und Oliven.

Im Gebirge findet man eine fast alpine Pflanzenwelt. Es gibt eine Reihe endemischer Pflanzenarten; d.h. sie kommen nur auf Korsika vor wie z.B. der korsische Ginster.

Die Macchia ist bekannt für ihren intensiv aromatischen Geruch. Die wilden Sträucher bilden dazu im Frühling ein buntes Bild: weiß und hellblau die Baumheide, gelber Ginster, rosa und rot die Cistrose...

Macchia bedeckt etwa 1/4 der Insel, von der Küste bis ins Gebirge. Macchia ist eigentlich ein Sammelbegriff für wild wuchernde, immergrüne Kräuter, Sträucher, Blumen und Bäume - Cistrose, Ginster, Baumheide, Erdbeerbaum, Myrte...Mehrere Meter hoch und undurchdringbar ineinander verwachsen - ein perfekter Irrgarten, unkontrollierbar überwuchert sie jede freie Stelle, auch abgewrackte Autos und verlassene Häuser.

Große Flächen mit verkohlten Strauchskeletten sind Zeichen alljährlicher Waldbrände. Das unwegsame Dickicht war seit Jahrhunderten ein beliebtes Versteck für Banditen, Partisanen, Vendettaflüchtlinge.

Der Name "Macchia" wird von korsisch "maccju"(= Bezeichnug für die Zistrose) abgeleitet; im Deutschen Macchie, im Französischen maquis.
Im Frühjahr präsentiert sich die Macchia besonders bunt.

Der starke Duft, an dem angeblich Napoleon seine Heimat schon bei der Ankunft erkennen konnte - er hats allerdings kaum ausprobiert -, stammt von ätherischen Ölen, die die hartblättrigen Pflanzen im Sommer als Schutz gegen starke Verdunstung verbreiten.

Weitere Sträucher in der Macchia: Cystusrosen, Mastixbaum, Clematis, Wacholder, Rosmarin, Oleaster, Wildlorbeer. Die Baumheide zeigt schon im März ihre weiße Blüte, riecht honigartig. Wird meist 1-2 m hoch, in seltenen Fällen kann sie auch 5 m erreichen. Baumheide findet man häufig im Unterholz von Seekiefern oder Kastanien.

Die **Kräuter** gehören zur persönlichen Note der korsischen Küche. In den Andenkenläden getrocknet abgepackt, aber auch am Rande der Macchia zu finden: Rosmarin, Fenchel, Majoran, Thymian, Minze, Lavendel, zudem wachsen Heilkräuter in der Macchia wild.

Lavendel: Ein buschiger Strauch, etwa kniehoch. Dunkelblaue Blüten bzw. braune Früchte, ähnlich kleinen Lärchenzapfen, harter Stiel. Die silbergrauen "Nadeln" stehen in dichten Büscheln am Stengel.

Der **Erdbeerbaum** (L'Arbousier) ist ein Phänomen (auf den ersten Blick). Er trägt zur gleichen Zeit Blüten und Früchte. Die Früchte stammen allerdings von den Vorjahresblüten. Die erdbeerähnlichen Früchte sind im Oktober knackig rot und eßbar: die Blüten weiß und

ähneln den Maiglöckchen.
Zwischen Dezember und Februar blüht der Erdbeerbaum. Die Blätter etwas glänzend grün. Er kann bis zu 7 m hoch werden, meist aber 2-3 m. Leckerer als die rohen Früchte schmeckt die Arbousiermarmelade/Gelee, die aus den Früchten hergestellt wird.

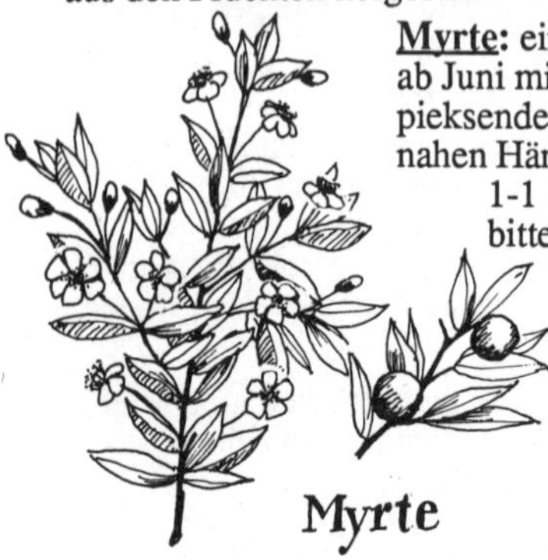

Myrte

Myrte: eine intensiv riechende, immergrüne Pflanze; ab Juni mit weißen Blüten. Die buschige Staude mit pieksenden, harten Ästen wächst besonders an meernahen Hängen, hartledrige Blätter; die Myrte wächst 1-1 1/2 m hoch, trägt blaubeerähnliche Früchte, bitterer Geschmack.

Die Myrte war der Venus geweiht und ist das Symbol der Liebe und des Friedens. Bekannt ist der Myrtenkranz als Zeichen des Siegers bei Wettkämpfen.

Heute wird Likör daraus gewonnen, Liqueur de Myrte. Als Engelwasser ist das Öl in der Parfümerie bekannt.
Aus den Zweigen wurden früher Körbe geflochten.

Die **Zistrose:** unterschieden werden die weiß blühende Montpellierzistrose und die grau behaarte Zistrose mit rosa Blüten. Zistrosen kommen bis in 1000 m Höhe vor.
Die Zistrose scheidet einen gummiartigen Harz aus. Er zählt zu den besten Gummisorten. Das Ladonum wird zu Pflaster verarbeitet und in der Parfümerie gebraucht.

Korkeichen: typisch für Korsikas Südostküste; Korkeichen brauchen viel Wärme, Feuchtigkeit, Licht und Wasser, wachsen am besten auf kieselhaltigem Boden. Ein immergrünes Gewächs, das leicht an der rissigen Rinde und großen dunklen Eicheln zu erkennen ist. Oft in Nachbarschaft mit Steineichen. Der größte Korkeichenwald der Insel bei Porto-Vecchio.

Korkeichenschälen, eine interessante Sache!

Ein Mann sitzt oben im Baum und schlägt Kerben in die Rinde. Andere brechen von unten mit langen Stangen riesige Stücke ab. Übrig bleibt ein nackter rotleuchtender Stamm. Den besten Kork erhält man von alten Bäumen, sog. "weiblichen" Kork, während der "männliche" Kork der ersten Schälung nur als Bindemittel verwendet wird. Nach 8 -10 Jahren ist die Borke erst nachgewachsen.
det wird. Nach 8 -10 Jahren ist die Borke erst nachgewachsen.

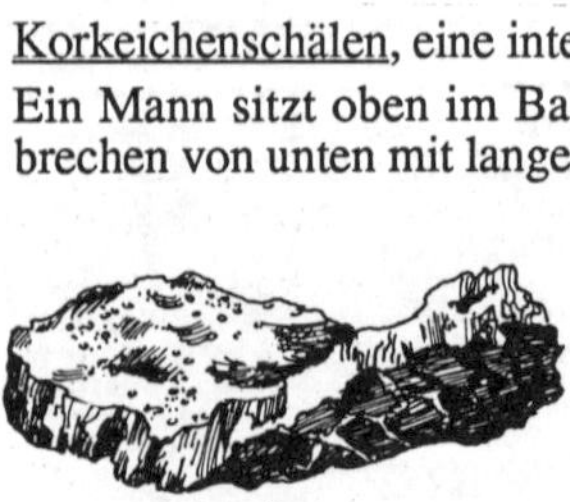

Kork

Verarbeitung u.a. zu Flaschenkorken, "Schwimmern" für die Fischer etc.

Das meiste wird in großen Bündeln aufs Festland exportiert. Aus dem Pulver des zerriebenen Kork wird u.a. auch Linoleum hergestellt. Die ertragreichsten Wälder bei Porto-Vecchio bringen ca 15oo t im Jahr.
Rund 150-200 Jahre lang können Korkeichen geschält werden.

Phantastische **Bergwälder** auf 800-1700 m Höhe; besonders charakteristisch für das Gebirge sind die mächtigen Lariciokiefern (Schwarzkiefern).

Sie wachsen etwa ab 1000 m bis 1800 m Höhe, sind sehr genügsam, gedeihen auch auf felsigem Boden. Nur auf Korsika erreicht sie ihre z.T. beachtliche Höhe von bis zu 50 m - einer der höchsten Bäume Europas.
Lariciokiefern können bis zu 2 m Durchmesser haben und bis zu 600 Jahre alt werden. 1000 Jahre war die dickste Lariciokiefer, 6 m Umfang am Boden.
Sie wachsen auf Granitböden; die wuchtigen Äste regelmäßig übereinander angeordnet, die Krone gleicht einer Sturmfrisur. 6-8 cm große Zapfen, die horizontal auf den Ästen sitzen; Zwillingsnadeln.
Besonders schöne Lariciokiefernexemplare am Bavellapaß und Haut Asco, windzerzaust, bizarr einseitig gewachsen.
Seit alters her dienten Lariciokiefern als bevorzugtes Baumaterial für Schiffsmasten; sehr gutes Zimmermanns- und Tischlerholz.

Edelkastanienwälder findet man in Höhen von 500 - 800 m; Eßkastanien waren einst wichtige Nahrungsquelle der Insel. Besonders schöne Wälder in der Castagniccia.

Heute noch gibt es ca. 30.000 ha Kastanienwälder, die allerdings durch mangelnde Pflege in z.T. schlechtem Zustand sind. Kastanien gelten als besonders resistent gegen Waldbrände. Die Edelkastanie beginnt im Frühjahr zu blühen, im Oktober/November sind die Maronen reif, werden getrocknet und kommen in den Ofen, ehe sie zu Mehl verarbeitet werden. Aus dem Mehl wird u.a. die "a Pulenda" gemacht, eine Art Kastanienbrei, der mit brocciu gegessen wird.

Eukalyptusbäume stehen häufig Spalier an der Dorfstraße. Die Rinde hängt in Fetzen wie Lametta am Stamm.

Die schnell wachsenden Bäume wurden früher zur Bekämpfung der Malaria eingeführt. Durch ihre starke Wasseraufnahme konnten feuchte Gebiete trockengelegt werden. So wurde der malariaverbreitenden Anophelesmücke der Nährboden entzogen.
Wild zu finden sind auch Mandel-, Walnußbäume und Haselnußsträucher.

Wegbegleiter auf Wanderungen ist der niedrige Stechginster - piekst an den Waden, und der kriechende Wacholder. In Felsspalten wächst das korsische Edelweiß. Den Namen hat die kleine Strohblume - eine Imortellenart - wegen ihrer Einmaligkeit hier auf der Insel. Nur 5 Cent groß werden die weißen Blüten.

Feigenkaktus - Opuntie. braucht trockene Böden und Hitze, wächst an der Küste. Oft in Kolonnen, z.T. übermannshoch.

Sehr schönes Beispiel in Calvi unterhalb der Zitadelle. Charakteristisch sind die tennisschlägergroßen, fleischigen "Ohren". Die Früchte werden eigroß, stehen senkrecht nach oben, wenn sie reif sind orange-rot mit ungemein vielen, ganz feinen Stacheln (Vorsicht!). Nur mit Handschuhen oder Lappen anfassen. Kann man auslöffeln, schmeckt gut, aber kernig.

Torregiana

Genuesische Wachtürme spicken mit schöner Regelmäßigkeit die Küste Korsikas. Meist exponiert auf Landspitzen, Felsvorsprüngen, etwas oberhalb in der Macchia, nur selten sind sie bis zur Aussichtsplattform komplett erhalten.

Etwa 150 Wachtürme bildeten zur genuesischen Epoche ein komplettes Warnsystem entlang der Insel, meist waren sie in Rauchsichtweite postiert. Diese aufwendigen Schutzmaßnahmen waren dringend notwendig geworden, um die permanenten Überfälle der Seepiraten (Sarazenen) in den Griff zu bekommen.

Allein im 16.Jhd. waren 6000 Korsen in die Sklaverei nach Algerien verschleppt worden; viele ermordet, Städte und Dörfer ausgeraubt worden.
Genua fürchtete um seine Einnahmen aus der Kolonie Korsika. Die korsische Küste mit Wehrtürmen zu pflastern schien eine billigere Lösung, als eine Flotte auszurüsten.
Zur Regierungszeit der Bank des Hl.Georg im 15.Jhd. wurde der Bau der Rundtürme begonnen, unter genuesischer Verwaltung bis etwa 1700 vollendet. Zur Finanzierung trug Genua nur einen symbolischen Teil bei, das Gros mußte in der Regel von den Gemeinden bezahlt werden.

Tauchte ein Piratenschiff am Horizont auf, entzündeten die Wächter ein Feuer und bliesen zur Warnung in die "Tritonsmuschel". Die Bevölkerung konnte sich dann rechtzeitig ins Inland flüchten.

Im Schnitt sind die Rundtürme 12-17 m hoch, 8-14 m im Durchmesser. Quadratische Türme sind die Ausnahme, z.B. in Porto oder Nonza. Die dreietagigen Rundtürme besaßen bis zur "Taille" in ca. 5 m Höhe keine Öffnung; Eingang nur per Leiter, die bei Gefahr hochgezogen werden konnte.

Die beiden oberen Etagen waren alles andere als gemütlich, obwohl ständig von 2-4 Leuten bewohnt. Schießschartengroße Öffnungen. Ganz unten eine Zisterne für längere Belagerungen.

85 Genuesentürme existieren heute noch und stehen unter Denkmalschutz. Die meisten allerdings in Ruinen. Zugang in der Regel nicht möglich; besonders viele am Cap Corse erhalten, das dank der guten Beziehungen zu Genua und dank seines Wohlstandes besonders protegiert wurde.

Der viereckige Turm in Nonza ist zugänglich und als Museum hergerichtet; fotogenes Exemplar z.B. am Strand von Miomo (6 km nördlich von Bastia). Gut 40 Wachtürme an der buchtenreichen Westküste, wenige im Süden (z.B. in Roccapina) nur gut ein Dtz. an der langgezogenen, überschaubaren Ostküste.

Einige bequem erreichbare Genuesentürme:

In Miomo, Tour de Losse nach Pietracorbara, Tour d'Albo und Nonza - alle am Cap Corse. Quadratischer Turm von Porto; Campomoro bei Propriano an der Südwestküste. Fautea an der Ostküste.

Kirchen auf Korsika

Kunst konnte sich im Chaos und ständigen Kampf der Insel gegen wechselnde Besatzer kaum entwickeln. Prunkvolle Kathedralen darf man auf Korsika nicht erwarten.

Die Romanik kam im 12.Jhd. aus Pisa herüber, toskanische Baumeister errichteten mit Hilfe von Korsen kleine schlichte Kirchen und Kapellen, meist ein rechteckiges Hauptschiff mit Apsis.

Ihr Markenzeichen war die Verwendung von verschiedenfarbigem Stein, meist stammte er aus der näheren Umgebung. Außen waren die Kirchen mit einfachen, oft lustigen Skulpturen verziert. Im Innern gelegentlich Fresken von Künstlern aus der Gegend.

Das schönste Beispiel ist die Murato Kirche; der Glockenturm als Vorhalle und Kirchenfassade zugleich - eine Besonderheit auf Korsika. Die Dächer waren mit flachen Steinen (Teghie) gedeckt. Von den einst über 100 bestehenden Kirchen und Kapellen sind ca. 35 erhalten, z.T. in Ruinen und schwer zu finden.

Am interessantesten und bequemsten erreichbar:

La Canonica bei Bastia (Mariana), Sta. Maria Assunta auch Kathedrale von Nebbio genannt bei St. Florent., San Michele bei Murato im Nebbio. La Trinité in Aregno. San Giovanni in Carbini. Alle Details zu den Kirchen siehe Text.

Aus Ligurien kam der Barock nach Korsika. Barockkirchen entstanden im 17./18.Jhd. in relativ reichen Weingegenden, besonders in der Balagne, Cap Corse, auch in der Castagniccia und Casinca. Relativ stark italienisch beeinflußt, mit z.T. üppiger Innendekoration.

Neben Kirchen wurden Klöster gegründet, die zugleich als Festungen in Kriegszeiten dienten (z.B. Orezza,Alesani,Tallano,Rostino).

Beispiele für Barockkirchen: Ste. Marie in Bastia; La Porta in der Castagniccia.

GESCHICHTE

Vom Menhir zu den Autonomisten - 9.000 Jahre korsische Geschichte

Die korsische Geschichte spiegelt Kolonialisierungsversuche halb Europas wider. Die strategisch günstige Lage der Insel lockte seit dem Altertum die unterschiedlichsten Kolonialherren - Griechen, Römer, Vandalen, Ostgoten, Araber, Spanier, Italiener, Briten, Franzosen und Deutsche. Erst auf dem Hintergrund der historischen Entwicklung der Insel wird die aktuelle politische Situation und die Autonomiebestrebungen verständlich.

Megalithkultur (ca. 4.000 - 1.000 vor Chr.)

Erst seit wenigen Jahrzehnten weiß man von der Existenz rätselhafter Menhirstatuen und Dolmen, meist inmitten dichten Macchiagestrüpps. Diese Großsteinkultur war über den Mittelmeerraum hinaus verbreitet: vom Nahen Osten, Nordafrika bis Frankreich (Bretagne), England (Stonehenge) und Schweden.

Die korsische Megalithkultur hielt sich am längsten im Vergleich zu allen anderen in Europa (bis 1.000 vor Chr.) und nimmt durch ihre einmaligen, geradezu kunstvoll bearbeiteten Statuen mit Gesichtern und Waffen eine besondere Stellung in der Megalithgeschichte ein. Keine gigantischen Dimensionen, dafür perfekte Proportionen.

Vorab einige Begriffserklärungen:

Megalithkultur: (griech. = Großsteinkultur) ein Sammelbegriff für verschiedene Kulturen der Jungsteinzeit (Neolithikum), die ihre Toten in mächtigen Steinkammern begraben haben. Eine vermutlich religiöse Strömung unbekannten Ursprungs, die durch ihre Grabarchitektur charakterisiert ist: anfangs Steinkistengräber, später Dolmen, Menhire, Alignements.

Menhire - Großsteine, denen Obelix in seiner Hinkelsteinwerkstatt zu Weltruhm verholfen hat, sind von Menschenhand aufgerichtete Steine, anfangs als natürliche, grobe und kantige Felsblöcke, später (Übergang zur Bronzezeit 2.000 vor Chr.) differenzierter bearbeitet. Auf dem Höhepunkt ihrer handwerklichen Fähigkeiten fertigten die Megalithiker richtige Statuen mit Menschengestalt an, oft mit Waffen versehen. Die schönsten Exemplare stehen in Filitosa, einzelne auch in Nordkorsika.

Das Kunstwort Menhir (men = Stein, hir = groß) stammt aus dem Bretonischen (kein Wunder, da in der Bretagne die Menhire besonders massiert vorkommen) und wurde im 18. Jhd. erfunden. Menhire stehen meist an exponierten Stellen bei Grabstätten (Dolmen) oder in Reihen angeordnet als Alignements. Insofern scheint die häufig gezogene Analogie zum

Kreuz bei christlichen Grabstätten nachvollziehbar. Auf Roger Grosjean gehen die meisten Ausgrabungen und Forschungen auf Korsika zurück.

3 Stadien werden unterschieden:

4.000 - 2.000 vor Chr.: grob behauene, 1 - 2 m hohe Menhire. Als Beigabe zu Dolmen standen sie anfangs unter der Erde.

2.000 - 1.600 vor Chr.: menschenähnliche Darstellungen bis 4 m hoch, differenzierter bearbeitet, doch noch keine Statuen.

1.600 - 1.000 vor Chr.: antropomorphe Menhirstatuen in Menschengröße mit deutlichen Schulteransätzen, Gesicht mit Nase, Augenhöhlen, Ohren, Andeutung von Kleidern und Waffen. Sehr schöne Exemplare in Tavera, oder Pieve (Hinterland von St. Florent).

Dolmen (breton. Dol = Tisch, Men = Stein) wie ein steinernes Kartenhaus. Neben dem Menhir das typische Bauelement der Megalithkultur. Dolmen dienten vermutlich als Gemeinschaftsgräber. Am berühmtesten ist der Dolmen von Fontanaccia aus mehreren Stützfelsen, obendrauf eine riesige Steinplatte, 3 Tonnen schwer.

Alignements = Aufstellung der Menhire in alleeähnlichen Reihen, dicht nebeneinander. Ausrichtung fast immer nach Nord - Süd mit "Blick" nach Osten. Mit 200 m ist Palaggiu das längste Alignement Korsikas.

Mit folgender Technik haben die Megalithiker ihre Steinkolosse vermutlich aufgerichtet: ein Teil der Steine wurde so aufgestellt, wie in Natura gefunden, andere mußten extra aus dem Fels gesprengt werden. Dazu schlug man in natürliche Risse zahlreiche Holzkeile und übergoß sie mit Wasser. Durch Aufquellen sprengte der Fels nach einiger Zeit ab. Dadurch findet man bei Menhiren oft 3 verwitterte Seiten und eine "frischere" (die abgesprengte). Die Granitsteinbrüche befanden sich nie in unmittelbarer Nähe des späteren Standorts, das Transportproblem wurde vermutlich mit Baumstammrollen gelöst.

1979 konnten Archäologen in der Bretagne in einem interessanten Experiment nachweisen, daß diese Zyklopensteine tatsächlich mit Menschenkraft bewegt werden konnten. Um eine 22 Tonnen schwere Abdeckung eines Dolmen "hinaufzulegen" waren 260 Leute nötig.

Die senkrechten Tragesteine wurden ganz mit Erde gefüllt, seitlich eine Rampe aufgeschüttet, mit zahlreichen Tauen, bearbeiteten Baumrollen und Hebeln wurde die Platte hinaufgezerrt, anschließend die Erde aus dem Ganggrab entfernt - recht ökonomisch, denn der Tumulus (Erdhügel), in den ein Dolmen eingebettet war, war auf diese Weise schon fast beendet.

Nach dem "Wippeprinzip" erklärt man sich das Aufstellen der Menhire bzw. das der Stützmauern der Dolmen. Für die Basis des Menhirs wurden tiefe Gruben ausgehoben: über eine angeschüttete Rampe der Steinkoloss an den Grubenrand gezerrt. Damit der Menhir nicht unkontrolliert hinunterplumpste, wurde er mit Seilen dirigiert und mit Steinen in der Erde verankert.

Aus welchem Anlaß sich die Urkorsen mit den tonnenschweren Steinen abmühten, ist unklar. Die Archäologen vermuten einen Ahnenkult, Dolmen als "Haus" und Menhirbeigaben für die Seele der Verstorbenen.

Nach einer weiteren Theorie, die Graf von Keyserlingk vertritt, stehen Menhire, Dolmen und markante Bergmassive in einem systematischen Zusammenhang und dienten evtl. als astronomische Beobachtungszentren, um aus dem Stand der Gestirne Vorhersagen für die wichtigsten landwirtschaftlichen Daten machen zu können. Details siehe Cauria. Die Verwendung als religiöse Kultstätte scheint angesichts des gewaltigen Aufwands, der mit den "Steinen" getrieben wurde am plausibelsten. Interessante Spekulationen, es bleibt viel zum Nachdenken.

Seit etwa 7.000 vor Chr. ist auf Korsika Besiedelung nachgewiesen. Die Mittelmeerinsel lag auf einer uralten Handelsstraße (durch die sog.Kardium Keramik belegt), auf der auch Ackerbau- und Viehzuchtkenntnisse nach Korsika kamen.

6.000 vor Chr. - Frühneolithikum

Die Siedler ließen sich vorwiegend auf der südlichen Inselhälfte nieder bis in Höhe des Golfes von Ajaccio. Den lebenswichtigen Feuerstein (Obsidian) importierten sie meist von der Nachbarinsel Sardinien und erreichten eine recht hoch entwickelte Fähigkeit in der Bearbeitung dieses Materials. In dieser Epoche kam es offensichtlich zu einer Bevölkerungsexplosion. Relativ große Dörfer entstanden.

In diese Zeit - 4.000 vor Chr. fallen die ersten Megalithbauten, ob die Einflüsse aus dem Westen oder Osten kamen wird z.Zt. wieder heiß diskutiert, überzeugende Beweise für die eine oder andere Theorie stehen noch aus. Nachweislich sind die Megalithbauten jedoch 500 - 1.000 Jahre älter als die Pyramiden in Ägypten.

Ursprünglich wurden die Toten in Höhlen beigesetzt. Ein neuer Totenkult verlangte ein eigenes Haus, ein sog. Steinkistengrab, etwa 2 m tief im Boden, leicht mit Erde bedeckt. Ein oder zwei Menhire (anfangs grob behauen, ca. 2 m groß) in unmittelbarer Grabnähe.

3.000 vor Chr. Steinkistengräber werden zu riesigen Dolmen weiterentwickelt, meist oberirdisch mit Erdhügeln (Tumulus) bedeckt, die inzwischen abgetragen sind. Gut 100 Dolmen und dolmenähnliche Konstruktionen wurden auf Korsika entdeckt, deren Architektur weniger beeindruckt als vergleichbare in der Bretagne. Der Dolmen von Fontanaccia gehört zu den besterhaltenen Exemplaren. Die Grabwächter (sprich Menhire) wachsen auf 4 m an.

Entwicklung der Dolmen:

Die Megalithkultur entwickelte sich ab 2.000 vor Chr. auf Korsika weiter, während sie in anderen Gebieten Europas längst durch das neue Bronzezeitalter abgelöst worden war.

Die korsischen Megalithiker erreichten zu Anfang der Bronzezeit eine enorme Perfektion in der Menhirbearbeitung von anfangs groben Findlingen, über silhouettenhafte, menschliche Umrisse mit Kopf, Hals, bis zu Schulteransätzen und Armandeutungen. Schöne Beispiele in Filitosa.

Die anfangs schemenhaften Gesichtszüge wurden zu künstlerischen Portraits verfeinert, Augen, Nase sogar Haaransätze sichtbar, hiermit haben die Künstler der Jungsteinzeit erste menschliche Plastiken Europas geschaffen.

Ein krasse Neuerung tauchte fast gleichzeitig im Süden der Insel auf (Mitte des 2.Jahrtausends vor Chr.) Dolche, Brustharnisch, teilweise auch Helmandeutungen werden skulptiert.

Die bewaffneten Menhire werden im Zusammenhang mit einer neuen Invasion auf Korsika gesehen: das torreanische Volk, das bereits die Technik der Bronzezeit beherrschte (siehe Torreaner).

Der Siedlungsraum Südkorsika wurde umkämpft, das Aufeinanderprallen der jungsteinzeitlichen mit der bronzezeitlichen Kultur endete mit der Niederlage der Megalithiker, die sich schließlich nach Nordkorsika zurückzogen. Aus dieser letzten Phase stammen die schönsten Statuen, jetzt wieder unbewaffnet.

Insgesamt wurden auf Korsika bis heute 57 Menhirstatuen entdeckt. 29 bewaffnete im Süden und 28 unbewaffnete, davon 13 im Süden und 15 im Norden.

Die größte Statue "Santa Maria" mißt 3.75 m und bringt 3 Tonnen auf die Waage. Sie weist noch Reste einer früheren Bemalung auf. Die zweitgrößte steht am Eingang in Filitosa. Die besterhaltenen Statuen waren z.B. in torreanischen Monumenten mit eingemauert oder lagen geschützt auf der Nase. Anderen hat die Verwitterung die Konturen ziemlich genommen.

Die interessantesten Fundstellen:

Filitosa am Golf von Valinco - bes. lohnend, weil hier das Aufeinandertreffen der beiden Kulturen deutlich wird.

Südlich von Sartène: Cauria mit Alignement von Rinaggiu, Stantare und der Dolmen von Fontanaccia, Alignement von Pallagiu.

Einzelstücke aus der Endphase im Norden: Pieve im Nebbio, Tavera an der Strecke Ajaccio - Vizzavona, "U nativu" in Patrimonio. Details an der jeweiligen Textstelle.

Die Torreaner

(1.600 - 800 vor Chr)

Megalithiker contra Torreaner

Die ersten Invasoren, ein seefahrendes Volk aus dem Süden, landeten um 1.600 vor Chr. auf Korsika. Der Archäologe Roger Grosjean taufte sie Torreaner nach der ersten Ausgrabungsstelle im Weiler Torre an der Ostküste bzw. nach ihren markanten Turmkonstruktionen.

Er vermutete in ihnen das Seevolk Sardana (Shardanen), das in diesem Zeitraum Ägypten unsicher machte. In der mittleren Bronzezeit landeten die Torreaner mehrfach im Südosten Korsikas (Golf von Porto-Vecchio). Sie brachten Technologie und Know-How der Bronzezeit mit, benützten Dolche und Schwerter als Waffen, die R. Grosjean dem späthelladischen Typ zuordnete, trugen Lederhelme mit Hörnern und Brustharnische.

Die Torreaner waren die Architekten jener sonderbaren Rundbauten aus sauber aufgeschichteten Steinen; maximal 15 m Durchmesser mit einer "falschen" Kuppel überdacht, Gesamthöhe 5 bis 8 m. Großer Eingang mit Türsturz zum oft geräumigen Innenraum (Cella) und winzigen Seitenkammern.

Außen eine breite Plattform wie ein Rundumbalkon auf den Seitenkammern. Auf Grund gefundener Aschereste in der Cella nimmt man eine kultische Funktion der Torre an, Feuertempel, Krematorium? Als Behausungen waren sie für damalige Großfamilien sicher zu klein. Spuren torreanischer Behausungen wurden in der Nähe verschiedener Kultmonumente gefunden.

Fast ausnahmslos findet man die torreanischen Bauwerke (meist nur Fundamente) auf Anhöhen über Tälern im Süden Korsikas. Die Torreaner drangen ab 1.400 vor Chr. nach Südwesten in den Lebensraum der Urbevölkerung/Megalithiker vor, was zu massiven Konflikten führte. Die jungsteinzeitlichen Urbewohner zogen dabei den kürzeren (bestes Beispiel in Filitosa).

Die Torreaner errichteten Steinwälle (Zyklopenmauern), um ihre Anlagen gegen Überfälle zu schützen (Ausnahme die ersten Niederlassungen Torre und Ceccia am Golf von Porto-Vecchio). Die Megalithiker verewigten ihre torreanischen Feinde in Form von bewaffneten Statuen und gaben den Archäologen wertvolle Anhaltspunkte zur Identifizierung der Neuankömmlinge.

Erst mit den Torreanern tauchen solche bewaffnete Statuen auf. Ob sie als Siegeszeichen der Bildhauer (unwahrscheinlich) oder als Abschreckung errichtet wurden, bleibt umstritten.

Roger Grosjean zieht auf Grund der Bewaffnung den interessanten Vergleich mit Krieger-Darstellungen am Tempel Medinet Habu in Ägypten. Die schardanischen Krieger der dortigen Flachreliefs zeigen eine starke Ähnkeit mit Statuen der Megalithbildhauer.

Zwischen 1.300 und 1.000 vor Chr. (Ende der Bronzezeit) wurden die Torreaner im Süden seßhaft, die Ureinwohner hatten ihren dortigen Lebensraum aufgegeben und sich nach Norden zurückgezogen.

Die Torreaner nahmen von ihren Zentren in Südkorsika Kontakte zu den Sarden und Italikern auf.

Nahezu gleichzeitig um 1.000 bis 800 vor Chr. verlieren sich die Spuren der Megalithiker und Torreaner. Die Torreaner zogen sich vermutlich nach Sardinien zurück auf der Suche nach Kupfer, die dortigen Nuraghen gleichen sehr stark den Torreanerburgen auf Korsika.

Die besterhaltenen torreanischen Anlagen:
im Sartenais/Ornano: Filitosa, Cucuruzzu, Alo Bisucce. Im Bereich um Porto-Vecchio: Torre, Tappa, Ceccia, Araggiu.

Empfehlenswerte Museen: in Filitosa, Sartène, ein kleineres in Levie. In diesen Museen werden nahezu alle Fundstücke aus megalithischer und torreanischer Epoche gezeigt, die von Roger Grosjean in Jahrzehnten ausgegraben wurden.

Rekonstruktion eines torreanischen Kultmonuments nach R. Grosjean.

800 - 300 vor Chr. - immer wechselnde Besatzer

Anschließend an diese erste Invasion gaben sich die Völker Europas die Klinke in die Hand und schienen Korsika als Freiwild zu betrachten.

Griechische Kolonisation (564 - 535 vor Chr.)

Die nächste Kolonisation unternahmen die Griechen aus Phokäa 564 vor Chr., die vor den Persern das Weite suchten und an der flachen Ostküste Korsikas (Kyrnos) Zuflucht fanden. Die Griechen gründeten dort die Stadt Alalia (heute Aleria), im Süden Palla (Bonifacio).

Herodot schreibt über die Auswanderung der Phokäer: "Da rüsten sich dann die Phokäer nach Kyrnos zu fahren, wo sie 20 Jahre früher auf einen Orakelspruch hin eine Stadt namens Alalia (Aleria) gegründet hatten. Als sie in Kyrnos angelangt waren, siedelten sie sich gemeinsam mit den früheren Auswanderern an, wohnten 5 Jahre mit ihnen zusammen und bauten Tempel. Sie trieben Seeraub gegen die Nachbarn ..." Herodot: griechischer Geschichtsschreiber im 5. Jahrhundert vor Chr.

Sie importierten natürlich ihre Götter, Sprache und Kultur, bevorzugten als Siedlungsraum die Küstengebiete, wie auch die nachfolgenden Eindringlinge, während sie fürs Inland mit seinem "Urwald" nichts übrig hatten. Der griechische Schriftsteller Diodor von Sizilien gibt die damalige Einwohnerzahl Korsikas mit 30.000 an. Das griechische Intermezzo war nur von kurzer Dauer.

Die Seeschlacht von Alalia 535 vor Chr.- Etrusker und Karthager gegen Phokäer - endete mit einem Pyrrhus Sieg der Phokäer, deren Flotte trotz Sieg dabei ziemlich aufgerieben wurde. So kehrten sie Korsika den Rücken und zogen nach Südfrankreich und Sizilien. Alalia spielte nur noch eine untergeordnete Rolle. Etwas Positives hatten die Kolonisationen auch für die einheimischen Korsen: sie lernten den Getreide- und Olivenanbau, Fleischkonservieren/Pökeln etc.

Etrusker (5. Jhd.)

Die Etrusker kamen von Italien herüber und versuchten aus der Insel ebenfalls Profit zu schlagen, brachten aber immerhin die Technik der Bewässerungssysteme mit, wurden jedoch von den Syrakusanern vertrieben, die auf Korsika nur ein kurzes Gastspiel gaben und 453 vor Chr. Portus-Syracusanus (Porto-Vecchio) gründeten. Ihnen folgten die Karthager.

600 Jahre römische Kolonie

Als nächste Invasoren erschienen im 3. Jhd. die Römer, für die Korsika (Corsica) praktisch vor der Haustür lag. 259 vor Chr. nahm der römische Konsul Lucius Cornelius Scipio Aleria ein, zerstörte es und vertrieb die Karthager, die sich dort niedergelassen hatten. In einem lange dauernden Krieg versuchten die Römer Korsika zu unterwerfen, was ihnen jedoch nie vollständig gelang. Bei den Aufständen erlitten die Korsen große Verluste, an der Ostküste saßen die Römer fest im Sattel. Insgesamt aber brachte die römische Kolonisation immerhin eine etwa 600 - jährige Friedensperiode.

Die Römer bauten Aleria 81 vor Chr. zum Militärhafen wieder auf, es entstand eine Großstadt von 20.000 E. mit Handels- und Fischerhafen, "Konservenfabriken", Amphitheater und Thermen. Sie gründeten Mariana südlich von Bastia, Favone, St. Florent, Calvi, Sagone, legten Häfen an, bauten eine Nord-Süd-Straße entlang der Ostküste und legten die Basis der heutigen korsischen Sprache. Die Römer forderten Holz, Kork, Honig und Silber etc. als Tribut und trieben Handel mit der einheimischen Bevölkerung, die sich in die Berge zurückgezogen hatte.

Durch gelegentliche Sklavenjagden auf die korsische Bevölkerung machten sich die Römer jedoch mehr als unbeliebt - die korsischen Sklaven wären wegen ihres stolzen Charakters auch gar nicht zu gebrauchen gewesen - wie ironisch in Asterix illustriert wird. Die Römer brachten schließlich auch das Christentum auf die Insel, das sich ab dem 3. Jhd. auszubreiten begann. Verfall und Untergang des römischen Kaiserreiches zeigte sich auch auf Korsika und lockte die Vandalen an.

7 Jahrhunderte der Überfälle - Piraterie und Instabilität auf Korsika

Um 400 rollte die Vandalenwelle über die Insel hinweg. Sie plünderten die Städte, überfielen die Bevölkerung, brannten Wälder und Macchia nieder.

100 Jahre lang regierte Terror und Vandalismus: die Vandalen versuchten die Insel unter Kontrolle zu bekommen, hatten aber ähnliche Schwierigkeiten wie ihre Vorgänger. Außer Chaos und Malaria hinterließen sie nichts. In den Wirren verwandelte sich das einst reiche Agrarland der Ostküste in ein Sumpfgebiet.

Erst dem byzantinischen Kaiser Justinian I. (482 - 565) gelang es, die Vandalen vollständig zu vertreiben. Während der byzantinischen Epoche - (die Byzantiner verwalteten Korsika zusammen mit Sardinien) ging es den Korsen auch nicht besser. Unter anderen Vorzeichen wurden sie weiterhin ausgebeutet. Das Christentum faßte immer mehr Fuß.

Erst Papst Gregor der Große (590 - 604) erbarmte sich der Insel und griff regulierend gegen die politische Übermacht von Byzanz ein. Er prägte den sog. "Vulgärkatholizismus" und forcierte die Christianisierung der Insel.

Nachdem Frankenkönig Pippin der Jüngere die Langobarden (seit 725) aus Korsika vertrieben hatte, unterstellte er die Insel im Zuge der Pippinschen Schenkung 756 der Herrschaft des Papstes. Diese Schenkung, die die Grundlage des Kirchenstaates bildete, wurden von Pippins Sohn Karl dem Großen 774 bestätigt.

Vendetta - ein übles "Mitbringsel" der Langobarden. Die Selbstjustiz (Faida - spätere Vendetta) beherrschte bis letztes Jahrhundert die Insel und löschte ganze Familien aus. Clanstreitigkeiten und Privatkriege wurden unter Umgehung der Justiz selber gerichtet - Blutsverwandten war die Pflicht auferlegt, einen ermordeten Sippen-/Familienangehörigen wieder zu rächen, womit sich die tödliche Spirale weiterdrehte.

Zwischenzeitlich fielen die Sarazenen auf Korsika ein und verbreiteten Panik und Schrecken. Erste Überfälle werden schon aus dem 9. Jhd. berichtet. Jahrhundertelang hielten die Sarazenen, auch Mauren genannt, aus Afrika und Spanien weite Küstengebiete im Mittelmeerraum besetzt, vergewaltigten, plünderten, trieben Piraterie - was zur Folge hatte, daß sich die Insulaner noch perfekter im schwer zugänglichen Gebirge verschanzten.

Dieser erzwungene Rückzug ins Landesinnere zementierte die schon eingespielte Aufteilung Korsikas in 2 Bereiche: das isolierte Inland (Bastion der Korsen), in dem sich über Jahrhunderte kontinuierliche Lebens- und Wirtschaftsformen entwickelten und in die Küstengebiete, die am stärksten den permanent wechselnden Invasoren ausgeliefert waren.

An die Maurenzeit erinnern noch heute Namen wie Campomoro, Morosaglia etc. Herausragende Figur im Kampf gegen die Mauren war der Freiheitskämpfer Ugo Colonna. Er soll der Sage nach 2 mal die Sarazenen besiegt haben, bei Aleria und Mariana. Vielleicht war er 700 Jahre später Vorbild des Widerstandskämpfers Pascal Paoli.

Der Maurenkopf - heute Emblem für Korsika - wurde zu Paolis Zeiten am 24. Nov. 1762 offizielles Wappen Korsikas und Symbol des Widerstandes. Ein Zeichen, das bereits der König von Aragon in seinem Wappen trug. Die Frage, ob das Band des Mauren einst die Augen bedeckte wie in Sardinien als Zeichen der Sklaverei, oder schon immer auf der Stirn war, ist unklar. Nach der gängigsten Version ist es seit Paolis Zeiten auf die Stirn gerückt als Symbol für die Freiheit.

Eine Legende erzählt über den Maurenkopf:

Als Zeichen des Sieges der Christen über die Moslems bekam jedes Land ein "Geschenk": Korsika erhielt einen Maurenkopf. Diesem Mauren sollten bei seiner Hinrichtung die Augen verbunden werden. Er wollte aber heldenhaft sterben und schob das Band auf die Stirn. Nach einer weiteren Story geht der Maurenkopf auf den Sarazenenfürst Lanza Ancisa zurück, dessen Kopf als Siegestrophäe aufgespießt wurde. Vor dem Maurenkopf schmückte von 1735 - 1762 die Jungfrau Maria die Fahnen der Patrioten.

Pisanische Epoche (11. Jahrhundert)

Pisa und Genua sagten den Sarazenen den Kampf an - recht erfolglos - und beide spekulierten auf die Vorherrschaft über die Insel. Aus dem folgenden Chaos ging Pisa als Sieger hervor.

1077 gab Papst Gregor VII. Korsika dem Bischof von Pisa als Lehen. Die anarchistischen Verhältnisse auf der Insel beruhigten sich etwas, es kam zu einem gewissen Aufschwung. Die Pisaner trieben einen kolonialistischen Handel, kauften spottbillig landwirtschaftliche Produkte (Getreide, Öl, Wein etc.) und exportierten teure Tuche, Werkzeuge etc.

Sie brachten aber auch romanische Kunst, Architektur auf die Insel und ließen einige Hundert Kapellen und Kirchen erbauen. "Markenzeichen" war ihre Bauart in verschiedenfarbigem Stein. Heute sind viele Kirchen verfallen oder von Macchia überwuchert (siehe eigenes Kapitel Kirchen auf

Korsika). Peu à peu entwickelte sich, wie in jeder Kolonie, ein Feudalwesen ligurischer, toskanischer und korsischer Herren.

Genuesische Herrschaft (1195 - 1553)

Neidisch auf den Rivalen Pisa begannen die Genuesen die Insel von der Südspitze her anzuknabbern, errichteten die ersten Zitadellen in Bonifacio 1195 (siehe auch Geschichte dort) und Calvi 1268. Korsika war nur ein Schauplatz im Machtkampf der beiden großen Stadtrepubliken. Papst Innozenz III. versuchte 1133 Frieden herzustellen, indem er die Insel aufteilte: Die Diözesen Mariana, Nebbio, Accia (nahe dem heutigen Quercitello) unterstellte er Genua; Ajaccio, Aleria, Sagone kamen zu Pisa.

Das beruhigte die Lage jedoch nur vorübergehend. Genua strebte eindeutig die Vormachtstellung im Tyrrhenischen Meer an, besetzte nun auch die Küstengebiete und verdrängte die Pisaner langsam aber sicher aus Korsika.

Die Seeschlacht von Meliora (vor Livorno) 1284 entschied durch Genuas überwältigenden Sieg endgültig den langen Machtkampf.

Der Adel wollte Genua jedoch nicht anerkennen. Um die anarchischen Zustände zu beenden, griff Papst Bonifaz VIII. wiederum ein und unterstellte 1297 die Insel dem König von Aragon, Jakob II. Fazit: Genua und Aragon buhlten um den korsischen Adel, wieder einmal blutiges Chaos, Auseinandersetzungen und Emigrationswellen statt der erhofften Beruhigung. Der Machtkampf zwischen Genuesen und Aragon läuft auch außerhalb der Insel weiter.

1404 eroberte Vincentello d'Istria einen Großteil der Insel und regierte von 1420 - 1434 als Vizekönig im Auftrag König Alphons V. von Aragon. Er gründete die Zitadelle von Corte,wurde jedoch bald von den Korsen wegen seiner Steuerpolitik abgelehnt, später von Genuesen gefangengenommen und 1434 hingerichtet.

Erstaunlicherweise gelang es einer Kapitalgesellschaft besser, die Insel zu befrieden: 1453 verpachtete Genua Korsika an die Bank des Hl. Georg von Genua, um damit andere Schulden zu begleichen. Diese Privatbank verfügte über eine eigene Armee, Justiz und Administration und gewährte der Republik seit 1410 Kredite.

Die Bank des Hl. Georg bescherte der Insel einige ruhige Jahrzehnte, was sich in einer aktiven, genuesischen Bautätigkeit widerspiegelte. Allerdings kam der wirtschaftliche Aufwärtstrend im wesentlichen den Genuesen auf Korsika zugute. Kirchen, Wachtürme (siehe eigenes Kapitel) und elegante Brücken entstehen.

Nach bewährter Umsiedlungspolitik, entsprechend dem Beispiel Bonifacios, wurde die ansässige Bevölkerung durch Ligurer ersetzt, bis die Mehrheit der korsischen Orte fest in Händen von genuesischen Kolonisten war.

Sukzessiv wurde das mächtige Befestigungssystem ausgebaut: die strategisch wichtigen Schlüsselstellen bekamen Zitadellen, neben Bonifacio und Calvi später auch Bastia, St. Florent, Ajaccio, Porto-Vecchio (1539). Die markanten Wachtürme riegelten die ganze Küstenlinie ab. Damit wollte Genua 2 Fliegen mit 1 Klappe schlagen: die Vorherrschaft im Tyrrhenischen Meer und über die Insel festigen.

Ein Korse beendete jäh die "Idylle", die zur Zeit der Bank des Hl. Georg herrschte: Sampiero d'Ornano (1498 - 1567), Sampiero Corso genannt (s. auch Bastelica).

Er verbündete sich Mitte des 16. Jhd. mit dem französischen König Heinrich II. gegen Genua, um seine Insel zu befreien. Heinrich II. ließ sich durch die strategisch interessante Lage Korsikas für einen Eingriff in die Machtsphäre Kaiser Karl V. gewinnen.

Der Großangriff 1553 auf Bonifacio unter Sampiero Corso, Franzosen und Türken (s. Bonifacio) führte schließlich zur Kapitulation der Genua treuen Stadt. Sampieros Feldzug endete mit einer fast völligen Vertreibung der Genuesen (bis auf Calvi und Bastia). Eitel Freude bei den Korsen?

Als Ergebnis wurde Korsika 1553 dem französischen Königreich angegliedert. Nur 6 Jahre dauerte das französische Intermezzo. 1559 gab Heinrich II. die Insel im Frieden von Cateau-Cambrésis (mit dem Spanier Philipp IV.) wieder an Genua zurück.

Die Enttäuschung und der Zorn bei den Korsen war groß, doch Sampiero gab nicht klein bei, er erkannte diesen Vertrag nicht an, und kämpfte erneut erfolgreich gegen die Genuesen, die daraufhin die "Notbremse" zogen und Sampiero durch ein Attentat 1567 ermorden ließen (Details siehe auch Bastelica) und in brutalen Gegenschlägen unter General Doria die Macht wieder an sich rissen.

Genua kaufte die Insel der Bank wieder ab, um selber direkt einen Daumen drauf zu haben. Immerhin hatte die Insel die zweitlängste Friedensepoche seit den Römern erlebt.

Die Genuesen förderten später auf Korsika die Landwirtschaft und andere Branchen - wieder blieben jedoch die Einheimischen von dem wirtschaftlichen Boom ausgeschlossen, sie durften sich lediglich als Handlanger verdingen, Bildungschancen gab es für Korsen so gut wie keine, so blieb die Emigration oft einziger Ausweg aus der Misere.

Der korsische Unabhängigkeitskrieg (1729 - 1769)

Die Genuesen hatten zwar Barockkirchen und repräsentative Bauten errichtet, und die Verwaltung auf der Insel neu organisiert, sorgten jedoch nicht für bessere Lebensbedingungen der Inselbewohner. Als Genua mal wieder trotz sinkender Erträge eine Steuererhöhung durchsetzen wollte, brach 1729 der Aufstand aus.

Genua bat Kaiser Karl VI. von Österreich um Unterstützung - die Österreicher rückten mit 8.000 Mann an - gegen ein solches Aufgebot hatten die Korsen unter Luigi Giafferi und Andrea Colonna Ceccaldi wenig Chancen - konnten sich aber in den Bergen behaupten. Große Verluste auch auf genuesischer und österreichischer Seite (siehe auch Calenzana) zwangen zum Einlenken. Steuerreform und mehr Gerechtigkeit wurden in Aussicht gestellt, aber nicht eingelöst, was neue Revolten nach sich zog. 1735 zogen die Österreicher wieder ab.

Der korsische Widerstand rief auf einer Volksversammlung in Orezza die Unabhängigkeit der Insel aus, Genua antwortete mit einer Blockade. Bereitwillig wurde jede Hilfe von außen aufgegriffen.

Ein deutscher Baron, Theodor von Neuhoff, verspricht viel, hält aber wenig. Sein Siebenmonats-Gastspiel als König Korsikas ist eher eine Belustigung der Geschichte.

Theodor v. Neuhoff

Sohn eines deutschen Barons, wurde 1694 in Köln geboren. Er war Page am Hof des Sonnenkönigs, führte ein abenteuerliches Leben zwischen Prunk und Ruin. In Livorno traf er die Korsen Giafferi und Costa, diese blendete er durch sein großzügiges Auftreten, versprach ihnen, ihre Sache zu gewinnen.

1736 landete er in Aleria mit einem englischen Schiff, einer Schar Glücksritter, einigen Gewehren, Kanonen und Silber. Einen Monat später (15. April 1736) wurde er im Kloster von Alesani (Castagniccia) zum König Theodor I. gekrönt, hielt Hof in Cervione. Neuhoff verteilte großzügig Adelstitel, schuf eine Schar von Grafen und Marquis, prägte eigene Münzen. Seine Versprechen nach Waffen und Truppen konnte er nicht einlösen. Schließlich mußte er als Priester verkleidet von Solenzara aus fliehen.

Er kam noch zweimal nach Korsika zurück. 1738 ankerte er in Porto-Vecchio, das zweite Mal landete er in Ajaccio, aber suchte kurz darauf das Weite. Er endete in einem Schuldgefängnis in London (1756).

Die Genuesen wurden mit den aufständigen Korsen nicht fertig. Da das kaiserliche Heer Österreichs nur kurze Zeit hilfreich war, suchten sie Unterstützung bei den Franzosen, die mit 15.000 Mann anrückten und so ein leichtes Spiel hatten. Die korsischen Anführer mußten ins Exil gehen, darunter auch Ghiacintu Paoli mit seinem 15-jährigen Sohne Pascal Paoli. Sie schifften sich in Moriani an der Ostküste nach Italien ein.

Der korsische Widerstand gärte aber weiter. Pascal kehrte erst 15 Jahre später nach Korsika zurück - die Franzosen hatten sich 2 Jahre zuvor zurückgezogen, er war gerufen worden, um anstelle des ermordeten General Gaffori (siehe auch Corte) den Freiheitskampf fortzuführen.

Pascal Paoli

(1726 - 1807), der bedeutendste und effektivste Freiheitskämpfer Korsikas, der "Vater des Vaterlandes".

Paoli bescherte Korsika 14 Jahre Unabhängigkeit - ein Unikum in der Geschichte der Insel (1755 - 1769).

Paoli vollbrachte die einmalige Leistung aus der jahrhundertelang herrschenden Anarchie, aus Chaos und blutigen Fehden einen geordneten Staat zu schaffen. Die damalige politische Situation der Insel war äußerst schwierig, an der Küste und in den Hafenstädten herrschten die Genuesen - das Inland wurde von Clanfehden und Vendetta bestimmt.

Paoli gelang es erstmals, einen politischen und gesellschaftlichen Zusammenhalt herzustellen, er baute einen Verwaltungsapparat auf, führte Schul- und Militärpflicht ein, gründete in Corte eine Universität und regierte von Corte aus die Insel.

Ferner schaffte er eine unabhängige, nicht korrupte Justiz und arbeitete eine Verfassung aus, deren demokratische Elemente in Europa Aufsehen erregten, so sehr waren sie der damaligen Zeit voraus. Diese Verfassung soll später auch Washington beeinflußt haben. Jean Jacques Rousseau soll ernsthaft erwogen haben, sich in Korsika niederzulassen, um den Korsen beim Austüfteln ihrer Verfassung zu helfen.

Die korsische Nationalversammlung (Consulta) setzte sich aus gewählten Abgeordneten zusammen (1 pro 1.000 Einwohner), sie war für Gesetzgebung und Steuerfestlegung zuständig. Die Nationalversammlung wählte ein weiteres Gremium, den höchsten Rat, darin waren die Provinzen vertreten, die so Einfluß auf die Entscheidungen der Consulta nehmen konnten. Der höchste Rat wählte seinerseits den General der Nation, den Oberbefehlshaber und Außenminister.

Paoli leistete auch auf wirtschaftlichem Gebiet einiges, er machte den Kartoffelanbau populär, baute eine Münzpräge und Druckerei auf.

Parallel dazu führte Paoli den Kampf gegen Genua weiter; der erforderte eine eigene Flotte, als Stützpunkt und Konkurrenz zur Genua treuen Stadt Calvi baute er Ile-Rousse zum Hafen der Balagne aus.

Genua fühlte sich von Paolis Leuten zunehmend bedroht, steckte auch anderweitig in finanziellen Problemen und wußte nichts Besseres, als wieder einmal Frankreich um Hilfe zu bitten. 1768 intervenierten die Franzosen zum 4. Mal.

Die neue korsische Freiheit war jedoch nur ein kurzes Vergnügen. Im Vertrag von Versailles 15.05.1768 verkaufte Genua seine Rechte auf Korsika an Frankreich - ohne Wissen von Paoli oder der Consulta. Paoli und die Consulta reagierten prompt und erklärten am 22. Mai 1768 den Franzosen den Krieg. Anfangs konnten die Paolisten Erfolge verbuchen und besiegten in Borgo die französischen Truppen, die daraufhin Verstärkung anforderten.

In einem Großangriff im Mai 1769 stießen ca. 15.000 Franzosen von St. Florent aus vor. Paoli zog sich in Richtung Golo-Fluß zurück, um den Weg nach Corte abzuriegeln. Er wurde bei Ponte-Nuovo am 8. Mai 1769 vernichtend geschlagen (siehe dort). Um keine weiteren inneren Unruhen zu provozieren, ging Paoli ins Exil. Der korsische Widerstand ging in Guerillaaktionen weiter, aber unter z.T. starken Repressalien beugten sich 1775 auch die letzten Freiheitskämpfer.

Die französische Herrschaft (ab 1768)

Sie beginnt formell schon 1768 mit dem Vertrag von Versailles, realiter nach dem Desaster von Ponte-Nuovo. Vermutlich am 15.8.1769 wurde Napoleon Bonaparte in Ajaccio geboren, der später als französischer Kaiser Korsika eng an den französischen Staat zu binden versuchte, ohne jedoch Rücksicht auf die Bedürfnisse der Korsen zu nehmen. Die Franzosen begannen erste Französierungskampagnen - die korsische Sprache sollte zunehmend zurückgedrängt werden. Anfangs versuchten die Franzosen mit Gewalt ihre Macht auf der Insel durchzusetzen.

Die Französische Revolution fand auch auf Korsika großes Echo. Im Rahmen einer allgemeinen Amnestie wurde Exilkorsen die Rückkehr in die Heimat erlaubt. Paoli kehrte nach 20-jährigem Exil zurück und wurde begeistert empfangen (siehe Macinaggio).

Seine Idee einer Personalunion zwischen Korsika und Frankreich stieß in der franz. Nationalversammlung auf wenig Gegenliebe. Er fiel bei den Revolutionären in Paris bald in Ungnade, u.a. auch weil er den harten Guillotinekurs nicht unterstützte und zu wenig Engagement gezeigt habe - schließlich wurde er für vogelfrei erklärt.

Mit britischer Hilfe startete Paoli 1793 - 1795 ein Comeback, eroberte mit Unterstützung Admiral Nelsons und dessen Flotte St. Florent, Bastia und Calvi (siehe auch Calvi). Die Korsen erklärten sich 1794 zum Königreich unter Schirmherrschaft des britischen Königs George III., Sir Elliot als Vizekönig und Paoli als Präsident.

Dieses neue Königreich und Paolis Restitutionsversuch blieben eine 2-jährige Episode. Unter französischem Druck gaben die Engländer schnell klein bei und zogen sich zurück. Um einen Bürgerkrieg zu vermeiden ging Paoli nun endgültig ins Exil nach London, dort starb er am 5. Februar 1807, eine Erinnerungstafel in Westminster Abbey erinnert noch heute an ihn. Seine sterblichen Überreste wurden später in Morosaglia beigesetzt (siehe dort).

Napoleon, inzwischen in Amt und Würden ließ auf Korsika für Ruhe und Ordnung sorgen - nicht mit Glacé-Handschuhen versteht sich. Umstrukturierungen verwaltungsmäßiger und wirtschaftlicher Art arbeiteten dem Zentralismus zu, der letzte Rest korsischen Selbstbestimmungsrechts wurde abgeschafft, der Unibetrieb in Corte nicht wieder aufgenommen.

Relativ starke französische Militärpräsenz führte nicht gerade zu einer Entspannung der Lage. Das berühmt berüchtigte Banditentum mit mehreren Hundert Toten im Jahr und das Clanwesen standen in voller Blüte. Wirtschaftlich tat Frankreich kaum etwas für die Insel - bis 1900 existierte fast keine Infrastruktur, einige wenige Straßen verbanden Bastia, St. Florent und Corte. Die Norm waren schmale Mulipfade, die Eisenbahn kam erst im 19. Jhd. hinzu.

Napoleon, der Vater des Zentralismus, unter dem gerade die Korsen auch heute noch zu leiden haben, kümmerte sich im positiven Sinn praktisch nicht um seine Heimatinsel. Napoleon III. engagierte sich etwas mehr für Korsika, seine Bemühungen um Trockenlegung der Sümpfe, Verbesserungen in der Landwirtschaft, Kampf dem Banditentum bleiben jedoch ohne durchschlagenden Erfolg und die Lage der korsischen Bauern änderte sich kaum. Die Industrialisierung ging an Korsika praktisch vorüber, die miserable Situation führte zu einer gewaltigen Emigrationswelle aufs französische Festland und bis nach Amerika.

Im ersten Weltkrieg kämpften Korsen auf französischer Seite und erlitten ungeheure Verluste. 30.000 Korsen starben damals für Frankreich, etwa 10 % der korsischen Gesamtbevölkerung. Die vielen Gefallenendenkmäler in korsischen Dörfern und Städten dokumentieren die Verluste sehr deutlich.

Nach dem Krieg hatte der "Männermangel" einen starken wirtschaftlichen Niedergang zur Folge, es fehlte an Arbeitskräften, viel Kulturland verödete. Korsen emigrierten wieder einmal scharenweise, stattdessen kamen Italiener in Mengen.

Im zweiten Weltkrieg war Korsika von deutsch/italienischen Truppen besetzt, wurde im Herbst 1943 von freifranzösischen Truppen mit Hilfe der Widerstandsbewegung zurückgewonnen. Nach dem Krieg schwappte eine weitere Emigrationswelle über die Insel, die zu einem Bevölkerungstiefstand in den 50er Jahren führte, damals zählte Korsika gerade 160.000 Einwohner.

Nach dem 2. Weltkrieg

In der Nachkriegszeit fungierten die großen Clanfamilien als Bindeglied zwischen der französischen Regierung und der Inselbevölkerung, ob immer zum Nutzen der örtlichen Bevölkerung sei dahingestellt. Gelder aus Paris flossen z.T. in Clankassen, die sie entsprechend weiterleiten sollten.

1957 wurde der Plan d'action régional beschlossen, durch einen Spezialfond sollten besonders bedürftige franz. Regionen gefördert werden. Es wurde ein Entwicklungsprogramm für die Landwirtschaft und den Fremdenverkehr geschaffen. Um die Gelder aus diesem Fond entsprechend einzusetzen, wurde die Somivac (société pour la mise en valeur agricole de la Corse) für die Landwirtschaft und die Setco (société pour l'equipement touristique) für den Tourismus geschaffen.

Die Behörden kauften z.T. brach liegende Gebiete auf und boten sie wieder zum Verkauf. Viele Pieds Noirs - repatriierte Franzosen aus den ehemaligen franz. Kolonien - deren Zahl mittlerweile auf 16.000 gestiegen war, nutzten diese Angebote und bauten sich mit staatlicher Unterstützung, Krediten der Somivac, z.T. als Entschädigung für ihre Verluste in den Kolonien, eine neue Existenz auf, während Korsen nicht die zinsgünstigen Darlehen in Anspruch nehmen konnten.

Weinrebenanbau in Monokultur, anstelle der geplanten 25 % wurden 75 % mit Weinreben bepflanzt ohne Intervention der Somivac, möglichst automatisiert, an der begünstigten Ostküste, gefördert durch die Somivac. Daß das bei den Korsen, vorsichtig formuliert, auf Skepsis und Argwohn stieß, ist leicht nachzuvollziehen.

Als Pieds Noirs werden insgesamt ca. 1 Million Algerienfranzosen aus den ehemaligen franz. Kolonien in Nordafrika bezeichnet (seit 1830 sitzen Franzosen in Algerien), die 1962 nach den Unabhängigkeitsverträgen von Evian überstürzt Nordafrika verließen.

Den kuriosen Namen verdanken die europäischen Siedler einheimischen Arabern, die sie wegen ihrer dort unbekannten schwarzen Schuhe pieds noirs (Schwarzfüße) nannten. In Algerien führten sie sich als große Kolonialherren gegenüber den Algeriern auf, gerade die Schwarzfüße sträubten sich am heftigsten im Algerienkrieg gegen eine Entkolonialisierung und gegen die dortigen Unabhängigkeitstendenzen.

In Frankreich genossen die Schwarzfüße ein denkbar schlechtes Image. Die Aufnahme in Frankreich nach ihrer Rückkehr 1962 war alles andere als warmherzig. Die meisten Pieds Noirs blieben in Südfrankreich, Marseille, Nizza, ca. 16.000 ließen sich auf Korsika nieder. Ihre Außenseiterposition versuchten sie z.T. durch besondere Geschäftstüchtigkeit und wirtschaftlichen Erfolg zu überwinden (Weinrebplantagen an der Ostküste) was ihnen wiederum keine Sympathie der örtlichen Bevölkerung einbrachte.

Ein Großteil der korsischen Unzufriedenheit hat wirtschaftliche Ursachen, Fehlentscheidungen in der Landwirtschaft, fast völliges Fehlen von Industrie. Korsika zählt zu den am wenigsten industrialisierten Départements Frankreichs, nicht aus Rohstoffmangel - lohnende Kupfer-, Mangan-, Bleivorkommen wären durchaus vorhanden - jedoch fehlte es an staatlichen Investitionen und an einem Ausgleich für die ungünstige Standortlage.

Erschwerend kommt die Isolation der Insellage hinzu. Im Klartext: höhere Lebenshaltungskosten als auf dem Festland, hohe Importe bei niedrigerem Lohnniveau und hohe Arbeitslosigkeit bes. auch bei Jugendlichen. Klagen über teure Überfahrten zum Festland, mangelnde Kapazitäten und starke, saisonale Schwankungen nicht nur im Passagier-, auch im Frachtverkehr, stehen immer wieder ganz oben auf der politischen Tagesordnung.

Haupterwerbszweige Korsikas sind die Landwirtschaft und der Tourismus. Etwa 75 % aller landwirtschaftlichen Erzeugnisse stammen von der Ostküste, den Löwenanteil hält immer noch der Wein. Einst bedeutete Weinanbau relativen Wohlstand, heute ein kontroverses Thema, Stichwort Monokultur, Überproduktion.

Man geht zunehmend dazu über, Weinplantagen z.B. an der Ostküste durch Obstanbau zu ersetzen (Clementinen, Zitrusfrüchte). Versuche auf exotischere Früchte umzusteigen erscheinen recht aussichtsreich. Kiwis, ursprünglich eine neuseeländische Frucht, werden seit Anfang der 80er Jahre auf Korsika angebaut und haben mittlerweile einen Marktanteil von 30 % in Frankreich erreicht.

Das Problem der Lagerung (Kühlhäuser) ist noch nicht zufriedenstellend gelöst. Die EG Süderweiterung stieß in Korsika verständlicherweise nicht auf Begeisterung, bringt sie noch 2 Konkurrenten mehr.

Fischfang spielt nur eine untergeordnete wirtschaftliche Rolle.

Der Tourismus galt einst als Zaubermittel - Problemlöser aller wirtschaftlichen Misere. Die Realität sieht etwas anders aus. Von den Einnahmen aus dem Tourismus bleibt vorsichtigen Schätzungen zufolge höchstens die Hälfte auf der Insel, so daß in großem Umfang nur wenige z.T. festlandsfranzösische Großunternehmen verdienen.

Die Tourismuszahlen kletterten von 480.000 (1969) auf über eine Million in den 80er Jahren, wobei das Schwergewicht des Tourismus in den Küstenregionen liegt, nur ca. 20 % der Touristen reisen auch ins Inland. Von den Tourismusdevisen sehen die Korsen gerade in strukturschwachen Gebieten nicht allzuviel, wohl aber die Müllberge, Hotels, Autoschlangen etc.

Tourismusplanung und -steuerung in Händen der 1957 gegründeten Setco und der jüngeren ADTC (Association pour le Développement Touristique de la Corse) sollten eine zweite Côte d'Azur oder ein zweites Mallorca vermeiden und die Auswüchse, wie Bodenspekulationen etc., kanalisieren.

Das Hauptprobleme bleiben die starken Saisonschwankungen, die Hochsaison dauert nur 3 Monate, in der Zeit reichen Kapazitäten (Transport, Straße, etc.) kaum aus, dann ist wie ein Spuk alles vorbei.

Immer wieder wird kritisch angemerkt, daß fast 2/3 des korsischen Küstenbereichs und sehr viele Tourismusanlagen, Hotels, Feriendörfer etc. von französischen Firmen und deren Kapital getragen werden und die Einnahmen entsprechend nach Frankreich zurückfließen und nicht der Insel zugute kommen. Insofern zieht das Tourismusargument als Wohlstandsbringer und Arbeitsplatzbeschaffer auch hier in Korsika nur bedingt.

Ein autonomes Korsika

"Corsica nostra", "Francesi fora" - übermalte Ortsschilder, besprühte Brückenpfeiler. Radikale Nationalisten machen zusätzlich durch Anschläge auf ihr Anliegen aufmerksam: mehr Selbstbestimmung, mehr Autonomie, ja eine völlige Loslösung von Frankreich!

Die Bomben richten sich gegen Bankfilialen und Feriendörfer festlandsfranzösischer Gesellschaften, gegen Autos und Wohnungen von Franzosen. Anschläge auf Personen werden von den "Plastiqueurs" peinlich vermieden. Die politisch motivierte Attentatswelle erreichte 1982 ihren Höhepunkt, ebbte mittlerweile etwas ab, aber mit schöner Regelmäßigkeit melden sich die Separatisten mit 200 - 300 g Packungen Sprengstoff zur Wort, um gegen den "Ausverkauf" Korsikas an Kontinentalfrankreich zu protestieren.

Schätzungen zufolge stehen ca. 4 % der Gesamtbevölkerung den Separatisten nahe. Die gemäßigten Autonomisten können sich auf eine breitere Unterstützung im Volk stützen, wenn auch die wenigsten Korsen eine Loslösung der Insel von Frankreich für eine gangbare Alternative halten. Zweifel an der Wirksamkeit der Attentate, die schon fast zum Alltag geworden sind, mehren sich.

Die jahrhundertelange "Kolonialherrschaft" brachte ebensolange Freiheits-/Autonomiekämpfe mit sich. Besonderen Aufschwung erhielten solche Tendenzen durch den Pariser Zentralismus, der auf Korsika besonders grell ins Auge sprang.

Anfang der 60er Jahre formierten sich verschiedene korsische Gruppierungen, meist mit wirtschaftlichem Akzent. 1961 bildete sich in Studentenkreisen in Paris eine politische "Befreiungsbewegung": Union Corse. Etwas später in Bastia die Cedic (Comité d'études et de défense des intérêts de la Corse), gegründet von Max Simeoni, der besonders auch die Geschäftsleute ansprechen wollte.

1966 gründeten Max Simeoni und Ch. Santoni die Front régionaliste corse (FRC), die sich für eine Bekämpfung der Hauptübel: Clanwesen und

Wahlkuddelmuddel einsetzte, später (1974) in Partitu di u populu Corsu (PPC) umgewandelt. 1967 ersetzte die Action regionaliste corse (ARC) die obige Cedic, später 1974 korsifizierte sie ihren Namen in "Azzione per a rinascita di a corsica".

Die 68er Unruhen fanden auf Korsika relativ wenig Resonanz, einige Demonstrationen, insgesamt jedoch harmlos. 1969 entschieden sich 54 % der Korsen für Annahme von De Gaulles Referendum über eine Reform der Regionen, an der Gesamtlage ändert sich aber wenig. Attentatsmeldungen beginnen die Schlagzeilen der Inselpresse zu füllen, schon damals richteten sie sich gegen touristische Einrichtungen in Händen von Kontinentalfranzosen und auch gegen die Somivac (siehe vorne).

1974 erregte die ARC mit ihrem Buch "Autonomia" großes Aufsehen, in dem sie die Forderungen der Autonomisten nach interner Selbstbestimmung sehr deutlich artikulierte, wogegen Außenpolitik und Verteidigungspolitik klar Domäne von Paris bleiben sollten. Auf ihrem Kongreß in Corte verzeichnete die ARC gewaltige Zuwächse. Die extremistische Gruppierung FPCL (Fronte paesanu corsu di liberazione), eine Vorläuferorganisation der FLNC bekannte sich zu den Attentaten. Weitere Gruppierungen entstanden vorübergehend, als Reaktion bildeten sich auch antiautonomistische Gruppen.

Auch auf sprachlich-kulturellem Gebiet gärte es gewaltig, ein neues korsisches Bewußtsein ("Corsitude") entwickelte sich, der Kampf um Anerkennung der korsischen Sprache führte 1974 zu einem Erfolg, korsisch wird als Minderheitssprache anerkannt und findet entsprechend Eingang in die Schulen (siehe auch Sprache).

1974 gerieten die gemäßigten Autonomisten (ARC) unter Edmond Simeoni in die Schlagzeilen: Fall "Depeille". Mit einer spektakulären Besetzungsaktion des Weinguts Depeille bei Aleria am 21. August wollten sie Depeilles Beteiligung an einem Weinskandal anprangern, der zu Lasten der korsischen Kleinwinzer ging.

Im Zuge der Besetzung war es zu Zusammenstößen mit der Polizei gekommen, bei denen 2 Polizisten getötet und 2 ARC-Miglieder verletzt wurden. Die ARC wurde daraufhin am 27. August verboten, Simeoni zu 5 Jahren Gefängnis verurteilt (z.T. mit Bewährung), nach ca. 1 1/2 Jahren wieder entlassen.

Zur Vorgeschichte: ein altes Gesetz von 1927 erlaubte auf Korsika das Anreichern des Weines mit Zucker, um den Alkoholgehalt künstlich zu erhöhen. Besonders algerienfranzösische Winzer sollen von dieser Technik verstärkt Gebrauch gemacht haben, um ihre durchschnittlichen Ostküstenweine aufzupäppeln. Immenser Zuckerimport und ein Hochschnellen der Weinproduktionsmenge erweckten Verdacht - Wein aus der Retorte ohne eine einzige Traube?

Die Öffentlichkeit wurde stutzig, der Weinskandal ließ die Nachfrage nach korsischen AOC-Weinen sofort in den Keller sinken. 1972 wurde die Zuckerung gesetzlich total verboten, trotzdem stieg der Zuckerimport auch im nächsten Jahr enorm an - man suchte und wurde fündig - in der Macchia konnten richtige "Weinlabors" ausgehoben werden.

Der Weinskandal traf natürlich auch die "Großen" im Geschäft (Leute wie Depeille u.a.), die sich durch einen kompliziert angelegten Finanzbetrug schadlos halten wollten. Am

21. Juli flog der Coup auf, der zu einer Verschuldung von Hunderten von Kleinwinzern geführt hatte. Letztendlich wurde Depeille zu 18 Monaten auf Bewährung plus einer Geldstrafe wegen Betrugs verurteilt.

Giscard d'Estaings versprochene Reformen schienen sich für die Korsen nur als leere Versprechungen herauszustellen. Seine Aufteilung der Insel in 2 Départements löste die korsische Frage keineswegs, ihm wird vorgehalten die korsische Frage schlichtweg ignoriert zu haben.

Auch der Sonderbeauftragte Libert Bou, dessen Verhandlungsgeschick, Kompromißbereitschaft und Versöhnlichkeit große Hoffnungen geweckt hatte, konnte die Erwartungen nicht erfüllen. Von ihm stammt der berühmt gewordene Satz: "Selbst wenn Korsika aus 200.000 Autonomisten bestünde, wird das nicht die Verfassung ändern": Enttäuschung, Zorn und eine Radikalisierung war die Folge.

Die korsischen Regionalisten gaben nach Simeonis Verhaftung keineswegs auf, sondern gründeten die politisch gemäßigtere Associu di i patrioti corsi (APC), die nach "Aleria" einen vorsichtigeren, versöhnlicheren Kurs verfolgte, was zur Folge hatte, daß die jüngeren Anhänger auf Distanz zu Simeonis APC gingen - und nachdrücklich die alten Forderungen nach Neuverteilung des Grund und Bodens, Enteignung der Großhotelketten etc. vertraten.

Im Untergrund formierte sich die radikale FLNC (Fronte di a liberazione naziunale di a Corsica), die durch Attentatsserien auf sich aufmerksam machte. Diese Entwicklung verdeutlicht ganz klar die zunehmende Radikalisierung auf der Insel.

Erneute Parteiumbildung und Umbenennung machte am 17. Juli 1977 aus der APC die Unione di u populu corsu (UPC).

Die verschiedenen radikaleren Gruppen versuchten eine gemeinsame Fronte di u populu corsu aufzustellen, konnten aber keine Einigung erzielen.

Proteste, Attentate, die Ermordung von 2 Hirten in Bustanico durch einen Deserteur der Fremdenlegion sorgten für Zündstoff, heizten die Inselatmosphäre auf. Eine Lösung der Probleme schien nicht in Sicht. Die FLNC gab geheime Pressekonferenzen, in denen sie ihre Aktionen zu erklären und rechtfertigen versuchte, und bombte weiter.

1977 erklärte sie, den Kampf auch auf den franz. Kontinent auszuweiten - Bahnhöfe, Bankfilialen etc. fliegen in die Luft. Die Zahl der Attentate stieg ab 1973 von 40 Anschlägen auf beängstigende 460 im Jahre 1980. Jeder Attentatswelle folgte eine Verhaftungswelle, dieser wieder neue Attentate, um die Verhafteten freizubekommen. Ein circulus vitiosus ohne Lösung.

Im Januar 1980 kommt es zu einer Eskalation, Stichwort Bastelica-Fesch, bei der mehrere Menschen erschossen wurden, Massendemonstrationen in Ajaccio stattfanden und zig Nationalisten verhaftet wurden. Anlaß war die Geiselnahme in Bastelica, bei der militante Nationalisten 3 bewaffnete Antiautonomisten, die beauftragt waren, ein wichtiges UPC-Mitglied "abzusägen" in ihre Gewalt brachten und sich schließlich im Hotel Fesch in Ajaccio verschanzten.

Im Wahlkampf um das Präsidentenamt warb Mitterand mit einer Amnestie für korsische militante Nationalisten und mit einem Sonderstatus für die Insel. Die "Wende" in Paris 1981 weckte große Hoffnungen auf Korsika. Wahlsieger Mitterand setzte im Rahmen seiner Dezentralisierungskampagne in Korsika ein Zeichen. Nach monatelangen Beratungen wurde ein Gesetz elaboriert, daß Korsika 1982 einen Sonderstatus (Statut particulier) zuerkannte, einmalig in Frankreich.

Als erste Region Frankreichs wählte die Insel 1982 ihr erstes Regionalparlament (Assemblée de Corse) mit Sitz in Ajaccio. Den Selbstverwaltungsvorstellungen kam dies zu einem guten Teil entgegen. Große Hoffnungen wurden in die Assemblée gesetzt, doch schon 1984 mußte sie vorzeitig aufgelöst und neu gewählt werden. Die hohen Erwartungen, die an das Parlament geknüpft waren, erfüllten sich nicht so schnell. Es fehlt an Geld, Mitteln und z.T. auch an Durchsichtigkeit der Politik.

Die Assemblée régionale setzt sich aus 61 Mitgliedern zusammen, die für 6 Jahre in allgemeiner, direkter Wahl nach dem Verhältniswahlrecht gewählt werden. Die Assemblée wählt den Präsidenten und das "Bureau de l' Assemblée" bestehend aus 4 - 6 Vizepräsidenten und eventuellen Mitgliedern, deren Mandat alle drei Jahre erneuert werden muß. Sie entscheidet über den Haushalt, kann dem Premierminister Änderungsvorschläge unterbreiten zu Gesetzesverordnungen, sofern sie die Inselangelegenheiten betreffen.

Korsische Ferienregionen

Ein kleines Inselchen mit großer Variationsbreite, in einem Urlaub bestimmt nicht ausschöpfbar. Korsika bietet für jeden Geschmack das Richtige, man muß nur wissen wo.

★ Die OSTKÜSTE - familienfreundlichste Seite der Insel mit endlos scheinenden Sandstränden, ideal für reinen Badeurlaub. Ruhige, abgelegene Flecken findet man hier ebenso wie die größten und meisten FKK-Zentren der Insel. Total durchorganisierte Feriendörfer mit Animation und großem Sportangebot. Bastia als Drehscheibe im Norden, zum Shoppen oder gemütlich Essen gehen.

Landschaftlich ist die Ostküste eher untypisch für die "Insel der Schönheit" - an weiten Stellen flach und fruchtbar. In Sichtweite sanfte Mittelgebirge, lohnende Ausflugsziele wie die Casinca und Castagniccia. In nur 1 Autostunde ist man mitten im Gebirge in Corte oder Ghisoni - beides gute Wanderstützpunkte.

Kulturelle Attraktion der Ostküste: das korsische "Pompei" in Aleria, griechisch-römische Ausgrabungen der einst bedeutendsten Ostküstenstadt.

Um Porto-Vecchio wird die Küste buchtenreicher und hügeliger mit den größten Korkeichenwäldern der Insel. Der Golf von Porto-Vecchio war das Kernland der bronzezeitlichen Torreanerkultur, Kultmonumente und Festungen verstecken sich in schöner Lage in der Macchia. Nur 40 km im Inland das Bavellagebirge, ein Wander- und Klettergebiet par excellence.

Als Höhepunkt Bonifacio im Süden, die vielleicht schönste Stadt Korsikas, imposant auf den leuchtend weißen Kreideklippen hoch über dem Meer gelegen, der supergeschützte Naturhafen zugleich Sprungbrett zur Nachbarinsel Sardinien.

★ Die SÜDSPITZE ist einer der besten Stützpunkte für Taucher, facettenreiches Unterwasserleben, entlang der felsigen Küste. Ruhige Ankerbuchten mit kristallklarem Wasser für Segler. Sehr schöne Badebuchten, die jedoch z.T. nur mühsam zugänglich sind - schlechte Holperwege.

Die rätselhaften korsischen Megalithfunde (Jungsteinzeit) konzentrieren sich im Süd-Westen der Insel. Kunstvolle Statuen neben langen Menhirreihen, am meisten für's Auge bietet Filitosa.

Der spannendste und kontrastreichste Küstenabschnitt ist zweifellos die ★ WESTSEITE mit ihren weiten Golfen. Das wildzerklüftete Küstengebirge scheint direkt aus dem Meer zu "wachsen", Höhepunkt der tief eingeschnittene, fjordartige Golf von Porto.

Ajaccio als touristischer Anziehungspunkt im südlichen Bereich; eine lebhafte, interessante Stadt, jede Menge Sights auf Napoleons Spuren, mediterranes Flair und ein breites Übernachtungsangebot vom 4-Sterne-Hotel bis zum einfachen Camp. Sandstrände im gesamten Golfbereich, oftmals mit Liegestuhlverleih und Freizeitangebot. Guter Stützpunkt für Ausflüge ins Gebirge per Auto/Mietauto, Bahn, Fahrrad oder als organisierte Tour.

Zum Surfen bieten auch die Nachbargolfe bei den meist westlichen Winden gute Bedingungen, diverse Surfboardvermietungen an den Stränden. Für Exkursionen im Motor/Segelboot eignet sich der Golf von Valinco, jede Menge einsame Buchten, die nur von See her zugänglich sind. Große Auswahl an Mietbooten in Propriano.

Steil abfallende Küste ganz im Westen zwischen **Calvi und Cargèse** (Golf von Sagone). Die Straße windet sich um jede Bucht, teilweise 100 m oberhalb vom Meer, super Ausblicke, aber schmal, holprig und anstrengend zu fahren. Bescheidenes Busnetz. Schöne Schnorchelstellen an den wenigen, gut zugänglichen Badebuchten. Über weite Teile einsame, wilde Landschaft. Empfehlenswerter Küstenwanderweg "Strada tra Mare e Monti" (mehrere Tage).

Touristisch sehr gut erschlossen ist der nord-westliche Bereich mit Baderummel in **Calvi, Ile-Rousse** und **St. Florent**. Eine ausgewogene Mischung aus hübschen Küstenorten, schönen Sandstränden, optimalen Wassersportmöglichkeiten (Segeln, Surfen), guten Lokalen und Übernachtungsmöglichkeiten jeglicher Art.

Reizvolles Hinterland für Kurzausflüge. Verkehrsmäßig ist der Küstenbereich Calvi - Ile-Rousse sehr gut angebunden, eigener Flughafen, Bahnverbindung entlang der Küste und nach Bastia/Ajaccio. Inselbus und gute Nationalstraße.

Als "Korsika in Miniatur" präsentiert sich das **CAP CORSE**. Die steilere und wildere Küste auch hier im Westen. Kleine z.T. wenig geschützte Buchten mit Sand oder Kiesstränden, authentische Dörfer im Inland, bis zu 1.300 m hohe Berge.

★ Das **INSELINNERE**, ein phantastisches Gebirgsland mit Gipfeln fast von Zugspitzformat und Gebirgspässen von Brennerhöhe. Hochalpine Landschaft kontrastiert zu bewaldeten Tälern mit glasklaren Bergbächen (Restonica, Tavignano). Für erfahrene Kanuten interessante Ziele. Wilde Schluchten mit bizarrer Tafonibildung im Asco und Golotal. Vielfältige Wandermöglichkeiten von Spaziergängen über ausgewachsene Bergtouren bis zu anspruchvollen Kletterpartien.

★ Der Große Wanderweg (**GR 20**) durchquert die schönsten Bergregionen im korsischen Regionalpark bis zum Bavella im Süden. Zentrum und ehemalige Inselhauptstadt ist Corte im "Herzen" Korsikas am Schnittpunkt zweier Bergtäler. Guter Ausgangspunkt für Wanderungen von 2 Stunden bis Mehrtagestouren mit schönen Gipfelbesteigungen. Auch für "Nicht-Wanderer" bieten die abgeschiedenen Dörfer in fotogener Lage reizvolle Ausflugsziele mit kleinen Lokalen und guter korsischer Küche.

★ Ganz andere Szenerie in der CASTAGNICCIA - ein Mittelgebirge bis 1.760 m mit den größten Edelkastanienbeständen der Insel.

Zu den bleibenden Eindrücken eines Korsikaurlaubs zählt eine Fahrt mit der korsischen **Eisenbahn.** Ratternd und stampfend schaukelt sie in z.T. abenteuerlicher Gleisführung quer durch den schönsten Gebirgsteil der Insel.

★ **Korsikarundfahrt** rechts - oder linksherum ?

Beide Richtungen haben ihre Vorteile: Viele Urlauber landen im Fährort Bastia und starten im Gegenuhrzeigersinn nach dem Motto die Höhepunkte zuerst. Wer die Insel komplett umrundet, beendet die Tour mit der spannungsloseren Ostküste. Alternativ dazu die interessantere und kontrastreichere Variante ab Porto-Vecchio/Solenzara durchs Inland über den Bavellapaß, Zonza, Corte, natürlich wesentlich zeitaufwendiger als die Ostküstenrennstrecke.

Eine Korsikarundfahrt im Uhrzeigersinn bringt dagegen eine Steigerung der Eindrücke, zügig entlang der Ostküste mit erstem Baderelaxstop. Entlang der abwechslungsreichen Westküste mit dem Vorteil nicht auf der Abgrundseite der wildromantischen Küstenstraße Porto bis Calvi fahren zu müssen. Gleiche Überlegungen gelten fürs Cap Corse, das sich für eine Schlußrundfahrt geradezu anbietet, bevor die Fähre ablegt.

Die zweitgrößte Stadt der Insel kriecht vom Hafen aus den Hang hinauf. Eine geschäftige, manchmal sogar hektische Großstadt (ca. 50.000 Einwohner), mit italienischem Touch, nicht allein von der Architektur her, die Betriebsamkeit ist auch nicht "korsisch". Einiges an Industrie, Fähr- und Flughafen, Eisenbahnstation und natürlich eine Einkaufsstadt.

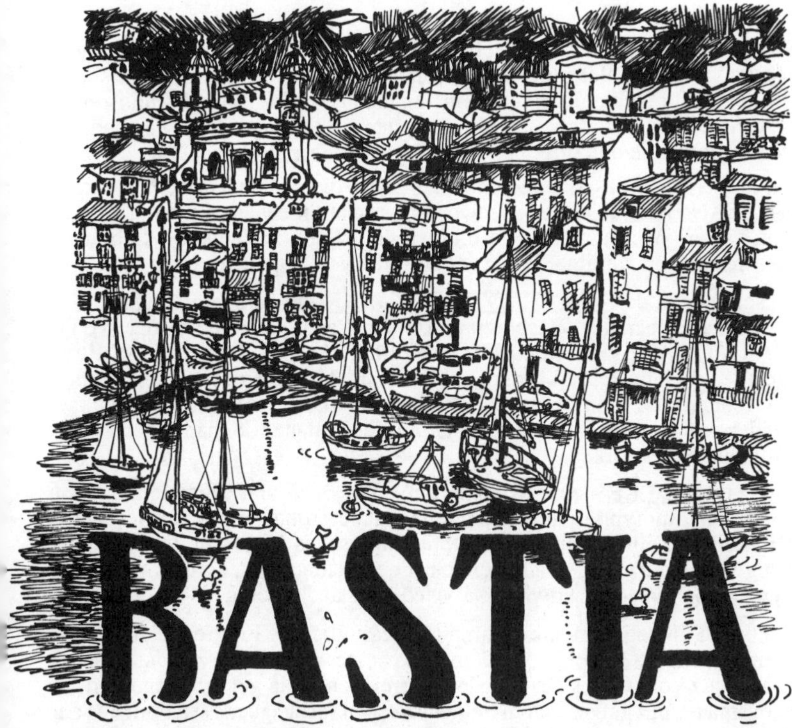

Seitdem die Seeseite ganz neu gestaltet wurde, lockt Bastia immer mehr zu längerem Aufenthalt - großzügige, sehr schön angelegte Schlenderpromenade von der weiten Place St. Nicolas bis zum alten Hafen - der Verkehr wurde ins Untergeschoß verbannt. Pittoreske Winkel und Gassen im Altstadtbereich, viel zum Selberentdecken.

Vom Fährschiff kommend bleibt man gleich am etwas überdimensionalen PLACE ST. NICOLAS hängen, Bar neben Bar laden zum Aperitif ein. Das Napoleondenkmal (vom Florentiner Bartolini) erinnert daran, daß der Kaiser ein gebürtiger Korse war. Das Gefallenendenkmal vis-à-vis ist Werk eines einheimischen Künstlers. Auf dem Platz flanieren junge Korsinnen, alte Männer spielen Boule, hier treffen sich Algerier, warten Touristen auf die Fähre.

Am BOULEVARD PAOLI, (im Volksmund "A Traversa" genannt) der Lebensader Bastias, findet man die meisten Geschäfte, morgens und abends herrscht trotz Tunnel immer noch Verkehrschaos. Kleine und gemütliche Restaurants in der RUE CESAR CAMPINCHI, eine Parallelstraße weiter.

Viel Atmosphäre um den ALTEN HAFEN - "le vieux port" mit Fischerbooten, Yachten, Bars und Restaurants in erster Reihe. Ein malerisches Viertel - alte, schmale Häuser mit angebauten WC Balkons und quergespannter Flatterwäsche. Ein Blick hinter die Fassaden relativiert jedoch die Fotoromantik und offenbart die z.T. recht miese Wohnqualität.

Im Hintergrund das Wahrzeichen der Stadt, die beiden Türme der Kirche ST. JEAN BAPTISTE (1583). Üppig barocke Innenausstattung (18. Jhd.) mit buntem Marmoraltar und einigen Gemälden italienischer Schulen - Geschenke von Kardinal Fesch (Stiefbruder von Napoleons Mutter).

Anschließend das ALTSTADTLABYRINTH mit schmalbrüstigen Häusern, quergespannter Wäsche und kleinen Läden. Mittendrin der ALTE MARKTPLATZ "Place de l`Hotel de Ville" vor dem Rathaus. Bis Mittag Obst- und Gemüsemarkt, auch Bäcker und Metzger haben ihren Stand. Zwischendurch kommt statt Obst ein gackerndes Huhn auf die Waage. Leider nur wenige Bänke im Schatten der Platanen. Schade, daß in der Mitte die Autos parken.

Die ZITADELLE - eine Ministadt mit Torbögen und schmalen Gassen, angeordnet im typisch genuesischen Schachbrettmuster; kleine Geschäfte, Kirchen und ein sehenswertes Ethnographisches Museum. Zitadellenzugang vom Cours Dr. Favale, dem einstigen Stadtgraben, durch zwei mächtige Doppeltore, die Ludwig XVI. wieder instandsetzen ließ.

Schöner Fußweg vom alten Hafen (Südkai) über die Freitreppe durch den kleinen Park "ROMIEU". Mit dem Auto besser nicht in die Zitadelle fahren (Parkplatz vom Cours Dr. Favale zu erreichen). Die gut erhaltene Umfassungsmauer mit aufgesetztem Seitentürmchen (echauguette) stammt aus der Genuesenherrschaft (15./16. Jhd.), sogar der Wehrturm (Bastiglia, 14. Jhd.) noch erhalten. Sehr schöner Blick auf den alten Hafen vorne von der RUE ST. MICHEL.

ETHNOGRAPHISCHES MUSEUM im ehemaligen Gouverneurspalast mit Zugbrückeneingang. Ähnlich einem Heimatkundemuseum (lohnt). Im ersten Raum wird das damalige Leben im Puppenstubenstil plastisch nachgebildet. Werkzeuge und alte Bücher beschreiben den einfachen, mühevollen Alltag.

Ein Zimmer zeigt den "fucone", den Kamin in der Mitte, unter der Decke ein Lattengerüst, das als Trockenboden für Kastanien, Wurst und Schinken diente - eine ideale Räucherkammer. In anderen Räumen Karten, Bilder und auch Fundstücke vom

Meeresboden, Gesteine etc. Die Fahne des Freiheitskämpfers Pascal Paoli stammt aus seiner letzten Schlacht in Ponte Nuovo (s. Geschichte).

Offen: im Sommer 9-12/15-18 Uhr, sonst seltener, geringer Eintritt.

Am anderen Ende der Gasse, von Häusern eingezwängt die KIRCHE STE. MARIE (15. Jhd.), bis 1801 Bischofssitz, daher die prunkvolle Ausstattung im genuesischen Barockstil - im Klartext: viel Gold, Silber und Marmor; Chorgestühl pisanische Arbeit (19. Jhd.). Bei der Prozession am 15. August wird die kunstvolle Figurengruppe "Himmelfahrt Mariens" durch die Zitadellenstadt getragen.

Ein wundertätiges Kreuz hängt in der KIRCHE ST. CROIX. Nach der Legende fanden Fischer dieses Kreuz - von Lichtern umgeben auf dem Meer treibend. Jedes Jahr findet am 3. Mai ein großes Fest zu Ehren des Schutzpatrons "Christ des Miracles" statt. Innenausstattung im Louis XV. Stil, goldverzierte Stuckarbeiten.

Geschichte Bastias Geschichte geht bis ins Neolithikum zurück. Die Römer gründeten hier die Kolonie Mantinum, die später Vandaleneinfällen zum Opfer fiel. Auch aus pisanischer Epoche sind kaum Spuren erhalten.

1378 Gründung der heutigen Stadt durch den genuesischen Gouverneur Leonello Lomellino, der den geschützten Hafen des Fischernestes Cardo zum Stützpunkt wählte und als erste Befestigung den Donjon (ital. "bastiglia" später Bastia) auf dem Sporn errichtete. Bereits 100 Jahre später wurde die Bastion verstärkt und zur Zitadelle ausgebaut (= Terra Nova im Gegensatz zu Terra Vecchia, dem alten Hafen). Der neuen Stadt mangelte es an Bewohnern, deshalb versuchte Lomellino die Korsen durch Steuervergünstigungen in die Terra Nova zu locken.

Gouverneurspalast 1530 beendet, heute Ethnographisches Museum. Aus dieser Bauphase stammen auch die Kirchen der Unterstadt. In den Klostergebäuden am Stadtrand fanden die Bewohner im Belagerungsfall Schutz. Genuesische Einflüsse findet man im gesamten Altstadtbild. Im 18. Jhd. (Zeit der korsischen Unabhängigkeitsbewegung) wurde Bastia Symbol der genuesischen Unterdrückung - mehrfach von korsischen Bauern und Freiheitskämpfern belagert. Daraufhin Verstärkung der Befestigungsanlagen durch 4 Forts auf der Höhe.

Trotz der instabilen Verhältnisse wuchs die Inselhauptstadt weiter an (im 18. Jhd. ca. 8.000 Einwohner). Seit der Französischen Revolution Hauptstadt des Département "Golo", 1811 räumte Napoleon seiner Geburtsstadt Ajaccio den Vorrang als neuer Inselhauptstadt ein. Dennoch entwickelte sich Bastia zum wirtschaftlichen Zentrum Korsikas. Hochöfen in Toga am nördlichen Stadtrand verhütteten Erze der Nachbarinsel Elba.

Mitte des letzten Jahrhunderts entwickelte sich eine Neustadt. Aus dieser Ausbauphase stammen Theater und Justizpalast, die Place St. Nicolas (inzwischen modernisiert) mit ihren Repräsentationsbauten. Der Name des Platzes geht auf ein Hospital aus pisanischer Zeit zurück. Der Stadtplan geometrisch angelegt. Etwas später entstand der neue Hafen, als Passagier- und Handelshafen konzipiert. Im 2. Weltkrieg (1943) wurde Bastia durch amerikanische Bombardements zu 80 % zerstört. Bastia ist wirtschaftliches Zentrum der Insel und Sitz der Präfektur Haute Corse.

ANKUNFT IN BASTIA

Für Autofahrer: Bequem erreichbarer Parkplatz und Tiefgarage am Place St. Nicolas - Achtung, von der Fähre kommend links und nach dem kleinen Kreisverkehr die rechte Spur nehmen, anderfalls gehts in den Tunnel.

Wer nicht in Bastia zwischen stoppen will, hat prinzipiell 3 Möglichkeiten:

* Durch den Tunnel schnell und streßfrei nach Süden bzw. an die Westküste: Bonifacio (168 km), Ajaccio (148 km), Calvi (118 km).
* Zum Cap Corse gleich rechts raus.
* Zum ersten Relaxen bietet sich das hübsche Örtchen St. Florent am gleichnamigen Golf an (23 km). Ab Bastia entweder durch die Stadt schlängeln oder alternativ die weitere Strecke durch den Tunnel, dann rechts ausgeschildert.

Tramper sprechen am besten gleich auf der Fähre die Autofahrer an und sichern sich einen Platz, andernfalls kann es stundenlange Daumengymnastik bedeuten.

Per Bahn, Bus: An die Westküste Calvi, Ajaccio und ins zentrale Gebirge (Corte) am besten mit der urigen Bahn, abenteuerliche Fahrt. Entlang der Ostküste nur im Autobus. Beide, Gare Routière und Gare SNCF nur einen Katzensprung von der Fähre entfernt (Details im Transportteil Bastia). Für längeren Aufenthalt Gepäckaufbewahrung im Bahnhof und Gare Maritime. VERBINDUNGEN siehe Seite 142!

Tourist Info: * Place St. Nicolas, offen: Mo.-Sa. 7-19 Uhr, zur Saison eventuell auch länger.
* Boulevard Paoli 35; Mo.-Fr. 9-12/15-19 Uhr, Sa. kürzer.

Geldwechsel: Banque Populaire, 23, rue Cesar Campinchi, offen Mo.-Fr. 7.50-11.40/13.50-16.50 Uhr.

Crédit Agricole, 13, Bd. Gen. de Gaulle, offen Mo.-Fr. 8.05-11.55/14.05-17.00 Uhr

Tgl. Geldwechsel, inklusiv Wochenende:
COCP: Entweder im Gebäude des "Gare Maritime" (Hangar 1) oder im Zentrum 1, Av. du Maréchal Sebastiani, nahe Place St. Nicolas.

Post: In der rue M. Sébastiani.
offen Mo.-Fr. 8-19 Uhr, am Samstag 8-12 Uhr

Telegrafenamt: bei der Post um die Ecke,
offen: 8-19 Uhr, Samstags 8-12 Uhr

Mit BADEMÖGLICHKEITEN direkt bei Bastia sieht's schlecht aus. Der nächste Kiesstrand etwa 4 km nördlich bei Grisgione. Besser 2 km weiter bei Miomo (Busverbindung). Nächster Strand im Süden ist 3 km entfernt (beim Camping Les Sables rouges), Sandstrand mit seichtem Ufer.

Schöner die breiten Strände auf der Lagune beim Etang de Biguglia ca. 10 km südlich Bastia, s. Rundfahrt.

HALLENBAD mit Warmwasser ca. 2 km vom Zentrum Richtung Süden.

EINKAUFEN

Wassersportler: Shipchandler Au Trois Mats. Von Bootsbeschlägen bis zu Surfbrettern ist dort alles zu haben. Am Quai des Martyrs de la Libération (Quai zwischen Fähr- und Yachthafen) offen von 8.30-12/14.30-19 Uhr, außer montags.

Surfshop: Windsurfing Corsica, 2, Rue St. François. Viel Mode, aber auch div. Surfboards und Zubehör.

Angel- und Jagdzubehör gibt`s in der Armerie. Hier kauft man auch Angelscheine für Gebirgsbäche. Place Dominique Vincetti.

Buchhandlungen: LIBRAIRIE J. P. Marzocchi, 2, Rue du Conventionnel Salicetti, seitlich Bd. Paoli. Gut sortiert mit Straßen- und Wanderkarten, viel Sekundärliteratur über Korsika, vom Kochbuch über politische Bücher bis zu Bildbänden. M. Marzocchi, ein passionierter Sammler alter Korsikapostkarten hat einen Teil seiner wertvollen Sammlung in einem sehr schön aufbereiteten Band: "La Corse, Album d´un Collectionneur" veröffentlicht. Schöne Korsikaerinnnerung bzw. Geschenk.

Maison de la Presse SOBADI, 19, Bd. Paoli. Von korsisch sprachigen Comics, Lehrbüchern für Korsisch, Bildbänden, Geschichtsbüchern etc. bis zur Auswahl deutschsprachiger Zeitschriften.

Kunsthandwerk: CASA DI L´ARTIGIANI, Rue des Terrasses, hinterm alten Hafen. Schöne Souvenirs, Handarbeit, nicht die billige Massenware der Andenkenshops. Siehe Corsicada Kapitel.

Für Weinkenner: Weine vom Faß gibt´s in der Weinhandlung "GRAND VIN CORSE" Schon in der Tür steigt einem der Duft in die Nase. Ein exquisiter Tropfen ist der Muscat für ca. 6 DM der Liter. In der Rue C. Campinchi.

Nette Restaurants um den alten Hafen, A CASA CORSA, ein urgemütliches Lokal, Gewehre an der Wand, ein Riesenweinregal im Raum. Gute Karte, preisgünstiges Plat du jour. LE VIEUX PORT direkt an der Straße, viele Abgase, innen großer, holzvertäfelter Speiseraum. Menü ca. 17 DM.

AU SON DES GUITARES 2, Rue de la marine. Bei Gitarrenmusik werden Holzkohleofengerichte serviert. Am schönsten die Tische auf dem kleinen Balkon.

Den besten Blick auf das Treiben am Hafenbecken, Yachten und Stadtkulisse mit Kirche von der Bar PIGALLE.

LA GRILLADE, Seitenstraße vom Marktplatz, Rue Pino. Gutes reichhaltiges Menü ca. 22 DM.

Kleines Rest. JACK mit einfachem, aber nicht ungemütlichem Speiseraum. Menü 18 DM. In der 18, Rue C. Campinchi.

In der gleichen Straße,Haus Nr. 9: AU CHEVAL BLANC, einfache Auberge, Menü ab 20 DM.

Restaurant GASPARI 15, C. Campinchi. Einfach, nur ein 1/2 Dtzd. Tische, preiswertes Menü ab 18 DM.

LE COUSCOUS, 6 Rue C. Campinchi. Eines der ältesten Restaurants von Bastia - gepflegt, gemütlich. Neben leckeren Couscous eine variationsreiche Karte, gefüllte Muscheln, Fisch, ausgesuchte korsische Weine. Mittleres Preisniveau.

DE LA GARE, Rue G. Péri (seitlich Bahnhof). Klein, aber poppig auffallend gemacht, durch Landschaftstapete Natur im Stadtlokal. Preiswerte Tagesgerichte, Pizzen auch zum Mitnehmen; 15 % Service einkalkulieren.

LE BISTRO DU PORT, Quai des Martyrs de la Libération. Schönes Ambiente, sehr klein, doch immer ziemlicher Betrieb. Gute Küche, gehobenes Preisniveau.

CHEZ ASSUNTA, 4, Place Fontaine Neuve. Stilvolles Restaurant in einer ehemaligen Kapelle. Recht gute Karte, viele korsische Gerichte, à la carte z. B. Cannelloni mit Brocciu, aber teuer.

Fischlokal BELLE EPOQUE, rue Pino (Altstadt). Die Aufmachung versucht Ambiente der Belle Epoque zu vermitteln, überzeugender aber die gute Küche. Delikat zubereitete Miesmuscheln, Fischsalat, opulente Meeresfrüchte-plateaux (kostspielig), Menü ca. 25 DM, teure Getränke.

Verbindungen

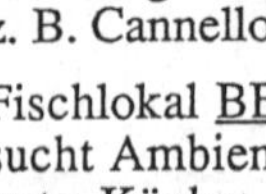

Busse: Abfahrt fast aller Busse von der zentralen Busstation **(Gare Routière) Av. Emil Sari** (seitlich vom Place St. Nicolas) **nach:**

- St. Florent 1-2 x tgl. nur zur Saison.
- Calacuccia (Golotal) 3 x wöchentlich, Okt.-Mai seltener.
- Ostküste bis Solenzara 1 x tgl. außer So. Zur Wintersaison seltener.
- Cervione (Castagniccia) entlang der Ostküste 1 x tgl.

- Folelli, Valle d'Orezza (Castagniccia) 1 x tgl. Außerhalb der Saison seltener.
- Folelli, Piedicroce (Castagniccia) 2 x wöchentlich.

Abfahrt Bd. Paoli/Ecke Rue Miot nach:

- Calvi über Ponte Leccia, Ile Rousse 1 x tgl. außer So. (ganzjährig)

Abfahrt von der Av. Maréchal Sébastiani nach:

- Porto-Vecchio entlang der Ostküstenorte zur Saison 2 x tgl. So nur 1x tgl. Außerhalb der Saison seltener.
- Ajaccio über Corte 2 x tgl. Von Nov.-April nur 1 x tgl.

Abfahrt der Cap Corse Busse vom Place St. Nicolas:

- Cap Corse Rundbus 1 x tgl. zur Saison
- Macinaggio, Rogliano, Centuri, Morosaglia 4 x wöchentlich. Außerhalb der Saison nur 1 x wöchentlich.
- Bis Erbalunga tagsüber alle 1/2 - 1 Std.
- Nonza, Olcani 2 x /Woche.
- Pino, Barrettali 3 x /Woche.
- über Sisco, Sta. Severa nach Rogliano 3 x /Woche.

Zug: Bahnhof am Ende der Rue M. Sébastiani. Gepäckaufbewahrung.

Bastia - Corte - Ajaccio ganzjährig 4 x tgl. So. etwas seltener.
Bastia - Calvi ganzjährig 2 x tgl., umsteigen in Ponte Leccia.

Taxistände am Place St. Nicolas.

Car rent: über die ganze Stadt verteilt.
AVIS, 2, rue Notre-Dame de Lourdes und am Flughafen
EUROPCAR, 30, rue C. Campinchi und am Flughafen
MATTEI, 5-7, rue Chanoine Leschi.

Motorroller, Mopeds und Fahrräder bei LOCACYCLES, 40, Rue César Campinchi. Ohne Führerschein Mopeds bis 50 km/h, 80er mit Klasse 3, Straßen und Geländemotorräder mit Führerschein 1. Vermietung Tage- und Wochenweise. Für die Kaution genug Geld einstecken.

Per Schiff: Einschiffung am Gare Maritime. Hier gibt's eine Gepäckaufbewahrung, Geldwechselmöglichkeit, Duschen und Telefonzellen.
Neben den Ticketbuden am Kai folgende Fährbüros für Vorabinfos:
SNCM Büro gegenüber vom Fährhafen, Ecke Place St. Nicolas, offen von 8 - 11.30/14 - 16.30 Uhr und 2 Std. vor Abfahrt der Fähre.

Corsica ferries, rue Chanoine Leschi, offen von 9 - 12/14.30 - 18 Uhr. Außerhalb dieser Öffnungszeiten auch im Kontrollbüro 30 m nebenan. 1 Std. vor der Abfahrt der Fähre offen.

Nav. Ar. Ma Lines, 4, Rue Com. L. d. Casabianca, seitlich zur Kaistraße.

Details zu den jeweiligen Fähren im Anreiseteil.

Flughafen LA PORETTA: ca. 20 km südlich (N 198) am Etang de Biguglia. Neben Ajaccio wichtiger Flughafen für Charter- und Linienmaschinen. Busverbindung nach Bastia. Taxi und Autovermietung. Details zu Flügen im Anreiseteil. Hier ist auch der AEROCLUB mit seinen Sportmaschinen vertreten.

Flugbüro AIR FRANCE Av. Emil Sari.

** **Hotel des Voyageurs**, 9, Av. M. Sébastiani. Einfaches Stadthotel für Leute, die Lärm nicht stört. 18 Zimmer, Doppel ab 30 DM, Menü ab 18 DM.

* **L'Univers**, 50 Zimmer z. T. recht altmodisch ausgestattet, Duschkabine teilweise im Zimmer. DZ ab 40 DM, ohne Bad billiger. 3, Av. M. Sébastaini.

** **Posta Vecchia**, Quai des Martyrs de la Libération. Ordentliches Hotel nahe dem alten Hafen, etwas von der Hauptstraße zurückgesetzt. 44 Zimmer, überwiegend mit Dusche + Bad. Doppel ca. 60 DM.

*** **Ile de Beauté**, 7, Rue G. Peri. Fünfstöckiger Bau gegenüber vom Bahnhof, mit Swimmingpool und Tennis, 60 Zimmer, Doppel ca. 70 DM

** **Hotel Central**, 3, Rue Miot. Eckgebäude, durchschnittlich ausgestattet, von der Lage her günstig, aber laut. 15 Zimmer. Doppel zwischen 35 DM und 60 DM.

** **Forum** am lauten Bd. Paoli Nr. 20. Unterschiedlich gestaltete Zimmer, älteres Mobiliar, z.T. wieder farbig gestrichen. DZ ab 70 DM.

** **Bonaparte**, 45, Bd. Graziani. Zentral zwischen Hafen und Bahnhof, aber nicht unbedingt ruhig. 24 Zimmer, z.T. freundlich tapeziert, zeitgemäßes Mobiliar. Billigversion ab 50 DM, mit Dusche teurer.

* **Riviera**, 1, Rue du Nouveau Port. 100 m vom Hafen und Place St. Nicolas, hohes älteres Stadthotel, 19 Zimmer, Doppel ab 30 DM; mit Dusche teurer.

HOTELS am Stadtrand:

** **Hotel Poretta**, Rt. de 1 'Aeroport, in Fußgängerreichweite vom Flughafen. 31 ordentliche Zimmer, modern, nüchtern, DZ ca. 90 DM.

Hotelrestaurant **Soleil Levant**, ein ganzes Stück außerhalb (ca. 17 km südlich) in Crocetta Lucciana, Rte de 1 'Aeroport. Fluglärm mit einkalkulieren. Rund 40 Zimmer mit Dusche/Bad, kürzlich renoviert. DZ 45-75 DM auch einige Appartements.

** **L'Alivi**, Rte du Cap ca. 2 1/2 km nördlich von Bastia. Garnihotel, 35 geräumige Zimmer direkt zum Meer raus. DZ ab 85 DM.

** **Au Coin de la Corniche**, ca. 10 km nördlich Bastia Richtung Cap Corse (San Martino di Lota) 15 Zimmerhotel, in sehr schöner Lage, DZ 40-70 DM. und recht gutes Restaurant, hier stimmt das Preis-Leistungsverhältnis. Menü ab 20 DM. Sehr lecker: Ravioli à la maison und Hase in Weißweinsauce, günstige Weine.

*** **Isola**, 13 km südlich am Etang de Biguglia (Borgo) gelegen. 4-stöckiger Hotelblock mit Swimmingpool, 200 m vom Sandstrand. Busverbindung nach Bastia. Freundliche Zimmer mit Teppichböden, hellen Möbeln, sogar ein Frisiertisch. Loggia. Babysitting möglich. 70 Zimmer. HP ab 70 DM.

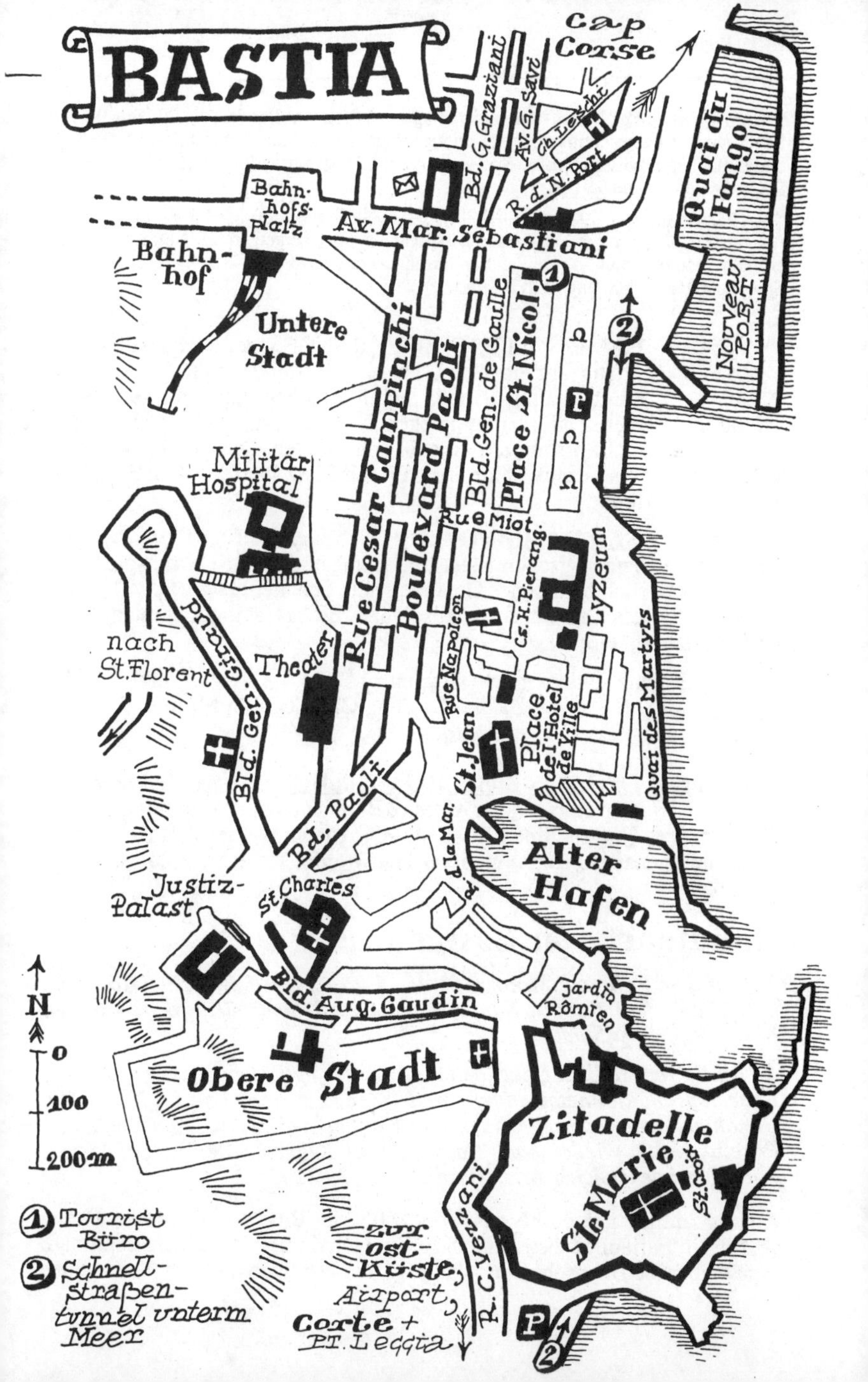
BASTIA
Cap Corse
Bd. G. Graziani
Av. G. Savi
Ch. Leschi
R. d. N. Port
Quai du Fango
Bahnhofs-Platz
Av. Mar. Sebastiani
Bahnhof
Untere Stadt
Rue Cesar Campinchi
Boulevard Paoli
Bld. Gen. de Gaulle
Place St. Nicol.
Nouveau Port
Militär Hospital
Rue Miot
Cs. H. Pierang.
Lyzeum
Rue Napoleon
nach St. Florent
Bld. Gen. Giraud
Theater
St. Jean
Place de l'Hotel de Ville
Quai des Martyrs
Bd. Paoli
R. d. la Mar.
Alter Hafen
Justiz-Palast
St. Charles
Bld. Aug. Gaudin
Jardin Romien
N
0
100
200 m
Obere Stadt
Zitadelle
St. Marie
St. Croix
R. C. Vezzani
① Tourist Büro
② Schnell-straßen-tunnel unterm Meer
zur Ost-Küste, Airport, Corte + PT. Leccia

** La Marana. 570 Betten-Bungalowanlage - südlich von Bastia. Mit Pinienwald und Sandstrand. Saubere Zimmer, kleines oder gar nicht vorhandenes Fenster. Rauhputzwände und einfaches Mobiliar. Großer Speiseraum mit Mittagsbuffet. Tennisplatz, Segelboote. DZ zwischen 70 und 95 DM.

*** Pietracap, gut 2 km nördlich von Bastia in Pietranera. Moderner Flachbau in ruhiger Hanglage, großer Pool, zum Kiesstrand Hauptstraße queren. 21 Zimmer,teilweise einfache Möbel, Balkon, kleiner Sanitärraum, Dz ca. 90 DM, Route de S. Martino. Stündliche Busverbindung nach Bastia.

CAMPING: LES SABLES ROUGES, der nächste Platz bei Bastia am Plage de L´arinella. Treffender wäre der Name "zum grauen Sand". Supereinfacher Platz mit schlechten sanitären Anlagen. Dafür ruhig gelegen am Sandstrand. 12 Bungalows zu mieten: innen sehr primitiv, 2 französische Betten, Dusche, keine Kochgelegenheit. Die Beschwerden über diesen Platz häufen sich, besser ein Stück weiter zum:

*** Camping SAN DAMIANO auf der Nehrung des Etang von Biguglia. Sehr großer Platz zwischen Meer und Etangstraße, ein Katzensprung ins Wasser. Natürlich belassenes Gelände, viele Schattenplätze, Schotterwege strukturieren das Terrain, Stromanschlüße, Einkaufsmöglichkeiten, Minigolf, Restaurant etc.

Nächstgelegene Plätze nach Norden: ** CASANOVA und ** LES ORANGERS, 6 km von Bastia Richtung Cap Corse in Miomo, sehr gute Busverbindung. Details siehe Miomo.

ORGANISIERTE BUSAUSFLÜGE: Eintagesfahrten zum Cap Corse, nach Ajaccio, Bonifacio oder Porto mit dem Unternehmen "Kallistour". Auskunft über Abfahrtszeiten, Preise und genaues Programm beim Tourist info, Place St. Nicolas.

Rundfahrt von Bastia aus:

Ob mit dem Fahrrad, Motorrad oder Auto, es lohnt sich ein Trip in die Umgebung von Bastia. Sandstrände und Sehenswürdigkeiten bieten Abwechslung zur Stadt

Ab Bastia zum südlich gelegenen Etang de Biguglia - eine riesige Lagune, Badestop am kilometerlangen Sandstrand, zur romanischen Kirche La Canonica, dem Prototyp pisanischer Kirchen auf Korsika, am Flughafen Poretta vorbei wieder nach Bastia zurück. Ohne Abstecher ca. 45 km. Mietfahrzeuge jeglicher Art in Bastia.

Anfangs einige km durch das Vorstadtviertel Bastias. Nach dem Kreisverkehr in Furiani nächste Ampel links (nach der BP Tankstelle), schmale Straße über die Bahnschienen (Camping San Damiano ausgeschildert), man quert kaum merklich den schmalen Etangzufluß. Von der Landzunge gleichzeitig das Meer und der Etang zu sehen.

Gute BADEMÖGLICHKEITEN und bequeme Surfeinstiege. Die Nehrung z.T. noch relativ urwüchsig mit holprigen Pisten zu abgelegenen Stellen am Meer. Feriensiedlungen in Borgo, moderner Sommerort mit einigen Geschäften, Bungalows, Camps etc.

ETANG DE BIGUGLIA - 1.700 ha, kein Badesee, aber sehr gut zur Fischzucht geeignet. Im Herbst/Winter ein Vogelparadies und Zwischenstop der Zugvögel auf dem Weg nach Süden. Zur Römerzeit war er noch mit dem Meer verbunden und guter Kriegshafen. Die Straße führt anschließend durch flaches Gebiet ohne Sichtkontakt zum Etang.

Im Golomündungsbereich die Kirche STA. MARIA ASSUNTA - meist LA CANONICA genannt. Bestes Beispiel frühpisanischer Romanik auf Korsika.

1119 vom Erzbischof von Pisa geweiht, im 16. Jhd. teilweise zerstört; später restauriert. Eine schlichte, wegen ihrer ausgewogenen Proportionen bekannte Kirche. Basilikagrundriß, dreischiffig mit Apsis und schießschartengroßen Fenstern. Als Baumaterial diente verschieden beige - farbiger Stein von den Steinbrüchen bei Sisco und Brando (Cap Corse). Zur Auflockerung von schmaleren, etwas dunkleren Steinbändern durchzogen. An der Westfassade skulptierter Türsturz mit netten reliefierten Tierszenen: Greif, Hund der hinter einem Hasen herjagt, Wolf, Lamm mit Kreuz und Löwe.

Der Glockenturm ursprünglich am Ende der Südseite; der übermannshohe Stumpf versteckt sich jetzt fast unter der Baumkrone. An der südlichen Kirchenwand geometrische Reliefs. Als Gerüstaufnahme sollen die regelmäßigen Löcher in der Wand gedient haben, heute beliebte Nistplätze.

Wallfahrt jedes Jahr am Pfingstmontag. Vis à vis stand ursprünglich ein Bischofspalast, dessen Gebäude sich bis zum Baptisterium erstreckten - guterhaltene Reste (überdacht) mit Mosaiken, Säulen und Teil des Taufbeckens zu sehen.

Ruinen einer frühchristlichen Basilika (4. Jhd.) direkt vor der Kirchen-Südseite, Grundmauern und Mosaikreste, ebenso Spuren römischer Thermen und Ziegelhausfundamente.

Heute steht "La Canonica" etwas unmotiviert zwischen Feldern und ist der Autostraße sichtlich im Wege. Zur Römerzeit war hier die bedeutende Stadt Mariana, um 100 v. Chr. von Veteranen des Marius gegründet - mit Forum, Tempel etc. Später rollte die Vandalenwelle auch über Mariana hinweg; Piratenraubzüge und Malaria spielten der Stadt übel mit. Unter den Pisanern wurde Mariana zur Jahrtausendwende Bischofssitz.

300 m weiter (links der Straße) mitten in der Einflugschneise die kleine pisanische Kapelle SAN PARTEO, schlicht mit schöner Apsis - älter als La Canonica. Zwei Löwenskulpturen am Portal der Südseite; die Kapelle wurde - nicht sehr gelungen - wieder restauriert.

Direkt am Flughafen Poretta erinnert eine Gedenktafel (gegenüber dem Abfertigungsgebäude) an den letzten Flug des Schriftstellerpiloten Antoine de Saint Exupéry, der von hier am 31. Juli 1944 startete und nie wieder zurückkehrte.

RÜCKFAHRT: auf der N 193; links am Hang das Dorf **BORGO** (auf 320 m Höhe) mit Panorama über die Ebene, Etang und Meer. Hier errang Pascal Paoli 1768 seinen letzten berühmten Sieg über die Franzosen. Erinnerungstafel an der Kirche (siehe auch Geschichte).

Nach weiteren 8 km zweigt von der N 193 die Straße nach **BIGUGLIA** ab - angesichts der Kleinstadt kaum zu glauben, daß sie mal Korsikas Hauptstadt war. Die Pisaner machten Biguglia zum neuen Zentrum, nachdem Mariana unten in der Ebene durch Malaria unbewohnbar geworden war.

Korsika in Miniatur. Steile Felsküste, kleine Buchten mit Kiesstränden, Segelboote, Gebirge bis 1.300 m, Obstbäume und natürlich Wein.

Herrliche Farbkontraste - zum tiefblauen Meer der grünliche Schiefer, mit dem z.T. heute noch die Dächer gedeckt sind.

Dörfer mit winzigen Fischerhäfen, wo die Netze in der prallen Sonne zum Trocknen hängen; Gebirgsnester wie Adlerhorste, Felslandschaft mit Rivieracharakter. Quertäler mit Klosterruinen und mittelalterlichen Festungen.

Die KÜSTENPANORAMASTRASSE schlängelt sich z.T. hoch über'm Meer um's Cap herum. Es ist zwar nur 40 km lang und 10-15 km breit, doch die vielen Buchten machen die Fahrt lang und anstrengend. An einem Tag das Cap zu umrunden kann ganz schön stressig werden. Ca. 130 km Kurve an Kurve (Inklusive sämtlicher Abstecher ca. 180 km). Lieber 2 Tage veranschlagen und öfter mal eine Pause einlegen.

Die Dichte des Hotel/Campingnetzes läßt nördlich von Sisco (Ostseite) ziemlich nach. Zur Vor-/Nachsaison sind viele der Hotels/Camps dicht. Details zu Unterkünften, Restaurants etc. siehe Text.

Wenig Tankstellen; Motorrad-, insbesondere Endurofahrer mit Minitank - rechtzeitig nachfüllen.

Eine schöne Sache ist eine Cap Corse Umrundung per **Fahrrad**. Die Pässe halten sich - im Vergleich zur übrigen Insel in Grenzen, trotzdem ständig bergauf und bergab, bes. an der Westseite - Wasser gibt's ausreichend in den Dörfern. Auch von der Abwechslung her durch die Kleinräumigkeit keine langen "Durststrecken"; alle 10-12 km eine Ortschaft, Strand etc. 2-3 Tage einplanen, um Zeit für gemütliche Badestops zu haben. Fahrradvermietung in Bastia s. dort.

Wer ohne eigenes Transportmittel unterwegs ist, kann auf den Cap Corse Bus zurückgreifen (zur Saison 1 x tgl. ab Bastia, braucht einen ganzen Tag einmal rum), viel reizvoller, weil flexibler und individueller per Mietauto oder -moped. Die Mehrinvestition lohnt angesichts der viel freieren Gestaltungsmöglichkeit.

Auto/Mopedvermietung in Bastia, s. dort. Es besteht die Möglichkeit das Fahrzeug in Bastia zu mieten und in St. Florent abzugeben bzw. umgekehrt (z.B. bei Locacycles/Bastia Vermietung).

In welcher Richtung man die Cap Corse Tour plant, bleibt Gegenstand heißer Diskussionen. Für einen Start in Bastia spricht die landschaftliche Steigerung von der zahmeren Ostseite über den einsamen Nordzipfel bis zum wildesten Küstenabschnitt bei Nonza an der Westküste. Wer sicherheitshalber lieber an der Bergseite fährt oder einen schwindelanfälligen Beifahrer hat, startet eventuell besser bei St. Florent.

Die Küstenstraße D 80 besteht erst seit Anfang dieses Jahrhunderts. Auf der Ostseite relativ nah am Meer, akzeptabler Zustand; an der Westküste weit oberhalb am Hang, holprig; schwer zu entscheiden, welche Partie weniger kurvig ist.

Verbindungen

Busse: Verbindungen ab Bastia Place St. Nicolas bzw. Busbahnhof:

- Cap Corse Rundbus 1 x tgl. zur Saison.
- entlang der Ostküste über Macinaggio, Rogliano, Centuri, Morsiglia 4 x / Woche zur Saison; außerhalb der Saison nur 1x/Woche.
- über Sisco, Sta. Severa nach Rogliano 3x/Woche.
- über Pino an der Westküste nach Barrettali 3x/Woche.
- über Nonza nach Olcani 2x/Woche.
- Miomo, Erbalunga tagsüber stündlich bis halbstündlich.

Verfallene Cap-Romantik:

Gerade am Cap Corse fallen die vielen verlassenen Häuser und Dörfer im Inland auf, verwilderte Oliven/Wein- und Zitrusplantagen. Die ursprünglichen Orte lagen nicht an der Küste, sondern in besser verteidigbarer Hanglage landeinwärts.

Im Mittelalter waren die Cap - Herren treue Vasallen Genuas; das bescherte dem Landstrich einen erheblichen Wohlstand; der Handel mit Genua, Pisa und anderen Mittelmeergebieten florierte; verschiedene Bodenschätze wurden abgebaut. z.B. Antimon bei Luri, Meria und Ersa (das Metall Antimon wird für Legierungen benötigt und als Härter weicher Metalle) sowie Kupfer. In Sisco arbeitete ein bedeutendes Hüttenwerk mit Erzen von der Insel Elba.

Über die jeweiligen Marinas - kleine Häfen zu den Bergorten - wurden Fische, Wein, Holz, Öl exportiert und Tuche, Rohstoffe und Getreide eingeführt. Ruinen von Windmühlen (Getreidemühlen) noch an der Nordspitze zu sehen. Schöne Beispiele dieser typischen Cap Corse Struktur: Sisco und Marine de Sisco, Meria und Marine de Meria, Farinole und Marine de Farinole.

Die vielen z.T. gut erhaltenen und bequem zugänglichen Genuesentürme am Cap Corse illustrieren die guten Beziehungen zwischen Genua und den Cap Corsins. Zum Schutz der wohlhabenden Capdörfer - bevorzugtes Terrorobjekt der Piraten, stellte Genua im 14./15. Jhd. ca. 2 Dutzend dieser runden Wachtürme auf (Details zu den Wachtürmen siehe im eigenen Kapitel).

Wirtschaftlich ging es seit dem Anschluß Korsikas an Frankreich mit dem Cap Corse ziemlich bergab. Der Abbau von Bodenschätzen wurde wegen Unrentabilität eingestellt; als letztes wurde 1965 das Asbestbergwerk bei Canari (Westküste) stillgelegt.

Der generelle Rückgang der Weinproduktion auf Korsika betrifft das Cap Corse weniger: ausgezeichnete AOC Weine werden nach wie vor in traditioneller "Handarbeit" produziert (Weingüter z.B. Clos Nicrosi, Clos de Gioielli nahe Macinaggio). Weitere flüssige Cap-Spezialitäten wie der Aperitif Cap Corse und der edle Dessertwein Muscat und Le Rappu (siehe auch Wein). Aus den Zitronatzitronen wird der etwas klebrige Cedratine Likör, eine Marmelade und das bekannte Backzitronat hergestellt.

Ab **BASTIA** zieht sich ein einziges Siedlungsband 6 km lang bis Miomo, z.T. hübsche Häuser dicht gedrängt am Hang. Die schönen kleinen Felsbuchten unterhalb kaum zugänglich.

Empfehlenswerte Alternative zur verbauten Küstenstraße D 80 ab Bastia die "CORNICHE DU CAP CORSE" D 31 über San Martino di Lota. Zeitaufwendiger, aber landschaftlich interessanter - auf halber Höhe am Hang mit schönen Ausblicken übers Meer. Von Bastia ein kurzes Stück Richtung St. Florent den Berg hoch, nach wenigen Kilometern rechts ab nach Cardo. Bei Miomo trifft man wieder auf die Küstenstrecke; insgesamt ca. 20 km. Auch als kurze Rundfahrt statt Warten auf die Fähre zu empfehlen.

★ Miomo

Straßendorf mit ausgezeichnet erhaltenem/restauriertem Genuesenturm. Durch die Nähe zu Bastia (6 km) interessanter Übernachtungsstützpunkt kombiniert mit Bademöglichkeiten am Kiesstrand (200 m lang, recht grober Kies). Stündliche bis halbstündliche Busverbindung.

Hotel Méditerranée: altertümlicher Bau an der Durchgangsstraße, Zimmer nach hinten raus ruhiger; kalt wirkender Speiseraum. 18 Zi., DZ ca. 40 DM.

*** Hotel Les Sablettes rechts der Straße mit Frühstücksterrasse zum Meer. 48 Zi. teilweise mit Balkon; einfach ausgestattet, aber o.k. Einige Leser beschweren sich über starke Lärmbelästigung. Aufenthaltsraum mit bequemen Clubsesseln. Motel vis à vis, links der Straße. Moderner Bau mit großer Garage und zeitgemäß eingerichteten Zimmern zur Straße raus. HP um die 80 DM.

** CAMPING CASANOVA, einfacher Platz neben der Straße. Einige schattenspendende Bäume; der Wiesenboden wird im Sommer sehr staubig. Zum Kiesstrand die Straße queren; einfache Sanitäranlagen, sonnenwarmes Wasser. Stromanschluß.
Restaurant CASANOVA vis à vis am Strand mit schöner Terrasse.

** CAMPING LES ORANGERS direkt nebenan; recht schattig; mit Restaurant/Pizzeria, einige Meter zum Meer.

2 km weiter das kleine Dorf **LAVASINA** mit akzeptablem Kiesstrand (Grobkies neben der Straße). Das Minilourdes Korsikas zieht jedes Jahr am 8. September Scharen von Gläubigen an. Im Innern der Kirche NOTRE DAME DES GRÂCES (17. Jhd.). Über dem Marmoraltar die angeblich wundertätige Madonna von Lavasina. Das Gemälde wird der Schule Perugino (16. Jhd.) zugeschrieben. Häßlicher Betonkirchturm mit Madonnenstatue.

Ab hier Möglichkeit den höchsten Gipfel des Cap Corse, den Monte Stello (1.307 m) zu besteigen. Eduard Gugemberger schrieb uns:

Auf den MONTE STELLO führen mehrere, nur schlecht gekennzeichnete Pfade (der Überstieg von Silgaggia nach Nonza ist in Schymik "Bergwelt Korsikas" beschrieben). Als günstigster Aufstieg (insgesamt über 3 Stunden) erschien uns der über den Eselspfad von Pozzo nach Olcani, von dem man am Bocca di Santa Maria, dem höchsten Punkt des Pfades nach Norden abzweigt und dem Grat bis zum Gipfel folgt. Dem Klima entsprechend sollte man den Aufstieg spätestens um 6 Uhr morgens beginnen.

★ Erbalunga

Friedlicher, kleiner Fischerort, 12 km von Bastia. Der eigentliche, malerische Ort liegt unterhalb der Straße. Hier hat sich die Ursprünglichkeit noch bewahrt; keine Hotelkästen. Direkt hinter dem Ort steigen die Berge bis 1.300 m an.

Die schönste Stelle am Hafen auf der Mole. Protzende Segeljachten haben hier keinen Platz. Am Ende der Mole sitzt man dem Genuesenturm gegenüber. Am Horizont der Hafen von Bastia. Bequemer, großer Parkplatz hinter der Gendarmerie.

Erbalunga ist für seine Cerca (Suche) - Prozession am Karfreitag bekannt, die einen 7 km langen Weg zu allen Kapellen und Kirchen der Gemeinde zieht. Abends formieren sich die Gläubigen in der berühmten Granitola

(Schnecke). z.B. geht's zur kleinen romanischen Kapelle von 1098 mit Steinplattendach (Teghie) 3 km außerhalb an der D 54 und Benediktinerinnenkloster am Hang.

Die Vorfahren des französischen Dichters Paul Valéry (1871-1945) stammten aus Erbalunga.

RESTAURANT:

LE PIRATE, sehr gemütlicher kleiner Raum, direkt am Wasser mit Blick auf Mole und Hafen. Bekannt für seine Fischspezialitäten. Menü 20 DM.

Pizzeria CHEZ ANTOINE, am Platz, rustikal eingerichtet. Gartenstühle im Freien unter der Platane.

Landschaftlich wird es ab Erbalunga allmählich wilder, die Besiedlung läßt nach; macchiaüberzogene Hänge, steil abfallende Felsküste nur vereinzelte Parkausbuchtungen.

★Sisco

Gutes Beispiel für die typische Cap Corse Besiedlung. Das eigentliche Dorf mit mehreren Weilern liegt oben in Terrassen am Hang (7 km Stichstraße); unten am Meer die Marina, eine kleine Ansiedlung mit 2 Kiesbuchten (jede etwa 100 m lang, grober Kies) kein pico-bello Ambiente. Post, Restaurant und Hotel direkt in der Kurve. Surfboardverleih am Strand, bequemer Einstieg für Leute mit eigenem Board.

CAMPING LA CASAIOLA, großer Platz 180 m abseits der Straße, deswegen ruhig. Sprießendes Grün überwuchert inzwischen wieder die Waldbrandschäden von 1985. Bar, Pizzeria direkt am Strand. M. Guelfi erzählte uns stolz, daß er den ersten Campingplatz der Insel hatte. Bungalows und Studios am Strand. Zur Hauptsaison rechtzeitig vorbestellen.

In der Nähe: CAMPING RENAJO, ruhig abseits der Küstenstraße, 200 m zum Strand. Z.T. Schatten. Wiesenboden, der im Sommer recht staubig werden kann. Stromanschlüsse über den Platz verteilt. Einkaufsmöglichkeit.

Bei der Weiterfahrt hoch oben in exponierter Lage die Ruinen des Turms von Aquila.

MARINE DE PIETRACORBARA - natürlich belassene, weit geschwungene Badebucht. Gut 400 m lang und 20 m breit; "natürlich" auch in bezug auf Strandgut, Plastik etc. Anschließender Schilfgürtel bietet Sichtschutz zur Straße. Für's Cap Corse relativ geschützte Surfbucht, bequemer Einstieg. Hotel und einfacher Campingplatz neben der Straße; einige Häuser gruppieren sich um die Flußmündung des Pietracorbara. Der alte gleichnamige Ort ca. 5 km im Inland.

Auf halber Strecke zwischen Pietracorbara und Santa Severa direkt links neben der Straße der komplett erhaltene Genuesenturm von Losse (Details siehe eigenes Kapitel genuesische Wachtürme).

MARINE DE PORTICCIOLO, pittoreskes Fischernest; dicht zusammengedrängte Häuser, schmale Gasse zur wenig Schutz bietenden Mole. Zum Baden schaut's schlecht aus; besser ca. 1 km weiter in der Nachbarbucht mit gräulich-schmalem Kiesstrand.

Sehr schön gelegenes *** Hotel Le Carabou am Hang in Grün versteckt, aber der Straßenlärm dringt durch. Zum Meer die Küstenstraße queren. Tennisplätze, kleine geschützte Marina.

★Santa Severa

Liegt an der breiten Taleinmündung. Kreuzungsort mit Tankstelle und relativ geschützter Hafenbucht. Kiesstrand neben der Straße. Campingplatz auf ebenem Gelände: z.T. Wiesenboden und Schattenstellplätze: zum Meer 200 m.

Hier zweigt die Querverbindung über Luri an die Westseite des Caps nach Pino ab D 180 (16 km). Anfänglich durch fruchtbare Ebene, dann kurvig zum Col de St. Lucie (407 m). Kurzabstecher zum Turm des Seneca (Details siehe Pino).

★Marine de Meria

gleicher Aufbau wie viele der Cap Dörfer. Marina mit Kiesstrand, Bootsanlegemöglichkeit, eine Handvoll Häuser und Village de Meria einige Kilometer im Inland.

Hier weitere Möglichkeit "abzukürzen" und quer übers Cap nach Pruno an die Westküste zu fahren (13 km) D 35.

Kurz vor Macinaggio zweigt ein Sträßchen nach Tomino ab - das Dorf klebt mit schönem Panorama auf einem Felssporn. Genuesenturm und Barockkapelle zeugen von der früheren Bedeutung - heute Weinanbaugebiet.

✶Macinaggio

Zur Saison ein lebhaftes Örtchen vor einmalig schöner Bergkulisse mit dem bestgeschützten Hafen am Cap Corse. Das Dorf ist ganz auf Segler eingestellt; die wichtigsten Geschäfte, Post, Autovermietung am Hafen, Restaurants, sehr schöne Terrassencafés direkt am großen, modernen Jachthafen; im Sommer ziemlicher Betrieb.

2 mal erwachte Macinaggio im Laufe der Geschichte aus seiner Provinzialität: der ideale natürliche Hafen wurde 1757 von Pascal Paoli belagert, aber erst 4 Jahre später unterworfen; anschließend zur Flottenbasis ausgebaut. Von Macinaggio aus startete er seinen Angriff auf die genuesisch beherrschte Insel Capraja auf halbem Weg nach Italien - und brachte durch seinen dortigen Sieg auch die Genuesen zu Fall. Paoli landete fast 30 Jahre später, am 14. Juli 1790, bei seiner Rückkehr aus dem Londoner Exil in Macinaggio, wurde begeistert begrüßt und nach Bastia geleitet.

Eine Gedenktafel an der Kaistraße erinnert an den hohen Besuch der Kaiserin Eugénie, (Gemahlin Napoleon III.), die im Dezember 1869 auf der Rückreise von der Einweihung des Suezkanals in Ägypten hier Zwischenstop einlegte. Die Kaiserin soll sich per pedes hinauf nach Rogliano zur Kirche begeben haben, anschließend als Gastgeschenk den Bau einer Straße dorthin finanziert haben. Nach ihr wurde die Straße "Chemin de l'impératrice" getauft.

RESTAURANTS

Restaurant MARINA, hell und freundlich mit Meerblick; viel Fisch, auch korsische Gerichte und Pizzen; gehobene Preise bis teuer, am Ortsanfang. -Bar, Glacier U SCALU an der Kaistraße, viele Eisbecher zum Durchprobieren.

Hotel Des Iles an der Durchgangsstraße. 14 Zimmer z.T. mit Blick übers Meer. DZ ca. 40 DM.

Ab MACINAGGIO verläßt die Straße die Küste und schlängelt sich übers Ge birge zur Westseite. Von der Straße prima Fotoblick auf **ROGLIANO**, ein Terrassenort in phantastischer Lage am Hang des Monte Poggio. Der Stammort zur Marina de Macinaggio. Die verschiedenen Weiler kleben in 250 m Höhe inmitten von Macchia, Oliven, Eichen und Kastanien. Schon zur Römerzeit lag hier der besiedelte Fleck Aurelianus.

Es lohnt unbedingt den Schlenker (D 53) durch den Ort zu fahren, mit Superblick über die hügelige Landschaft und das Meer wieder zur D 80. Hinweisschild auf einer kleinen Säule "Chemin Impératrice" an der Kreuzung erinnert an den Besuch der Kaiserin.

Daß Rogliano im Mittelalter größere Bedeutung hatte, verraten die Kirchen, Burg und die ungewöhnlich vielen Türme. Im 17. Jhd. zählte die Stadt über 4.000 Einwohner (heute ca. 500 E.).

In Rogliano residierte das genuafreundliche Adelsgeschlecht "Da Mare", das den Norden des Cap Corse beherrschte; von ihnen stammt die Burgruine ST. COLOMBANO (vermutlich 12. Jhd.) auf dem Sporn. 1553 wechselte Giacomo da Mare ins andere Lager zu Sampiero Corso über, die Genuesen rächten sich durch Zerstörung seiner Burg.

Kirche ST. AGNEL (16. Jhd.) Fassade aus dem 18. Jhd. Hauptaltar aus Carrara-Marmor; die Chorgitter spendete Kaiserin Eugenie. - Kloster ST. FRANÇOIS mit Zinnenturm, verfallene Klosterkirche.

Die Straße windet sich am Hang entlang durch Macchia mit älteren Brandschäden z.T. sehr schöne hohe Erdbeerbäume direkt an der Route. Top Aussicht über das Nordcap Korsikas. Die vorgelagerte Ile de la Giraglia aus grünem Serpentinstein mit Leuchtturm im Blick.

Im Weiler Ersa Möglichkeit einer RUNDFAHRT (18 km) an die Nordspitze des Cap Corse. Schlechte, schmale Holperstraße durch die Macchia zum Minifischerdorf Barcaggio an einer schönen Bucht. Über Tollare, kleines Nest mit Kiesstrand wieder zur Hauptcapstraße.

Kurz nach dem Weiler Ersa die MOULIN MATTEI, eine ehemalige Windmühle von der Aperitiffirma Mattei restauriert. Nur 10 Min Fußweg zur kleinen Windmühle auf dem Col de la Serra (396 m). Überraschend der Rundblick über die ganze Nordspitze des Cap Corse. Rechts der Leuchtturm der Ile de la Giraglia, bei gutem Wetter Elba und Capraia zu sehen, links im Tal Centuri Port. Einige km nach der Mühle rechts runter (5 km) nach:

★ Centuri Port

Vielleicht das schönste Fischerdorf am Cap. Um den großen, geschützten Hafen reihen sich Häuser mit auffallend grünlichen Dächern aus Serpentin, ein Stein der Gegend. In den Vorgärten mannshohe Casiers (Reusen), die besonders hier zum Fischen verwendet werden.

CASIERS werden aus Myrthenästen geflochten und sind mehrere Jahre zu benutzen. Ein alter Fischer mit Rauschebart erzählte uns, daß man nachts bei Vollmond die Äste schneiden muß, damit sie dann auch 10 Jahre halten. Die Reusen werden im Meer ausgelegt; von Zeit zu Zeit fahren die Fischer aus und entleeren sie.

Die kleine Insel vor dem Hafen wird im Sommer gern von Tauchern untersucht. Man findet noch Reste der Kapelle STE. MARIE-MADELAINE darauf.

Laut Plinius war Centuri schon eine römische Siedlung. Pascal Paoli baute den kleinen Hafen, den die Genuesen schon benutzten, als "Kriegshafen" aus - der einzige geschützte Hafen der Westküste des Cap Corse.

* **Hotel Vieux Moulin**: renommiertes Hotel im Ort. Großzügige Terrasse mit Blick über Hafen und Dorf. Große Gewehrsammlung in der Rezeption. Gutes Fischrestaurant.

14 Zi. ab ca. 35 DM; mit Dusche teurer.

Restaurant, Pizzeria A CANTINA: überm Hafen. Für uns der schönste Platz im Ort. Für die großen Portionen und Qualität günstige Preise.

CAMPING L'ISOLUTTO: schon von Centuri aus ist der große Platz zu sehen, 150 m zum Meer. Viele Bäume, ruhige Lage, Lebensmittelladen, Bootsanlegestellen. Taucher können hier die Flaschen wieder auffüllen lassen. Zufahrt von der D 35 ausgeschildert, 5 km.

Die Capstraße verläuft weit oberhalb vom Meer, vorbei an Morsiglia mit seinen interessanten Wehrturmhäusern; anfangs durch dichte, baumhohe Macchia, nach weiteren 10 km:

★ Pino

Große Eukalyptusbäume kündigen den Ort an. Die Häuser verstecken sich in der üppigen Vegetation vom Meer aus den steilen Hang hinauf. In den Gärten die Familienmausoleen - kleine Häuschen mit interessanten Kuppeldächern. Etwas talwärts die abgeblätterte pinkfarbene Barockkirche STE. MARIE mit Friedhof. Einen Dorfplatz als allgemeinen Treffpunkt gibt es nicht, das Leben spielt sich auf der Straße ab. Tankstelle.

Hotel Al Lard: kleines Hotel oberhalb der Hauptstraße. 12 Zi. einige mit Blick auf Pino und Meer. DZ ca. 40 DM.

Lohnender **ABSTECHER** im Ort zum Seneca Turm auf dem Col de Ste. Lucie mit phantastischem Panorama. Nur 5 km von Pino auf der D 180 in Richtung Luri. Weiterfahrt zur Ostküste nach Santa Severa möglich.

TURM DES SENECA: Ruinen eines runden Genuesenturms, darunter noch gut die eckigen Fundamente des alten Senecaturms zu erkennen. Von dieser 564 m Anhöhe erscheint das Cap wie ein riesiges Bergmassiv. Links und rechts das Meer. Die geschlängelte Straße kann man bis Luri verfolgen. Ob der Philosoph Seneca wirklich einmal hier oben verbannt war, wie eine Legende erzählt, bleibt umstritten.

Lucius Annaeus Seneca, philosophischer Schriftsteller und Dichter wurde um 4 vor Chr. in Cordoba (Spanien) geboren, starb 65 nach Chr. in Rom. Seneca machte in Rom als Advokat, Quästor und Senator Karriere, bis er mit 45 Jahren von Kaiser Claudius nach Korsika verbannt wurde; angeblich hatte er Claudius' Nichte verführt.

8 Jahre später wurde er rehabilitiert, nach Rom zurückgerufen und als Erzieher von Prinz Nero engagiert. Seneca wurde mit 69 Jahren zum Selbstmord gezwungen, da ihm fälschlicherweise Teilnahme an der pisanischen Verschwörung vorgeworfen worden war. Seneca war neben Cicero der bedeutendste römische Prosaiker.

Turmzufahrt: auf der D 180 Pino-Santa Severa, 5 km nach Pino Abzweigung rechts, nach einer hellen Kirche. MUSÉE SENEQUE ausgeschildert. Auffahrt bis zum Museum recht schmal, dann ca. 15 Min. zu Fuß. Das kleine Museum zeigt archäologische Funde aus der Gegend. (Sonntags und über Mittag geschlossen).

★Luri

Ein 600 Seelenort im Inland in sanfterer Gegend. Kirche ST. PIERRE aus dem 17. Jhd. Noch zu Anfang dieses Jahrhunderts war Luri ein wichtigeres Zentrum mit 2.000 Einwohner.

Von Pino bis Nonza 25 km das wildeste Stück auf der Westseite des Cap. 100 m über'm Meer klebt die Straße im Fels. Glasklares Wasser, zerfranste, bizarre Felsküste; der kleine Weiler Minervio kauert am Hang, verwilderte Terrassenkulturen bis zum Meer. Bademöglichkeit bei der wenig schönen Siedlung **MARINA DI GIOTTANI** mit kleiner relativ geschützter Bucht, grober Kiesstrand taucherbrillenklares Wasser.

Bekannter Genuesenturm am breiten Kiesstrand der **MARINA D'ALBO**, eine kleine Fischersiedlung zu den hübsch gelegenen Inlandsdörfern Ogliastro und Olcani.

Weiterhin sehr reizvolle Panoramastrecke vorbei am 1965 stillgelegten Asbeststeinbruch nach:

★Nonza (200 E.)

Der schönste Ort an der Westseite thront malerisch auf dem schroffen Fels, der 200 m steil aus dem Meer aufsteigt. Die Häuser kleben förmlich am Steilabsturz der Felswand, unten der riesige dunkelgraue Kiesstrand. Das Leben des Dorfes spielt sich auf dem schattigen Platz zwischen den Stufen zur Kirche, dem Brunnen und der Terrasse der immer überfüllten Bar ab. Restaurant vis à vis.

Die mit Serpentinstein gedeckte Kirche STE. JULIE (16. Jhd.) ist der Märtyrerin Julia geweiht, die um 300 nach Chr. in Carthago unter Diokletian ermordet wurde; die Legende machte eine korsische Julia aus ihr, die hier in Nonza gekreuzigt worden sein soll.

Am Ort der Marterung, bei der ihr beide Brüste abgeschlagen wurden, sei eine wundertätige Quelle entsprungen. Julienprozession am 22. Mai. Im Kircheninnern polychromer Marmoraltar von 1693; Gemälde der gekreuzigten Julia aus dem 18. Jhd. In einem silbernen Reliquiar werden Reliquien der Hl. Julie aufbewahrt und am 22. Mai ausgestellt.

Der eindrucksvolle Wachturm überragt das Dorf - ein beliebtes Fotomotiv - der eckige Turm aus grünlichem Serpentin geriet im 18. Jhd. in die Schlagzeilen:

> Als die Franzosen 1768 nach Nonza kamen, vermuteten sie 200 Anhänger des Korsenführers Paoli vorzufinden. Sie forderten sie zur Übergabe auf. Eine Stimme aus dem Wachturm erklärte, die Besatzung werde sich nicht ergeben, es sei denn, sie dürfe in Ehren abziehen. Das wurde zugestanden, daraufhin kam ein bewaffneter Mann aus dem Turm: Ghiacopu Casella. Die Franzosen ließen ihn mit allen Ehren zum Hauptquartier Paolis geleiten - damals wurde noch anders Krieg geführt!

Kleines Museum mit Landkarten und Texten zur Geschichte des Turms.

Der 1.000 m lange Strand mit Kieseln aus asbesthaltigem Schiefer entstand seit Anfang der 30-er Jahre durch Ablagerungen des Asbestwerkes, die vom Meer angeschwemmt wurden. Schmaler Treppenweg gegenüber des Lebensmittelladens, ca. 15 Min zu Fuß runter zum gut 100 m breiten Strand. Vorbei an Terrassen verwilderter Plantagen. Trinkwasser am Julienbrunnen (siehe oben) ca. 50 m unterhalb der Straße.

Wer sich lieber auf den Felsen sonnt, findet weiter links gute Möglichkeiten. FKK unerwünscht! Vom Wasser herrlicher Blick auf Nonza. Ärgerlich ist es, wenn die Touristen ihren Müll unten liegen lassen. Strandmüllabfuhr gibt es nicht!

Ab Nonza wirds landschaftlich sanfter; der Golf von St. Florent und die Hügelkette des Desert des Agriates im Blick.

MARINE DE FARINOLE, Genuesenturm neben dem recht schönen Sandstrand, etwas weiter:

** CAMPING "A STELLA" zwischen Straße und Meer. Terrassenareal z.T. auch schräge Partien mit Blick auf den Genuesenturm. Schatten-und Sonnenplätze, die gefragtesten ganz vorne am Meer. Teils Wiese, teils Staub/Sandboden. Warme Duschen im Preis inbegriffen. Snackbar.

Kurz danach die ersten Weinfelder des bekannnten Patrimonio Anbaugebiets.

✶Patrimonio (450 E.)

Ein kleines Dorf mit großem Namen. Patrimonio (kors. Patrimoniu) ist auf dem Festland ein Begriff für korsischen Wein - Rot, Rosé, Muscat. Hier wird stark für den Export gearbeitet. Überall laden Schilder zum Probieren ein: es geht schon ziemlich professionell zu. Wir fanden die Korsen hier sehr geschäftstüchtig. Ihre Freundlichkeit ließ merklich nach, als wir nicht noch Honig und Käse kaufen wollten.

Die MENHIRSTATUE von Patrimonio - U NATIVU (von der D 81 beschildert). Auf dem Weg zur auffälligen Kirche ST. MARTIN aus dem 16. Jhd. eine unbewaffnete Menhirstatue mit angedeuteten Schultern und Ohren aus Kalkstein; ähnlich wie die von Pieve (siehe dort) gehört sie dem Kriegerdenkmal. Die 2,29 m hohe Statue wurde 1964 bei Bauarbeiten in Barbaggio entdeckt.

Von Patrimonio bieten sich 2 Routen zurück nach Bastia an:
Entweder in 5 km nach St. Florent am weiten Golf und über Oletta und die sehr schöne, wilde Schlucht Défilé de Lancone zurück nach Bastia. (Details siehe St. Florent u. Hinterland)

Der kürzere Weg führt über den Col de Teghime (536 m) nach Bastia (D 81). Vom Col ein "Luftbild" auf Bastia, den Etang de Biguglia, bis zu den Inseln Capraia und Elba bei klarer Sicht.

Von Bastia bis St. Florent (ca. 25 km; D 8)

Über die Paßstraße zum Col de Teghime (536 m) mit tollem Blick auf die Ost- und Westküste. Durch das renommierte Weinanbaugebiet Patrimonio mit großen lockenden Verkaufsschildern an der Straße. Details zum Weinort siehe oben; Infos zur Alternativroute über Oletta/Muratokirche im Kapitel "Hinterland St. Florent".

★ St. Florent (1.400 E.,kors. San Fiurenzu)

Ein quirliger Fischerort auf einer Landzunge im Golf - für uns der schönste Ort an der nördlichen Küste. In der Hochsaison überlagert der Touristenrummel den eigentlichen, stillen Charakter. Die schmalen Häuser drängen sich unterhalb eines klobigen Rundbaus zusammen; die Zitadelle ist, wie in so vielen Städten, der Stempel der Genuesen. Durch die Gründung von St. Florent ersetzten die Genuesen 1440 die alte Stadt Nebbio.

Heute erinnert nur noch die romanische KATHEDRALE SANTA MARIA ASSUNTA an die ehemalige Stadt. Sie hat viel Ähnlichkeit mit pisanischen Kirchen. Mit stilisierten Säulen und Arkaden geschmückt, die Fenster erinnern mehr an Schießscharten. Diese Kirche ist fast identisch mit "La Canonica" bei Bastia (Mariana), die jedoch 20 Jahre früher errichtet wurde. Maria Assunta ist eine der wichtigsten romanisch-pisanischen Kirchen Korsikas. Dreischiffig mit Dachgebälk, Portal mit Schlangen und Löwenskulpturen verziert.

Vermutlich hatte sie an gleicher Stelle einen frühchristlichen Vorläufer. Die Reliquien des hl. Florus - römischer Soldat und Märtyrer im 3. Jhd. (Schutzpatron der Stadt) im rechten Seitenschiff.

Zufahrt: vom Hauptplatz beschildert, knapp 1 km auf dem Chemin de la Fontaine.

Die Malariamücke fühlte sich über Jahrhunderte im Sumpfgebiet an der Alisomündung pudelwohl, was zu einer drastischen Dezimierung der Bevölkerung führte.

Die Bedeutung des HAFEN als Umschlagplatz und Stützpunkt kann man nur noch ahnen. Er versandete mehr und mehr, übrig blieb ein geruhsamer Fischerhafen. Jetzt drängen sich Cafés und Restaurants am Hafen und im Sommer Scharen von Touristen.

Langer schmaler Sandstrand an der geschwungenen Bucht, etwa 2 km außerhalb St. Florent (auch Fußweg). Besonders seichtes Wasser - angenehm für kleine Kinder, doch gut 50 m hineinlaufen, bis die Knie beim Schwimmen nicht mehr anstoßen. Am Ufer viel Anschwemmdreck, Plastiktüten etc. Durch Straßenzufahrt guter Surfeinstieg. An der Bucht schöngelegene Camps.

Tourist INFO **Tourist Info:** an der Route de Bastia, im Postgebäude, 1. Stock. Offen von 9-12/15-18 Uhr.

Geldwechsel: Credit Agricole am Place des Portes. Offen Mo-Fr 8.15-11.55/14.00-17 Uhr.

Post: Route de Bastia. Offen von Mo-Fr 9-12/14-17 Uhr. Sa 9-12 Uhr

Busse: Richtung Bastia fährt 1-2 x täglich, nur zur Saison, Richtung Calvi 1 x täglich (Ortsmitte). Nur von Mitte Juni - Mitte Sept.

Taxi: Telefon 95 37 03 17

Automieten: bei HERTZ 95 37 03 49, seitlich vom Hauptplatz - Chemin de la Fontaine

SPORT

Bei Locanautic am Strand kann man alle Utensilien für einen Aktivurlaub mieten:

Verschiedene Motorboottypen 9,9-30 PS ab 85 DM/Tag. Katamaran knapp 30 DM/Std. Mofas oder Motorroller für eine Spritztour durchs Nebbio oder Tagesrundfahrt ums Cap Corse. Mopeds ca. 40 DM/Tag, Vespa 80 DM/-Tag ohne Kilometerbegrenzung. Jeweils Kaution einkalkulieren.

Surfen: Durch super seichtes Wasser und vorwiegend auflandigen Wind am Sandstrand ein günstiges Gebiet für Anfänger. Anspruchsvollerer Start in der nördlich St. Florent gelegenen Kiesbucht. Die Bucht eignet sich gut zum Surfen bei Nord-Westwinden.

Snorkeling + Diving: Zur Saison Möglichkeit Taucherurlaub zu machen, 7-14 Tage, je nach Aufenthaltsdauer ab 290 DM. C.E.S.M. am "Roya" Strand.

Jagen: organisierte Jagd für 6-10 Leute ab September. Adresse: Corse-Chasse, St. Florent, (Tel.: 95 37 05 43)

Reiten: Bei L´Eperon, stehen 10 Pferde zur Verfügung, an der Strandstraße. Jeden Tag von 9-19 Uhr, 1 Std. 15 DM.

ORGANISIERTE BUSAUSFLÜGE z.B. mit der Agentur Autocars-Excursion am Hauptplatz (Place des Portes).

Halbtagestouren nach Calvi, Cap Corse oder ins Nebbio. Tagestouren nach Porto an der Westküste, nach Corte ins Inland oder Bonifacio an der Südspitze.

Schiffsausflüge: zum Plage du Lodo mit der U Saleccia 2 x tgl. vom Hafen.

Sehr beliebtes Restaurant LA MARINUCCIA, hier wird das 4-Gang Menü direkt am Meer serviert. 30 DM. Restaurant LE CABESTAN, Parallelstraße zum Meer. Langgestrecktes Restaurant, große Auswahl, sehr zu empfehlen der Pirateteller mit Langustinen, Krabben und anderen Köstlichkeiten des Meeres, allerdings 35 DM, aber auch preiswertere Alternativen.

IND'E LUCIA, einige Meter weiter, super gemütlich, dicht mit Efeu umrankte Terrasse, auch innen zum Wohlfühlen.

Sehr einladend Bar FAN FANOU, Stallaternen und Naturstein sorgen für Gemütlichkeit. Kleine korsische Snacks.

Am Hafen mehrere Restaurants und Bars nebeneinander: Fischerboote liegen einem zu Füßen, die hügelige Landschaft des Nebbio in der Ferne zwischen den Segeljachten zu sehen. Hier sitzt man behaglich beim Kaffee oder beim Diner.

Pizzeria U FURNELLU, kleines Lokal an der Hafenstraße mit Jachtblick; Pizzen um 10 DM.

LA RASCASSE, vis à vis vom Hafen. Sehr schöne Panoramaterrasse im 1. Stock, hoch über den Autoabgasen. Vorzügliche Küche, hat allerdings ihren Preis. Exquisit die "terrine de poisson" als Vorspeise. Große Auswahl à la carte. Empfehlenswert als Nachtisch die leckeren Fiadoni.

*** Hotel Bellevue, die Straße führt um den Hotelkomplex im Bogen herum. Vorne das Meer, Schwimmbad und Tennisplätze zur Verfügung. Doppel ab ca. 90 DM.

Motel Treperi, ca. 1,5 km außerhalb Richtung Bastia. Nicht am Meer, dafür ruhig gelegen; einfache Zimmer, z.T. mit Golfblick. Swimmingpool, Tennis.

** La Tettola, ca. 1 km außerhalb Richtung Bastia zwischen Straße und Meer. Zimmer z.T. mit weitem Golfblick, große Terrasse. 20 Zimmer preislich ca. 75 DM.

** Dolce Notte. Langgestreckter Bau an der Durchgangsstraße für Leute, die der Lärm nicht stört; schöne Zimmer zum Meer (ruhiger),konventionelle Ausstattung. Doppel ca. 70 DM.

Hotel Auberge de l'Europe: Am Platz mitten im Zentrum, entsprechender Trubel. 22 Zimmer. Von der Terrasse kann man den Boulespielern bis spät in die Nacht zuschauen.

** Madame Mère: ein 5-stöckiger Bau, eingebaut in ebenso hohe andere Häuser. Mit 83 Zimmern das größte Hotel. Die Straße führt vor dem Hotel und Swimmingpool vorbei. HP obligatorisch p.P. ca 65 DM.

Bungalowanlage Les Arbousiers: schön gelegene Bungalows, 6 km von St. Florent mit Blick auf ein wildes Tal, 5 km zum Strand. 4-Bettenappartement mit lichtem Aufenthaltsraum und 2 winzigen Schlafzimmern.Preis pro Tag ca. 85 DM pro App. Adresse: Les Arbousiers, Castelluccio d'Oletta, Straße Richtung Oletta, rechter Hand.

Camping D'OLZU. Erster Campingplatz, wenn man von Bastia kommt; ebenes Areal, mit viel Grün, gepflegte Sanitäranlagen, kleiner Supermarkt, 500 m zum Meer. Für Fußgänger ein ganzes Stück ins Zentrum zu laufen.

Weitere Campingplätze am Sandstrand, ganz am Ortsende, nach der Brücke rechts:

*** KALLISTE - großer ebener Platz mit Hecken und Bäumen abgeteilt, Fußweg am Strand entlang nach St. Florent. Ordentliche Sanitäranlagen mit gekachelten Duschen. Supermarkt, Restaurant, einige Stromanschlüsse. 170 Stellplätze.

Ein Stück weiter ** Camping U PEZZU - zieht sich an der Strandstraße entlang, großer Baumbestand, akzeptable Sanitäranlagen. Zum schmalen Strand muß man die kleine Straße queren. Großes Sportangebot durch Locanautic nebenan (s. Sport).Insges. 165 Stellplätze.

** Camp ACQUA DOLCE - nur durch die Straße vom Meer getrennt. Eukalyptusbäume sorgen für Schatten, zur Saison trockener staubiger Boden. Nicht allzuviele warme Duschen. Kleiner Supermarkt, Restaurant. 100 Stellplätze.

Hinterland St. Florent -Rundfahrt durchs Nebbio

Für einen netten Nachmittag eignet sich ein Fahrt durchs Nebbio, ca 50 km, doch nicht unterschätzen, ganz schöne Kurbelei, aber lohnend: hügelige Macchialandschaft mit weitem Blick über den Golf, kleine fotogene Dörfer am Hang mit romanischen Kirchen bzw. Kapellen, kleine Steinhütten mit runden Spitzdächern, ehemalige Bergerien.

Der Name **NEBBIO** geht vermutlich auf den hier häufig vorkommenden Nebel zurück. Die Dörfer liegen geschickt oberhalb der Nebelgrenze, viel Oliven- und Weinanbau. Weltbekannt der gute Tropfen aus Patrimonio (siehe Cap Corse).

Anfang der Rundfahrt: Ausfallstraße Richtung Calvi, vor der Brücke links ab, über Oletta (D 82). Ein Teil des Nebbio wurde auch Conca d'Oro genannt und war früher Synonym für Wohlstand und Reichtum; Weinberge und Gärten. Allein in Oletta im Herzen der Conca d'Oro gab es vor 40 Jahren über 15 Hirten, heute sind es im ganzen Gebiet nur noch ein halbes Dutzend.

Nach 13 km Kreisverkehr; zur hübschen Muratokirche dem Hinweisschild "Eglise Saint Michel" 4 km folgen. Beim Kreisverkehr besteht auch die Möglichkeit nach Bastia/Ostküste abzufahren, entlang der Schlucht des Bevinco "Defilé de Lancone" (D 82) kurvig, aber landschaftlich reizvoll. Die besser ausgebaute Strecke führt am gegenüberliegenden Hang entlang (für "Schwergewichte"; "poids lourds" ausgeschildert). Von beiden Routen toller Blick auf den Etang de Biguglia und auf's Meer.

Die Kirche SAN MICHELE DE MURATO, ist vielleicht die bekannteste romanische Kirche in Korsika (12.Jhd.). Ganz herrlich auf einer Anhöhe steht sie neben einem einzelnen Baum inmitten einer grünen Wiese - richtig idyllisch mit weitem Blick bis zur Küste. Sie wirkt sehr elegant und doch robust. Es wurden verschiedenfarbige Steine benutzt: abwechselnd dunkelgrüner Serpentin aus dem benachbarten Flußbett des Bevinco und weißer bis orangefarbener Kalkstein; ungewöhnlich in Streifen und Karos nach toskanischem Vorbild angeordnet.

Beide Steinarten waren gut zu bearbeiten. Interessant auch der Campanile, gestützt auf zwei kapitellverzierte Säulen in der Mitte der Fassade angebaut; wirkt sehr wuchtig, da er im letzten Jahrhundert bei der Restaurierung etwas zu hoch geraten ist. Phantasievolle Skulpturen und Verzierungen schmücken die Fassade und die kleinen Arkaden am Schiff. Selbst die schießschartenbreiten Fenster unterschiedlich skulptiert. Besonders schöne Szene auf der Nordseite: Versuchung durch die Schlange. Kirchendimensionen: 16 m lang, 7 m breit.

Im Innern nicht überwältigend, Holzgebälk im Dachstuhl, Freskenreste an der Apsis (12. Jhd.), heller Altar.
Schlüssel im nächstgelegenen Haus "Villa Patronale San Murato", hinterm Brunnen rechts Richtung Rapale, erstes Haus rechter Hand.

Kurzer Abstecher nach **MURATO**: ein stattliches Dorf der Korsen und keines der Touristen. In der Klosterkirche ein Gemälde Tizians, bzw. seiner Schule.

Rundfahrt weiter über RAPALE - bei der Kirche San Michele rechts ab, anfangs Schlaglochstraße - schöner Blick übers Alisotal - nach **PIEVE**. Dieser 70 Seelenort ist bekannt für seine beiden kunstvollen Menhirstatuen bei der Kirche. Aus kristallinem Schiefer mit besonders gut sichtbaren Schulteransätzen. Sie stammen aus der Endphase der Megalithkultur (um 1000 v. Chr.), nach dem die Megalithiker von den torreanischen Eindringlingen nach Norden verdrängt wurden.

Anders als in Filitosa werden hier keine Waffen dargestellt, dafür wurde besonderer Wert auf plastische, menschenähnliche Gesichtszüge gelegt. Details im Geschichtsteil "Megalithkultur".

Fast liebevoll hat jemand einen Baum danebengepflanzt und einen Zaun drumrum gezogen. Zu finden: neben dem weit sichtbaren Campanile; etwa 100 m nach dem Ortsschild beim Brunnen links einen schlechten Holperweg hoch.

Kurz nach SORIO stürzt links ein schmaler Wasserfall hinunter, daneben herrlicher Badegumpen.

SAN PIETRO DI TENDA (565 Einwohner) mit gewaltiger barocker Pfarrkirche. Die alte romanische Kirche San Petru gut 1 km nach dem

Ortsende (Richtung St. Florent D 62, dann Karrenweg rechts runter durch Olivenhain) auf einem Vorsprung in super Lage. Eine für korsische Verhältnisse relativ große Kirche aus dem 13. Jhd., häufig verändert, 1979 restauriert. Leicht skulptierte Westfassade.

Bei der Weiterfahrt hinunter nach St. Florent leider große Macchiabrandschäden; zum Abschluß schöner Blick über die Gebirgshänge des Nebbio mit leuchtend hellen Dorftupfen.

Wer umgekehrt fährt: von St. Florent auf der D 81 Richtung Calvi. Beim Wegweiser "Santu Pietru" links ab. Achtung: nach Rapale die nächste Kreuzung ohne Beschilderung, die rechte Straße nach Murato nehmen!

St. Florent ⟶ Ile Rousse

(D 81 Küstenstraße ca. 45 km)

Kurz nach der Bucht windet sich die Straße hinauf ins Désert des Agriates - ein wüstenähnlich, ödes Felsgebiet mit interessanten pyramidenartigen Bergformationen - Kaum zu glauben, daß dies einmal die Kornkammer der Cap Corse Bewohner war und Hirten aus dem Inland hier ihre Schafherden auf die Winterweiden trieben.

Heute von der Meerseite her interessant, am bequemsten für Leute mit eigenem Boote und FKK-Ambitionen; jede Menge einsamer Stellen, z.T. Sandbuchten, diverse Ankerplätze z.B. die Bucht von Malfaco oder Faggiola. Zufahrt über miese Karrenwege per Auto nicht ratsam, allenfalls mit Enduros.

In dem 16 ha großen Gebiet keine Dörfer, nur ein paar verfallene Häuser und Bergerien. Im Sommer knallheiß; Wandern prinzipiell möglich, doch nicht jedermanns Geschmack, hat eher Survivalcharakter - kein Wasser, alle Lebensmittel selber mitbringen; gute topografische Karte erforderlich. Entlang der Straße große Brandschäden, die zur weiteren Verödung beitragen (mehr im Kapitel Wald- Macchiabrand).

Einige kleine Bars, Restaurants und Verkaufsstände für korsische Spezialitäten (Wein, Honig, Charcuterie etc.) Insgesamt eine kurvige, holprige Strecke in rund 300 m Höhe mit weitem Blick über die Steinwüste bis zum Meer.

Das Désert des Agriates endet mit der Bucht Peraiolo. Eine malerische Sandbucht (tolle Farbkontraste) ca. 100 m unterhalb der Straße - schmale Fußpfade runter.

Weiter auf halber Höhe an der Küste entlang mit Ausblicken zum Meer. Lozari - sehr schöne Surf- und Badebucht kurz vor St. Florent, weit geschwungen, mit Kies 800 m lang, ziemlich steil ins Wasser, angrenzend feiner Sand mit leichtem Dünencharakter. Ein Teil der Bucht von Feriendorfgästen "Village Vacances Tourisme" belegt. Einige Stichwege enden in Parkstreifen nahe dem Meer.

Wildcampen strikt verboten, offizieller Campingplatz neben der Straße mit kurzem Fußweg ans Meer. Im Strandbereich einfache Restaurants, Pizzeria. Dürftige Busverbindung zum 7 km entfernten St. Florent.

Ein fruchtbarer Küstenstreifen an der Nord-Westküste zwischen Ile Rousse und Calvi , der von Bergen eingerahmt ist. Nicht so schroff wie die Westküste und nicht so eintönig wie die Ostküste.

Das touristisch besterschlossene Feriengebiet mit modernen Hotelanlagen und Sportzentren. Es bietet lange Sand- und Felsstrände. Gefahrlose Stellen für Kinder, gute Möglichkeiten zum Schnorcheln und Surfen. Der Tourismus spielt sich hauptsächlich an der Küste ab, die malerischen Dörfer im Hinterland bekommen nur wenig davon mit!

Die Balagne war schon in vorgeschichtlicher Zeit besiedelt. Später bauten die Griechen hier Wein und Obst an. Schon im Mittelalter zählte die Balagne zu den reichsten Gebieten Korsikas; Kirchen im Hinterland zeugen davon. Hier entstanden die großen Hafenstädte Calvi und Ile-Rousse.

Verkehrsmäßig ist die Balagne sehr gut bedient: Flug- und Fährverbindung zum Festland, Bahn nach Bastia und Ajaccio, gut ausgebaute Straßen.

Ile-Rousse **(2.500 E., kors. L'Isula Rossa)**

Lebhafte Stadt, die durch den Fährhafen zusätzliche Bedeutung bekommen hat. Charakteristisch ist der weiße Leuchtturm auf den vorgelagerten rötlichen Inseln (inzwischen Molenverbindung mit dem Festland; Ile Rousse=rötliche Insel). Die Lage direkt am Meer mit eigenem Badestrand und sanften Hügeln als Kulisse, gute Bahnverbindung, Restaurants, Hotels, Camps und ein hübsches Stadtbild machen Ile-Rousse zum angenehmen Urlaubsort.

Zentrum ist der platanenbestandene Place Paoli - riesige Palmen rahmen seine Büste ein. Die Cafes sind immer gut besucht. Hinter dem überdachten Markt beginnt die Altstadt: kleine Sträßchen mit Boutiquen, Restaurants; offenen Wein gibt's in der Bar "Chez Doume".

Ile-Rousse wurde 1758 als Konkurrenz zur genuatreuen Stadt Calvi geplant. Sie hieß "Paoliville", nach ihrem Gründer Pascal Paoli, dem bedeutendsten Freiheitskämpfer Korsikas, der hier einen Exporthafen für die Produkte der Balagne - hauptsächlich Olivenöl anlegte. Als Korsika dann fest in französischer Hand war, fand die Rivalität ein Ende (siehe auch Geschichte).

Tourist INFO

Tourist-Info: Place Paoli (offen von 10-12/15-18.oo Uhr, Sa. 10-12 Uhr täglich außer Sonntag).

Post

Post: außerhalb des Zentrums, Route de Monticello. Mo-Fr 8-12/14-18 Sa 8-12 Uhr.

Geldwechseln: Credit Lyonnais: Place Paoli, Mo-Fr 8.20-12.25/13.50-16.30 Uhr. Credit Agricole: Av. Piccioni, Mo-Fr 8.15-11.55/14.05-17.15 Uhr

Verbindungen

Busse: Abfahrt vom Place Paoli: nach Calvi, Bastia: Autocars Bastiais, Av. Piccioni 1 x täglich außer So. (ganzjährig)

nach Speloncato, Santa Reparata: Autocars Guidicelli,

nach Monticello: Autocars Bandini, Rt. de Bastia.

nach Lozari, Palasca: Autocars "Les Supers", Blv. de Fogata.

Auskunft imTouristenbüro oder Busgesellschaft neben dem Eingang des Hotel Napoleon.

Bahn: nach Calvi von 8-19 Uhr zu jeder vollen Stunde, nach Ajaccio und Bastia 2 x täglich, umsteigen in Ponte Leccia.

Bahnhof am Ortsrand - Route du Port.

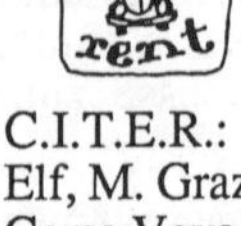

Fähre: zur Saison nach Nizza und Toulon, Büro SNCM, Avenue J. Calizi (offen: Mo-Fr 9-11.30/14-17.30 Uhr; Sa 9-11.30/14.30-15.30 Uhr)

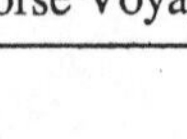

Car rent: Avis: Agence Ollandini, 3, rue General Graziani, Milleville.
Station Leo: 8, Avenue Paul Doumer.
Europcar: Place Paoli
C.I.T.E.R.: Garage Pissard
Elf, M. Graziani: Avenue Paul Doumer
Corse Voyages: Place Paoli

Hafen: für Yachten, Fischerboote und Fährschiffe. In einer ovalen Bucht nahe dem Leuchtturm, Route du Port.

Der **Stadtbadestrand** gleich hinter dem Bahngleis. Sehr klein (ca. 400 m lang, 6 - 10 m breit), dadurch knallvoll. Der feine Sandstreifen wird vom Hafen und Felsen begrenzt. Viel Platz nehmen die Restaurants und Snackbuden ein. Eine prima Ausweichmöglichkeit ist der Strand von Algajola - stündliche Bahnverbindung (siehe dort).

SPORT

Hans, deutscher **Tauchlehrer** und schon einige Jahre in Ile-Rousse kennt die interessantesten Fotomotive unter Wasser. Seine "Paloma", ein ehemaliges Küstenwachboot (13,6 m) ist als Taucherboot umgebaut. Auf Wunsch macht er auch weitere Törns, z.B. Cap Corse. Seine Frau betreut die Anfänger. 5 Tauchgänge zwischen 150 und 210 DM je nachdem, ob man Ausrüstung selber mitbringt.

Anfänger: 6 Tauchkurse (2 Std. täglich) 250 DM. Nachfüllmöglichkeit für Flaschen! Info beim schwarzen Tauchboot im Hafen.

Surfverleih: (ca. 15 DM/Std.), auch Unterricht.

Tretboote: (ca. 10 DM/Std.)

Originell der **Fahrradverleih** am Bahnhof: vom Tandem bis zum "Fünfer" alles zu haben. Ob man damit durch die Altstadt gondeln kann, ist eine andere Frage. Preis: 10 DM - ca. 20 DM je nach Anzahl der Sitze.

Fahrradwerkstadt mit Verleih: "Antoriotti" am Ende der "Allée Charles de Gaulle" rechts. Fahrrad ca. 15 DM/Tag, Moped ca. 35 DM/Tag.

EINKAUFEN

Maison de la Presse: Av. Piccioni, Deutsche Zeitungen ab 16 Uhr.

Bibliothek: Av. J. Calizi (Mo, Mi, Sa 16-18 Uhr). Falls der Lesestoff ausgegangen ist, kann man hier deutsche und englische Bücher ausleihen.

Balagnesport: Rue Napoleon, Zubehör für Camper und Sportler.

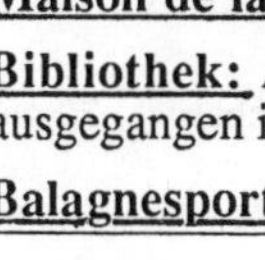

Pizzeria L'ILE D'OR: mit Terrasse am Place Paoli. Pizzen aus dem Holzkohleofen auch zum Mitnehmen.
DE LA PISCINE: im Park des Hotel Napoleon gelegen. Speiseraum mit großer Glasfront und Blick auf's Schwimmbad. Ausgefallene Speisekarte. Menü ab 30 DM

LA TAVERNE: am Ende der Rue Napoleon/Altstadt. Kleiner Raum auf rustikal gemacht. Preiswerte Gerichte. Menü ab 20 DM, Paella ca 25 DM.

LAETITIA: direkt am Hafen mit freundlicher Terrasse. Durch viel Holz sehr gemütlich. Fischspezialitäten und feine Grillgerichte.

L'OSTERIA: gute korsische Küche.

REST./**Hotel La Bergerie**: außerhalb Ile-Rousse, Route de Monticello (D 63, die Straße an der Post vorbei). Schönes Ambiente, in einer ehemaligen Bergerie mit Terrasse und Garten. Marokkanische Küche, auch korsische Gerichte - nur à la carte; Couscous, reichhaltige Paella, Seeigelomelett 15 DM. 13 Zimmer Doppel ab 50 DM.

LES PALMIERS: etwas oberhalb vom Place Paoli. Kleine gemütliche Terrasse mit vielen Blumen. Gute Karte, Menü ab 16 DM auch kleinere Gerichte.

CAFETERIA CORSE: Rue Napoléon/Altstadt. Kleiner korsischer Familienbetrieb. Keine Riesenportionen, dafür niedrige Preise. Fleisch, Pizzen, Salat. Ein Schielblick in die Küche läßt sich nicht vermeiden.

AU TONNEAU: Rue Gal. Graziani. Seitenstraße bei der Maison de la Presse. Gute Weinhandlung und Minirestaurant. Von diesem Weingut (Clos Petra Rossa Francisci viticulteur) stammen übrigens die korsischen Weine aus biologischem Anbau unserer Naturkostläden.

Discos: Das PUBS gleich am Ortsrand Richtung Calvi oder ab 22 Uhr der CLUB an Place Paoli. Das Casino wurde aus baupolizeilichen Gründen geschlossen.

**** **Napoleon Bonaparte**: Großer Komplex im Zentrum und Strandnähe - ehemaliges Schloß aus dem 19. Jhd. ca. 100 Zimmer, freundlich komfortabel ausgestattet, teilweise Stilmöbel, fast alle mit Dusche oder Bad. Großer Swimmingpool und Tennis in der üppigen Parkanlage. Doppel mit Dusche ab ca. 90 DM.

*** **La Pietra**: 1 km vom Zentrum am Hafen. Komfortables modernes Hotel, 40 Zimmer, toller Meerblick von allen Balkons, dafür aber auch ganz schön zugig. Zimmer wirken freundlich durch die große Fensterfront. Doppel mit Dusche ab ca. 90 DM.

** **Splendid**: Chemin de la Gare. Mittelmäßiges Hotel, 63 Zimmer, kein großer Komfort, kleine Zimmer, etwas ungemütlicher Aufenthaltsraum, aber Essen o.k. HP ab ca. 110 DM in der Hochsaison obligatorisch.

** **Isola Rossa**: Promenade des Quais. Kleiner, gemütlicher Familienbetrieb. 20 gut eingerichtete Zimmer mit Dusche, Doppel ca. 50 DM.

Bellevue: Rue Notre Dame. Z.T. feuchte Zimmer. In der Hochsaison zusätzliche Kabinenzimmer. Überhöhte Preise werden nach Bedarf gemacht.

* **Le Grillon**: 11 Av. P. Doumer. Schöne Zimmer und Appartements, ordentliches Restaurant, nicht ruhig, an der Hauptstraße neben der Tankstelle. Gutes Preis/Leistungsverhältnis. DZ ab 50 DM. Appartements teurer.

Ile de Beauté: Av. P. Doumer. Älterer Familienbetrieb ohne großen Komfort, sauber, z.T. Etagenduschen.

Motel de la Puntella: Place de la Gare. Appartementhaus direkt am Meer, spartanisch eingerichtet, etwas abgewohnt. Teilweise nur eine Steckdose für 4 Personen.

** LES OLIVIERS: stadtnächster Platz am nordöstlichen Ortsrand. Teilweise Schatten unter Olivenbäumen, relativ ebenes Gelände beiderseits der Straße. Keine direkte Möglichkeit ans Meer.

** Camping LE BODRI, ca. 3 km Richtung Calvi. Großer Platz, ruhig, da weit abseits der Straße und nahe zum Meer. Stellplätze teilweise unter Bäumen. Supermarkt, Stromanschlüsse, schöner Strand in der klaren Bucht.

Camping ANABEL 7 km nördlich bei Lozari, 300 m zum Sandstrand.

** Camping LES CLOS DES CHÊNES bei Lozari. 1.500 m zum Meer, komfortable Anlage mit Swimmingpool und Restaurant. 235 Stellplätze.

ORGANISIERTE AUSFLÜGE

mit "Corse Voyages" - Abfahrt am Platz Paoli:
Ins Hinterland: Corbara - San Antonino (siehe auch nachfolgende Beschreibung), Halbtagestour, Preis ca. 25 DM.

Bonifacio: an die Südspitze. 2 Tage mit Übernachtung Preis ca. 130 DM inclusive. Näheres im Büro - Rue Notre Dame.

Tägliche Schiffsausflüge nach Girolata. Abfahrt 7.30 Uhr. Preis ca. 50 DM, Abfahrt am Hafen.

Rundflüge beim Aeroclub Calvi-Flugplatz.

Pünktchenhafte Dörfer wie Adlerhorste mit Superblick. Graue Fassaden, weiß sind hier nur die Grabhäuser. Um die Dörfer Orangen- und Zitronengärten. Es sollen die besten der Gegend sein.

RUNDFAHRT von ca. 50 km: Ab Ile-Rousse ca. 2 km auf der N 197 Richtung Calvi dann links hoch nach Corbara (D 151). Von Corbara bis Belgodere fast immer auf gleicher Höhe; kurvige Straße, aber sonst gut zu fahren! Die breitausgebaute N 197 über Lozari wieder zurück nach Ile-Rousse.

★ Schon in **CORBARA** (450 E.) herrscht eine ganz andere Atmosphäre: Kein Badetourismus, hier gibt´s noch eine richtige Dorfjugend mit frisierten Mofas vor der Bar. In der Hangmulde verteilen sich die zahlreichen alten Häuser. Oberhalb die Ruinen des Schloßes der Grafen der Balagne - CASTEL DE CORBARA -.

Nach der Gründung von Ile-Rousse hat Corbara seine Wichtigkeit verloren. Die Barockkirche (1750) strahlt nicht mehr in ehemaliger Pracht. Von der gut zu fahrenden D 151 sagenhafte Aussicht auf Algajola, die verbrannte Macchia und blaue Küste. Wer eilig nach Ile-Rousse zurück muß, kann über Santa-Reparata (D 263) fahren; Ile-Rousse aus der Vogelperspektive. 2 km außerhalb von Corbara ein Dominikanerkonvent (15. Jhd.), Altar aus Carraramarmor, Kanzel 18. Jhd.

★ **PIGNA** (100 E.), Künstlerdorf mit mehreren Töpfereien und einem Ausstellungshaus. Restaurierung von Musikinstrumenten, religiöse Malerei etc., Zentrum und Verkaufsraum der Corsicada. Korsisches Kunsthandwerk und kors. Produkte (Keramik, kors. Marmeladen, Honig, Öl etc.)

★ Bei **AREGNO** (500 E.) in einem Friedhof an der Straße die ganz schlichte romanische KAPELLE DE LA TRINITÉ des 12. Jhd., eine der interessantesten pisanischen Kapellen; im 19. Jhd. restauriert. Besonders schön durch verschiedenfarbige Steine. Über dem Portal zwei ausdrucksvolle Skulpturen. Die dritte im Giebel mit übereinandergeschlagenen Beinen soll eine Allegorie des Märzes darstellen.

Im Innern an der Nordwand zwei Fresken (15. Jhd.): der heilige Michael mit dem Drachen und die 4 lateinischen Kirchenväter Augustin, Gregor, Hieronimus und Ambrosius. Eine Inschrift in gotischen Buchstaben gibt das Entstehungsjahr 1458 an. Interessant die alte Steinplattendeckung (teghie).

★ **ST. ANTONINO** - eines der schönsten Dörfer Korsikas. Es wirkt wie die Krone auf dem 500 m Berg. Beim Rundgang durch´s Dorf immer wieder neue Weitblicke. Hupt der Bäckerwagen, dann kommen alle Leute aus den Häusern geströmt. Der Ort wurde schon im 9. Jhd. von G. Savelli, dem späteren Grafen der Balagne gegründet. Seit alters her war St. Antonino Zufluchtsort der Balagnebewohner.

Echt korsisches Essen serviert die TAVERNE. Die ausgefallene Lage ist nicht gerade billig.

RESTAURANT

BELLEVUE, Korsische Küche, einfach, reichlich und gut. Auf Vorbestellung. Terrasse mit schönem Bergblick. Eigener Weinanbau (rot, Muskat).

★ An **MURO** mit seinem schlanken Glockenturm vorbei nach **FELICETO**. Übernachtungsmöglichkeit im ** Hotel Mare e Monti. Preis Doppel ab ca. 35 DM. 18 Zimmer, einfach, aber o.k., regionale Küche.

Daneben die **Keramikwerkstatt** - Casa di L´artigiani. Hauptsächlich Service in leuchtenden modernen Farben.

★ **SPELONCATO**, ein großes lebhaftes Dorf. Die Häuser winden sich um den Fels. Hier liegt einem die weite Balagne zu Füßen. Den Namen Speloncato trägt das Dorf wahrscheinlich nach der 2 km entfernten Höhle.

Korsische Gerichte im Hotel/Restaurant Spelunca, ehemaliges Palais des Kardinals Savelli. Einige Räume im Stil Louis XV. 14 Zi. DZ ab 55 DM.

★BELGODERE (500 E.) heißt schöner Aufenthalt. Das ist für diesen Ort nicht zuviel gesagt. In 300 m Höhe verteilen sich die Häuser terrassenförmig am Hang über dem weiten, bewaldeten Tal. Jahrhundertelang Hochburg und Feudalsitz der Adelsfamilie Malaspina. Panoramablick vom alten Fort (Zugang übern Treppenweg).

Am Platz die Kirche ST. THOMAS (1269) nur sonntags zur Messe geöffnet. Wer dem Schild "Miel" (=Honig) folgt, findet einen Honigverkauf mit allen Sorten des Landes. Probieren - die Unterschiede zwischen einem Honig aus Cargèse und einem Kastanienhonig sind ganz beträchtlich.

An der Küstenstraße auf halber Strecke zwischen Ile-Rousse und Calvi liegt:

★Algajola (230 E.)

Ein kleines, befestigtes Städtchen, das sich in den letzten Jahren zu einem Touristendorf gemausert hat. Trotzdem hat es seine Atmosphäre behalten. Nicht so mondän wie Calvi, eher familiär. Hauptattraktion der lange Sandstrand; unter Surfcracks bekannt.

Ursprünge Algajolas gehen vermutlich bis auf die Phönizier zurück, dann Römerstützpunkt. Als blühende Handelsstadt - Export von Oliven, Öl, Austern etc. war sie auch ein beliebtes Plünderziel sarazenischer Piraten, die im Mittelmeer ihr Unwesen trieben. - Aus Schaden wurde man auch damals schon klug - das genuesische Algajola baute 1664 zum Schutz die Stadtmauer an die Zitadelle, die bereits während der Überfälle als Zuflucht gedient hatte.

Bis ins 18. Jhd. war die Trutzburg Algajola Vorposten des genuatreuen Calvi. Während des korsischen Unabhängigkeitskrieges 1729-1769 wechselte die Stadt oft die Fronten. 1767 war sie für 2 Jahre wichtiger Stützpunkt des korsischen Freiheitskämpfers Pascal Paoli, der bereits Ile-Rousse ausgebaut hatte, das Algajola an Bedeutung aber bald den Rang ablief.

"Treffpunkt" ist der Platz vor der Pizzeria LE CHARIOT. Unter Platanen kann man sich prima von der Sonne erholen. Freundlicher Service, ganz auf deutsch eingestellt. Riesenpizza ca. 12 DM, aber auch Pizzen für den kleineren Hunger.

Post: Am Platz neben der Minischule. offen Mo-Fr 9-12/14-16.30Uhr, Sa 9-12 Uhr.

Credit Agricole: Kleine Filiale am Platz, offen Mo-Fr 9-11 Uhr.

Bahnverbindung nach Calvi bzw. Ile-Rousse etwa stdl.

Strand mit Badeaufsicht: gleich an den Ort anschließend 1 km feiner Sandstreifen ideal für Kinder. 50 m bis zur Bahnlinie, links von der Zitadelle begrenzt, auf der anderen Seite Felsen, teilweise etwas steil. Klares Wasser. Snackbars bieten Sandwich, Pizzen, Eis und vieles andere.

SPORT

Surfen: Der beste Platz im weiten Umkreis bei Mistral (Nordwestwind) ein gutes Revier für Könner, da ordentliche Brandung am z.T. steilen Ufer. Stichstraßen führen vor dem Ort ans Meer.

Surfbrettverleih: am Strand, ca. 15 DM/Std., Pedalos ca. 10 DM/Std., Segelboote ca. 18 DM/Std., Gondolis ca. 7 DM/Std.

Wer Lust hat Schwimmen zu lernen - ein Schwimmlehrer steht zur Verfügung.

Zwei **Tenniscourts** an der Hauptstraße, Auskunft im Hotel L´Ondine.

Reiten und **Tennis** beim Camping Ranch - s. d.
Tauchen in Ile-Rousse und Calvi.

ORGANISISIERTE AUSFLÜGE:

Schiffstour mit der "Revellata" nach Girolata und Golf von Porto (siehe unsere Beschreibung). Preis ca. 50 DM.

Busausflüge: die gleichen wie in Ile-Rousse - siehe dort.

Autoverleih: Hertz, Europcar am Strand (L´Escale).

U CASTELLU: rustikales Restaurant im Ort neben der Zitadelle. Abgeteilter Speiseraum unter Natursteingewölbe mit gemütlichen Wandleuchten. Langusten im Aquarium zur Auswahl. Menü ca. 20 DM.

Kuscheliges Restaurant LA VIELLE CAVE, mit Kerzenbeleuchtung. Unglaublich riesige Bierkrugsammlung über der Theke. Auf Vorbestellung bereitet Francis Langusten und Paella.

** Hotel, Rest. **Le Beau Rivage:** Terrasse überm Meer, Snacks und Eisdiele. Menü ca. 20 DM. Zimmer nur HP ca. 110 DM.

* **Hotel L´Ondine:** Direkt im Ort und nahe zum Strand, 56 Zimmer und Bungalows, ordentlich eingerichtet mit Dusche. Swimmingpool und Tennis möglich. Doppel ca. 50 DM.

*** **Tepina Village:** mit Pizzeria und Disco. Außerhalb von Algajola an der Durchgangsstraße N 197 Richtung Calvi, 50 Zimmer bzw. Bungalows. Dz ca. 70 DM.

* Capo Rosso: Großer Gebäudekomplex, oberhalb des Dorfes, z.T. von deutschen Reisegesellschaften ausgebucht. 46 geräumige Zimmer. Mit Teppichböden, holzvertäfelte Decke und Balkon. HP 55 DM.

* Hotel L'Esquinade: Direkt im Zentrum, trotzdem Strandnähe. Spezialität ist die Bouillabaisse. 12 Zimmer. DZ ab 40 DM.

Residence de la Balagne: 500 m außerhalb am Hang, Studios und Appartements, durchschnittliche Einrichtung mit abgeteilten Sanitärräumen. Fast die Hälfte der Gäste sind Deutsche. Preis: 3-Personen-Appartement ab ca. 600 DM/Woche.

Feriendorf L'Escale: Es gibt keinen Luxus in diesem Dorf, man muß einfach Meer, Strand und Sonne lieben - so preist sich der Veranstalter an. Bungalowreihen auf dem Strand, spartanisch eingerichtet, Dusche und Bidet im Zimmer, WC außerhalb, für 2 - 3 Personen VP zur Hauptsaison ca. 470 DM/Woche.

** Camping DE LA PLAGE, ca 1 km außerhalb Richtung Ile-Rousse. Großer Platz zwischen Straße und Meer, Sonnen- und Schattenplätze, ebenes Gelände, großer Sanitärblock, Pizzeria und Supermarkt. Zu Fuß übern Strand nach Algajola.

*** Camping RANCH- knapp 2 km im Landesinnern (Abzweig von der Straße Richtung Ile-Rousse beschildert). Durch die Entfernung zum Meer nicht so überfüllt wie die Camps am Strand. Leicht hügeliges Areal, gut schattig.

Viele Caravans trotz der ungeteerten, schlechten Zufahrt. Sanitäranlagen tip top, die Duschen auch wirklich warm. Im U Cavallu City sitzt man wie im Saloon, ordentliche Pizzen ca. 150 Stellplätze, zudem großes Freizeitangebot.

Tennis: mit 2 Courts, Tennisunterricht möglich. Preis ca. 20 DM/Std.

Reitausflüge: zum Strand und ins Landesinnere. Preis ca. 15 DM/Std.

Tischtennis, Boules, Flipper.

Ortsnächster Campingplatz ** CALA DI SOLE, terrassenförmig angelegt, durch Bäume aufgelockert. Die Anlage blieb beim letzten Waldbrand gerade noch mal verschont. Zum Meer ca. 5 Min. zu Fuß über die Straße. ca. 300 Stellplätze.

Die künstlich angelegte Feriendorfsiedlung **ST. AMBROGGIO** in der schönen Nachbarbucht. Den Architekten ein Lob, die Häuser fügen sich gut in die Landschaft ein. Modernes Ladenzentrum mit Spielhölle, Bildzeitung und Eisdiele am Hafen so wie Night-Club LE ROCHER.

Der Strand grenzt an die Ortschaft, wenige hundert Meter lang und ca. 10 m breit. Feiner Sandstreifen mit einigen großen Felsen. Gute Schnorchelmöglichkeit schräg gegenüber bei der Hafenbefestigung.

Starke Brandschäden an den angrenzenden Hängen.

Tauchen: am Hafen bei F. Dauga. Ausrüstung wird gestellt; "Taufe", d.h. einmal tauchen in 2-3 m Tiefe mit Lehrer ca. 25 DM. Tauchen vom Boot ca. 30 DM. 10 Tauchgänge mit Lehrer zwischen ca. 230 und 250 DM, je nachdem, ob eigene Ausrüstung vorhanden, Auffüllstation.

Club Méditerranée: als wir im Club die Bar inspizieren wollten, wurden wir kurzerhand rausgeworfen mit der Begründung: die Leute hier zahlten viel Geld, um unter sich zu sein. Buchung nur über ein Reisebüro von Deutschland. Die Sportmöglichkeiten: Tennis, Segeln, Surfen, Tauchen etc. sind nicht von anderen mitzubenutzen.

Cocody Village: 155 komfortable Casettas am Hang. Mit Kochnische und Bad, komplett eingerichtet. Verschiedene Größen von 2-8 Personen. Für die Saison reservieren. Preise: 2-8 Personen Studios ca. 350 DM - ca. 850 DM Vorsaison/Woche ca. 600 DM - 1.700 DM Hauptsaison/Woche.

Bahnverbindung nach Calvi und Ile-Rousse stündlich.

✶ LUMIO - der erste Ort am Golf von Calvi. Ein ruhiges Dorf weit oberhalb vom Meer, daher auch im Abseits des Touristenrummels. Die Häuser am Hang verstreut, Villen im unteren Teil. Panoramablick über die Balagne und den Golf. Abends sind die Lichter von Calvi zu sehen.

Hübsche romanische Kirche SAN PIETRO aus dem 11. Jhd. unterhalb des Ortes gelegen. Im 18. Jhd. restauriert, verzierte Kapitelle.

* Hotel Bellevue mitten im Ort und in toller Lage. 14 Zimmer, schöne Terrasse Doppel ca. 50 DM.

CAMPING ** LE PANORAMIC - der Name verspricht nicht zu viel. Am Hang gelegen mit herrlichem Berg- und Küstenblick, terrassiertes Gelände, viel Schatten, die Bäume nehmen etwas die Sicht. Akzeptable Sanitäranlagen (Warmduschen), kleiner Supermarkt, Swimmingpool, einziger Nachteil sind die rund 4 km zum Meer. Zufahrt von der N 197 beschildert, etwas steil.

Schön der **Strand** Lumio Plage, ebenfalls von der N 197 ausgeschildert. Sand und Felsen wechseln sich ab. Große Badefelsen in der Nähe des Genuesenturms. Hier nicht so belebt wie in Calvi. Auf dem Felsen versuchen die Angler ihr Glück, unter Wasser die Harpunisten. Strand mit Surf- und Bootsverleih 3 km von Lumio entfernt.

Bis Calvi 10 km Bahnverbindung (stündlich zur Saison).

★ Calvi (3.700 E.)

Sehr idyllisch auf einem Sporn gelegen. Von weitem leuchten die hellen Häuser und roten Ziegel. Näher betrachtet eine pulsierende Stadt mit sehr viel Leben, Verkehr, Touristen, Restaurants, Discos, und mondänem Yachthafen.

Die vielen Bars und Restaurants am Quai sind Anziehungspunkt für die Touristen - die Autoabgase gehören mit zur Atmosphäre. Bei einem Pastis kann man die gekonnten Anlegemanöver der Yachten beobachten.

YACHTHAFEN: ein quirliges, farbiges Durcheinander. Daß Calvi einen besonderen Reiz ausübt, sieht man an den Yachten aller Größen. Gegen Abend beginnt ein geschäftiges Treiben auf den Booten. Die Besatzung macht sich für den Stadtbummel chic. Die ca. 500 Liegeplätze sind in der Saison überfüllt. Auskünfte gibt die Capitainerie am Hafen.

Das Wahrzeichen von Calvi ist die ZITADELLE - ein Meisterwerk der Genuesen. Sie umschließt die Altstadt mit ihren engen Gassen und schmalen hohen Häusern. Hier wohnen noch einige Calveser.

Kern der Zitadelle ist der ehemalige Palast der genuesischen Gouverneure (13. Jhd.), heute Sitz der Fremdenlegion (Kaserne Sampiero). Von den Wallmauern (Bänke) super Blick über Hafen, Bucht und Balagneberge.

Der runde TOUR DU SEL, einstiger Salzspeicher, ist per Wehrgang mit der Festung verbunden, - vermutlich eine der ersten Befestigungsanlagen. Früher war der einzige Eingang auf der Westseite (beim großen Parkplatz Spinchone) mit Zugbrücke, Fallgitter und der alten Inschrift. Heute zusätzliche schmale Autoauffahrt.

In der Festung die Kirche ST. JEAN-BAPTISTE (13. Jhd.) nach teilweiser Zerstörung im 18. Jhd. wieder aufgebaut. Interessanter Hauptaltar mit Tryptichon. Die Seitenflügel stammen von Barbagelata, einem der berühmtesten ligurischen Maler des 15. Jhd.

Das zentrale Bild ist leider verschwunden, auf den anderen erkennt man die bevorzugten Heiligen der Stadt: u. a. der Heilige Franziskus, St. Rochus - der Pestheilige -, St. Sebastian - Patron der Schützen. Schöne Holzkanzel, das mittlere Tafelbild stellt Johannes den Täufer dar. Die Ecken sind mit den Symbolen der 4 Evangelisten geschmückt. Traditionsgemäß bei Predigtkanzeln.

Knallvoll ist es in der FUSSGÄNGERZONE - hier bieten Souvenirläden, Weinhandlungen, Boutiquen und korsische Spezialitätenläden ihre Waren an. Abends verwandelt sich der Kirchplatz in ein open air-Restaurant.

Kirche STE. MARIE MAJEURE (1774 - 1838) mit hübscher Kuppel. Im Presbyterium kleine Elfenbeinchristusfigur des florentinischen Künstlers Sansovino.

Tip: Poterie "La Grotte aux Arts" (= Töpferei). Schon die Dekoration in der Grotte hat uns begeistert; originelle Tonarbeiten. Von einer Käseglocke über urige Tonlampen bis zu modernen Kunstwerken. Ganztags geöffnet! (ausgeschildert!)

GESCHICHTE

Calvi entstand im 13. Jhd. um die Festung herum und war für die Genuesen ein wichtiger Stützpunkt. Die Treue zu den Genuesen liest man im Stadttor eingemeißelt: civitas calvi semper fidelis (die immer treue Bürgerschaft von Calvi).

1567 - ein unvorhergesehenes Ereignis: Der Blitz schlug in den Turm der Zitadelle ein, entzündete die Munition und explodierte, mit ihm die benachbarten Häuser. 120 Menschen fanden den Tod. Während der Belagerung durch die Engländer (1794), Verbündete der Paolisten, erlitt Calvi ziemliche Schäden - und Nelson verlor sein legendäres Auge. Im 2. Weltkrieg starteten Truppen von Calvi, um das besetzte Südfrankreich zu befreien.

Calvi schreibt sich gerne zu, die Geburtsstadt von Christoph Columbus zu sein. Eine Mauerplatte in der "rue Colombo" deutet darauf hin. Viel Mühe gibt man sich, das zu beweisen: Normalerweise verfaßte Columbus seine Aufzeichnungen lateinisch oder spanisch, es gebe aber eine Notiz von ihm in einem so grausligen Italienisch - das könne nur als korsisch identifiziert werden.

Tourist INFO

Tourist Info: Pavillon neben dem Bahnhof -Place de la gare bzw. über der Capitainerie. Offen: Mo-Sa 9-12/15-18 Uhr.

Geldwechsel: Credit Agricole, rue de la République (8.05-11/14.15-17 Uhr)

Credit Lyonnais, Boulevard Wilson (8.20-12.25/13.50-16.30 Uhr) Wechselbüros.

Post

Post: "Hauptpost": Boulevard Wilson (Mo-Fr 8-12/14-18Uhr) Sa 8-12 Uhr. Zur Saison Juli/August durchgehend und zusätzlicher Postschalter am Parkplatz/Yachthafen.

Parken: großer Parkplatz unten am Yachthafen und bei der Zitadelle.

Der **Ortsstrand** 200 m vom Zentrum entfernt neben dem Yachthafen. Insgesamt 5 km lang, auch am ersten 2 1/2 km langen Sandstreifen (nur 10 m breit) geht es nicht so zu wie am Teutonengrill der Adria. Hier hat jeder noch genug Platz für sein Badetuch.

Etwas Karibikflair unter Bastsonnenschirmen. Snackbars für den Hunger zwischendurch. Der feine Sand und das seichte Ufer sind ideal für Kinder. Alle Wassersportarten möglich.

Neuester Gag: Jet-ski, ein kleiner Motorschlitten, auf dem die Piloten knieend, die Könner stehend über´s Wasser zischen. Ca. 20 DM/viertel Stunde.

Die pfeifende Lock am Rande des Pinienwäldchens kann man romantisch

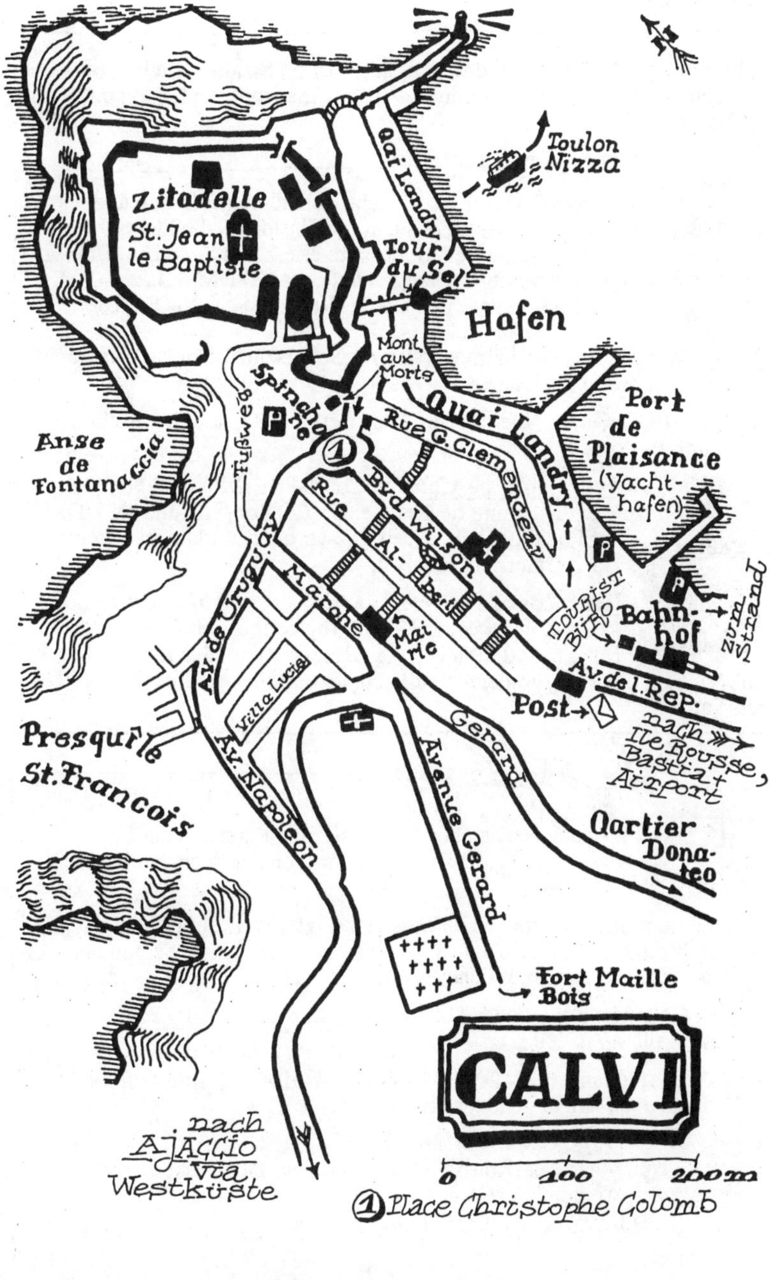

Toulon
Nizza
Zitadelle
St. Jean le Baptiste
Qai Landry
Tour du Sel
Hafen
Mont aux Morts
Spinche
Rue G. Clemenceau
Quai Landry
Port de Plaisance (Yacht-hafen)
Anse de Fontanaccia
Fußweg
Bvd. Wilson
Rue Albert
Marche
Mairie
Av. de Uruguay
Touristbüro
Bahnhof
zum Strand
Av. de l. Rep.
Post
Villa Lucia
Presqu'île St. Francois
Av. Napoleon
Gerard
Avenue Gerard
nach Ile Rousse, Bastia, Airport
Qartier Donateo
Fort Maille Bois
CALVI
0
100
200 m
nach AJACCIO via Westküste
① Place Christophe Colomb

oder auch störend finden. Zugang zum Strand auch von den Campingplätzen bzw. befahrenen Wegen, die von der Hauptstraße abzweigen.

SPORT

<u>Surfen:</u> Bei vorwiegend gemäßigten Winden und ruhiger See eine Bucht für Einsteiger, direkte Meerzufahrten. Surfboardverleih am Strand ca. 15 DM/ Std. weiterhin Tretboote für ca. 10 DM/Std., Katamaran 35 DM/Std., Wasserski ca. 20 DM/Tour.

<u>Tauchen:</u> Information beim schwarzen Schulschiff "Gets Plongée" im Hafen. Tauchshop am Quai.

<u>Minigolf</u>: Tag und Nacht offen. An der N 197, rechte Straßenseite Richtung Ile-Rousse.

<u>**Tennisclub de Calvi**</u>: 6 Courts, ca. 2,5 km außerhalb Calvi Richtung Ile-Rousse. Ca. 2O DM/Std. und ca. 2 DM der Racketverleih. Einen Tag vorher den Platz reservieren. Auch Unterricht möglich.

<u>Rent:</u> "Balagne Cycles" am Ortsausgang in Richtung Ile-Rousse. Fahrrad ca. 15 DM/Tag oder ca. 60 DM/Woche. Mofa ca. 40 DM/Tag plus Reservierung plus Benzin. Für alle Vehikel hohe Kaution einkalkulieren. Motorroller bei InterRent 70 DM am Tag.

Verbindungen

<u>Busse:</u>

- nach Bastia über Ile-Rousse und Ponte Leccia 1 x werktags. (ganzjährig) Abfahrt von der Snackbar Diabolo Menthe

- St. Florent über Ile-Rousse zur Saison 1 x tgl. (Mitte Juni - Mitte Sept.)
- über Porto nach Ajaccio 1 x tgl. zur Saison (Juli - Mitte September); zur Vor/Nachsaison nur 1 x/Woche; Abfahrt vor der Avisagentur.

- nach Galeria 1 x tgl. außer So. zur Hauptsaison Juli/Aug. sonst seltener; Abf. Parkplatz Zitadelle.

- nach Calenzana (GR 20) 1 x tgl. im Juli/Aug., soll laut Fahrplan allerdings auch länger gehen, selber klären.

<u>Zug:</u>

- nach Ile-Rousse alle 1-2 Std., zur Hochsaison; im September seltener.
- nach Bastia bzw. Ajaccio über Ponte-Leccia 4 x tgl. (ganzjährig)

Taxi: Stände am Ortseingang beim Bahnhof. Preisbsp.: Calenzana (GR 20) ca. 35 DM, Bonifato (GR 20) ca. 40 DM. Nachts teurer.

Fährschiff: Savona mit Corsica Ferries., Reisebüro Ott, rue Millie, Nizza und Toulon mit SNCM!

Ankunft und Abfahrt direkt unterhalb der Zitadelle, dort auch Ticketbuden der jeweiligen Gesellschaften.

Agenturen über die ganze Stadt verteilt und am Flughafen z.B. InterRent, Pl. Christophe Colomb. Europcar: Av. de la Republique. Der Flughafen ca. 7km außerhalb. Linienflüge nach Nizza und Marseille. Zur Saison viele Charterflüge. Rundflüge mit Aeroclub möglich.

Fischspezialitäten im Restaurant LE CHALUT. Die Terrasse zum Yachthafen bietet die passende Atmosphäre. Große Auswahl: von der Soupe de Poisson für ca. 12 DM bis zur Languste (ca. 130DM/Kg). Eingang von der Fußgängerzone, leuchtend blaue Tür!

ILE DE BEAUTÉ: gepflegtes Restaurant am Quai, vornehme Atmosphäre. Ausgefallene Speisekarte mit delikaten Gerichten, z.B. Hummerfrikassée (ca. 90 DM).

LE COMME CHEZ SOI: ebenfalls vis-à-vis vom Yachthafen. Prima Blick von der Veranda, à la carte viel Fisch. Reichhaltiges Menü für ca. 25 DM.

U MINELLU: winzige Terrasse, freundlich aufgemacht. Ausgezeichnete Paella. Pizza gut, aber klein. Gleich das erste der drei Restaurants gegenüber Place Maréchal.

LE PALADIUM: preiswert und gemütlich. Kleiner Hinterhof mit vielen Pflanzen. Speisekarte auf Deutsch. Menü ab ca. 18 DM. Gleich am Anfang der Fußgängerzone.

CHEZ DOMUS: auf dem Kirchplatz/Fußgängerzone. Menü ab 20 DM, gutes Preis-Leistungsverhältnis.

MINIGOLA: seitlich Bd. Wilson - das hintere der beiden Restaurants. Auch innen gemütlich, Rauhputz, Balkendecke. Touristenmenü ab 15 DM, besser etwas mehr für das korsische Menü anlegen.

In der Zitadelle:

CHEZ TAO: exclusiv chickes Restaurant, super Blick über die Bucht, große Blumenterrasse am steilen Hang. Gehobenes Preisniveau, später am Abend Pianobar.

Gleich ums Eck der kleine Salon de The LE POEME. Korsische Spezialitäten - Wein, Honig, hausgemachter Kuchen. Wohnlich, kleine Sitzecken, auch warme Gerichte, u.a. vegetarisch.

SNACK L`IMPERIAL: Originelle Snackbar in einem englischen Doppeldecker. Die Speisekarte hat uns nicht sehr gelockt. Aber die ganze Nacht offen. 2 km von Calvi Richtung Ile-Rousse.

NACHTLEBEN:

Größte Disco und DER Treffpunkt ist LA CAMARGUE; mit Bar und Restaurant. Ca. 12 DM Eintritt.

Nachtclub S. FRANZISCO, 3,5 km außerhalb beim Abzweig zum Flughafen.

LE SINATRA, Piano Bar; leichte Musik, mehr etwas für Freunde der Standardtänze.

**** **Grand Hotel**: 3, Boulevard du Prés. Wilson beim Hafen, im Zentrum ein 5-stöckiges Eckhaus. Nur 5 Schlenderminuten zum Ortstrand. Angenehm klimatisierter Aufenthaltsraum. Stilmöbel im Zimmer, der Schreibtisch erinnert an Arbeit. Versuchen Balkon mit Meerblick zu bekommen. Babysitting möglich. Doppel ca. 122 DM 60 Zimmer.

** **Hotel Il Tramonte**, Route d´Ajaccio. Kompakter 2-stöckiger Bau an der belebten Ortsausgangsstraße gelegen, 1 km zum Zentrum, Pfadweg zum Felsstrand, Zimmer mit Teppichböden. Die Eingangshalle dient gleichzeitig als Frühstücksraum. 29 Zimmer, Doppel mit Dusche und Frühstück ca. 60 DM.

** **Aria Marina**: Route d´Ajaccio. Oberhalb der lauten Durchgangsstraße, 1,8 km zum Strand. Mittelgroße Zimmer mit franz. Betten. Doppel mit Dusche und Frühstück ca. 70 DM. 33 Zimmer.

*** **Balanea**, 6. rue G. Clemenceau. Mehrstöckiges Hotel direkt im Zentrum (Fußgängerzone). Zahlreiche Zimmer zur Meerseite mit Golfblick. Rundum renoviert. 36 modern ausgestattete Zimmer mit Dusche/Bad. DZ um die 90 DM.

*** **Les Aloes - Quartier Donateo** ca. 1 km außerhalb. Garnihotel, recht ruhig im Grünen; schöner Meer- und Zitadellenblick. 25 Zimmer mit Dusche/Bad ab 70 DM.

*** **Hotel L´Abbaye**: Route Santore. Eine alte Abtei aus dem 17. Jhd., 1965 umgebaut, mit Kletterpflanzen romantisch zugewachsen. Kein 08-15-Hotel! 5 Minuten vom Zentrum, 8 Minuten vom Sandstrand. Freundliche Zimmer mit Schreibtisch und Telefon. Doppel ab ca.80 DM.

*** **Hotel Le Saint-Erasme**: Route d´Ajaccio. Am hügeligen Ortsausgang, oberhalb der befahrenen Straße nach Ajaccio. Ordentliche, helle Zimmer mit rustikalem Holzmobiliar. Die meisten Zimmer mit Balkon und Meerblick. Zum Felsstrand nur über die Straße, nur für Schwimmer - zum Sandstrand durch Calvi (1,5 km). Preis Doppel ab ca. 90 DM, 31 Zi.

** **Les Arbousiers**: Route Pietramaggiore. Wer ein Hotel etwas abseits vom Rummel sucht, am östlichen Ortsausgang in einer Nebenstraße, 150 m zum Strand. Alle Zimmer mit Balkon. Gemütlicher Fernsehraum. Doppel ca. 65 DM.

** **Hotel Mediterranée**: an der Straße nach Ajaccio. Av. Napoleon. 51 Zimmer. Preis Doppel ca. 65 DM.

** **Hotel Sole e Mare**: ruhig an einer Nebenstraße gelegen. Pointe St. François. Mit Felsstrand, knapp 30 Zimmer. Doppel ab 60 DM.

** Hotel Belvédère: laut, gegenüber dem Hauptparkplatz von Calvi. Place Christophe Colombo. 16 Zimmer, DZ ca. 45 DM.

Jugendhotel Corsotel. Av. de la Republique schräg gegenüber vom Bahnhof. 100 Betten. Zimmer mit Dusche. Übernachtung incl. Frühstück 20 DM.

Ferienhotel Club Horizon: Bungalows mit Vollpension im Pinienwald, direkt am Strand, z.T. spartanisch ausgestattet. Dusche und WC in einem Gemeinschafts-sanitärblock. Open air-Speiseraum. In der Saison knallvoll. Preis für 2 Personen Bungalow mit VP ca. 850 DM/Woche. Auch für 4 Personen. Weitere Anlagen dieser Art Sun Club, Club Olympique.

** CAMPING LA PINEDE: 2 km östlich Calvi (N 197) - grenzt an die Straße, hochstämmige Pinien, viel Schatten, ebenes Gelände und Waldboden; einige Minuten zum Strand. Relativ wenig Duschen für den Riesenplatz.

** CAMPING PADUELLA- in gleicher Richtung wie oben, rechts der Straße ca. 200 m entfernt vom Meer. Pinien sorgen für Schatten, leicht terrassiert angelegt. Stromanschlüsse könnten zahlreicher sein. Zentrales Sanitärgebäude, warme Duschen im Campingpreis inbegriffen. Einkaufsmöglichkeiten und Restaurant. 100 Stellplätze.

*** CAMPING DOLCE VITA - schattige "Campingstadt" 4 km außerhalb Calvi Richtung Ile-Rousse. Ebenes Gelände zwischen Bahndamm und Meer. Durch Bäume aufgelockert, etwas sandig, mit Anlegestelle für Boote im Platzbereich. Sanitäranlagen o.k., gut ausgestattet, zahlreiche Warmduschen.

Lebensmittelladen, Snacklokal, einige Stromanschlüsse, schöner Kinder-spielplatz. Für Surfer empfiehlt sich ein Handwagen, um bequemer ans Meer zu kommen. Schmaler Strand, nicht so schön wie in Stadtnähe. Landende Flugzeuge als Urlaubsabwechslung. 200 Stellplätze.

** CAMPING PARADELLA - einige Kilometer im Inland, dadurch nicht überlaufen. Freundliche Betreuung, der Monsieur spricht auch deutsch. Ebenes Gelände, viele Eukalyptusbäume. Sanitär o.k. mit Warmduschen. Einkaufsmöglichkeit und gute Wein der Balagne. Zufahrt von Calvi 3,5 km die N 197 nehmen, Abzweig rechts D 251 Flugplatz "Ste. Catherine" ausgeschildert. Nach weiteren 5 km rechts.

AUSFLÜGE

*MADONNA DELLA SERRA (243 m hoch) Auffahrt geteert aber schmal, lohnt sich, wenn man den ganzen Golf aus einer einmaligen Perspektive sehen möchte. Der Platz vor der Kapelle eignet sich sehr für ein Picknick mit Panoramablick. Die Kapelle scheint immer geschlossen zu sein. Die Straße zweigt 4 km nach Calvi (Richtung Ajaccio) links ab.

*PUNTA DI A REVELLATA - der Leuchtturm. Nach 6,5 km Richtung Ajaccio rechts durchs Tor - Stoßdämpfer-fressender Weg zum Turm, prima Bademöglichkeiten!

*FAHRT durchs Inland, über Calenzana die Panoramastraße nach Lumio - Calvi. (Details im nachfolgenden Text "Hinterland").

*FAHRRADRUNDTOUR über die Panoramastraße Calenzana, Montemaggiore - nur 38 km. Die gerade Straße nach Calenzana 8 km hoch (300 Höhenmeter), dann geht´s gemütlich auf fast gleicher Höhe weiter. Spitzenaussicht zum Golf. Ab Montemaggiore rollt es von alleine zurück.

*SCHIFFSAUSFLUG auf der "Christoph Colomb" oder "Revellata" - an der Küste des Naturschutzparks vorbei, Mittagessen in Girolata, Baden in der Bucht von Elbo. Fahrpreis 45 DM, Auskunft Café de L´orient am Quai.

* Zu den Grotten DES VEAUX MARINS - nur bei ruhiger See. Recht eindrucksvolle Höhle (200 x 30 m) rötlich gefärbter Fels, nur per Boot erreichbar. Liegt etwa 4 km westlich Calvi um die Landnase Revellata herum.

*Organisierte Busreisen. Halbtagsausflug zum FORET DE BONIFATO (näheres darüber bei Bonifato). Preis ca. 16 DM.

*Tour du CAP CORSE, Tagesausflug mit Mittagspause in Bastia. Preis ca. 32 DM.

*Tour AJACCIO, mit 4 Stunden Aufenthalt in Ajaccio 42 DM. Adresse: Autocars Mariani et fils am Quai oder Autocars "Les Beaux voyages", 4 rue Joffre.

*RUNDFLÜGE: Aeroclub am Flughafen. Rundflüge über die Stadt 30 DM/Pers., nach Porto, Girolata 38 DM/Pers., Inlandflüge 130 DM/Pers.

*HELIKOPTERFLÜGE für max 4 Pers. Infos beim Heliclub Calvi/Flughafen.

1 Der FORET DE BONIFATO, nur 20 Autominuten von Calvi bietet Abwechslung zum Strand und Salzwasser. Großes Waldgebiet mit kleinen Gebirgsbächen und steil aufragenden Felswänden. Leider ziemliche Brandschäden. Riesige Steinbrocken im "Ficarellabach", kleine Wasserfälle und im Sommer kleine idyllische Badegumpen.

Picknick auf moosbewachsenen Steinen, oder ein Diner in der ländlichen Auberge am Ende der Teerstraße. Reichhaltige Karte mit deftigen Gerichten. Auch Hotel: Doppel ab ca. 45 DM.

Campen unten am Bach möglich. Fußweg zum GR 20 und weiter ins Ascotal (siehe Buchanhang GR 20). Kein Linienbus, nur Ausflugsgesellschaften bzw. Taxi. Anfahrt: 3,5 km nach Calvi (Richtung

Ile-Rousse), zweigt die D 251 Richtung Flughafen "Ste. Catherine" ab. Bis zum Flughafen prima Straße, an Weinfeldern vorbei, weiter in den Wald von Bonifato bis ans Ende der Sackstraße.

Bei der Rückfahrt herrlich das weit auslaufende Tal mit seinen Lariciokiefern. Hinter den Hinweisschildern "Atelier d`Art verbirgt sich ein kleiner Verkaufsraum in einer Garage: Keramikprodukte, Bilder, getöpferte Karaffen, Teller und Schalen, teilweise mit alten korsischen Motiven. Miserabler Karrenweg bis zum Haus!

2 Panoramastraße (D 151):

Von CALENZANA bis CATERI am Fuß der Zweitausender. Typisch für Korsikas Küste: links der Golf, rechts die steilen Berge, die Straße in den Hang eingeschnitten, die Dörfer kleben wie Pilze am Stein.

Tip: am Spätnachmittag beste Beleuchtung, warmes Licht. Prima für Fotos

RUNDFAHRT von ca. 50 km. Ab Calvi 5 km Richtung Ile-Rousse (N 197). Bei der Bar Nightclub "San Franzisco" zweigt rechts die D 151 ab. Die nächsten 8 km fast geradlinig bis Calenzana.

★Calenzana

Ein typisch korsisches Bergdorf, bei dem die Boulespieler nicht fehlen dürfen. Gespannt schauen Alt und Jung den Könnern zu: am Kirchplatz versammeln sich die "GR 20"-Wanderer.

Der Ort ist Ausgangspunkt für die große Korsikadurchquerung. Hier können noch Konserven, Trockenmilch und Fleisch eingekauft werden. Vergessene Utensilien wie Taschenlampe, Messer etc. im Tabak-Papierladen neben der Kirche oder im Superladen.

In Calenzana beginnt auch der sehr reizvolle Wanderweg "Strada tra Mare e Monti" - eine 9 Tagestour durchs Küstengebirge z.T. mit Ausblicken aufs Meer, kurze Etappen möglich, Endpunkt in Cargèse. Alle Details im allgemeinen Wanderkapitel.

Barockkirche ST. BLAISE (18. Jhd.) - Eine Inschrift im freistehenden Glockenturm erinnert an die Schlacht um Calenzana im Jan. 1732, bei der 500 deutsche Soldaten fielen:

Während des korsischen Unabhängigkeitskriegs (1729-1769) kämpften etwa 9.000 deutsche Söldner auf genuesischer Seite, angeheuert von den hilflosen Genuesen bei ihrem österreichischen Verbündeten Kaiser Karl VI. gegen die aufständigen Korsen. Das Rebellennest Calenzana sollte von einem Trupp systematisch nach Freiheitskämpfern durchkämmt werden.

Die Einwohner, bei der Überzahl machtlos, doch nicht ohnmächtig, griffen zu einem klugen Trick und setzten ihre Bienenvölker auf die Soldaten an. Die Bienen leisteten ganze Arbeit und stachen nach allen Regeln der Kunst: den Soldaten blieb nur noch die panikartige Flucht in den nächsten Bach. Dort wurden 2/3 von ihnen - inzwischen unbewaffnet, von der aufgebrachten Dorfbevölkerung umgebracht.

Übernachtung: Eine letzte Möglichkeit für Wanderer in einem bequemen Bett zu schlafen: Hotel Bel Horizon; Doppel mit Frühstück ca. 50 DM.

Restaurant A MUVRELLA: 5 Rue Prince Pierre. Schön kühl sitzt man im schmalen Kellergewölbe. Auch Tische im Freien vis à vis, unter Platanen. Nette Bedienung, gute Küche, Menü 20 DM.

Busverbindung zur Hauptsaison nach Calvi. Abfahrtszeiten jeweils erfragen.

In der Kapelle ST. RESTITUTE (etwas außerhalb) schön erhaltene Fresken: Die Verurteilung und das Martyrium der Heiligen Restitute - eine Märtyrerin, die in Calvi mit 5 Begleitern enthauptet wurde. An der Westfassade eingelassene Keramikschalen (farbig). Ein Kilometer weiter

★Montemaggiore

friedliches Dorf mit schmalen verwinkelten Gassen und Torbögen. Beim Durchschlendern spürt man etwas vom korsischen Alltag. Weiter Blick vom Kirchenplatz über den Golf.

Hier kann man schon nach Calvi abfahren - 13 km. Lohnend aber wegen der landschaftlichen Eindrücke die Fahrt über den "Col de Salvi" nach Cateri und über Lumio zurück.

Beide Routenvorschläge lassen sich zu einer großen Rundfahrt kombinieren, indem man bei der Rückfahrt vom Forêt de Bonifato nach etwa 10 km rechts die schmale Querverbindung D 51 nimmt. Durch Weinfelder und Macchia nach Moncale. Hinter der letzten Straßenwindung tauchen Calenzana und die anderen Dorfflecken auf.

Von CALVI nach GALERIA bieten sich 2 Möglichkeiten an:

Entlang der Küste: sehr schöne, aber windungsreiche Strecke (D 81), knapp 40 km, tolle Ausblicke über die Steilklippen, die beiden Genuesentürme; schöne Badebucht CROVANI kurz vor Galeria (Details siehe dort).

Die weniger reizvolle Strecke, aber bequemer zu fahren durchs Inland 35 km, am Flughafen und Weinfeldern vorbei, mit Abstechermöglichkeit zum Wald von Bonifato (siehe Calvi), weiter über die breite, relativ gute Straße (D 51) und den Marsolinupaß (443 m hoch) nach Olmo und Galeria.

Der Golf von Galeria

Der Golf von Galeria: eine der kontrastreichsten Badestellen der Insel, Bizarre Felsen wachsen aus dem Meer, teilweise mit Macchia überwuchert. Bunter Kiesstrand und interessante Unterwasserwelt. Hohe Berge im Hintergrund. In 100 m Höhe über'm Meer windet sich die schmale Straße.

Zentrum und einziger Ort ist das kleine Galeria.

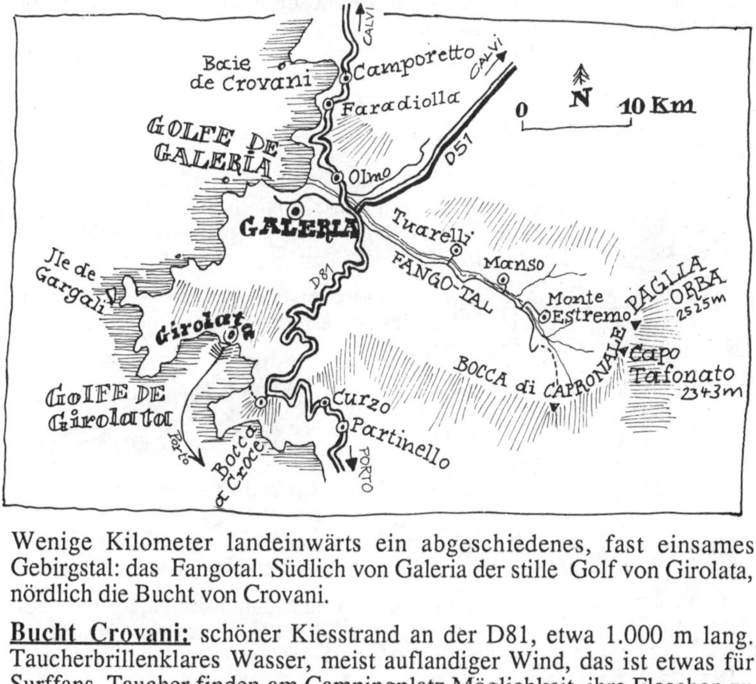

Wenige Kilometer landeinwärts ein abgeschiedenes, fast einsames Gebirgstal: das Fangotal. Südlich von Galeria der stille Golf von Girolata, nördlich die Bucht von Crovani.

Bucht Crovani: schöner Kiesstrand an der D81, etwa 1.000 m lang. Taucherbrillenklares Wasser, meist auflandiger Wind, das ist etwas für Surffans. Taucher finden am Campingplatz Möglichkeit, ihre Flaschen zu füllen. Nacktbaden wird auch toleriert. Aufpassen, daß man sich auf den heißen Steinen nicht den Allerwertesten verbrennt, Matte mitnehmen!

Im "Bistro" an der Straße kühle Drinks und Kleinigkeiten zu essen.

Lage: 15 km vor Galeria.

Camping CLOS DU MUFLON: der Campingplatz liegt terrassenförmig an einem steil zum Meer abfallenden Hang, Superblick. Zufahrt sehr steil (23 %) und serpentinig. Nur für Zelte und Motorcaravans. Lebensmittelladen, Restaurant. 15 km nach Calvi in Richtung Ajaccio.

★ Galeria (300 E.)

Ein kleiner Badeort mit langem Kiesstrand vor herrlicher Bergkulisse. In der Bucht ankern Segel- und Fischerboote, Paradies für Tauch- und Segelsportler. Abends kann man dem Bäcker durchs Backstubenfenster zuschauen, wie er die Croissants fürs Frühstück rollt. Parkmöglichkeit an der Kirche. In Galeria keine Bank nur eine Post.
Am Ortseingang Fußweg zu einem weiteren Kiesstrand - rechts am Genuesenturm mit Anbau vorbei, noch 100 m durchs Gebüsch. Reizvoll der Süßwasseretang gleich daneben.

Wild campen verboten!

SPORT

Surfen: Surfbrett- und Segelbootverleih am Strand. Für weite Trips Kaution hinterlegen, Surfschein nicht nötig. Hinderlich für Anfänger sind die "parkenden Boote" in der Bucht.

Snorkeling & Diving: Super Schnorchelstelle unterhalb der Felsen beim Genuesenturm, wie ein "großes Aquarium", Klippen und Felsgrotten als Versteck bunter Fischschwärme.

Tauchclub Corsica Sub Galeria bietet Tauchgänge an: für Taucher mit eigener Ausrüstung 22 DM ohne eigene Ausrüstung 28 DM, Nachttauchen, Flaschenfüllen etc. Infos über Jean Michel Raffaelli "Corsicasub", 20245 Galeria.

Fahrradverleih: (auch mit Gangschaltung) für ca. 15 DM/Tag hinter der Kirche beim Parkplatz. Gutes Material.

Tennis: Für Tennisbegeisterte Möglichkeit bei der rosa Bar "Napoleon". 1 Tenniscourt. Wer die Mittagshitze aushält, bekommts für die Hälfte (10 DM/Std.) und ohne Reservierung, offen von 7.oo - 21.00 Uhr.

WANDERUNG nach Girolata in die abgelegene Nachbarbucht; Fußweg durch die Macchia (markiert) über den Col de Fuata wieder ans Meer, siehe auch Girolata.

Interessante Wanderroute durchs Küstengebirge auf der STRADA TRA MARE E MONTI in 6 Tagen nach Cargèse bzw. in 3 Etappen nach Calenzana im Hinterland von Calvi. Angenehme Tagesetappen von ca. 3-6 Std., durch Macchia, bergauf, bergab, oft durch korsische Dörfer. Eine zahmere, kürzere Tour als der beliebte, hochalpine GR 20. Durchaus eine reizvolle Alternative. Die ganze Strecke gut markiert, zusätzlich hat der Parc naturel eine kleine Mappe (Heft) herausgegeben, mit Kartenskizzen und Beschreibungen der einzelnen Etappen. Preis 10 DM, in den meisten Buchhandlungen erhältlich. Details auch im allgemeinen Wanderkapitel.

Bar A PIAZZETTA, hier trifft man sich zum Frühstück auf der schattigen Terrasse. Die Croissants holt sich jeder beim Libre service, 4 Häuser weiter.

Busstation auch hier: Abfahrt nach Calvi zur Saison (Juli/Aug.) 1 x täglich außer So., zur Nachsaison 4x/ Woche. Nach Porto 1 x tgl. zur Saison. Zur Nachsaison fast fast unmöglich; nach unseren Recherchen nur 1 x/Woche.

Das AUSFLUGSBOOT von Calvi nach Girolata (und retour) stoppt jeweils in Galeria zum Zusteigen. Längerer Bade- und Futterstop in Girolata. Zur Saison ca. 2-3 x/Woche, sonst abhängig von der Nachfrage.

A SULANA, modernes Restaurant, Eisdiele, Snackbar, gleiche Besitzer wie früher Les Tilleuls, da hat´s uns bessergefallen als auf der neuen Terrasse mit Flippergeheul.

U CAVONE am Ortsende, ruhig gelegen. Keine Probleme bei der Auswahl - nur ein Menü 18 DM, Meerblick von der Rasenterrasse.

SOLE ET MARE Restaurant und Snackbar- recht modern. Von der Terrasse toller Panoramablick über die Baie, akzeptable Karte, u. a. verschiedene Salate.

LE LOUP DE MER am Ende des Strandes. Gutes kleines Restaurant mit Superterrasse direkt überm Meer. Spezialität Langusten, Bouillabaisse; ausgezeichnete Fischsuppe.

Etwas oberhalb davon Restaurant STELLA MARINA - in Grün verpackt. Große Auswahl.

* **Hotel, Restaurant Corteggiani**, sehr einfach, im Zentrum mit neuerer Dependance, Zimmer spartanisch eingerichtet und die rosa Wandfarbe bröckelt schon langsam ab, Dusche nebenan. Altbau 40 DM, am Meer 45 DM. Von der Terrasse schaut man zu, wie die Pizzen draußen im Holzkohleofen bruzzeln. Menü ab 15 DM.

* **Hotel L´Auberge**, familiäres kleines Hotel im Zentrum, direkt an der Straße; gemütlicher holzvertäfelter Speiseraum. 6 Zimmer mit Dusche, WC am Gang, HP 45 DM.

** **Hotel Le Filosorma**, bestes Hotel am Ortsrand oberhalb vom Meer. Zweistöckiger Bau; zum Kiesstrand Straße queren, 50 m Treppenweg runter. Freundlicher Speiseraum, durch Glasfensterwand Blick aufs Meer. Die Terrasse lädt zum Aperitif ein. Schöne Zimmer mit Teppichboden, meist 2 Einzelbetten, etwas spärliche Beleuchtung. Angenehm der schattige Balkon zum Meer. 14 Zimmer, DZ 60 DM.

Autovermietung vom Hotel aus möglich.

** Hotel, Restaurant Du Fango, 12 Zimmer, DZ 50 DM. Das Menü ab 20 DM.
* Hotel A Farera, 12 Zimmer, DZ ca. 50 DM.

Camping IDEAL, ausgedehnter Platz am Ortsende, mit Hecken und Bäumen abgeteilt, Stromanschluß möglich. Ausreichend sanitäre Anlagen am Eingang; recht gute Warmduschen, Einkaufsmöglichkeit. Zum Kiesstrand 200 m Straße queren. Bar mit Snacks am Eingang. Hotel/Restaurant Stagnolo direkt auf dem Platz.

*** Camping LES 2 TORRENTS 4 km vor Galeria nahe der großen Brücke. Olivenbestandener Platz. Warme Duschen, Stromanschlüsse.

An der Tankstelle bei der Abzweigung ins Fangotal einige Hotels und Restaurants. Wer nicht unbedingt am Meer sein will, findet hier bestimmt ein Bett.

Lohnend, ein Ausflug den FANGOBACH hinauf. Abgeschiedenes, bewaldetes Tal, das vor dem Massiv des Capu Tafonatu endet. 50 m unterhalb der Asphaltstraße der kristallklare Gebirgsbach zu erkennen. Herrliche Badegumpen mit runden Felsblöcken zum Sonnen. Nach salzigem Meerwasser ein besonderer Badegenuß.

Auch sehr schön als Fahrradtour von Galeria aus zu realisieren. Von der Straße in Richtung Porto links ab (D 351).

Die schönsten Gumpen kurz nach Tuarelli. Allerdings kurzer Fußweg 50 m durch die Macchia, Kratzer an den Beinen durch Dornengestrüpp. Wenig Parkbuchten für Campmobile. Spaß macht eine Krabbelei durchs Bachbett, die ausgewaschenen Steine sind nicht rutschig. Ab und zu huscht eine Jungforelle vorbei; im Sommer ziehen sie lieber ins kältere Wasser flußaufwärts.

Im ganzen Tal zwei winzige Bars. Der Asphalt endet nach dem Weiler Bardiana, dann gehts nur noch per Jeep weiter. Aufstieg zur Bocca di Caprunale (1.370 m) mit der Möglichkeit weiter zur Paglia Orba zu wandern, dauert aber ca. 10 Stunden, bequemer vom Col de Vergio (siehe Text). Wild campen im ganzen Fangotal verboten - ein "gardien de forêt" macht gelegentlich seine Kontrollrunde.

Schöne Wanderung durchs Fangotal auf dem Teilstück der "Strada tra Mare e Monti", der gut markierten Küstenwanderroute. Ab Galeria bis Bardiana ohne nennenswerte Steigungen, viele verlockende Rastmöglichkeiten am Bergbach.

Galeria → Porto (50 km, D 81)

Ganz einsame Strecke, landschaftlich eine der schönsten der Insel. Die Straße windet sich auf halber Höhe am Hang um jeden Felsvorsprung, ringsherum Macchia, durch die Kurven und den Straßenzustand sehr zeitaufwendig. Gleich nach Galeria durch die Küstenberge; beim COL DE PALMARELLA (400 m) phantastischer Blick zum Golf von Girolata, eingerahmt von rötlichen Felsen, weit unten das kleine Dorf

GIROLATA, ein Dorf ohne Auto , ohne Asphaltstraße, es ist nur über einen Maultierpfad oder vom Meer her zugänglich. Die Idylle wird einmal am Tag jäh unterbrochen, wenn der Ausflugsdampfer seine Schar Touristen ausspuckt. Für 2 Stunden füllen sich Dorf und Restaurants. Dann ist der Spuk vorbei und es herrscht wieder friedliche Ruhe. Genuesenturm in Privatbesitz.

Kürzester Zugang als Wanderung über den Mulipfad ab COL DE LA CROIX ca. 12 km nach dem Col de Palmarella. Von der Straße rechts runter, ca. 2 Std. Fußweg durch die Macchia auf angenehmem Weg. Besser morgens früh los, im Sommer zur Mittagszeit sengende Hitze.

Bootsverbindung als Ausflug, siehe Abfahrtsorte Porto, Calvi, Galeria.

Wanderung über Girolata zurück nach Galeria: wie uns Sieglinde und Dieter Schubert schrieben:

Mit einem Kleinbus von Galeria bis zum Col de la Croix (3 x/Woche ab Galeria; Reservierung nötig) und zu Fuß wie oben weiter nach Girolata. Am anderen Tag über den Col de Fuata zur Bergerie von Focolara.

Von dort gibt es einen Pfad zum Strand nach Galeria. Der Pfad ist ausreichend gelb markiert; in Girolata ist der Einstieg leicht zu finden oder zu erfragen. Der Abstieg nach Galeria ist stellenweise zugewachsen. Ausreichend Wasser mitnehmen! (Rundtour ist in 1 Tag möglich; 2 Tage sind jedoch angenehmer).

Auf der Küstenstraße 21 km bis Porto, total kurvige Strecke, an den Steilhängen entlang, das enorme Panorama entschädigt voll für die Kurbelei. Bereits kurz vor Porto begeisternde Aussicht auf den wildesten, steilsten Golf Korsikas.

Der Golf von Porto

Porto ist wie ein Magnet für die Touristen. Mit totalen Konstrasten - der Golf, eingerahmt von steilen Felswänden, überragt vom 1.294 m hohen Capu d'Ortu; die Portomündung mit Eukalyptuswald und langem Kiesstrand, viel Leben in den Straßen und Restaurants.

Fjordähnlich wirkt der Golf von Porto. Senkrecht aus dem Meer steigen zerklüftete Felsklippen mehrere hundert Meter hoch. Fotogener Sonnenuntergang mit feuerroten Felsen. Am Fjordende liegt

Porto

Am Fjordende liegt der Ort Porto, einen alten Kern sucht man vergebens; Hotels, Restaurants, Läden und Friseure reihen sich entlang der breiten Straße. Die Touristen bestimmen hier das Leben. Aufallendstes Merkmal von Porto ist der genuesische Wachturm auf einem bizarren Fels. In den kleinen Hotels am Fuß des Wachturms wohnt man am gemütlichsten.

Tourist INFO **Tourist Info:** Mo - Fr 10.30 - 12.00 Uhr/15.00 - 18.00 Uhr, Sa 10.00 - 12.00 Uhr

Post **Post:** Mo - Fr 9.00 - 12.00 Uhr/14.30 - 17.30 Uhr, Sa 8.30 - 11.30 Uhr

Credit Agricole, nur zur Saison; Geldwechsel neben der Post Mo-Sa 8.30-12.30/15-19.30, So. 9-12 Uhr

Prima ist das **Baden und Sonnen** am 500 m langen Kiesstrand. Bei Westwind, meterhohe Wellen, Baden dann verdammt gefährlich, Blick auf den viereckigen Turm, Portos Wahrzeichen.

Am Strand mehrere Bars, Minigolf und 2 Tennisplätze. Kleiner Bootsanlegeplatz in der Portomündung. Hier Surfbrett- und Bootsverleih, Wasserski. Angrenzend der große, urwüchsige Eukalyptuswald.

SPORT

Surfen: Autozufahrt bis zur Kiesbucht, bei Westwind steigen die Könner aufs Board (Brandung), durch Leebildung ungünstig, Mistral fällt böig ein.

Reiten in Serriera ca. 4 km außerhalb, Tel.: 95 26 14 40

Motorbootverleih am Strand 75 DM / 1/2 Tag + Benzin

Verbindungen

Busse: nach Piana - Cargèse - Ajaccio zur Saison 2 x tgl. außer So.; zur Vor/Nachsaison 1 x tgl.
nach Calvi zur Saison (Juli - Mitte Sept.) 1 x tgl, zur Vor/Nachsaison nur 1 x/Woche

Schiff, Bootsausflug:
nach Girolata tgl. Preis 20 DM/Person, auch als einfache Fahrt möglich - schöne Tour entlang der Calanche Felsen zur Grotte Capu Rossu, 20 DM/Person.

weite, aber sehr lohnende Fahrt ins Naturreservat "La Scandola" mit Zwischenstop in Girolata. Das Gebiet ist Teil des Regionalparks, in dem u. a. Haubenkormorane leben, Wanderfalken und Fischadler nisten. Oft auch Zwischenstop der Blaudelphine; siehe auch Kapitel Regionalpark.

Helikopterflüge (Heli Air Corse) über den Golf von Porto, dicht an den Felsen entlang, phantastischer Blick, Touren nach Vereinbarung. Nur an bestimmten Wochentagen; Info im Touristbüro in Porto bzw. am Strand von Bussaglia. Kein billiges Vergnügen.

Porto besteht fast nur aus Hotels und Restaurants. Trotzdem in der Saison unbedingt reservieren. Die Hotels verteilen sich ca. 2 km entlang der Straße.

In Hafen- und Strandnähe:

*** Le Kallisté: für die Lage relativ ruhig, etwas oberhalb der Straße am Hang. Dreistöcker mit Laubenbalkons, schöner Blick; kubisch verschachtelter Vorbau. 45 Zi. DZ ab 60 DM.

*** Les Flots Bleus: direkt am Hafen. das Hotel schmiegt sich an den Fels; der phantasievolle Golfblick läßt die einfallslose Architektur übersehen. 2O komfortable Zi. DZ ca. 8O DM. Gutes Fischrestaurant.

* Le Soleil Couchant: direkt am Meer und Hafen, sehr schöne Terrasse neben den rötlichen Felsen. 11 Zi., mit Minibalkon. Restaurantterrasse abends meist gerammelt voll. HP ca. 45 DM.

nebenan

** Monte Rosso: modernes Hotel, etwas größere Balkons als beim Nachbarn; einfache Terrasse. 12 Zi.

* Belvedere, preiswertes Hotel in schöner Lage an der Capspitze vis-à-vis des Genuesenturms. Zimmer mit Strand- und Bergblick. DZ ab 35 DM. Schöne Café/Restaurantterrasse oberhalb der Bucht. Gute Küche, verschiedene Pizzen um 10 DM. Auch Menüs.

** Cyrnée, bescheidenes 10 Zi Hotel in erster Reihe der Bucht, geht im Hotelgedränge fast unter. Schöne Balkonzimmer zum Meer. DZ ab 55 DM.

Die folgenden Hotels liegen an der stark befahrenen Durchgangsstraße, 1-2 km zum Strand, von den meisten Hotels schöner Blick über´n Golf:

*** Marina, großes Hotel mit 20 Zi. und 32 Studios mit kleiner Kochstelle oder enger Küche. Swimmingpool. DZ ab 60 DM.

*** Vaita, 3-stöckiges großes Hotel; Restaurantstop vieler Reisebusse. 30 Zi. DZ ab 45 DM.

* Le Bon Accueil sehr einfaches Hotel mit kleinen, düsteren Zimmern. Die Terrasse über der Straße nicht sehr einladend. DZ ab 3O DM.

* Corsica, zwischen Straße und Fluß, blutrot verputzt 400 m zum Strand. Studios, gemütliche Zimmer, Kochstelle im Vorraum, Loggia. DZ ca. 65 DM.

** Capo d´Orto, gepflegtes Hotel mit freundlich tapezierten Zimmern, Teppichboden, großes Bad mit separatem WC. Fernsehraum und Bar. Viele Zi. mit Balkons/Loggia. Große Terrasse. DZ mit Bad ca. 65 DM.

** Le Porto, architektonisch wenig ansprechend, schöner Blick, gemütlicher Speiseraum. DZ mit Du. ca. 65 DM z.T. kleine Balkons.

* Bella Vista, direkt in der Kurve am Hang. Zi. z.T. mit tollem Capu d´Orto Blick. Minibalkon. 20 Studios mit Du./Bad ab 35 DM, Garten und Terrasse. kein Restaurant.

Le Maquis, 8 Zimmer Hotel; gutes Restaurant. Gediegener Speiseraum mit großer gemütlicher Terrasse über´m Tal. Ganz ausgezeichnetes Essen. Menü 20 DM. Große Auswahl à la carte. DZ ca. 30 DM.

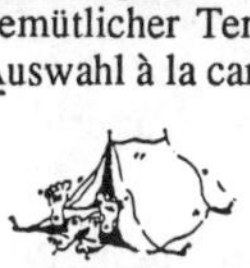

Camping MUNICPAL ca. 300 m vom Strand entfernt, steiniger Boden. Wenig Schatten, 2 Sanitärblocks mit Kaltduschen, die dem Ansturm in der Saison nicht gewachsen sind. Zufahrt von der Straße nach Piana.

*** LES OLIVIERS schöne Anlage, doch 2 km zum Meer.Ca.180 Plätze, in der Saison meist voll belegt. Terrassenplatz am Hang, Schatten unter Olivenbäumen. An der Brücke kurz vor´m Abzweig nach Evisa.

*** SOLE E VISTA an der Straße Richtung Ota gelegen, ca. 1.800 m; steile Zufahrt. Abseits und ruhig. Sonnen- und Schattenplätze. 70 Stellpl.

*** LE BUSSAGLIA, 5 km vor Porto bei Serriera. Kleine Stichstraße runter ans Meer. Platz etwa 2 Fußballfelder groß, steinig staubiger Boden, ein paar Bäume, wenig Schatten. 200 m zum Meer, weniger Rummel als in Porto.

Sehr schöne große Kiesbucht, im Norden Plage de Bussaglia am Strand Surf-, Pedalo- und Motorbootverleih; ausgezeichnet zum Surfen bei Westwind, glasklares Wasser und tolles Panorama. ** Hotel/Restaurant Stella Marina, ca. 200 m vom Strand. Zimmer mit Loggia, Meer- oder Bergblick.

Weiterfahrt durch die Calanche über eine der schönsten Panoramastraßen der Insel.

CALANCHE, die am meisten bestaunte Felslandschaft Korsikas. Busseweise werden die Urlauber hier angekarrt. Superausblick zum Golf, vom Meer aus steigen bizarre Felsformationen auf mit Löchern, Rissen und Kanten. Ähnlich einem Schweizer Käse, den zusätzlich die Mäuse bearbeitet haben. Mit Phantasie erkennt man Gesichter, Fratzen oder Figuren. - Schön gelegene Panoramabar LES ROCHES BLEUES.

Am eindrucksvollsten präsentiert sich die Calanche frühmorgens, wenn die ersten Sonnenstrahlen kommen, bzw. am späten Nachmittag. Der reizvollste Streckenabschnitt ca. 8 km nach der Ortsausfahrt Portos bei der kleinen Bar "Les Roches Bleues", 2 km lang, mitten durch die Felslandschaft; Hinweisschilder.

Bei der Durchfahrt mit dem Auto kann man gar nicht alle Felsgebilde erkennen, schöner ist es zu Fuß. Per Linienbus oder Tramp nach Piana und zu Fuß durch die Calanche zurück.

Wanderungen in der Calanche

4 verschiedene markierte Touren durch die Felslandschaft, von 40 Min. bis zu 3 Stunden Dauer. Dicht an den fotogenen Felsgebilden entlang. Festes Schuhwerk in jedem Fall ratsam.

1 Die schönste und "softeste" Tour führt auf einem Sporn ins Herz der Calanche bis zum sog. "Château" (Schloß). Gleicher Weg hin- und zurück. 45 Min. etwas bergauf, bergab, über Steine, durch die Macchia. Superblick über den Golf nach Porto und nach Piana.

Einstieg ca. 7 km nach Ortsausgang Porto, unmittelbar nach dem Hinweisschild "Calanche de Piana"; rechts der Straße. In einer Kurve einige Parkmöglichkeiten. Blau markierter Weg "Chemin du Château" ausgeschildert. Gleich beim Einstieg eine Felsformation, die einem Hundekopf ähnelt (Tête du chien).

2 Weitere lohnende Rundtour, Dauer ca. 45 Min. beginnt unmittelbar vis-à-vis der Bar "Les Roches Bleues". Einstieg in der Kurve (als "Corniche" beschriftet) markiert mit blauem Kreuz bzw. blauem Punkt im weißen Karré. Der weite Blick entschädigt für den steilen, teilweise steinigen

Anstieg. Aussicht auf die gewundene Straße und die erodierten Felshänge. Vom höchsten Punkt Blick auf Porto. Abstieg bis zur Straße durch Wald, eben um die Kurve zum Ausgangspunkt zurück.

3 Wanderung auf dem alten Maultierpfad, ca. 1 Std. Beginn einige Kurven nach der Bar Richtung Piana links am Fels eine Marienstatue (Oratoire de la Vièrge), unmittelbar daneben der Einstieg "Chemin des Muletiers" beschildert. Anfangs steiler Anstieg, bis nach der Felspassage der Maultierpfad erreicht wird. Panoramablick bis nach Porto. Über die Straße wieder retour.

4 Längste Tour, ca. 3 Std. mit schönen Ausblicken, stellenweise auch in einer weiten Schleife durch den Kastanien- und Kiefernwald auf der Rückseite der Calanche. Einstieg vis-à-vis der Bar rechts von Tour 2. Beginnt gleich mit steilem Aufstieg; rote bzw. blaue Streifen zur Markierung. Erreicht die Straße in einer Haarnadelkurve 2 km vom Ausgangspunkt entfernt Richtung Porto.

KLETTERN:

Die Calanche Felsen locken ungemein zum Klettern z.B. in der Kurve vor der Bar "Les Roches Bleues". Als Einstieg muß es nicht gleich der extreme Überhang bei der Parkausbuchtung sein (an den Bandschlingen zu erkennen). Touren jeder Schwierigkeit zu finden, beginnend etwa bei Bewertung IV d.h. gute Klettererfahrung und Abseilroutine sind Voraussetzung (s. Klettern im Sportteil). Wiederholt gekletterte Touren an zurückgelassenen Bandschlingen zu erkennen. Viele Bandschlingen mitnehmen, da jede Menge Sanduhren, Klemmkeile selten zu verwenden. Top Rope an ausgewählten Stellen möglich. Schöne Bolderfelsen an der ersten Wandertour.

TAFONIBILDUNG:

Die korsische Bezeichnung "pietra tafunata" (durchlöcherter Stein) für Felsen, die von Höhlen oder Löchern durchsetzt sind, hat sich im allgemeinen wissenschaftlichen Sprachgebrauch etabliert. Forschungsergebnissen zufolge hat die Tafonibildung chemische Ursachen, und beruht auf starken Temperatur- und Feuchtigkeitsunterschieden. Durch den abrupten Wechsel von starkem Tau in der Nacht und intensiver Sonneneinstrahlung am Tag entstehen Eisenoxide an der Felsoberfläche, die harte Krusten bilden. Dahinter dringt Wasser in die Felsspalten ein und trägt das Gestein von unten nach oben ab. Schließlich zerbrechen die dünnen Krusten - die entstandene Öffnung wird sichtbar. Die rötliche Färbung des Gesteins ist auf den hohen Eisenoxidanteil zurückzuführen.

★ Piana

Piana und die Calanche gehören zusammen. Ein großes, behäbiges Dorf gut 400 m hoch auf einem Sporn gelegen. Es mausert sich immer mehr zu einem Ort, an dem die Touristen gerne Station machen. Schöner Blick auf die bizarren Felsformationen.

Restaurant CHEZ JEANNETTE, kleines Lokal bei der Kirche. Hier wird man noch sehr persönlich bedient. Menü 15 DM

Gute Boulangerie direkt bei der Kirche. Leckere "Bastella" -Spezialität von Piana, ein Fladen mit Kürbis und Zwiebeln gefüllt.
Strand 12 km entfernt am Port d´Arone. Restaurants, Campingplatz; bei der Zufahrt (D 824) schöner Golfblick.

Post Post: Mo-Fr 9-12/14-17 Uhr, Sa. 9-12 Uhr.

*** Capo Rosso. Großes Halbrundgebäude über der Durchgangsstraße am Ortseingang. Zimmer mit Balkon, Blick über Calanche und Golf; Swimmingpool. 57 Zi. DZ ab 50 DM.

Hotel Mare e Monti am Ortseingang. Großes renoviertes Hotel. 15 Zimmer z.T. mit Balkon, schöner Blick, DZ ab 50 DM.

** De L´Horizon am Ortsende in der Kurve. Langgestreckter Dreistöcker. Balkonreihen mit Golfblick. 15 Zi. Restaurant mit Terrasse.

** Les Calanche an der Straße in Piana. Terrasse, 17 Zimmer Hotel.

Von Piana in 20 km nach Cargèse am breiten Golf von Sagone (siehe dort).

Wem der Rummel in Porto zuviel wird, der findet Abwechslung im Gebirgsnest **Ota.** Malerisch am Hang gelegen, hoch über dem Porto. Schönster Blick von der Bar CHEZ FELIX.

Produkte des Landes in der Bar Des Chasseurs, zudem gute Casse-Croûte bei prima Aussicht.

Jugendherberge neben der Post. 36 Betten, heiße Duschen. Pro Person ca. 10 DM die Nacht.

Nach dem Dorf an der D 124 eine der elegantesten Genuesenbrücken auf Korsika, mit einem schlanken, spitzen Bogen. Darunter locken Badegumpen zum Reinspringen.

Wanderung durch die Speluncaschlucht nach Evisa.

Die Spelunca, eine reizvolle bewaldete Schlucht, in die sich der Aitone Fluß reingefressen hat. Senkrecht aufsteigende Felsen. Zu Fuß auf dem Genuesenpfad erlebt man die Spelunca am besten.

Einstieg ca. 2 km nach Ota direkt an der kleinen Straßenbrücke. Wegweiser, orangefarbige Markierung. Zu der Brücke führt ebenfalls ein Abzweig von der Straße D 84 (Porto - Evisa), 8 km nach Porto links runter, schmal, aber befahrbar.

Der gut ausgetretene Wanderpfad ist steinig und schmal; er verläuft etwas oberhalb des Baches Aitone. Porto heißt der Fluß nur das unterste Stück ab der Brücke. Insgesamt ist er 22 km lang; er entspringt in ca. 2.000 m Höhe beim Monte Tozzo am Nino See. Unerwartet zwischen Bäumen die alte Genuesenbrücke Pont de Zaglia über den Tavulellabach, der hier in den Aitone mündet.

Wer Lust hat, macht eine Badepause, dann geht´s in steilen Serpentinen anstrengend hoch nach Evisa - nach der Brücke gleich rechts. Zwischen den Macchiabäumen schöne Rückblicke in die Schlucht. "Rettend" ist eine schattige Quelle auf halbem Weg (kann u.U. versiegt sein). Mit Sandalen wird die Tour sehr mühsam. Durch viel Schatten auch mittags erträglich.

Wanderzeit ca. 2 1/2 bis 3 Stunden, je nach Kondition, 620 m Höhenunterschied. Zurücktrampen müßte möglich sein. Wer lieber bergab läuft, startet in Evisa am westlichen Ortsausgang bei der Kapelle Saint Cyprien zwischen Grabhäuschen rechts ab und gleich wieder links runter.

Die Straße von Porto nach Evisa (D 84 gut 20 km) windet sich am Rande der schroffen Spelunca Schlucht. Z.T. neu geteerte Fahrbahn, nur wenige Haltebuchten für einen Blick in die Schlucht.

✶ Evisa (250 E.)

Ein geschäftiger, vielbesuchter Ort , mit herrlichem Ausblick über das Tal - liegt ca. 800 m hoch, dadurch im Sommer sehr angenehme Temperaturen. Das Leben spielt sich auf der Straße ab. Viel Durchgangsverkehr vom Col de Vergio nach Porto. Bergwanderer können hier den Proviant wieder auffüllen. Keine Tankstelle.

Reiten am Ortseingang, "A Stalla d´Evisa". Pferde stundenweise 18 DM, auch Tagesausritte.

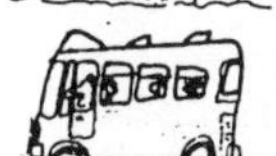

Bus nach Ajaccio (über Vico, Sagone). Abfahrt an der Bar zur Post. Zur Saison 2 x täglich außer So. und feiertags; sonst seltener.

Post mit Sparkasse: kein Geldwechsel möglich, offen: Mo - Fr 9.00 - 12.00 Uhr/15.00 - 18.00 Uhr.

*** **U Castellu**: originelles, schloßartiges Hotel, stilvoller Speiseraum. Am schönsten vielleicht das Turmzimmer mit kleinem Balkon und Holzdecke. Doppel ab 50 DM.

* **Du Centre**: bei Mme Greco gibts nur Halb- oder Vollpension. Doppel HP 70 DM

* **Hotel Aitone**, Rte. d´Aitone. Schön gelegen, einfache Zimmer, regionale Küche. DZ ab 35 DM.

*** CAMPING L´ACCIOLA - Terrassenplatz, 2 km nach Evisa an der Abzweigung Col de Vergio/Vico rechts. Stellplätze unter Kastanienbäumen, ordentliche Sanitärs.

Feriendorf Paesolo ein großzügig angelegtes Feriendorf im Kiefernwald von Aitone (1.120 m hoch). Für Kinder ein Spielparadies, Baden im Naturschwimmbad oder Bach, großes Freizeitangebot, Bergtouren mit Führer werden angeboten. 45 Fahrminuten vom Meer (Sagone). Man wohnt in 2 Zimmer Pavillons mit Kochecke und Bad. Wöchentliche Mindestmietzeit. Nähere Auskünfte: Occaj Paesolo 20126 Evisa.

Von Evisa die Paßstraße aufwärts durch das schöne Waldgebiet von Aitone zum Col de Vergio (1.477 m), dem höchsten Paß Korsikas. Idealer Wandereinstieg zur Transkorsika Route GR 20. Landschaftlich sehr schöne Straße ins Niolo Hochtal, zum Stausee von Calacuccia, durch die wildromantische Schlucht "Scala di Santa Regina" bis nach Corte im Zentrum Korsikas.

Rundtour entlang der Westküste. Ab Evisa die D 70 über den Sevi Paß (1.100 m) nach Vico (1.300 E.), großes interessantes Inlandstädtchen; weiter an den ausgedehnten Golf von Sagone mit schönen Sandstränden. Küstenstraße zurück über die "Griechenstadt" Cargèse, entlang der Calanche von Piana mit ihren bizarr erodierten Felsgebilden zum fjordartigen Golf von Porto. Gut 1 Tag einplanen. Details im jeweiligen Kapitel.

Der Golf von Sagone

Der weite Golf von Sagone ist wegen seiner Sandstrände interessant. Felsen und Genuesentürme begrenzen die Buchten. Landschaftlich spannungsloser als die Küste um Porto.

Die einzig größere Ortschaft ist Cargèse, alle anderen Dörfer liegen im Hinterland, in der Cinarca. Die hügelige Landschaft fängt gleich hinter dem Strand an. Im Norden große Wald- und Macchiaflächen, fruchtbares Ackerland an der Mündung der Liscia.

Cargèse

(900 E, Kors. Carghjese)

Ein Ort mit ganz anderem Charakter. Daß es hier nicht so ärmlich zugeht, zeigen die großzügigen Häuser. Sie dehnen sich hufeisenförmig in einer Hangmulde überm Meer aus. Kennzeichnend für das Stadtbild, die griechisch-orthodoxe und die römisch-katholische Kirche, die sich gegenüber stehen. Die Badetouristen zieht es mehr in die Bucht von Pero. Im kleinen Hafen von Cargèse laufen vor Sonnenaufgang die Fischerboote aus.

Historisch wird Cargèse erst im 17./18. Jhd. interessant; 1676 flüchteten etwa 800 Griechen vom Peloponnes vor den türkischen Angriffen nach Korsika. Genua wies ihnen 4 km vom heutigen Cargèse entfernt unbewohntes Land zu, dort gründeten sie den Ort Paomia (Ruinen). Ihr erfolgreicher Anbau von Getreide, Wein etc. wurde von den korsischen Nachbarn skeptisch beäugt; die Spannungen gipfelten schließlich in einem Dorfbrand und der Flucht der Siedler nach Ajaccio (Zeit der korsischen Unabhängigkeitskriege).

Erst unter französischer Herrschaft wurde den Asylanten wieder Unterstützung angeboten. In einem neuen Siedlungsversuch an der Küste gründeten sie das heutige Cargèse. Der griechische Einfluß ist noch an Namen und Schriftzügen zu erkennen (z.B. Rue Dragacci von griech. - akis).

GRIECHISCHE KIRCHE: eine Besonderheit auf Korsika. Griechische Emigranten brachten im 17. Jhd. zahlreiche Ikonen mit. In der Kirche eine düstere Ikone in grüngrauen Tönen, die den geflügelten Johannes darstellt. Aus der Signierung geht hervor, daß ein Mönch vom Berg Athos der Maler war. Gegenüber, rechts des Altars, die 3 Heiligen der griechischen Kirche: Basilus der Große, Johannes Chrysostomos, Gregor der Theologe, ein sehr häufiges byzantinisches Thema.

Tourist Info: Rue Docteur - Dragacci, offen Mo - Sa 8.30-11.45/16-19 Uhr

Banque Populaire: Mo-Fr 8.15-11.45/14.15-17.45 Uhr
Credit Agricole: Mo-Fr 8-12/14-17 Uhr.

Post: Mo-Fr 9.00-12.00 Uhr/14.30-17 Uhr, Sa. 9.00-12.00 Uhr

Taxi:
Angetti, Tel. 95 26 40 49;
Taddei, Tel. 95 26 40 29;
Pieri, Tel 95 26 44 20.

Verbindungen

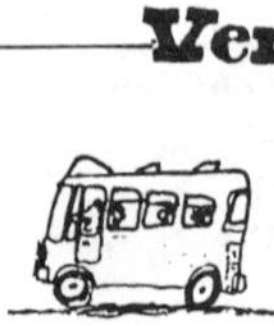

Busse:
nach Porto zur Saison 2 x täglich außer So.; sonst nur 1 x tgl. außer So. Nach Ajaccio zur Saison 2 x täglich außer So., sonst nur 1 x tgl. außer So. Auskunft und Abfahrt Bar Des Amis.

Car rent:
Tankstelle ELF;
Frimigacci Tel. 952641O9
Solvet, Tel. 95 26 42 14

Bootsausflug: nach Girolata - Piana (Calanche) - mit der "Capo Rosso". Abfahrt morgens, Preis 40 DM. Auskunft Rest. Select.

SPORT

Surfen: in den Buchten Pero und Chiuni

Wassersport: am Plage de Pero, aber geringes Angebot.

Tauchen: Club Nautique de Cargèse,
Auskunft am Hafen oder Tourist Info.

Corsicada Laden: an der Hauptstraßenkreuzung, schöne Keramik, Webarbeiten etc.

LE SELECT, man sitzt mitten auf der Straße, Rue Dragacci, trotzdem voll. Kein Menü, hauptsächlich Pizzen.

Snackbar ANGELINA - U SPUNTINU, auf Bestellung gibts auch eine prima Paella. Manchmal Gitarrenmusik.

CHEZ MIMINO, einfaches Restaurant an der Durchgangsstraße mit ruhiger, schattiger Terrasse nach hinten raus.

DES AMIS, lebhafteste Bar, Treffpunkt der Einheimischen. Außerdem gibts hier das beste Eis. Wegen "Ruhestörung" droht der Bar u.U. Schließung.

* **Bel Mare**: das schönste Hotel im Ort (am Ortsende), Terrasse zum Meer. DZ mit Du. ca. 50 DM.

* **Hotel, Restaurant Cyrnos** an der Durchgangsstraße. 16 Zimmer z.T. mit Dusche oder Bad. DZ ca. 30 DM. Ausgezeichnetes Menü 25 DM und gute Fischsuppe.

* **Le Continental:** an der belebten Durchgangsstraße, am Ortseingang. Ungemütlicher Speiseraum. DZ 40 DM.

** **La Spelunca**: herrlicher Blick übern Golf, aber Lärmbelästigung in den Zimmern durch die Straße. Doppel 65 DM. Restaurant.

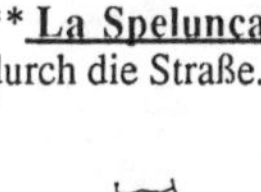

***CAMPING TORRACCE, 4 km nördlich Cargèse (Busverbindung), an der D 81. Recht schöne Anlage terrassiert, 70 Stellpl. z.T. unter Pinien. Mehrere Sanitärgebäude. Warmduschen, Einkaufsmöglichkeit, Tennis, Stromanschlüße für Caravans, zu den beiden Stränden Plage de Pero und Plage de Chiuni jeweils 1/4 Stunde zu Fuß.

Badebuchten um Cargèse

Plage de Pero ca. 2 km nördlich von Cargèse.
Herrliche Bucht mit 1 km langem, ca. 80 m breitem Sandstreifen, anschließend Felsen bis zu den Genuesentürmen rechts und links. Windsurfverleih ca. 15 DM/h - Volleyballnetz für die Sportlichen.

** **Hotel Ta Kladia**: bei dem Weiler Ta Kladia. Treppenförmig angelegte Studios am Meer. Ein Katzensprung ins Wasser. Die Studios bieten Platz für 4 Personen. Preis 60

<u>Hotel Le St. Pierre:</u> oberhalb der Bucht, eine sehr gepflegte, stilvolle Anlage, komfortable Studios und Doppelzimmer. Großer Swimmingpool, 500 m zum Meer. Restaurant und Aufenthaltsraum sehr geschmackvoll eingerichtet, indische Marionetten und Gewehre an den Wänden. HP 75 DM/p.P.

<u>Golfe de Chiuni</u>

Weite, ruhige Bucht mit Sandstrand, 8 km nördlich von Cargèse. Einige Wohnmobile, Hotelgäste des Beau Rivage und des Club Méditerrannee tummeln sich hier.

** <u>Hotel Beau Rivage</u>: Studios direkt am Strand. Ideal für Badefans. Zimmer ordentlich eingerichtet, teilweise Terrasse. D 50 DM. Menü ab 20 DM.

Club Méditerrannée: riesige Freizeitanlage, nicht direkt zu buchen, sondern nur über Reisegesellschaften.

<u>Surfen</u> im gesamten Golf ideal; durch die Untergliederung in mehrere Buchten fast immer eine Stelle mit auflandigem Wind zu finden. Starke Brandung bei Südwind. Gute Zugänge mit dem Auto bis dicht an den Strand; etwas wellengeschützt durch die Landzungen. Surfverleih an verschiedenen Stränden.

<u>Plage de Menasina</u>: ca. 2,5 km südlich von Cargèse.

recht schöne Bucht flankiert von Felsen; weniger wellengeschützt als die obigen Buchten z.T. auch Felsstrandpartien. Zufahrt ganz am südlichen Ende, Schotterweg runter.

** **Hotel Helios**: ein Stück oberhalb des Plage de Menasina, direkt an der Küstenstraße. Hübsches kleines Hotel; 16 geräumige, komfortable Zimmer, Swimmingpool. DZ 55 DM. Mit Restaurant, durchschnittliche Preise.

<u>Von Cargèse in 13 km nach Sagone</u>. Dünn besiedelte, hügelige Gegend, viele Olivenbäume, kleine Buchten.

Sagone

Wenn man von Sagone spricht, meint man den weiten Golf und Sandstrand. Ein Platz für Badefreunde und Wassersportler. Eine romantische Altstadt sucht man vergeblich, stattdessen findet man einen einfallslosen Straßenort, eine Ansammlung neuer Hochhäuser, Geschäftspassage, Restaurants und Hotels.

Erst seit kurzem leben hier wieder Menschen, nachdem es gelungen ist, die malariaverbreitende Anophelesmücke auszurotten.

Zur Römerzeit bereits besiedelt, später Bischofssitz. Nach der Zerstörung durch die Sarazenen versumpfte das Gebiet und der Bischofsitz wurde ins "gesündere" Vico landeinwärts verlegt.

Ruinen der Kathedrale aus dem 12. Jhd., wenig für´s Auge, innen Fundamente einer älteren Kapelle. Nördlich der Brücke von Sagone rechts ab, schmale Straße ca. 150 m zu Fuß.

Im Shoppingkomplex:

Bank: Credit Agricole: Mo-Fr 8-12 Uhr/13.30-16.30 Uhr

Post: Mo-Fr 9-12/14-16 Uhr. Sa. 9.30-11.30 Uhr.

Tourist Info: im südlichen Ortsbereich nach der Kreuzung (nach Vico).

Busverbindung nach Cargèse und Ajaccio (siehe dort).

SPORT

Surfen: Der riesige Golf von Sagone eignet sich wunderbar zum Surfen, unterteilt in verschiedene Buchten lassen sich je nach Windrichtung wellengeschützte Bereiche finden. Die Straße in unmittelbarer Nähe zu den Stränden,dadurch bequemeZugänge,diverse Surfverleihs, z.B. in Sagone beim Hotel Cyrnos 20 DM/Std. auch Unterricht.

Tauchen: ideale Tauchtiefen von 15, 20 und 30 m. Im Golf einige lohnende Objekte z.B. ein Schiffswrack von 1780 und ein Wasserflugzeug vom Typ Canadair, das beim Auftanken während eines Löscheinsatzes verunglückte. Tauchbasis beim Hotel Cyrnos. Ein Tauchgang mit eigener Ausrüstung 30 DM; auch Kompressor zum Flaschennachfüllen und Ausrüstungsverleih.

Segelbootvermietung ebenfalls beim Hotel. Ab 20 DM/Stunde aufwärts je nach Bootstyp, auch Schulung.

Tennis: ca. 3 km außerhalb Route de Vico, 5 Courts 15 DM/Std.

Reiten: Großer Reitstall an der Route de Vico, ca. 4 km, 1 Stunde in der Gruppe mit Führer 15 DM.

Gocart: eine Bahn, die auch nachts geöffnet hat. 10 Minuten 15 DM an der Route de Vico ca. 5 km.

Open air Kino U Sampiero, gleich neben der Durchgangsstraße.

Cate Bowling, noch die netteste Kneipe mit Korbstühlen. Die "Bowling" bahn ist nur eine kleine automatische Anlage.

** Riposo, 2 km nördlich. Dreistöckiges Gebäude mit gepflegter Gartenanlage. Die Zimmer o.k. aber ohne Balkon. Zum Strand die Durchgangsstraße queren und einige Meter durch Macchia auf schmalem Weg. Nur HP möglich, DZ. ca. 110 DM, das dazugehörige Rest liegt im Ort, mehrere km entfernt!

** De la Marine am Ende des Ortes zwischen Straße und Meer, mit Restaurant und Strand. HP ab 55 DM.

** Santana: breiter Hotelkasten ca. 1,5 km südlich in der schönen Nachbarbucht. 30 Zi., Blick aufs Meer, Privatstrand mit Surfverleih. DZ ca. 50 DM.

*** Cyrnos: großer, 2-stöckiger Bau mit Terrasse direkt auf dem Sandstrand. DZ ab 70 DM. Große Speisekarte. Menü 20 DM.

DE LA PLAGE: einfaches, trotzdem gemütliches Restaurant mit Terrasse zur Straße. Das Hotel kann nicht so überzeugen. Zum Strand nur die Straße queren.

LE MUST: Pizzeria mit Night Club am Ortsanfang bei der Brücke.Hier bekommt man bis zum Morgengrauen noch etwas zu essen.

CAMPING SAGONE: 1,5 km landeinwärts (D 70). Schattiger Platz mit Restaurant und Supermarkt, z.T. schwefelhaltiges Wasser.

Sandstrand von Liamone - etwa 3 km vor Tiuccia, ganz anderer Charakter, flaches Schwemmland an der breiten Liamone. 2 km langer Sandstrand, auch zur Hochsaison nicht überfüllt, bei starker Brandung kann Baden gefährlich werden.

CAMPINGPLÄTZE etwas im Inland an der D 25:

*** U SOMMALU 700 m landeinwärts, großer Platz, vereinzelt Schatten, ordentliche Sanitäranlagen. 135 Stellpl.

***LE LIAMONE 2 km im Inland Richtung Ambiegna. Hügelig angelegt, mit Olivenbäumen und Hinkelsteinen, Blick auf die weite Ebene des Liamone und Meer. Restaurant, kleiner Laden.

✶ Tiuccia

Badeort in der Bucht von Liscia, unterhalb der Ruinen des "Castel Capraja", Sitz der Grafen der Cinarca. Schöner gelegen als Sagone, die Häuser kriechen den grünen Hang hinauf. Keine Altstadt, nur Geschäfte, Bars und Ferienwohnungen. Zahlreiche Hotels verteilen sich an der gefragten Sandbucht.

* Chez André: unauffälliges Hotel am Ortseingang zwischen Straße und Meer mit großer Terrasse. 17 Zimmer. Doppel ca. 42 DM.

* Calypso direkt am Meer, Doppel ca. 40 DM

*** Cinarca: Betonkasten auf Stelzen, fast schon im Wasser. HP p.P. ca. 65 DM.

* Les Flots Bleus: zwischen Straße und Meer direkt überm Strand. Speiseraum wie

ein Wintergarten, etwas kahl, viel Glas.

** La Liscia: Motel direkt am Strand. Häuserblocks verteilen sich um den Swimmingpool. Große, helle Zimmer mit Balkon. Doppel ab 70 DM. 1-2 km südlich von Tiuccia.

4 km südlich von Tiuccia an einer schönen Sandbucht die Appartementanlagen:

*** San Bastiano: riesige (über 500 Betten) Anlage in Flachbauweise hinter Pinien und Zypressen versteckt, direkt am Strand. Aber 4 km von Tiuccia entfernt (kein Bus). Bungalows klein, aber freundlich. Ausstattung mit Kunststoffmöbeln, kleines Bad aber o.k. Kinderfreundliche Anlage. Großes Sportangebot (Tennis, Segeln, Surfen) Bar und Aufenthaltsräume. Preis VP p.P. ca. 110 DM.

** D´Ancone: einfache, kleine Appartements am Golf von Liscia. Enge Kochnische, etwas kärglich eingerichtet. Sandstrand beim Hotel San Bastiano (1 km), der Felsstrand nur 100 m entfernt. Nach Tiuccia 5 km, kein Bus. Geschäfte zum Einkaufen gibts in Liscia, 2 km entfernt. Preis ca. 75 DM.

Les Sables d`Orcino: Appartements neben dem Hotel San Bastiano, mit gepflegter Gartenanlage und Swimmingpool. 2 - 4 - 6 Bett Appartements. freundlich gemacht, das Bad ist recht klein. Nur wochenweise zu mieten, Preis ab 610 DM.

** CAMPING LA LISCIA: kleiner Platz. Zum Meer die Straße queren. 2km südlich von Tiuccia. Ebenes Gelände, Schatten, Pizzeria, Snackbar.

** CAMPING CALCATOGGIO: ca. 4 km südlich von Tiuccia. Schön am Hang gelegen. Dichte Vegetation. Stromanschlüsse. 100 Stellpl. Ein ganzes Stück zum schönen Sandstrand.

Tennis: 4 Courts in Strandnähe vis-à-vis les Sables d`Orcino. Im Ortsteil Orcino einige **Surf- und Segelbootvermietungen** am Strand.

★Vico (1.300 E.)

Im Inland, 13 km von der Küste (D 70); totaler Gegensatz zu Sagone und Tiuccia. Eine gewachsene Stadt mit alter Vergangenheit, umgeben von Hügeln, Wäldern und viel Macchia. Das Rotondomassiv im Blickfeld. Größere Bedeutung (Bischofssitz) hatte es früher, als in Sagone die Malaria herrschte.
Etwas außerhalb am Hang das Kloster St. François, 1481 gegründet (1 km östlich Richtung Arbori). KLOSTERKIRCHE aus dem 17. Jhd. mit dem ältesten Holzkruzifix Korsikas. Hohe, alte Häuser drängen sich um zwei kleine Plätze. Viele einfache Cafés, alle nötigen Geschäfte und ein netter Corsicadaladen.

Gute Bade- und Angelmöglichkeit: im Flüßchen Sagone. 2 km Richtung Guagno.

Post: Mo-Fr 9.00 - 12.00/15.00 - 18.00 Uhr, Sa. 9.00 - 12.00 Uhr

Credit Agricole: Di-Fr 9.00 - 12.00 Uhr
Banque Populaire: Di - Do 8.30 - 11.00 Uhr

Bus nach Evisa und Ajaccio - Abfahrt zur Saison 1 x täglich bei der Gendarmerie.

Uns hats am besten im CAFÉ CYRNOS gefallen. CAFÉ NATIONAL, das größte und ungemütlichste, aber mit Poolbillard.

** Hotel U Paradisu, Route du Couvent, ein vier-stöckiges Gebäude älteren Datums. 23 Zi. Sehr ruhig, 400 m abseits der Hauptstraße. Speiseraum mit Stilmöbeln, aber ungemütliche Bar. D 60 DM, Menü ab 20 DM.

**** CAMPING LA SPOSATA, Terrassierter Wiesenplatz; große Anlage am Hang im Olivenhain. Schönes Bergpanorama aufs Rotondomassiv. Warmduschen.

Bei Vico besteht die Möglichkeit die D 70 weiter über den Sevi Paß (1.100 m) nach Evisa zu fahren und eine Rundfahrt anzuschließen: entlang dem wildesten Küstenabschnitt bei Porto, die fotogenen Felsgebilde der Calanche, über Cargèse zurück nach Sagone. Zeitbedarf 1 Tag.

Alternativ über den höchsten Paß Korsikas Col de Vergio (1.477 m) ins zentrale Gebirge Korsikas an den großen Stausee bei Calacuccia, durch die steile, wilde Goloschlucht Scala di Santa Regina. Wandermöglichkeiten im oberen Golotal ab Col de Vergio, lohnende Gipfelbesteigungen sowie leichtere Touren im Wald von Valdo-Niello. Details im Inland Kapitel.

Eine touristisch wenig befahrene Strecke führt von Vico aus in den Talkessel des Fiume Grosso hinunter (D 23, ca. 25 km).

Ca. 13 km nach Vico:

GUAGNO-LES-BAINS, eine bekannte Heilquelle gegen Rheumaleiden. Das moderne Kurhaus aus großen Natursteinen sehr gut in die Landschaft eingepaßt. 2 Quellen (37°C und 52°C) werden für den Kurbetrieb genutzt. Indikation bei Rheuma, Ischias etc.

Am Ende der Straße das schön gelegene Bergdorf Guagno (250 E.) in 720 m Höhe von Kastanienwäldern umgeben mit Blick zu den 2.000-ern (Rotondomassiv 2.625 m) Anfahrt recht kurvig und mühsam.

CINARCA wird die fruchtbare Gegend in Küstennähe zwischen Liamone und dem Gravone Fluß genannt; Macchia wechselt mit Oliven; Feigen-, und Mandelbäumen vielfach in Terrassen angeordnet. Früher war das Gebiet von dichten Eichen- und Kiefernwäldern bedeckt.

Die Cinarca war im Mittelalter eine politisch recht aktive Gegend. Die einst mächtigen Grafen der Cinarca hielten zeitweise ganz Korsika unter Kontrolle und schalteten sich in den Machtkampf zwischen Genua und Pisa ein. Sinucello della Rocca, alias Giudice de Cinarca (13. Jhd.) ergriff für Pisa Partei und hatte im Auftrag Pisas fast die ganze Insel unterworfen - bis auf die Nord- und Südspitze. Von den Pisanern frustiert, unterstützte er später die Genuesen. Durch mehrfachen neuerlichen Parteienwechsel setzte er sich zuletzt komplett zwischen alle Stühle. Schließlich wurde er, - durch Verrat - von Genua gefangen genommen und starb Anfang des 14. Jhd.

Die alten Dörfer der Cinarca liegen gut geschützt im Landesinneren - Casaglione, Sari d´Orcino heute kleine, hübsch gelegene Örtchen von 200 Einwohnern.

Vom Golfe de Sagone ca. 30 km nach Ajaccio, anfangs schöner Blick zurück über die weite Bucht.

Der Golf von Ajaccio

Weiter, abwechslungsreicher Golf - Anziehungspunkt für Touristen und Einheimische. Großstadtleben in AJACCIO, der wichtigsten korsischen Stadt an der Westküste der Insel. Ruhige Buchten auf der nördlichen Landzunge und die lohnenden ILES SANGUINAIRES

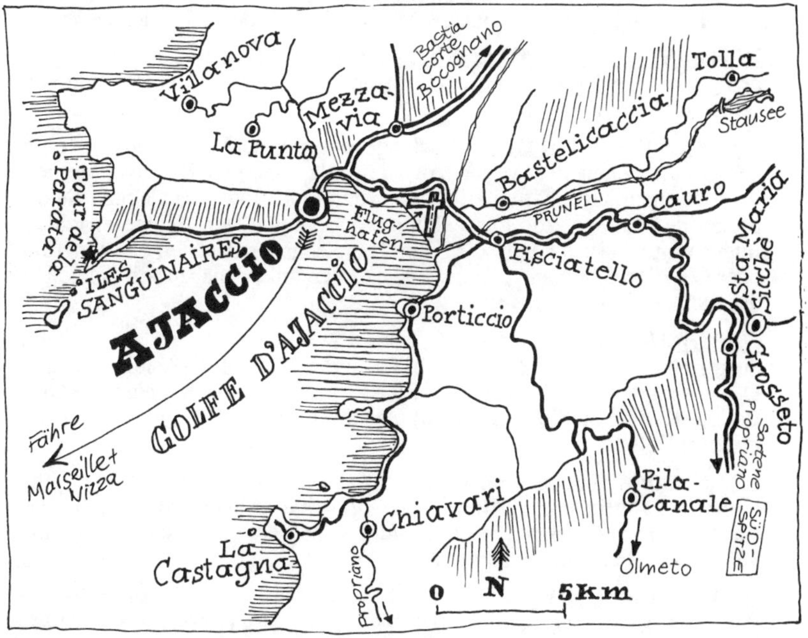

Feine Sandstrände mit allen vorstellbaren Wassersportmöglichkeiten. Das Freizeitzentrum ballt sich um PORTICCIO.

Ajaccio

(Kors. Aiacciu, 55.000 E)

Hell und freundlich präsentiert sich die Stadt vom Meer aus. Natürlich viele Hochhäuser, die sich aber leuchtend vom grünen Hang abheben.

Großzügige Plätze mit Palmen und Platanen - fotogene Altstadt, flanierende Menschen am Yachthafen, elegante Boutiquen, bunter Markt. Am Sandstrand unterhalb der Zitadelle vergißt man schnell die Großstadt, die auch ihre Industrieviertel hat.

Ajaccio rühmte sich, das mildeste Klima Korsikas bieten zu können.Die Hauptstadt des Département Corse-du-Sud ist seit 1982 auch Sitz des Regionalparlaments.

Napoleon Bonaparte, der hier geboren wurde, - begegnet einem auf Schritt und Tritt: Cours Napoleon, Napoleon Denkmale, Napoleon Museum, Napoleon Geburtshaus....

COURS NAPOLEON - Die Hauptladenstraße: Boutiquen, Kinos, Bistros, Post. Trotz zweispuriger Einbahnstraße zur Rush Hour stehender Verkehr.

REITERSTATUE NAPOLEONS: Spitzname das Tintenfaß, am Place Gen. de Gaulle, Napoleon als römischer Imperator hoch zu Roß, eingerahmt von seinen 4 Brüdern.

NAPOLEONDENKMAL: Verlängerung des Cours Grandval, lohnt besonders wegen der weiten Aussicht. Napoleon in Hut und Mantel, genießt einen sagenhaften Blick über den Golf von seiner hohen Steinpyramide. 1938 wurde das bekannte Monument von Seurre errichtet. Interessanterweise sind nur die Siege Napoleons verzeichnet; ein Waterloo oder Leipzig sucht man vergebens. Die Grotte links daneben soll Spielplatz des kleinen Napoleon gewesen sein.

GEBURTSHAUS, Rue Saint Charles - 2 Stockwerke sind als Museum eingerichtet. Im ersten Stock Mobiliar in der Mode des 18. Jahrhunderts. Deckenbemalung, Wandbespannung, Kommoden und Kronleuchter aus Italien. Karges Studierzimmer mit Geheimtür im Boden und Notausgang bis zum Hafen.

Kühle Atmosphäre in den Zimmern, kaum vorstellbar, daß hier eine lebhafte Familie mit 8 Kindern gewohnt hat. Ahnenbilder, Familienstammbaum und Urkunden im 2. Stock geben etwas Aufschluß über die verzwickten Familienverhältnisse.

Die Familie Bonaparte besaß das Haus erst seit 1743. 50 Jahre später mußten die Bonaparte Ajaccio aus politischen Gründen verlassen: die Stadt unterstützte den korsischen Freiheitskämpfer Pascal Paoli, während die Bonaparte pro - französisch waren. Erst 1798 kehrte die Familie zurück; ein Zuschuß (als Entschädigung) des Direktoriums ermöglichte die Renovierung und noblere Ausstattung. Napoleon logierte 1799 nach seiner Rückkehr vom Ägyptenfeldzug kurz hier. 1923 erhielt der franz. Staat das Haus.

Öffnungszeiten: 10.00 - 12.00 Uhr/14.00 - 17.00 Uhr, Sonntag nachmittag und Montag vormittag zu. Eintritt: 3 DM/Studenten die Hälfte.

Im kleinen Garten gegenüber, Place Letizia, eine Kinderbüste von Napoleons Sohn.

SALON NAPOLEONIEN im Rathaus, grandioser Marmoraufgang zum Museum im 1. Stock. Erinnerungsstücke, Familienportraits, eine Fotokopie von Napoleons Taufschein und Abguß seiner Totenmaske. "Riesige Ölschinken" und zahlreiche Büsten im ersten Raum. Im blauen Zimmer unzählige Münzen aus Napoleonischer Zeit - von Stecknadelkopfgröße bis

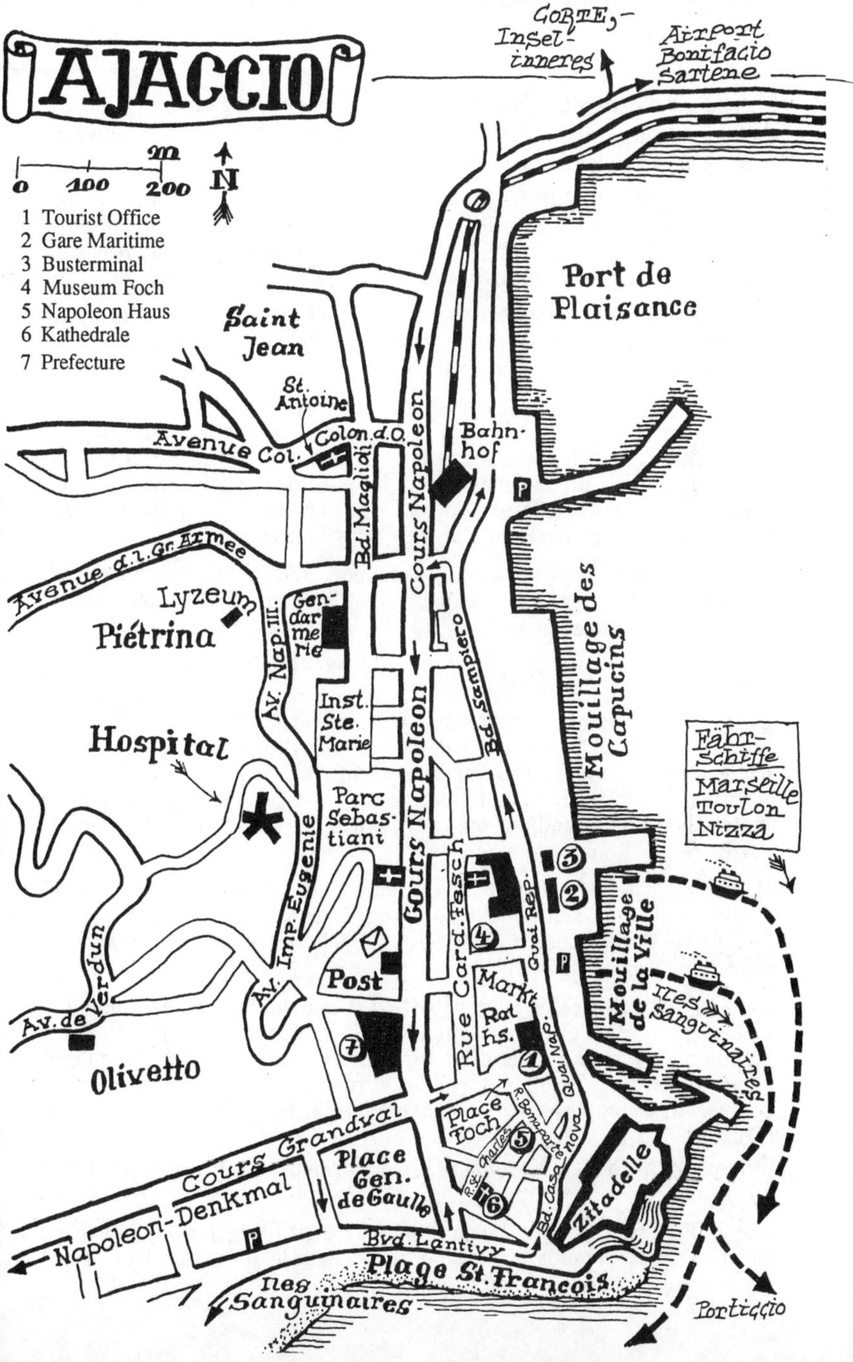

AJACCIO
m
0 100 200
N
1 Tourist Office
2 Gare Maritime
3 Busterminal
4 Museum Foch
5 Napoleon Haus
6 Kathedrale
7 Prefecture
CORTE, - Insel-inneres
Airport Bonifacio Sartene
Port de Plaisance
Saint Jean
St. Antoine
Avenue Col.
Colon. d. O.
Bd. Maglioli
Cours Napoleon
Bahnhof
Avenue d. l. Gr. Armee
Lyzeum
Piétrina
Gendarmerie
Av. Nap. III.
Inst. Ste. Marie
Bd. Sampiero
Mouillage des Capucins
Hospital
Parc Sebastiani
Fähr-schiffe
Marseille
Toulon
Nizza
Av. Imp. Eugenie
Rue Card. Fesch
Quai Rep.
Mouillage de la Ville
Av. de Verdun
Av.
Post
Markt
Rathhs.
Iles Sanguinaires
Olivetto
Quai Nap.
Place Foch
R. Bonaparte
R. St. Charles
Cours Grandval
Place Gen. de Gaulle
Bd. Casanova
Zitadelle
Napoleon-Denkmal
Bvd. Lantivy
Plage St. Francois
Iles Sanguinaires
Porticcio

5 cm Durchmesser - z.B. die Münze zur Weltausstellung.

Öffnungszeiten: 9.00 - 12.00 Uhr / 14.00 - 17.00 Uhr, außer an Feiertagen. Geringer Eintritt.

DER SQUARE CAMPINCHI verwandelt sich jeden Vormittag in einen bunten korsischen Markt. Eine Fülle von Obst- und Gemüseständen, korsischem Käse, Wurst-, und Schinkenspezialitäten in großer Auswahl. Hier kann man vorher probieren und wählen, aber man feilscht nicht.

Beim Bäckerstand gibts köstliche "Beignets au brocciu" (herzhaftes Schmalzgebäck, gut gefüllt mit korsischem Frischkäse). Abends locken die Snackbuden viele Menschen an.

Die FISCHHALLE: feuchter Fischgeruch empfängt einen gleich an der Eingangstür. In der schummrigen Halle bieten korsische Marktfrauen alle nur erdenklichen Fische an. Langusten, Krebse, Muscheln, Austern. Wenn man lange verweilt, hat man Mühe, wieder davon zu kommen, ohne mindestens 3 kg Muscheln zu kaufen. Der einzige Fischmarkt der Insel. Wo: Unten im Rathaus, blaue Tür. Nur bis Mittag offen.

Die Bänke am Place Foch sind allgemeiner Treffpunkt, nicht nur für die Touristen. Auch hier steht Napoleon - am Brunnen. Fischrestaurants auf der einen Seite, Rathaus mit Touristikbüro auf der anderen.

GEMÄLDEMUSEUM FESCH: Im Palais des Kardinal Fesch - des Stiefbruders von Lätizia, Napoleons Mutter. Er sammelte Kunstschätze in ganz Europa zusammen, bevorzugte italienische Schulen, er brachte es auf über 1.200 Gemälde, deren künstlerischer Wert denen des Louvre in nichts nachstehen soll. Das große hufeisenförmige Palais - Bronzestatue des Kardinal Fesch im Innenhof - wurde z.T. von Napoleon III. finanziert. Inzwischen von Grund auf renoviert, eines der sehenswertesten Museen der Insel.

BIBLIOTHEK, in einem Flügel des Palais untergebracht. Mit ca. 50.000 Exemplaren eine stattliche Sammlung; überwiegend Bücher, die von Napoleons Bruder Lucien konfisziert und gehortet wurden, während er als Innenminister waltete.

GRABKAPELLE DER BONAPARTE (Chapelle Impériale). Ans Palais angrenzend, Rue Cardinal Fesch. 1857 in Renaissanceimitation von Napoleon III als Familiengruft erbaut. Lätizia Bonaparte (Napoleons Mutter), Kardinal Fesch und weitere Verwandte des Kaisers wurden hier beigesetzt, während Napoleon bekanntlich im Invalidendom in Paris bestattet ist.

Offen: zur Saison tgl. 9-11.45/14.30-18 Uhr in der übrigen Zeit des Jahres kürzer.

Die ZITADELLE - seit knapp 500 Jahren Militärgelände. Zutritt und Besichtigung nicht möglich. Fast jeder Inselherr hatte bei der Entwicklung der Festung die Hand im Spiel.

Ajaccio nach Stich 19. Jhd.

1503 wurden die ersten Befestigungsmauern von der Bank des Hl. Georg (siehe Geschichte) in Auftrag gegeben. 50 Jahre später massiv erweitert. - Die Stadt war mittlerweile französisch geworden - Befestigungsmauern, Türme etc. entstanden. Unter genuesischer Führung kam der trennende Graben hinzu. Franzosenkönig Louis XV. ließ die Anlage abermals erweitern, Napoleon als Konsul einen Teil der Mauern wieder einreißen.

Die ALTSTADT beginnt hinter der Zitadelle zwischen Place de Gaulle und Place Foch. Enge Gassen in Fußgängerdimensionen, Flatterwäsche, super schmale Treppenaufgänge ins 1. Stockwerk, abgeblätterte pittoreske Fassaden. Mittendrin das Haus der Familie Bonaparte.

In der Nähe die KATHEDRALE LA MADUNUCCIA, Rue Notre Dame, im Spätrenaissancestil (1582-1593) z.T. nach Entwürfen des Architekten Giacomo della Porta in Form eines griechischen Kreuzes; innen leicht kitschig. Der schon 2-jährige Napoleon wurde hier 1771 getauft - Taufbecken rechts neben der Tür.

Eine Inschrift Napoleons (1. Pilaster) unterstreicht seinen Wunsch, im Familiengrab in Ajaccio bestattet zu werden, falls man in Paris seine sterblichen Reste nicht begraben wollte. Das Madonnengemälde des franz. Romantikers Delacroix (1798-1863) hängt gewöhnlich gleich am Eingang links, zur Zeit entfernt.

Der marmorne Hochaltar wurde von Napoleons Schwester Elise gespendet, kein Wunder als Fürstin von Lucca und Piombino saß sie an der Quelle - er stammte aus einer Kirche in Lucca.

Fest der Schutzpatronin Ajaccios La Madunuccia am 18. März.

GRIECHISCHE KAPELLE: (ca. 2 km außerhalb ab Zitadelle Richtung Iles Sanguinaires). Kleines, gelb verputztes Kapellchen, in dem So. noch Messe gehalten wird. Die Kapelle von 1600 wurde später den aus Paomia (bei Cargèse) vertriebenen Griechen überlassen, daher der Name.

MUSÉE DU CAPITELLU: vis-à-vis der Zitadelle Bd. Danielle Casanova. Objekte aus dem 18./19. Jhd. Sammlung einer alteingesessenen Familie.

Offen: tgl. 9-12/15-19 Uhr außer So. nachmittag und Mo. vormittag; zur Nachsaison kürzer.

Napoleon Bonaparte

Napoleons Vater Carlo Bonaparte war anfangs Freund und Berater Paolis gewesen. Er wechselte später die Fronten und war zu den Franzosen übergelaufen. Perfekt im Französischen, was damals durchaus nicht gang und gebe war, wäre er gerne ein Lebemann gewesen, der lieber Geld ausgab als verdiente. Napoleons Mutter, eine geborene Ramolino, Stieftochter genuesischer Hauptleute, heiratete mit 14 Jahren Carlo Bonaparte. Sie muß eine energische, recht resolute Frau geworden sein, die mit wenig Mitteln eine große, wohl auch chaotische Familie "schmiß". Als "Madame Mère" ging sie in die Geschichte ein.

Napoleons Geburtsdatum ist nicht 100 % nachgewiesen. Dies begründet einen langen Streit, ob Napoleon nun als Italiener oder Franzose zu betrachten sei: da Korsika am 15. Mai 1768 an Frankreich verkauft wurde, Napoleon aber frühestens am 15. August 1769 zur Welt kam, spricht einiges für den "Franzosen" Napoleon.

Er wurde als zweites von 8 Kindern geboren und wuchs in einer Atmosphäre chronischen Geldmangels auf. Die Familie Bonaparte lebte mit den Verwandten Pozzo di Borgo im Haus in der Via Malerba. Napoleon dürfte kein "pflegeleichtes" Kind gewesen sein: die Geschichtsschreibung schildert ihn als aufsässig und kratzbürstig. Mit 9 Jahren wurde er nach Frankreich geschickt, wo der Vater für ihn und seinen Bruder ein Stipendium an der Kriegsakademie in Brienne organisieren konnte.

Mit 16 Jahren war er bereits Unterleutnant der Artillerie. Später besuchte er die Kriegsakademie in Paris. Anfangs begeisterte sich Napoleon für Pascal Paoli und dessen korsischen Unabhängigkeitskampf. Napoleons Gesinnungswechsel - 1793 lief er zu den Franzosen über - zwang die Familie zur überstürzten Flucht; über Bastia, Calvi setzten sie sich nach Toulon ab. Das Haus in Ajaccio wurde in Racheakten geplündert und verwüstet.

Die Karriere Napoleons gleicht der eines "Senkrechtstarters". In Frankreich erste militärische Lorbeeren bei Toulon 1793 als Artilleriehauptmann, weitere Erfolge im Italienfeldzug 1796.

Die verheerende Niederlage in Aboukir durch Nelson überstand Napoleon ohne Nachteile: noch im selben Jahr wurde er nach Staatsstreich Erster Konsul - dann ließ er sich in einem Plebiszit als Konsul auf Lebenszeit bestätigen. Von 7 Millionen Wählern gaben allerdings nur 3 Millionen für Napoleon die Ja-Stimme, der Rest enthielt sich. Mit 35 Jahren krönte er sich zum "Kaiser der Franzosen" mit päpstlichem Segen in der Notre-Dame in Paris.

In seiner Heirat mit der österreichischen Kaisertocher Maire Louise versuchte er, seine Machtposition zu festigen. Sein Untergang kündigte sich mit dem Zusammenbruch der "großen Armee" in Rußland an und setzte sich in den Befreiungskriegen fort. In der Völkerschlacht bei Leipzig wurde er geschlagen und mußte 1814 abdanken.

Er wurde nach Elba verbannt und versuchte dort in seiner "Herrschaft der hundert Tage" nochmals die Macht an sich zu reißen. Nach seiner Niederlage bei Waterloo wurde er endgültig nach St. Helena verbannt. Er starb dort 1821 mit 52 Jahren.

Für Korsika hat er sich nie besonders interessiert. In seinem Leben kehrte er nur zweimal auf die Insel zurück. Siehe auch Seite 218

Tourist Info: Place Foch - im Rathaus, zur Saison Juli - Mitte Sept. tgl. 8.15-20 Uhr. Zur übrigen Zeit Mo-Fr 8.30 - 18 Uhr; Sa 8.30-12 Uhr.

Credit Agricole: 111 Av. Napoléon (Mo-Fr 8.10 - 12.05 Uhr/13.50 - 16.30 Uhr

Credit Lyonnais: Place de Gaulle.

Société Générale: 4, Rue Sergent Casalongo (Mo-Fr 8.15- 12.00 Uhr 13.45-16.45 Uhr)

Change Büro im Busbahnhof: offen von Mo-So 7-20 Uhr

Post: Cours Napoleon (Mo-Fr 8.00-19.00, Sa. 8.00-12.00 Uhr)

Parken: zur Hauptsaison problematisch; die Polizisten sind bei der Suche nach Falschparkern recht aktiv! Für einen Strafzettel könnte man 1x essen gehen!

Parkplätze: vorne am Kai meist gestopft voll. Tiefgaragen beim Place de Gaulle (Zufahrt vom Cours Napoleon) nur für PKW, recht teuer. Parking Diamant direkt im Zentrum. Zufahrt von der Uferstraße. Für längere Fahrzeuge vis-à-vis des Bahnhofs "Place Colonna D'Istria". Auf dem Marktplatz außerhalb der Verkaufszeiten, d.h. später Nachmittag. Kostenlos am Napoleondenkmal Place Austerlitz, Verlängerung des Cours Napoléon.

Gepäckaufbewahrung: im Fährgebäude Gare Maritime; die Öffnungszeit hängt mit dem jeweiligen Schiffsfahrplan zusammen, von 7-13 Uhr/13-20 Uhr. Weitere Gepäckaufbewahrung im Bahnhof.

STADTRUNDFAHRT im Minizug mit Lautsprechererläuterung durch Ajaccios City Dauer 45 Min. Preis 8 DM.

Öffentliche Duschen: gibts am Yachthafen, unterhalb der Pizzeria De la Jetée und bei der Bar Le Golfe, Preis 3 DM.

GESCHICHTE

Spuren auf einem Hügel nördlich von Ajaccio weisen auf eine römische Besiedlung hin. Das heutige Ajaccio wurde 1492 von der genuesischen Bank des Hl. Georg gegründet, hieß damals Ajazzo. Genuesische Familien und Adlige ließen sich hier nieder, Korsen waren anfangs in der Stadt unerwünscht. Erst als Sampiero Corso, der korsische Freiheitskämpfer und Erbfeind der Genuesen die Stadt in Besitz nahm, wurden sie auch Korsen zugänglich; er übergab später die Stadt den Franzosen, die hier flugs eine Zitadelle hinsetzten.

Die Franzosenpräsenz war nur vorübergehend; der Vertrag von Cateau-Cambrésis erzwang die Rückgabe Korsikas an die Genuesen, die der Stadt als Wappen eine Krone, darunter eine Säule und 2 genuesische Löwen verpaßten. Im korsischen Unabhängigkeitskrieg fanden zahlreiche Griechen aus Cargèse hier Zuflucht (siehe Griechische Kapelle). Im 17 Jhd. lebten rund 5.000 Bewohner in der Stadt.

Einen Boom erlebte Ajaccio im 18. Jhd. nach einer Gleichstellung Ajaccios mit Bastia in Bezug auf die Verwaltung der jeweiligen angegliederten Provinzen. Die Departementaufteilung Frankreichs im Zuge der Französischen Revolution brachte der Stadt den Status eines Verwaltungszentrums. Napoleon erhob seine Geburtsstadt 1811 zur Hauptstadt Korsikas und leitete damit einen kontinuierlichen Aufschwung ein.

Im 2. Weltkrieg geriet Ajaccio in die Schlagzeilen: am 13. September 1943 landeten die ersten freifranzösischen Truppen auf französischem Boden (Korsika) mit dem U-Boot "Casabianca" unter dem Kommando des Fregattenkapitän Herminier (Gedenktafel am Gare Maritime, Quai de l'Herminier).

Die Bonapartes

Vetternwirtschaft, Raffgier, Prunksucht und Intrigen, so könnte man Napoleons Familie charakterisieren. Mit echt korsischem Familiensinn hat Napoleon für alle seine Geschwister Königreiche beschafft.

Die Eltern Napoleons, CARLO und LÄTIZIA MARIA Bonaparte hatten immerhin 8 Kinder. Der Vater war Rechtsanwalt und heiratete mit 18 Jahren die 14-jährige Lätizia.

Schon mit 4o starb der Vater an Magenkrebs, Napoleons Mutter erhielt den Titel "Madame Mère". Sie soll später eine nörgelnde und schnell beleidigte Dame gewesen sein. So nahm sie an der Kaiserkrönung nicht teil, weil Napoleon sich mit seinem Bruder zerstritten hatte. Napoleon hatte jedoch auch seinen Dickschädel und ließ seine Mutter einfach nachträglich aufs Krönungsbild malen. Madame Mère war sehr geizig und starb schwerreich mit 86 Jahren.

ONKEL FESCH, der Stiefbruder von Lätizia, war Priester (später Kardinal) und verschaffte sich im Lauf seiner kirchlichen Tätigkeit ein immenses Vermögen durch geraubte Kunstwerke. Das Ausmaß seiner Aktivitäten kann man im Musée Fesch/ Ajaccio erahnen. Der ältere Bruder von Napoleon, JOSEPHE hieß der "Faulenzerkönig". Er wurde König von Spanien. Dort raffte er tonnenweise Kunstschätze zusammen. Nach

Napoleons Niederlage bei Waterloo setzte er sich in die Vereinigten Staaten ab.

Seinen jüngeren Bruder LUCIEN machte Napoleon zum Innenminister. Sie zerstritten sich wegen der Schwägerin, einer wohl etwas zwielichtigen Dame.

ELISE, 8 Jahre jünger und die häßlichste der Schwestern. Sie wurde Großherzogin der Toscana, Fürstin von Lucca und Piombino. Später verrät sie ihren Bruder an die Alliierten, um ihren Besitz zu sichern.

Der Bruder LOUIS, als mißmutiger Mensch beschrieben, vielleicht bedingt durch seine vielen Krankheiten. Ihm übertrug Napoleon das Königreich Holland. Er kümmerte sich mehr um das Wohl des Volkes, als um die Interessen seines Bruders, dankte ab und wurde Romanschriftsteller.

PAULINE war wohl der Gegensatz von Elise, hübsch, zweimal verheiratet und hatte so viele Liebhaber, daß die Biographen gar keinen Überblick mehr haben. Als einzige von den Geschwistern Napoleons stand sie auf seiner Seite, auch während seiner Verbannung nach Elba.

Die jüngste Schwester, CAROLINE wurde Königin von Neapel und war maßgeblich am Verrat Napoleons beteiligt. Der Benjamin der Familie Bonaparte war JEROME und mit einer Amerikanerin verheiratet, wurde aber von Napoleon mit der Tochter des Königs von Württemberg neu vermählt. Sein Königreich wurde Westfalen.

Napoleons Familienpolitik ist innen- und außenpolitisch vermutlich wenig günstig gewesen. Für Korsika zeigte er kein Interesse. Heute versucht man, aus Napoleon möglichst viel Fremdenverkehrskapital zu schlagen. Plätze und Straßen tragen seinen Namen, besonders in Ajaccio. Souvenirläden vermarkten ihn nach allen Regeln der Kunst. (Quelle E. Kleßmann - Der Napoleonclan)

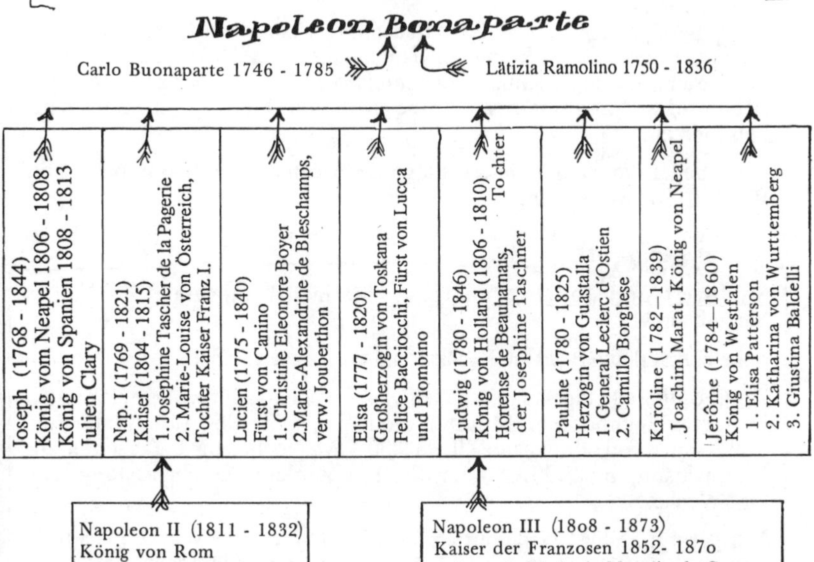

Der eigenartige Reiz, den Napoleon auf Generationen von Historikern und Literaten ausübt, mag in einer selten anzutreffenden Kombination von politischen, militärischen und auch geistigen Fähigkeiten liegen, gemixt mit einer Portion skrupellosen Größenwahnsinns. Er beherrschte meisterhaft die klare Artikulation und Selbstdarstellung - was ihm häufig den Vergleich mit Cäsar einbrachte.

Bekannt ist Napoleon in erster Linie für seine gewonnenen Schlachten und seine desaströsen Niederlagen. Daß er ein neues Zivilgesetzbuch "Code Civil" geschaffen hat, das Ideen und Gedankengut der Französischen Revolution beinhaltet, ist weniger bekannt.

Zeit seines Lebens suchte Napoleon die Anerkennung und Legitimierung durch die etablierten Königshäuser Europas, - bekanntlich ohne Erfolg. Seine grotesken Erfindungen von Herzogtiteln und seine Schaffung unzähliger "Königreiche" speziell für seine Verwandtschaft diffamierten ihn bei den damals traditionell Mächtigen. Auch die 2. Heirat Napoleons mit der Tochter des Kaisers konnten ihm nicht die gewünschte Anerkennung verschaffen.

Hafen

Moderner Yachthafen, gleich bei der Zitadelle, mit 250 Plätzen am schwimmenden Steg und 100 m Quai für größere Schiffe (über 15 m). Wasser, Strom, Benzin, Sanitäranlagen. Gleich daneben, Anlegestelle der Fährschiffe mit "Gare Maritime"- Zweiter Yachthafen "Port de Plaisance de L`Àmirauté mit 700 Plätzen am Ende der Bucht - Quai Nord!

BADEN

- schmaler Sandstreifen, gleich neben der Zitadelle. Surfverleih, Snacks etc.

- ruhigere Badeplätze schon wenige km an der Route des Sanguinaires. Bis dahin wechselt feiner Sandstrand mit angenehmen Sonnenfelsen ab. Am Ende der Landspitze (Route des Sanguinaires) einige Minuten Fußweg zu einsamen Felsbuchten.

- die begehrten Sandstrände: Plage de Ricanto - beim Flugplatz und Porticcio (Busverbindung)

SPORT

Surfbrett und Jollenvermietung: "Marinella" am Strand, Route des Sanguinaires

Segelbootverleih: 7 - 11 m, Locazur, am Quai de la Citadelle

Zodiac mieten: tage- und wochenweise, Zodiac zählt zu den sichersten Motorschlauchbooten. Motoren von 9,9 - 30 PS, für Ausländer-führerscheinfrei. Preisbsp. 9,9 PS 860 DM/Woche, für 2 Personen zur Hauptsaison, incl. 3 Kanister Sprit; komplette Zeltausrüstung 120 DM/Woche.

Wasserski: 25 DM extra, nur ab 3 Personen. Preis pro Woche günstiger. Teurer sind stärkere Motoren, 1 Tag vorher Bescheid geben, damit das

Boot klargemacht werden kann. Kaution und Versicherung. Wo: Thalassa - große Halle am Tahiti Plage, ca. 2 km Richtung Porticcio, rechts.

Tauchen: Subaquaclub in Porticcio am Strand, mit Flaschenauffüllmöglichkeit, siehe Porticcio.

Reiten: "Hippic" - Route de Campo dell´Oro, vor dem Flughafen. Gepflegter Reitstall mit Turnierplatz.

Fahrradverleih: am Flughafen Campo dell´Oro. Location 2 Roues, Mobilette 35 DM/Tag, außerdem neben "Ceccho´s Bar" Bd Sampiero.

EINKAUFEN

Librairie Hachette, Place Foch, Schreibwaren, Schallplatten, deutsche Bücher und Zeitschriften (Auto-Motor-Sport, Bildzeitung, Frankfurter).

Buchhandlung La Marge, 4, Rue Emmanuel Arène, gute Auswahl, auch spezielle Literatur über Korsika, Wanderkarten und Asterix.

Laverie (Waschsalon), 19, Rue du Docteur Pellegrino, Öffnungszeiten: 8.45-12.00 Uhr/15.00-19.00 Uhr, montags zu.

Für **Selbstversorger** mehrere große Supermärkte am Stadtrand (z.B. Corsaire).

Jagdsportgeschäft Saint Etienne, Bd. Dominique Paoli, große Auswahl an Jagd- und Angelzubehör (offen von 8.30-12.00 Uhr/14.30-19.00 Uhr).

Offene Weine Cave St. Antoine, Rue de L´Assomption

LA GRANGE, Rue Notre Dame, rustikales Restaurant in einer kleinen Altstadtgasse. Balkendecke, Joch und Halfter als Wanddekoration erinnern daran, daß man in der "Scheune" speist. Pizza vom Holzkohleofen, Paella 20 DM. Zum Dessert besonders zu empfehlen "Tarte maison".

LES PALMIERS am Place Foch. Sehr gute Fischspezialitäten, ausgezeichnet und reichhaltig die Bouillabaisse (30 DM). Im Sommer sitzt man draußen auf dem Trottoir, hier ist es immer voll. Menü ab 20 DM.

Einfaches Restaurant L´UNIVERS, Rue Card. Fesch. Kleine Tische; ein korsischer Familienbetrieb; vom Restaurant aus kann man in die Küche schielen. Die Madame kocht sehr lecker. Preiswerte Menüs zum Sattwerden 15-20 DM.

Direkt nebenan weitere gute Restaurants.

Pizzeria COLOMBA, Rue des Trois Maries, helles Gewölbe, große Auswahl an Pizzen, auch Menü ab 15 DM.

BEC FIN, Bd. du Roi Jérôme, beim Markt. Kein extravaganter Speiseraum, holzvertäfelt, solide, Menu 25 DM.

Die kleine RUE DES HALLES besteht aus 4 netten Restaurants, die Auswahl fällt schwer. Preiswerte Menüs schon ab 15 DM.

Restaurant ST. HUBERT: 3, Rue du Colonnel Colonna d'Ornano. Speiseraum mit Jagddekoration; gute Küche, auch insulare Spezialitäten. Menü in der Woche ab 15 DM, sonst teurer.

Restaurant PARDI: 60, Rue Fesch. Schmale Stiege in den ersten Stock; echt korsische Küche. Leckere gefüllte Gurken mit Brocciu. Menü ab 18 DM.

LA CHAUMIERE: Rue Notre Dame. Recht gemütlich, Rauhputz, schwere Balken und Strohmatten - ausgezeichnete Paella 20 DM, preiswertes durchschnittliches Menü; guter günstiger Wein "Nustrale".

LE GLACIER DU PORT, gegenüber der Zitadelle. Beliebteste Eisdiele jeden Abend gestopft voll. Verlockende Eisbecher in riesiger Auswahl.

Snack L'ASCOSU, preiswert, im Freien in der ruhigen Rue des Glacis. Besucht von jungen Leuten, laute Musik. Essen ab 12 DM.

Cabarets: SON DES GUITARES, Rue du Roi de Rome, klein, gemütlich, korsische Folklore, die hauptsächlich der "mittleren Generation" gefällt. U BORGU, 1, Rue des Halles.

Discos: LE BLUE MOON, Rue Maréchal d'Ornano. CASINO MUNICIPAL, Bd. Lantivy. LE DOLCE VITA, und SUN CLUB, Route des Sanguinaires

Casino: Bd. Lantivy, für Leute die hoffen, ihre Urlaubskasse aufzubessern.

Verbindungen

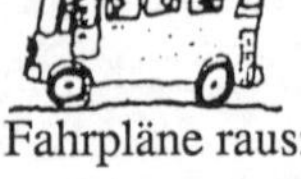

Busse: Großer moderner **Busbahnhof** (Gare Routière) neben Gare Maritime am Quai L'Herminier mit den Büros der diversen privaten Gesellschaften; etwas verwirrend die Fahrpläne rauszukriegen. Changebüro.

- nach Porticcio 6 x tgl. außer so. und feiertags.
- über Sagone - Cargèse - Piana - Porto - Ota 2 x tgl. außer so. und feiertags, außerhalb der Saison nur 1 x tgl.

- über Sartène - Zonza nach Porto-Vecchio 2 x tgl. außer so. und feiertags zur Saison. Sonst nur 3 x/Woche;
- über Propriano - Sartène - Porto-Vecchio - Bonifacio 2 x tgl. außer so. und feiertags; im Juli/August auch So.
- über Corte nach Bastia 2 x tgl. außer so. und feiertags.
- nach Bastelica 1 x tgl. außer so. und feiertags.
- über Tiuccia - Sagone - Vico - Evisa - Marignana 2 x tgl. zur Saison außer so. und feiertags, sonst seltener.
- Porto - Calvi 1 x tgl. von Juli - Mitte Sept; zur Vor/Nachsaison 1x/Woche (Dauer 10 Std.)

Züge: Bd.Sampiero; Gepäckaufbewahrung; Parkmöglichkeit davor, am Square Pierre Griffi.
- nach Corte 4 x tgl. sonntags seltener.
- nach Calvi mit Umsteigen in Ponte Lecchia 2 x tgl.
- nach Bastia 4 x tgl. dauert ca. 3 Std.

Flughafen: Campo dell`Oro, 5 km außerhalb beim Plage Ricanto. Der Name erinnert an frühere Zeiten als hier große Kornfelder lagen - für die noble Oberschicht der toskanisch-ligurischen Einwanderer, die dem Kastanienmus der Einheimischen nicht viel Reiz abgewinnen konnten.

Flughafenbus ab Gare Routière ca. 8 x tgl.; Tägliche Linienflüge nach Marseille, Nizza, Paris...(s.a. Anreiseteil).

Taxis: Place de Gaulle, Tel.: 95 21 00 87 - Av. Pascal Paoli, Ecke Cours Napoleon, Tel.: 95 23 25 70. - Am Fährhafen - Gare Maritime.

Fährterminal (Gare Maritime). Groß und modern, total zentral. Hier Abfahrt und Ankunft der Südfrankreichfähren SNCM; großer Warteraum, Toiletten, Telefon und Gepäckaufbewahrung. Reservierungsstelle vis-à-vis am Quai L`Herminier. Details zu den Fähren siehe Kapitel Anreise.

Car rent: Avis - Ollandini, 3 Place de Gaulle, Flughafen. - Europcar - SAT, 16 Cours Grandval, Flughafen. - Hertz, 8 Cours Grandval, Flughafen. - Balesi, 4, Rue Emmanuel, Flughafen.

*** **Luxus Hotel Campo dell`Oro**: Plage du Ricanto - 5 km außerhalb. Großer moderner Hotelkomplex am Flughafen. 150 m zum Strand, vierspurige Straße queren! Swimmingpool beim Hotel. Zimmer mit Stilmöbeln, gemütlich, Balkon vorne raus, 2 x täglich eigene Busverbindung nach Ajaccio. Tennis, Reiten und Wasserskimöglichkeiten vom Hotel aus. Doppel ab 140 DM aufwärts.

HOTELS im Zentrum:

*** **Imperial**: 6, Boulevard Albert, 20 m vom Ortsstrand. Helle ordentliche Zimmer mit Blick zum Meer. Stilvoller Aufenthaltsraum, DZ ab 70 DM.

*** Fesch: 7, rue Fesch. Im relativ ruhigen Altstadtviertel, helle Zimmer; klein, aber komfortabel, dunkle Möbel, sehr angenehm auch der Salon. DZ ab 60 DM.

*** Napoleon: 4, Rue Lorenzo Vero. Sehr ordentliche Zimmer, modernes Mobiliar, funktional; Dusche oder Bad. Gut schallisoliert (neben der Hauptpost). DZ 75-80 DM.

** Du Golfe: 6 Bd. Roi-Jerome. Stadthotel direkt am Markt. DZ ab 50 DM ohne Dusche. Golfblick, nur von den obersten Zimmern.

** San Carlu: 8, Bd. Danielle Casanova. Total zentral, gegenüber der Zitadelle, aber laut. Unterschiedlich große Zimmer, Kunststoff oder Holzmöbel. DZ ab 65 DM.

* Bonaparte: 12, Rue Etienne Conti. Kleine Seitenstraße beim Markt (zentral), freundliches Restaurant, auch Tische im Freien. 16 Zi. in mehreren Etagen. DZ ab 50 DM

* Du Palais: 5, Avenue Beverini. Macht einen etwas vergammelten Eindruck. DZ ab 30 DM.

* Belvedere: Henri Dunant (Treppenaufgang etwas oberhalb des Stadtzentrums). Geräumige Zimmer mit Waschbecken. Sehr netter Hotelier. Ältliches, abgeblättertes Drum und Dran. DZ 30 DM.

HOTELS an der Route Sanguinaires (Busverbindung, halbstdl.-stündlich, nach Ajaccio, Abfahrt Place de Gaulle):

*** Sun Beach: 3 km bis Ajaccio, modernes kompaktes Gebäude. Swimmingpool Tennis hinterm Haus. Freundliche Atmosphäre. Helle Zimmer, ausreichend groß, teilweise Meerblick. DZ um die 70 DM. 88 Zi.

Disco Sun Club beim Hotel Sun Beach

*** Dolce Vita: 8 km außerhalb direkt am Strand. Mit Palmen und Swimmingpool. 33 komfortable Zimmer, klimatisiert mit Meerblick. Schöne Terrasse, gutes Restaurant. DZ ab 100 DM; HP im Sommer obligatorisch.

*** Les Mouettes: sehr schön gelegen, direkt am Strand mit üppiger Gartenterrasse. Verwinkelt angelegtes Hotel; recht nobel. Freundlich Zi. mit Teppichboden und Frisiertisch, Bad etc. DZ 120 DM. 9, Cours Lucien Bonaparte, 2 km vom Zentrum.

** La Parata: am Ende der Landzunge. Studios für 2 - 4 Personen. Reihenhauscharakter mit Parkanlage am Strand.

** Stella di Mare: am Meer. DZ ab 60 DM. 22 Zi.

*** PECH BARETTE - CAMPING DE BARBICAJA. Nächster Platz zu Ajaccio, 5 km außerhalb; ruhig gelegen, etwas oberhalb der Route Sanguinaires. Sehr schöner Terrassenplatz mit dichter Vegetation. Sonnen- und Schattenplätze. Z.T. mit Meerblick. Etwa 200 m zum Strand. Stromanschlüsse. Ping-Pong. Gute Busverbindung nach Ajaccio. 100 Stellpl. Von der Route des Sanguinaires rechts klein ausgeschildert.

*** U PRUNELLI: ca. 12 km außerhalb Richtung Porticcio. Bei der Gabelung der N 196 und D 55. Ebenes Terrain, viel Schatten durch hohe Laubbäume; gute Sanitäranlagen, heiße Duschen. Stromanschlüsse für Caravans. 150 Stellplätze. Restaurant, Libre Service, mehrmals täglich

Busverbindung nach Ajaccio.

Eine Ecke weiter

*** BENISTA an der D55. Sehr großer Platz, flach gelegen. Laubbäume, die Pappeln spenden mittlerweile gut Schatten. Mehrere moderne Sanitärblocks, sonnenwarmes Wasser, Tennisplatz, Tischtennis, Restaurant, Libre Service, Disco. Das Meer gut 1 km entfernt. 200 Stellpl. Mehrmals tgl. Busverbindung nach Ajaccio.

Ausflüge per Schiff

- ans Südufer des Golfes nach Porticcio, alle 1-2 Std; nicht sonntags.
- nach Bonifacio 1x/Woche.
- zu den Iles Sanguinaires tägliche Fahrten.
- entlang der Westküste, der berühmten Calanche (eine bizarr erodierte Felsformation), fjordartig eingeschnittener Golf von Porto, zum autolosen Nest Girolata 1 x/Woche.

Info und Abfahrt der Boote am Kiosk beim Fischerhafen.

Organisierte Busausflüge

z.B. mit Roger Ceccaldi (Info beim Busbahnhof):

- Halbtagestour zu den megalithischen Fundstätten nach Filitosa
- an die Südspitze Korsikas nach Bonifacio mit den berühmten Kreidefelsen
- große Rundtour durchs korsische Inland über Corte, den Wald von Valdo-Niello, über den höchsten Paß Korsikas und die Calanche, die interessanteste Felsformation der Westküste.
- Kurztrip ins Hinterland Ajaccios bis rauf nach Bastelica etc.

Die Nordseite des Golfs von Ajaccio und die Iles Sanguinaires

Entlang der Küstenstrecke zur Landspitze immer wieder gute Bademöglichkeiten mal Fels, mal Sand, klares Wasser; zur Rechten grün bewachsene Bergrücken. Am Ufer zahlreiche Hotels und der Friedhof Ajaccios mit seinen teilweise sehr kunstvollen Familienmausoleen. Ab Ajaccio 12 km gute Straße (D 111) bis zur Pointe de la Parata.

Am Ende der Landspitze das Ausflugsrestaurant ILES SANGUINAIRES in herrlicher Lage; gutes Fischlokal, exquisite Bouillabaisse; der gut erhaltene Genuesenturm "Tour de la Parata" vom Strandende zu Fuß in 15 Min. erreichbar, schöner Ausblick auf die **Iles Sanguinaires.**Die vorgelagerten Inselfelsen haben nichts blutiges an sich; der Name hat sich von "sagonares insulae" abgeschliffen, benannt nach dem Golf von Sagone bei Sonnenuntergang ; besonders reizvoll, rötlich schimmernd (manche deuten auch daher den Namen).

Die letzte und größte Insel (Grande Sanguinaire) 80 m hoch mit Leuchtturm, war 1869 von Alphonse Daudet bewohnt, der die Landschaft um die Inseln in seinen "Lettres de mon moulin" beschrieb.

Bootsfahrt um die Inseln ab Ajaccio (siehe Bootsausflüge).

Die Landspitze ist ein Schnorchel- und Angelparadies; abgelegene Badeplätze, wenn man bereit ist, einige Minuten zu laufen. z.B. Plage St. Antoine (30 Min.).

Spaziergang zum Aussichtspunkt St. Antoine, sagenhafte Ausblicke zu den Inseln und über die z. T. wilde Felsküste. Von Ajaccio kommend, läßt man das Auto ca. 1km vor "de la parata" stehen. 100 m vor der Kapelle zweigt ein Weg rechts ab, ca.1Stunde 30 Minuten zu Fuß. Auch per Auto von Ajaccio erreichbar.

Korsische Küstenarchi-tektur aus Beginn 20. Jhd.

Die Buchten am südlichen Golf von Ajaccio

Die Küstenstraße führt nach Ajaccio um den Airport herum ins Landesinnere. Bei Marina Viva geht es wieder ans Meer. Ab hier jede Menge Badebuchten,in denen fast alle Wassersportarten betieben werden können.

Porticcio (Kors. Porticciu)

Moderner Bade- und Freizeitort mit Großstadtnähe und Blick auf Ajaccio. (Bootstransfer, häufige Busverbindung). Chicke Bars, Cafés, Shops - ein Versuch von Mondänität. Kein gewachsenes Stadtbild kilometerlang kleckert die Siedlung am Strand entlang. Sämtliche Wassersportarten sind hier vertreten. Surfverleih, Tauchen, Wasserski und Bootsvermietung, Tenniscourts und Reitmöglichkeiten. Sogar der Strand wird jeden Morgen von einer Walze gereinigt.

Post: Mo.-Fr. 9.00-12.00 Uhr/15.00-18.00 Uhr, samstags 9.00-12.00 Uhr.

Credit Agricole: Mo.-Fr. 8.15-11.45/13.45-17.00 Uhr

Strand: gepflegt, ca. 2,5 km lang mit feinem Sand. So breit, daß sich Volleyballspieler und Sonnenhungrige nicht in die Quere kommen. Rechts von der Gravonemündung begrenzt, sandiger Zufahrtsweg. Links der Ferienort Porticcio. Einige Restaurants direkt am Strand. Segelboote liegen in der Bucht vor Anker.

SPORT

Tennis: 3 Courts, reservieren im Hotel de Porticcio. Preis 15 DM/Std.

Surfverleih: an mehreren Stellen am Strand, zum Beispiel im Nautique Center, 14 DM pro Std., guter Zubehörshop.

Fahrradverleih: am Ortsausgang für 10 DM/Tag, im Zentrum bei Nautique Sport Le Tinarello.

Tauchen: im Taucherzentrum "Subaquaclub". Die "Delphino" macht 18 Knoten Fahrt und bietet bis zu 20 Tauchern Platz. 2 x täglich fährt sie mit der Mannschaft raus. Tauchgang 30 DM, 10 Tauchgänge 280 DM. Ausrüstung kann gegen Aufpreis gestellt werden. Wer nur mitfahren möchte, ist für 10 DM dabei.

Wasserski: die Runde kostet 20 DM, 6 Runden 110 DM.

Neben vielen Strandrestaurants mit Eisdielen, im südlichen Ortsbereich die Pizzeria L'OSTARIA, Terrasse unter Bäumen, die Pizza aus dem Holzkohleofen.Menü ab 25 DM

DORBERA, am südlichen Ende von Porticcio, an der Straße gelegen. Menü ab 30 DM. Gute Fischsuppe, Tagliatelle Dorbera.

**** **L Sofitel-Thalassa**: Luxushotel, Zimmer mit Klimaanlage, Terrasse, Schwimmbad mit geheiztem Meerwasser und Solarium. In Verbindung mit dem Hotel wird hier Thalassotherapie angeboten. Wirksam bei Rheuma, Muskel- und Gelenkschmerzen oder einfach zum Entspannen. Das Restaurant LE CAROUBIER serviert französische Küche mit korsischen Spezialitäten. DZ ab 240 DM.

**** **Le Maquis**: gekonnt gegliederte Anlage, verschachtelte Landhäuser verstecken sich hinter einer üppigen Gartenanlage. Wohnliche Zimmer, Aufenthaltsraum mit vielen

Antiquitäten. Alle Zimmer zum Meer mit Balkon oder Terrasse. DZ ab 100 DM, mit Bad ab 130 DM. Am südlichen Ortsende; 2 km vom Zentrum.

* De Porticcio im Zentrum, etwas zurückversetzt von der Hauptstraße. Kleine, laute Zimmer, Einbauschrank. Balkon zur Straße raus. Restaurant à la carte. Durchschnittliche Speisekarte, man spricht auch Deutsch. DZ ca 50 DM.

*** Camping MARE E MACCHIA: 1,5 km von Porticcio landeinwärts, ausgeschildert. Wiesiges Terrain am Hang, terrassiert in der Macchia; Schatten. Warmduschen. Einige Stromanschlüsse. 90 Stellpl. Swimmingpool als Meerersatz. Restaurant mit Panorama über den Golf von Ajaccio, dicht umrankte Terrasse.

Die Nachbarbucht Molini mit 4 km langem Plage d`Agosta - sehr schöner Sandstrand, 10 m breit direkt neben der Straße. Einkaufsmöglichkeit; locker verstreute Siedlung am Meer.

*** Camping LE SUD: 3 km nach der Bucht von Molini neben der Küstenstraße. z.T. in Terrassen angelegt. 200 Stellpl. Zum Meer ca. 200 m, recht hübsche,von Felsen eingefaßte Bucht. Asphaltwege strukturieren den Platz, ordentliche Sanitärs. Viel Schatten unter Kiefern und Pappeln. Einkaufsmöglichkeit, Bar, mehrere Kilometer weiter.

** Camping LA VALLEE am Abzweig der Sackstraße nach Castagna. Gut bewachsenes Terrain, 100 m zum Meer, kleiner Strand. Schöne Ausweichstrände einige Hundert Meter zurück.

★ Sehr lohnend eine Fahrt mit der korsischen Eisenbahn ins Inland bis Corte (gute 2 Std. Bahnfahrt). Der schönste Streckenabschnitt auf Korsika, über abenteuerliche Brücken, im Schneckentempo durch Tunnels. Die Bahn berührt von Bocognano bis Corte die reizvollsten Stellen im Bergland, Morgens früh mit der ersten Bahn los, Mittagsaufenthalt in der alten Inselhauptstadt mit fotogener Zitadelle, alter (neuer) Uni und herrlicher Bergkulisse im Herzen Korsikas. Am Nachmittag wieder retour. Details zu den Orten im Inlandkapitel. Abfahrt der Züge siehe Transporte Ajaccio.

★ Große Rundfahrt im Hinterland Ajaccios zu der Prähistorischen Fundstätte von Filitosa am Golfe de Valinco. Gut 130 km, einen ganzen Tag einplanen. Anfangs bequeme Fahrt auf der N 196 über Cauro, den 750 m hohen Col St. Georges Grosseto, Petreto-Bicchisano, ab hier die schmale Straße D 757 im Taravotal. Alternativ ab Ajaccio die kurvige D 302 durch kleine Dörfer; langsameres Vorankommen, dafür eine Route abseits des Tourismus.

Für die bedeutendste prähistorische Fundstätte Korsikas gut 1-2 Std.

einplanen (Details siehe Filitosa). Sehr schöne Strecke zurück über die Paßhöhe (gut 500 m) mit Ausblicken zum Golf von Valinco und später Golf von Ajaccio. Die Uferstraße D 55 führt immer dicht am Meer entlang mit guten Badezugängen an verlockenden Sandstränden.

★ Rundfahrt durchs Prunellital im Hinterland Ajaccios. Insgesamt ca. 80. km Kastanienwälder, die hohen schroffen Bergwände des Renosomassivs, ein Stausee und korsische Bergdörfer. Beliebte Sonntagsausflugsziele der Ajacciens; besonders im Herbst sind die Familien mit Kind und Kegel unterwegs zum Kastanien (Maronen) sammeln.

Anfahrt über die N 196 Richtung Sartène/Propriano; bei Cauro links auf die D 27; sehr schöne, aber kurvige Strecke über Wildbäche und kleine Anhöhen mit Blick auf den Tollastausee. Am Talende und Hang kleben die Häuser von **BASTELICA** (800 E.). Ein Ort aus mehreren Weilern zwischen Edelkastanien. Der korsische Held und Freiheitskämpfer Sampiero Corso wurde im Ortsbereich Dominacacci am 8. Mai 1498 geboren. Sein Geburtshaus im 18. Jhd. restauriert (Inschrift). Bronzestatue vor der Kirche im Hauptortsteil Santo.

Sampiero Corso machte in Frankreich als Feldherr Karriere; später gelang es ihm, Korsika von der genuesischen Herrschaft zu befreien; anfangs mit Unterstützung der französischen Truppen König Heinrich II; durch die Rückgabe der Insel 2 Jahre später an Genua (Vertrag von Cateau-Cambrésis) fühlte sich Sampiero mit Recht verschaukelt und startete einen 2. Befreiungsversuch - diesmal auf eigene Faust (Details siehe Geschichte).

Seine Hochzeit mit Vannina d'Ornano aus einer einflußreichen, korsischen Familie, erwies sich nicht als Glückstreffer. Als absoluter Genuafeind konnte er es nicht verputzen, daß ausgerechnet seine Frau hinter seinem Rücken mit Genua Kontakt aufnahm. In seiner impulsiven Art soll er sie eigenhändig erdrosselt haben, worauf er sich im Lande der Vendetta die Familie Ornano zum Todfeind machte. Genua verstand diese Feindschaft für sich zu nutzen und gewann durch Bestechung die Ornanos für den Auftrag, Sampiero auszuliefern. Am 17. Jan. 1567 geriet Sampiero auf dem Weg nach Cauro bei Eccica-Suarella in einen Hinterhalt, wurde ermordet, sein Kopf am Stadttor von Ajaccio zur Schau gestellt.

** **Hotel U Castagnettu**, hoher Neubau im Landesstil, helle, etwas kahle Zimmer, teils mit schöner Sicht ins Tal. 15 Zi. DZ ab 40 DM. Korsisches Spezialitätenmenü 25 DM.

Restaurant CHEZ PAUL, einfaches Menü schon für 12 DM, Blick über die Dächer ins Tal. Korsische Spezialitäten mit Brocciu, Forelle etc.

Wer die Gegend um Bastelica zu Pferd entdecken will; 12 Pferde können in "Cavallu Bastelica" gemietet werden. Tagesausritte 70 DM, halbtags- oder stundenweise (18 DM).

Rückfahrt auf der D 3 direkt am Tollastausee entlang; kurvige Strecke, aber die Schluchten des Prunelli entschädigen reichlich.

TOLLA (120 E.), ein Dorf, das durch den Stausee bekannt wurde. Er sichert die Wasserversorgung von Ajaccio, bei **OCANA** (280 E.) ein Elektrizitätswerk. Das Dorf liegt am Sporn über dem Tal.

Einfaches Landgasthaus LA FUNTANA mit korsischen Spezialitäten wie Omelette à la menthe und charcuterie. Menü 18 DM.

BASTELICACCIA - aktiver Ort mit auffallend vielen Gewächshäusern und Obstplantagen, viele Hotels, die von der Nähe zu Ajaccio profitieren, der Flughafen ist schon zu sehen.

* **Les Amandiers de Fontanaccia**, Ferienpavillons, Doppel ab 50 DM.

Hotel Auberge, einladendes, efeubewachsenes Hotel, feiner Speiseraum mit Kamin, Terrasse, Restaurant, à la carte, z.B. Wildschwein (nur zur entsprechenden Saison).

Motelanlage L'Orangeraie, schöne Bungalows, Doppel ca. 60 DM.

Zur Weiterfahrt zum Golf von Valinco bieten sich zwei Möglichkeiten

Bequemste und schnellste Route über die relativ gut ausgebaute N 196 ca.70 km. Eine reizvolle,kurvige Strecke durchs Inland über Petreto-Bicchisano und Olmeto (Details siehe Rundfahrt durchs Hinterland bei Propriano) an den breiten Golf von Valinco.

Zeitaufwendiger, dafür lohnender über die D55/D 157 ca. 75 km anfangs am südlichen Ufer des Golfs von Ajaccio entlang, über Porticcio und die angrenzenden Sandbadebuchten (Details siehe südlicher Golf von Ajaccio).

Bei dem Abzweig zum Weiler Castagna verläßt die Straße das Meer und windet sich zum 500 m Paß; schöne Strecke durch dichte, hochstämmige Macchia, Steineichen, Erdbeerbäume, allerdings wenig Blick.

Bei der Rallye "Tour de Corse" wird in diesem Abschnitt die Sonderprüfung durchgeführt. Daß sie bei manchen daneben ging, läßt sich an Bremsspuren Richtung Macchia ablesen.

Paßhöhe im Weiler Coti Chiavari (kleine Bar) schöner Blick zum Meer, zur Landnase mit Genuesenturm und rüber bis Ajaccio. Weiterhin sehr schöne Strecke, kaum besiedelt, weites Panorama, aber eine rechte Kurbelei hinunter. In die Ebene an der Taravomündung ein ganz anderes Landschaftsbild. Details siehe Golf von Valinco.

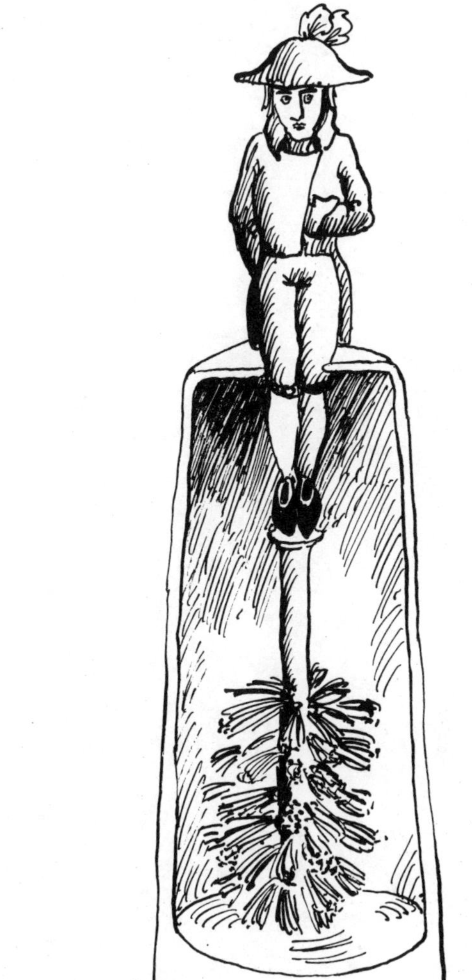
Napoleon-
Souvenirs

Der Golf von Valinco

Südlichster der großen Golfe, fast lieblich breit. Dahinter steigen sanft die grünen Hügel des Sartenais auf. Überall kleine Badebuchten und Sandstrände. Hauptort Propriano.

Der Valinco bot häufig Szenerie für historische Ereignisse. Die vielen prähistorischen Fundstätten zeigen, daß man früher hier angenehmer leben konnte als in den schroffen nördlichen Golfen.

Die bedeutendsten Funde früherer Besiedlung in Filitosa; einzigartig bearbeitete Statuen - 3.000 Jahre alt.

Der Golf von Valinco ist ein ideales Surfgebiet. Fast bei jeder Windrichtung kann man sich eine Bucht mit auflandigem Wind aussuchen; viele direkte Meerzugänge, um das eigene Board zu Wasser zu lassen. Surfverleih z.B. in Porto-Pollo und Propriano (Details siehe Text).

Ebenso für Bootstouren ein guter Stützpunkt (im eigenen bzw. gemieteten Boot). Die ausgefranste Landzunge im Nordwesten zum Golf von Ajaccio, wie auch Bonifacio lockt zu Tagesausflügen mit Picknick - und Badestops in abgelegenen Buchten:

Die Südpassage ist mit Vorsicht zu nehmen, viele tückische Riffe bis Cap Senetosa. Die Strecke Propriano bis Bonifacio dürfte an einem Tag im kleinen Motorboot nicht realisierbar sein; gut geschützte und einsame Ankerplätze für Zwischenstops sind genügend zu finden. Schöne

Farbkontraste, in der Bucht von Figari noch rötlich leuchtende Felsen, bei Bonifacio plötzlich strahlend weiß, herrliche Grotten im Kreidefels (siehe Bonifacio).

Nach Norden einige Caps, recht abwechslungsreiche Küste, ziemlich einsam, ab und zu eine Handvoll Häuser - Minihäfen mit perfekter Romantik. Angel mitnehmen lohnt sich. Gut vor Mistralwinden geschützter Hafen in Porto Pollo und Propriano, dem Zentrum am Golf.

Bootsvermietung in Propriano; große Auswahl führerscheinfreier Bootstypen.

Propriano

(3100 E, kors. Prupria)

Das ehemalige kleine Fischerdorf hat sich zu einem gefragten Touristenstädtchen gemausert. Anziehungspunkt ist der Yachthafen und die Kaistraße, hier konzentrieren sich Restaurants, Bars und Geschäfte, mehrere Badestrände. - ungewöhnlich viele Grabhäuschen leuchten auf dem Hügel am Ortseingang.

In der Saison besteht eine Fährverbindung nach Marseille, Nizza und Toulon! Achtung Autofahrer - in Propriano herrscht ein eigenwilliges Einbahnstraßensystem!

Tourist INFO

Tourist Info: 17, Rue Gen. de Gaulle, ganzjährig geöffnet; zur Saison (Juli/August) Mo-Sa 9-12/15-19 Uhr

Post

Post: 23, Rue Gen. de Gaulle, Mo-Fr von 9-12/15-18 Uhr, Sa 9-12 Uhr. Telefonwagen in der Saison am Hafen.

Geldwechseln: Credit Lyonnais, Avenue Napoleon, Mo-Fr. 8.15-12/13.45-16.45 Uhr. Credit Agricole, Mo-Fr 8.15-11.55/14.05-17.15 an der Hauptstraße.

Heller Sand und herrlich gelegen: die **Strände** von Propriano. Auch in der Saison findet man ruhige Fleckchen, z.B.am Leuchtturm nahe beim Hotel Lido: Nach der Sackstraße zu beiden Seiten breiter Sandstreifen. Rechts vom Leuchtturm begrenzt, links mehrere hundert Meter zum Anfang der Bucht. Beengter ist der Strand direkt im Zentrum, ein 15 m schmaler Sandstreifen, der seicht ins Wasser abfällt. Gleich neben dem Hafen, beim Surf- und Bootsverleih. Die Mauern der angrenzenden Hotels enden auf dem Strand.

Mit dem Fahrzeug lohnt es sich bis PORTIGLIOLO zu fahren. Idealer Strand in einer kilometerlangen Sandbucht bei der Rizzanesemündung. Gegen Süd-West geht der Sandstrand in abgeflachte Felsen über (von Propriano kommend südlich Richtung Campomoro, am Flughafen vorbeifahren).

SPORT

Surfen: Surfbretter, Segelboote, Catamarane werden am Ortsstrand Proprianos vermietet. Gutes Material bei "Centre Nautique Valinco" am Jachthafen. Preis: Surfbrett ab ca. 15 DM/Std. ca. 60 DM/Tag. Catamaran ab ca. 35 DM/Std. Es wird auch Unterricht angeboten. Eine Tour Wasserski ca. 35 DM.

Motorbootvermietung: Locamarine am Jachthafen. Eine ganze Palette von Bootstypen: Zodiac mit Außenborder, bequeme Motorboote von 9,9 - 30 PS. Vermietung stunden-, halb-/ oder tageweise. Z.B. ein 9,9 PS Boot ab 85 DM/Tag - Vorsicht der Preis fürs Benzin kommt extra hinzu; vorher den Preis erfragen, damit es keine böse Überraschung bei der Endabrechnung gibt.

Kaution hinterlegen. Bis 10 PS führerscheinfrei. Verleih von Wasserski (Bi- oder Mono), ebenso Tauchausrüstungen.

Tauchen: Tauchschule CAP Plongée organisiert Fahrten für Taucher mit und ohne Ausrüstung. Das Schiff kann 40 Leute mitnehmen. Tauchgang inkl. Ausrüstungsverleih ca. 50 DM; mit eigener Ausrüstung etwas billiger. Reduktion bei 10 Tauchgängen .

Segeltörn: im Golf von Valinco mit der "Grande Largue" max. 6-10 Personen. Ca. 70 DM pro Tag bei voller Besetzung.

Tennis: im Club Parc des Sports an der Straße Richtung Sartène. Täglich von 8-20 Uhr offen. Die Stunde ca. 15 DM. 1/2 Trainerstunde ca. 25 DM.

Helikopterflüge über den Golf von Valinco, das Taravotal etc. tolles Panorama. Nur an bestimmten Wochentagen möglich. 5 Min. kosten ca. 50 DM, Info beim Office de Tourisme.

U PAISANU: Av. Napoléon. Sehr ansprechendes Lokal. Neben Fischgerichten auch korsische Spezialitäten, bekannt für seine delikate Wildschweinzubereitung. Innen sitzt man netter als an den Tischen auf dem Gehsteig.

A CANTARIA: die originellste Folklorekneipe, die wir in Korsika fanden. Sie erinnert an eine alte Scheune - mit geheimnisvollen Wurzelfiguren. Kerzenlicht und viele "Antiquitäten" schaffen Gemütlichkeit. Abends gibts es Pizza und korsische Gitarrenmusik, oder mal Jazz.

CASA CORSA: von der Terrasse schaut man gleich auf`s nächste Haus. Innen netter mit Balkendecke. Menü ab ca. 15 DM. Gute korsische Küche.

LE RESCATOR: innen klein, behaglich, die Terrasse über die Straße, vis à vis des Hafens. Menü ab ca. 25 DM.

LE COMMERCE: preiswertes Snacklokal mit Eistheke, hier sitzen vorwiegend junge Leute.

A MANNELLA: 18, rue Gen.de Gaulle, Pizzen (nicht sehr groß) und Grillgerichte. Speisen auf der Terrasse vor malerischer Hinterhoffassade. Ab 20 Uhr die ganze Nacht offen.

CHEZ JOJO UND NADINE: am Ortseingang, Terrasse zum Meer nach hinten raus. Viele Grünpflanzen; schönes Panorama übern Golf.

*** Roc e Mare, direkt an der Durchgangsstraße, 1 km vom Zentrum. Die Zimmer mit Balkon zum Meer, freundlich eingerichtet, meist Einzelbetten. Teppichboden und Sitzecke. Schmaler Sandstrand direkt am Hotel. Doppel ab ca. 75 DM.

*** Miramar: Rte. de la Corniche, etwas oberhalb an der Durchgangsstraße gelegen. Geräumige lichte Zimmer in niedrigen Häusern im Landhausstil um den Swimmingpool plaziert, überdachte Terrasse. Blick über den Golf. 30 Zi., Doppel ab 115 DM.

** Arena Bianca, großer Kasten an einer ruhigen Nebenstraße. Beim Hotel 40 m breiter Sandstrand, zum Zentrum 1 km. Helle Zimmer mit Schreibtisch und Sitzgelegenheit. Von der Loggia Meerblick. Doppel ca. 90 DM.

** Le Claridge: 7, av. Napoleon. Mehrstöckiger Bau im Zentrum. Zimmer mit Balkon ohne berauschenden Blick. Lärm von der Straße, Doppel ca 55 DM. Nette Terrasse.

** Ollandini am Ende der Bucht. Großer Bau von der Straße zurückgesetzt. Gartenanlage mit Swimmingpool, 400 m zum Meer. Ca. 2 km zum Zentrum. Zimmer mit Dusche oder Bad, abgeteilte Balkons. Tennisplatz.

** Le Lido: 2-stöckiger Flachbau unmittelbar am Meer. Langer Sandstrand, kein Autolärm; (Sackgasse). 17 ordentliche Zimmer zum Strand. Zur Saison HP obligatorisch ab 95 DM. Schöne große Restaurantterrasse zum Meer. Spezialität Langusten, Bouillabaisse und Fisch.

Bellevue: einfaches Hotel im Zentrum, vis-à-vis des Hafens. Touristenrummel. Unten Eisdiele und Restaurant. Doppel ca. 45 DM.

Jugendherbergsähnliche Unterkunft im Centre Equestre Baracci, ca. 3 km von Propriano entfernt; 18 Betten. Übernachtungspreis um die 12 DM.

*** Camping COLOMBA: großer Platz 2 km nördlich von Propriano, durch Terrassen angenehm aufgelockert; Schatten unter Laubbäumen. Zweckmäßige Sanitäranlagen, nur einige Warmduschen. Stromanschlüsse, Libre Service, Restaurant, zum Strand gut 500 m. 250 Stellpl.

*** Camping CORSICA: ganz in der Nähe auch am Hang; etwas kleiner, 150 Stellplätze, ganzjährig geöffnet. Hauszelte werden wochenweise vermietet.

*** Camping TIKITI CAMPEOLES: ausgedehnter Platz am Hang, teilweise Terrassen, viele Sonnenplätze, Sanitäranlagen o.k., 1,5 km nördlich vom Zentrum, auch Mietzelte für 4 Personen und Bungalows (Vermietung nur wochenweise).

*** Camping LECCI E MURTA: einige km südlich in Portigliolo. ca. 400 m zum Meer und zum sehr schönen Sandstrand. Tennisplatz und gute Pizzeria.

Weitere Campingplätze siehe Nord-, und Südseite des Golfs von Valinco.

Waschsalon (Laverie Automatique) mit robusten Maschinen, ganztägig offen; in Propriano in der Hauptstraße.

Verbindungen

SNCM Fährbüro direkt am Fährhafen; Quai Commandant L`Herminier. Überfahrt zu den französischen Fährhäfen Marseille, Nizza, Toulon. Details siehe Anreise.

Bus: nach Porto-Pollo im Juli/August 3 x pro Woche. nach Ajaccio 2 x tgl., zur Vor/Nachsaison fahren keine Busse an So. und Feiertagen. Nach Bonifacio und Porto-Vecchio 2 x tgl.; zur Vor/Nachsaison keine Busse an So. und Feiertagen.

Car rent: Avis, 22, Rue Gen. de Gaulle.
Citer, 2, Rue Gen. de Gaulle.
Europcar am Jachthafen.

Sportflughafen Tavaria, ca. 6 km südlich von Propriano Kurzrundflüge (Baptême) für ca. 35 DM mit einer Cessna; längere Rundflüge nach Vereinbarung - Korsika aus der Vogelperspektive, die Golfe der Westküste bzw. auch Flüge bis zum Kontinent. Info direkt am Flughafen.

Busausflüge: Tages- oder Halbtagestouren z. B. nach Bonifacio (35 DM), zum Bavellapaß (35 DM) oder zu den prähistorischen Fundstätten in Filitosa (15 DM). Auskunft und Buchen Bei Ollandini Voyages 2, Rue Gen. de Gaulle.

Nordseite des Golfes von Valinco

Bietet ab und zu kleine Buchten, Strände und einige schön gelegene Campingplätze, sowie die Ausgrabungen in Filitosa.

*** Camping ESPLANADE: ca. 7 km von Propriano entfernt (N 196, dann D 157) großes hügeliges Areal, teilweiseinTerrassen angelegt; durch Bäume und Büsche aufgelockert. Nicht allzuviele Warmwasserduschen, wenige Stromanschlüsse für Caravans. Kleiner Libre Service, Bar. Sehr schön zum Baden, gut 200 m langer Fußweg zum Strand. 200 Stellpl.

Etwas weiter Camping AGLIO: klein-pfiffig, ein Platz wie der Name; kein warmes Wasser, aber preiswert; am Hang gelegen.

Nach weiteren Kilometern Camping ABBARTELLO: zu beiden Seiten der Straße; sehr schöne Stellplätze direkt am Meer, hübscher Sandstrand. Gut schattiges Areal. Stromanschlüsse, auch Bungalows. Restaurant/Pizzeria, Libre Service in der Nähe.

Eine Ecke weiter Camping RAS L´BOL, ebenes Gelände direkt neben der Straße, etwas sandiger Boden - durch Palmen, Pinien, Pappeln aufgelockert. Angrenzend schöner Macchiahang. Zum Baden eben über die Straße.

Vis-à-vis RESIDENCES DE LA PLAGE eine Studioanlage mit Pizzeria und Disco, Sandstrand, ab und zu Felsen. Surfboardvermietung.

An der Taravomündung ganz andere Szenerie - eine weite flache Ebene mit gut genährten Milchkühen, man meint plötzlich in Friesland zu sein. Abzweig zur größten prähistorischen Fundstätte Korsikas, dem Menhirfeld von Filitosa (ca. 5,5 km). Details siehe unten.

★ Porto-Pollo

Ein kleiner Fischerort, eine Handvoll Häuser am Golf. Von Wassersportlern gerne aufgesucht. Die Bucht ist bei Tauchern durch die interessante Unterwasserwelt bekannt. Am Strand ankern Segel- und Fischerboote. Hier auch Windsurf Vermietung (Ca. 15 DM/Std.), Segelboot- und Zodiak-Verleih.

Im Restaurant CHEZ BEBE ist es auch außerhalb der Saison noch gemütlich, dann sitzen hier die Männer beim Kartenspiel.

Hotel, Restaurant Kallisté: Quadratischer Kasten mit kleiner Terrasse. Doppel ca. 55 DM, Menü ca. 20 DM. 50 m zum Strand.

* **Hotel, Restaurant L`Escale**: mit vielen Blumen in schöner Strandlage. Doppel ab ca. 65 DM, Menü ca. 20 DM.

Hotel, Restaurant Les Eucalyptus: 100 m oberhalb der Straße liegt der große Bau in netter Parkanlage. Kurzer Weg zum Strand. Helle Zimmer mit Meerblick; Panoramarestaurant. DZ ca. 55 DM. Menü ab 25 DM.

Camping A FONTANELLA - einfacher Platz im Ort, etwas entfernt vom Strand.

*** Camping ALFONSI, große Anlage kurz vorm Ort zwischen Straße und Meer, Pinien in Reih und Glied. An einigen Stellen Stromanschlüße. 300 Stellpl.

✶ Filitosa (4 km vom Golf entfernt)

Ein unscheinbarer Weiler am Hang über dem weiten Taravotal mit den größten und bedeutendsten prähistorischen Fundstätten Korsikas.

5.000 Jahre alte Menhirstatuen - die besterhaltenen Steinplastiken der Insel. Mannshoch mit ausgearbeiteten Gesichtszügen und angedeuteten Schwertern zählen sie zu den ersten skulptierten Menschendarstellungen Europas.

Auf dem gleichen Gelände Überreste torreanischer Kultstätten (3.500 Jahre alt). Die Ausgrabungen (erst 1954 entdeckt) erzählen vom Kampf zweier Kulturen auf korsischem Boden. Ursprünglich war das Gebiet von den sogenannten Megalithikern (Urkorsen) bewohnt, die nachweislich seit ca. 4.000 vor Chr. Langsteine (Menhire) aufstellten - bekannt als Hinkelsteine aus Asterix und Obelix.

Im Laufe der Zeit verfeinerten sie ihre Steinmetzkunst und stellten Menschen, evtl. Verstorbene der eigenen Sippe mit ausdrucksstarken Gesichtszügen, dar. Auf dem Höhepunkt ihrer Kultur fanden die Kämpfe gegen die torreanischen Eindringlinge statt: "Steinzeit" gegen "Bronzezeit" ab 1.400 vor Chr.

Die Urkorsen meißelten evtl. als Abschreckung das Abbild ihrer torreanischen Feinde in den Stein (Schwerter, Brustschutz - Harnisch) ähnlich den bekannten Abbildungen schardanischer Krieger am Tempel Medinet Habu (Ägypten). Militärisch waren die Torreaner bei weitem überlegen (Bronzeschwerter etc.), sie vertrieben die Megalithiker nach Norden, die dort wieder unbewaffnete Statuen produzierten und aufstellten (Pieve, Patrimonio siehe dort). Auf den eroberten Hügeln errichteten die Torreaner ihre die erbeuteten Menhirstatuen verwendeten sie als Baumaterial in der Zyklopenmauer (Begriffserklärungen und weitere Infos siehe Geschichte).

Filitosa ist eines der beliebtesten Ausflugsziele im Süden Korsikas. Busseweise werden zur Saison die Touristen angekarrt. Im Ort eine Handvoll Häuser, eine hübsche Motelanlage in Naturstein. Camping KIESALE gut 6 km entfernt.

Eintrittskarten (4 DM) in der Filitosa Bar/Restaurant . Von April bis Ende Oktober ganztägige Besichtigung.

In der Bar kann man sich bei einem erfrischenden Pastis vorbereiten; viele Broschüren und Bücher über die Vergangenheit: sehr empfehlenswert das Heft "Filitosa" von Roger Grosjean, (auch in Deutsch), geschichtlicher Überblick, Pläne, Beschreibungen der Funde.

Und so siehts jetzt aus: eine Vermischung korsischer Megalithkultur und torreanischer Bauwerke. Beim Rundgang sind zu unterscheiden· Menhirstaturen stammen von den Megalithikern: Fundamente, Mauern und Bauten von den Torreaner. Im Museum sind Waffen, Hausrat und Werkzeuge ausgestellt.

Eine schattige Baumallee führt zur Fundstätte; auf dem Weg ein kleiner Vorgeschmack: Filitosa V, die am deutlichsten bewaffnete Menhirstatue Korsikas, wenn auch halb enthauptet mißt sie noch 3 m; auch die Rückseite bearbeitet.

Vor ihrer Entdeckung lag sie auf der Nase und diente ahnungslosen Bauern als Ruhebank. 2.000 kg schwer, ein beträchtlicher Klotz.

250 m weiter zur ehemaligen Kultstätte. Zur Torreanerzeit war die Anlage komplett von einer "Zyklopenmauer" umgeben. Heute sind nur noch Überreste davon zu sehen.

Rechts das sogenannte Ostmonument an die Zyklopenmauer angebaut. Man braucht schon viel Phantasie, um darin die ehemalige Kultstätte der Torreaner zu erkennen. Eine Rampe als Zufahrt, z.T. sind Tafonifelsen mit einbezogen. Die Bedeutung der Anlage noch weitgehend unklar.

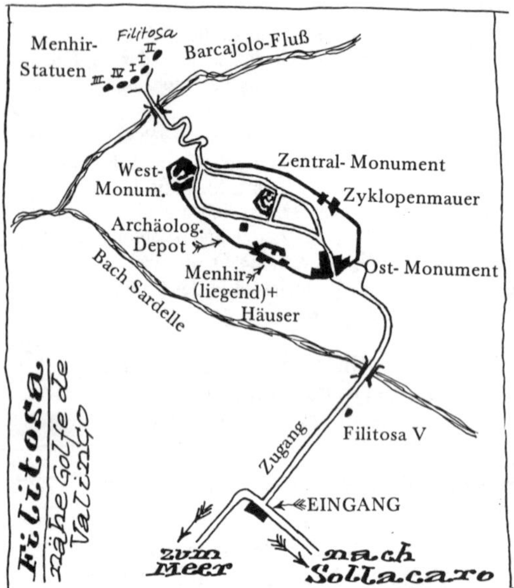

Links wird noch gegraben. Hier liegen Fundamente torreanischer Hütten verborgen. Eine schwierige Arbeit, denn mehrere Schichten verschiedener Epochen müssen untersucht werden.

Auf dem torreanischen Zentralmonument stehen zerbrochene Statuen der besiegten Megalithiker, die ursprünglich als Baumaterial mit im Zentralbau eingemauert waren, alle mit dem Gesicht nach unten - sicher kein Zufall. Die besten der 32 Menhire wurden wieder ans Tageslicht gebracht, ihre Namen (Von links nach rechts):

Filitosa VIII, F. XI, F. VII, F. IX, F. X, F XIII.

Sie sind nach der Reihenfolge ihrer Entdeckung "getauft". Etwas phantasielose Namensgebung. Uns hat Filitosa IX am besten gefallen, sehr strenge, aber eindringliche Gesichtszüge; einmalig auf Korsika.

Fototip: beste Beleuchtung gegen Mittag, das Gesicht ist nicht mehr im Baumschatten, durch die Sonne kommt das Halbrelief sehr deutlich raus.

Bei vielen Fragmenten muß man ein bißchen suchen, bis Andeutungen von Schwert oder Dolch zu erkennen sind. Lichteinfall wichtig.

Im Zentralmonument sind noch Ansätze der Dachwölbung zu erkennen. In der Mitte, jetzt mit Beton eingefaßt, verbrannte Erde, früher wohl eine Opferstelle. Im Westmonument (16-18 m Durchmesser) kann man am meisten selber erkunden. Es wurde auf Vorgängerbauten der Megalithiker errichtet. Innen rumzukriechen ist zwar ein bißchen eng, macht aber Spaß. In der großen Kammer hat man einen einzelnen Schädel gefunden. Im Zentrum soll vor 3.200 Jahren das letzte Feuer in der Kultstätte gebrannt haben.

Nicht die 5 Statuen unten auf der Wiese übersehen - von der Zerstörungswut der Torreaner verschont - sie erinnern an einen Rat der "5 Weisen" unter dem 1.000-jährigen Olivenbaum.

Von links nach rechts: F. III, F. IV, F. I, Tappa I, F. II. Blick zum "Hügel der Vergangenheit". Hier im Schatten der Bäume kann man gemütlich eine Zigarette rauchen und seine Phantasie über das Leben vor 4.000 Jahren spielen lassen.

Südseite des Golfes von Valinco

Nach der kilometerlangen Sandbucht an der Rizzanesemündung (wenig Zugänge) windet sich die schöne Panoramastraße D 121 in 16 km (ab Propriano) zu dem Nest Campomoro. Recht kurvig, eine helle Freude für Motorradfahrer.

★ Campomoro

der Name erinnert an die Maurenzeit - kleines Dorf in viel Grün eingebettet an einer schönen halbkreisförmigen Bucht. Fotogener Genuesenturm auf der grünen Landzunge (Fußweg ca. 1/2 Std. hin - und zurück).

Langer Sandstrand, glasklares Wasser, Blick zur anderen Golfseite. Kleine Fischerboote ankern vor dem Dorf. Restaurant, Kneipe, Pizzeria, kleine Post. Keine Stellplätze für Wohnmobile. Wildcampen verboten !

Schön gelegener Campingplatz La Vallée gleich hinterm Ort; Terrassenplatz. Libre Service, Bar, einige Laubbäume, Stromanschlüsse und zusätzliche Wasserstellen auf dem Platz verteilt. 200 Stellpl.

Sehr abwechslungsreiches Gebiet, stets wechselnde Ausblicke in Schluchten und auf Gebirgskämme; hübsche "unberührte" Bergdörfer. Viele Bademöglichkeiten in Gebirgsbächen oder heißen Quellen. Torreanische Fundstätten, Abstecher ins Bavellamassiv bzw. zur Inlandsstadt Sartène.

Ohne eigenes Fahrzeug ist die Tour nicht realisierbar. Ein Mietwagen ist bei voller Besetzung eine preislich erschwingliche Lösung. Car Rent in Propriano. Insgesamt eine ziemliche Kurbelei, ca. 120 km, abkürzen jedoch möglich. Ab Propriano die ersten 20 km (N 196) gut ausgebaut.

★Olmeto

Ein behäbiges Dorf auf halber Höhe am Hang. Es lohnt ein Stop: tollen Blick zum Golfe de Valinco.

Gut getarnt die Ruine CASTELLO DELLA ROCCA als Verlängerung der Felsen (auf dem gegenüberliegenden Hügel am nördlichen Ortsausgang). Kleine Bars und Hotels für Leute, die sich dem Touristenrummel etwas entziehen möchten.

Eine berühmte Persönlichkeit verbrachte die letzten Lebensjahre in Olmeto: "Madame Colomba Carabelli" die Hauptfigur im Roman "Colomba" von Prosper Merimée. Er kam 1839 als Inspektor der historischen Denkmäler Frankreichs (von Paris entsandt) nach Korsika, traf im Dorf Fozzano (150 E.) eine durch die Vendettamorde haßerfüllte Mutter Ende der 50er, die er in seinem Roman in ein junges Mädchen verwandelte. Sie starb hier in Olmeto mit 86 Jahren und wurde in der Kapelle in Fozzano beigesetzt (auf der gegenüberliegenden Talseite D 19 ab Propriano).

23 km weiter liegt **Petreto - Bicchisano**, ein langgestreckter Doppelort überm Taravotal. CHEZ MARIE, kleine Wirtschaft, hier fahren sonntags die Korsen zum Essen hinaus. Menü ca. 20 DM + Service. Im Oktober gibt´s als Spezialität Spanferkel (marcassin).

Kurzer Abstecher zu den Bains de Taccana (d´Urbalacone). Kleine Thermalquelle. 37 °C, schwefelhaltiges Wasser. "Gekurt" wird in dem Badehäuschen am Bergbach (offen: 9-12/16.15-19.30 Uhr außer Sonntag). Hilft bei Rheuma und Bronchialleiden.

Gegenüber **Hotel des Bains**, durchschnittlich. Doppel ab ca. 45 DM. Menü - auch leichte, kalorienfreundliche Gerichte - ca. 20 DM. 8 km nördlich Petreto-Bicchisano, 30 km auf der N 196 von Propriano nach Ajaccio.

Rundfahrt ab Petreto-Bicchisano ins Inland nach **Aullène** (D 420; 20 km) kurvig und schmal, aber lohnende Strecke.

Vom Nachbarort **Quenza** aus sind die markanten Spitzen des Bavella-massivs schon zu sehen. Ab dem gepflegten Örtchen **Zonza** nur noch knapp 10 km zum Bavellapaß, ein herrliches Wander- und Klettergebiet.

In Zonza auf die D 268 nach einigen km die torreanische Wehranlage CASTELLU DI CUCURUZZU, ca. 3.000 Jahre alt.

Der Ort **STE LUCIE DE TALLANO** ist für seinen Kugeldiorit bekannt, eine Granitart mit taubenei großen Einschlüssen, nahezu einmalig auf der Welt.

(Alle Details zur obigen Strecke im Kapitel südliches Inland.)

Bei der Weiterfahrt die heißen Quellen von Caldane, die in einem kleinen Open-air pool gefaßt sind; das schwefelhaltige Wasser soll Rheumabeschwerden lindern. An der Strecke im Rizzanesetal die sehenswerte Genuesenbrücke SPIN A CAVALLU an der Straße, 4,5 km vor der Kreuzung nach Sartène (Zonza - Sartène 37 km) - die "korsischste" Stadt der Insel auf keinen Fall auslassen; verwinkelte Gassen, fotogene Häuser, gute Restaurants fürs Abendessen. Details im eigenen Kapitel. Gut ausgebaute Straße N 196 in 13 km zurück nach Propriano.

Die Südspitze

Eine Landschaft mit ganz besonderem Reiz; sanfte Hügel, viel Macchia, Felsenbuchten und Sandstrände für ruhigen Badeurlaub. Hauptattraktion das einmalig schön gelegene Bonifacio mit

steilen weißen Kreideklippen ganz isoliert am Südzipfel Frankreichs. Neugierblick nach Sardinien (Fährverbindung). Abwechslungsreiches Hinterland mit bekannt guten Weinsorten aus dem Sartenais und Figari. Interessante Inlandsstadt Sartène, fotogene Bergdörfer. Das vielleicht reizvollste Bergmassiv Korsikas - der Bavella weiter landeinwärts in Ausflugsreichweite.

Die Südspitze war schon zur Jungsteinzeit ein attraktives Eck. Die bekanntesten megalithischen Fundstätten konzentrieren sich in diesem Gebiet (Cauria, Pallagiu, Cucuruzzu, Filitosa am Golf von Valinco).

Die Küste um Bonifacio ist ideal für Leute mit eigenem Boot; jede Menge abgelegene Buchten, die nur von See aus zugänglich sind - gutes Tauch- und Surfgebiet zwischen Bonifacio und Roccapina.

Sartène **(kors. Sartè, 3.000 E.)**

Eine korsische Inlandstadt; die Hauptstadt des Sartenais - bekannt für gute AOC Weine und Sitz einer Unterpräfektur.

Auf einem Felsvorsprung hoch über dem Rizzanese krallen sich schmale Natursteinhäuser; herrliche Ausblicke über das grüne, weite Tal bis zum 12 km entfernten Meer. Neben alten Menschen beleben junge Leute und viele Kinder die Straßen. Zentrum und Treffpunkt die PLACE DE LA LIBÉRATION, im Sprachgebrauch der Sartinesi immer noch Place Porta genannt. (verrostetes Schild). Viel Betrieb in den Cafés und Bars am Platz. Urige Weinhandlung neben dem Torbogen zur Altstadt.

Auf den ersten Blick wirkt die Altstadt malerisch mit engen Gassen, steilen Treppenaufgängen zu den oberen Etagen; nackte Fassaden durch Blumen aufgelockert; viele Fotomotive. Doch leben möchte man nicht in den schmalen, 6-8 stöckigen Häusern; feucht und ohne Komfort - werden sie zunehmend von korsischen Familien verlassen, dann ziehen algerische Gastarbeiterfamilien ein. Zugang in das wehrhaft wirkende Altstadtviertel durch den Torbogen des Rathauses (einstiges Stadttor mit Wappen). Das vielgeknipste Ecktürmchen an der Stadtmauer (Echauguette) ist ein Überbleibsel aus dem 12. Jhd.; am besten von der Avenue Gabriel/Ecke Nicolas Pietri zu sehen (neben der Post).

Die Oberstadt Borgu mit Gymnasium, prähistorischem Museum (ehemals Gefängnis) zieht sich den Hang hinauf - bei weitem nicht so festungsartig wie unten, - vorbei an der Kapelle San Sebastian. Tolle Aussicht auf den Golf von Valinco und die Spitzen des Bavella.

Einige feudale Clanfamilien bestimmten bis ins 18./19. Jhd. Politik und Alltag der Stadt. Reaktionäre Großgrundbesitzer versetzten durch ihre Fehden untereinander - Stichwort Vendetta - die Stadt in bürgerkriegsähnliche Zustände. Zeitweise waren die beiden Stadtteile, Borgu und Altstadt total verfeindet. Ein Drama spielte sich 1583 ab:

Seeräuber aus Algier plünderten das Sartenais und verschleppten 1/3 der Bevölkerung in die Sklaverei nach Nordafrika. Sartène verhielt sich lange Zeit Genua-freundlich, während Paolis Ideen nur ganz zögernd aufgenommen wurden.

MUSÉE PRÉHISTORIQUE - sehr lohnend, besonders wenn man prähistorische Fundstellen besichtigt hat, aber auch zum Einstieg. Fundstücke der Ausgrabungsstellen in einem lichten Saal ausgestellt: Keramiken der verschiedenen Epochen, Speerspitzen, Ringe, Schmuck, restaurierte Menhire. Erklärungen und Schaubilder - leider nur französisch - veranschaulichen die Funde. Kurz - ein angenehmes Museum! Offen von Mitte Juni - Mitte Sept. tgl. von 10-12/14-18 Uhr. Sonst Mo.-Fr. von 10-12/14-16 Uhr.

RATHAUS vis-à-vis, ehemaliger Palast der genuesischen Gouverneure.

FRANZISKANERKLOSTER ST. DAMIEN (19. Jhd.) thront mit Superblick am Ortsende.

Eine Woche KARNEVAL in Sartène. Mit Verkleidung, Umzug, geschmückten Autos und viel Stimmung. Die ganze Stadt ist auf den Beinen. Termin: letzte Märzwoche.

Karfreitagprozession U CATENACCIU eine Tradition, die bis ins Mittelalter zurückreicht; inzwischen auch zu einem großen Folklorespektakel geworden, bei dem Fernsehen und Touristen nicht fehlen. Auf allen Postkarten zu sehen: der Büßer von Sartène in seine rote Kutte vermummt - nur der Priester kennt ihn; das 31,5 kg schwere Kreuz auf dem Rücken, die 14 kg wiegende Catena (Kette) am Fuß zieht er durch Sartène - in Analogie zum Leidensweg Christi nach Golgatha.

An Kandidaten für den Bußgang mangelt es nicht, im Gegenteil der Priester muß Wartelisten anlegen. Der kleine Büßer im weißen Gewand - stellvertretend für Simon von Kyrene hilft ihm zwischendurch auf die Beine - denn ebenso wie Christus stürzt der rote Büßer, Drehbuch konform, 3 x mit dem Kreuz zu Boden. Priester und Gläubige als Gefolge. Abschließend wird auf dem Platz die Messe gelesen. Kreuz und Ketten hängen das Jahr über in der Kirche Ste. Marie .

Von Foce schöne AUSSICHT AUF SARTÈNE und den weiten Golf etwa 5 km außerhalb (ausgeschildert) D65.

Tourist Info: Seitenstraße am Platz hinterm Glacier des Amis. Offen von Mo-Fr 9.00-11.30/14.30-17.30 Uhr.

Geldwechseln: - Credit Agricole: Imm. Mocchi
- Credit Lyonnais: 13, Rue Ste. Anne (Mo-Fr 8.10-12.15/ 14.00-16.30 Uhr) - Société Générale: Rue Tafanelli (Mo-Fr 8.15-12/13.45-16.45 Uhr)

Post: Die Treppen am Ende der Place de la Libération runter! (Mo-Fr 8-12/14-18 Uhr, Sa. 8-12).

Empfehlenswertes Restaurant LA CHAUMIÈRE in der Oberstadt; interessante korsische Küche, besonders lecker Kaninchen in Weißweinsauce. Geschmackvoller Speiseraum, großer Kamin. Nahe der Kapelle San Sebastian.

Restaurant LA SIRENATA mit Gitarrenmusik! Ein selbstgeschossener Adler, Gitarren und andere originelle Utensilien zur Dekoration. Menü ab 20 DM. Cours Gen. de Gaulle.

AUBERGE SANTA BARBARA, etwas außerhalb Richtung Propriano (N 196) nach 1km rechts. Schöne Terrasse mit Blick auf Sartène. Exquisites korsisches Menü (Charcuterie, Zucchini mit Brocciu, Lammschulter, Dessert) um die 35 DM.

Pizzeria U CATENACCIU in der Rue Capitaine Benedetti. Kleiner, freundlicher Raum, Pizzen um die 10 DM; auch Menüs. 15 % Service extra.

** **Hotel Les Roches**, moderner, unansehlicher Kasten, aber in fantastischer Lage. Zimmer mit Panoramablick über's Tal, direkt im Zentrum. Doppel mit Dusche ab ca. 50 DM, mit Bad ab ca. 55 DM, Menü ca. 20 DM. Rue Jean Jaurès.

* **Hotel Logis Fior Di Riba**, Doppel ab ca. 40 DM, 12 Zi. Hotel am Ortsanfang von Propriano kommend; schöne Terrasse.

Empfehlenswerter *** Campingplatz OLVA LES EUCALYPTUS: liebevoll gepflegte Anlage, terrassenförmig mit vielen Erdbeerbäumen. Sanitäranlagen 1 A. Beleuchteter Swimmingpool, eingerahmt mit Blumen. Tennis ca. 9 DM/Stunde, zur Saison Reitmöglichkeit. Zufahrt 5 km nördlich Sartène - D 69. Keine Busverbindung.

*** Camping L'AVENA TIZZANO gut 18 km südlich Sartène im Gebiet der Menhire und Dolmen. Sehr großer Platz ganz abseits gelegen, schön und ruhig, z. T. ebenes Gelände z. T. Terrassenplatz. Ordentliche Sanitäranlagen, einige Warmduschen, Waschmaschine, Libre Service und Restaurant. Stromanschlüsse. 280 Stellpl. Sandstrand (grob) rund 300 m entfernt, auch Felspartien. Zufahrt: 2,5 km südlich von Sartène Richtung Bonifacio zweigt rechts die D 48 ab, Tizzano ausgeschildert.

Stadtnächster Campingplatz L'OLIVERAIE, klein, direkt an der Straße. 2,5 km Richtung Propriano (N 196).

Verbindungen

Busse: nach Bonifacio 2 x täglich, außer so. und feiertags nach Propriano, Ajaccio 2 x täglich außer so. und feiertags. Abfahrt und Ankunft bei Agentur "Ollandini". - Cours Soeur Amélie.

Taxis: am Place de la Libération

Autovermietung: Avis, bei der Gesellschaft "Ollandini".

Reiten: Ponys und Pferde, ca. 10 DM - 20 DM/Stunde, an der Kreuzung N196 - D 268 Richtung Propriano.

Kurze, sehr empfehlenswerte Rundfahrt durchs Sartenais

Von der N 196 Sartène - Propriano nach 6 km rechts ins Rizzanesetal abbiegen, breite D 268; nach 4 km die alte elegante Genuesenbrücke aus dem 13. Jhd. über den flachen Rizzanese. Im Volksmund auch Spin a Cavallu (= Pferderücken) genannt. Links an der Straße weist ein Hinweisschild den Weg. Parkmöglichkeit, beliebter Picknickstop. Nach weiteren 4 km auf der D 268 zweigt rechts die D 148 ab Bains de Caldane ausgeschildert; die rund 3 km Schlängelstraße lohnen: sie führen zu einem open-air Thermalpool.

BAINS DE CALDANE. Eine etwa 37 °C heiße, schwefelhaltige Quelle (Privatbesitz). In dem kleinen Becken wird man sehr angenehm von dem gesunden Wasser umperlt. Eckige Steine liegen als Hocker im Wasser. Nicht länger als 30 Minuten im Wasser bleiben - man ist hinterher ganz schlapp und müde. Nach einem Bad gibt es keine Rheumabeschwerden mehr und die Haut lebt wieder auf. Nicht Planschen, nicht tauchen, kein Monokini, nicht nacktbaden, der Monsieur hat wenig Humor. Tgl. offen, im Sommer sogar bis Mitternacht.

Eintritt (ca. 3 DM) zahlt man in der Bar U VECCHIU MULINU. Umkleidekabinen gleich neben dem Becken. Nach dem Bad nicht gleich ins Auto springen, lieber in der Bar noch einen Pastis trinken und das Prickeln im Körper genießen.

Rückfahrt über die schmale Straße in ca. 12 km nach Sartène.

Sartène ⟶ Porto-Vecchio/Ostküste

ca. 80km (anfangs D 268)

Sehr schöne Inlandstrecke mit interessanten Stops: an der oben erwähnten Genuesenbrücke vorbei, durch den Ort Ste. Lucie de Tallano, der durch die äußerst seltene Granitart Kugeldiort bekannt ist; die sehenswerte Torreanerfestung CASTELLU DI CUCURUZZU direkt am Weg. Über das Dorf Levi nach Zonza mit Abstechermöglichkeit zum Bavellapaß mit bizarren Felszacken. Durch den reizvollen Kiefernwald von Ospedale nach Porto-Vecchio an der Ostküste.

Alle Details im Kapitel südliches Inland bzw. Ausflüge von Porto-Vecchio.

PRÄHISTORISCHE FUNDSTÄTTEN

Eine wahre Fundgrube von MENHIRSTATUEN in der Gegend südlich Sartène.

In Pallagiu 258 Menhire ordentlich in Reihen aufgestellt. Rinaggiu erinnert an eine "Baustelle", wo die Künstler gerade zum Mittag gegangen sind. Zusätzliche Attraktion: ein riesiger "Steintisch" - Dolmen. Erstaunlich wieviel Leben die "toten Steine" in die hügelige Macchialandschaft bringen. (Über Menhire und Dolmen im Geschichtsteil mehr).

Pallagiu: mitten im Heidekraut ein freier Platz mit Menhiren. In zwei Reihen aufgestellt, erinnern sie an eine Allee - besser noch an strammstehende Soldaten, wie eine Mauer mit manchmal großen Lücken. Auf der rechten Seite liegen schon einige flach, andere sind dabei umzufallen.

Mit 258 Steinen und 200 Metern längstes Alignement auf Korsika. Mit den kilometerlangen aus der Bretagne können sie allerdings nicht mithalten, die Steine dafür aber schöner bearbeitet. Sie stehen exakt in N-S Richtung; eine kleine Reihe dagegen genau nach W-O, Richtung Bergmassiv Omu di Cagna, ein markanter eindeutig identifizierbarer Gebirgszug.

Ein Teil der Menhire läßt sich nach R . Grosjeans Untersuchungen zeitlich einordnen. Etwa 80 frühantropomorphe (menschenähnliche) Menhire stammen von 1900-1400 vor Chr. 9 bearbeitete Menhire fallen unmittelbar in die Torreanerepoche (1600-1000 vor Chr.). Es soll darunter 3 feiner skulptierte Statuen geben; wir haben nur 2 gefunden, vielleicht habt Ihr mehr Glück und findet den letzten.

Die Aufreihung soll mit dem Totenkult zusammenhängen, genaues weiß man nicht, es bleibt eurer Phantasie überlassen. Wie wär`s z. B. mit einer Landebahn außerirdischer Lebewesen à la Däniken.

Nach neuen Forschungen und Interpretationen Graf von Keyserlingks gehören die Alignements zu einem komplizierten astronomischen Beobachtungssystem in Verbindung mit dem markanten Bergrücken Omu di Cagna im Osten, der Bergformation Roccapina im Südosten, genau auf der Verbindungslinie des Dolmen Fontanaccia und des Alignements von Renaggiu (s. auch Cauria).

Zufahrt: von Sartène aus 2,5 km Richtung Bonifacio; im Weiler Bocca Albitrina rechts ab (D 48), Tizzano ausgeschildert. Holprige Asphaltstraße - nach 11 km geht rechts ein Feldweg ab. Hinweisschild Pallagiu. Das Gatter nach 1 km dürft ihr ruhig aufmachen und weiterfahren.

Cauria: ist kein Ort, sondern die Bezeichnung von drei prähistorischen Fundstätten: Fontanaccia, Stantare und Rinaggiu.

Fontanaccia: der imposanteste Dolmen Korsikas. Die Hirten fanden ihn vor seiner "Entdeckung" ganz praktisch als Unterstand. Die Deckplatte aus einem riesigen Stein - 3 Tonnen schwer!

In dem Dolmen hat sicher nie jemand gewohnt. Er diente vermutlich als Grabstätte; durch ein "festes" Haus wollte man Unsterblichkeit für die Toten erlangen.

Der Schriftsteller Prosper Merimée brachte 1840 den Dolmen an die Öffentlichkeit. Grabfunde wurden nicht gemacht, vermutlich wurde der Dolmen schon vorher ausgeraubt. Genau zur Wintersonnenwende scheint die Sonne voll in den Dolmen und erhellt die Rückwand. Die Ausrichtung des Dolmens nach dem Sonnenstand gab Keyserlingk weiteren Anhaltspunkt für seine "Kalendertheorie"; er nahm an, daß der Dolmen als Beobachtungspunkt diente.

Stantare: kleines Alignement von gut 20 Menhiren, die etwa in die erste Hälfte des 2. Jahrtausends einzuordnen sind. Hier die zwei - nach unserer Meinung elegantesten Menhirstatuen: ausdrucksvolles Gesicht, Halsandeutung, Schwert. Die einzigen Skulpturen Korsikas mit Arm- und Handandeutungen. Nach Osten ausgerichtet vielleicht Symbol einer Auferstehungshoffnung? Die Vertiefungen in Stirnhöhe waren vermutlich für Hörner gedacht, wie Grosjean sie für die Helme der Torreaner annimmt; so sollte das Aussehen der torrean. Feinde möglichst naturgetreu wiedergegeben werden. Vor der Entdeckung durch Grosjean 1964 waren sie in einer alten Mauer eingebaut.

Rinaggiu: in einem Steineichenwäldchen eine Art Menhirdepot. Eine große Anzahl teilweise unbearbeiteter Steine liegt kreuz und quer durcheinander. Dazwischen im Frühjahr wilde Alpenveilchen. Der Gedanke an einen Friedhof drängt sich auf.

Zu finden: 3 km von Pallaggiu zurück, schmale Straße rechts hoch. Auch wenn kein Hinweisschild zu sehen - ca. 4 km Schlaglöcher, dann rechts ab, - Tor wieder zumachen.

Nach der interessanten Theorie von Adalbert Graf von Keyserlingk war Cauria mit den 3 oben beschriebenen Stätten Zentrum eines astronomischen Beobachungssystems. Hier wurden Daten für einen Kalender gesammelt, der vermutlich Vorhersagen für die wichtigen Zeiten der Aussaat, Ernte und Jagd liefern konnte. Nach Meinung Keyserlingks stehen die Anlagen in der weiteren Umgebung Pallagiu und Cardiccia mit Cauria und markanten Bergformationen wie dem Löwen von Roccapina und dem drachenkopfähnlichen Omu di Cagna in einem systematischen Verhältnis zueinander, deren Kultstätten als Observatorien dienten.

Details in seinem Buch: "Und sie erstarrten in Stein - frühe Mysterienstätten in Korsika als Keime unserer Zeit", von Adalbert Graf von Keyserlingk, Basel 1983.

Torreanerbefestigung **Site de Castiddacciu** 15-20 Min vom Campingplatz L`Avena Tizzano, 2,5 km vorm Ort Tizzano. Sehr schöne Aussicht bis zum Omu di Cagnamassiv und zum Löwen von Roccapina. Die

Ruinen stammen aus der Endphase der torreanischen Epoche (ca. 1000 vor Chr.). Details zur Torreanerkultur im Geschichtsteil.

Torreanische Festung Alo Bisucce, sehr schön auf einer Anhöhe gelegen mit weitem Panorama bis zum Meer. Macchiaduft, Oliven und Steineichen. Das Dörfchen Bilia klebt in der Ferne am Hang. Grundmauern des Kultmonuments auf dem höchsten Punkt. 1964-1965 von R. Grosjean ausgegraben. Deutlich sind die Mauern bis zum Rundgang zu sehen (8 m Durchmesser), die Kuppe fehlt.

Cella (3 m Durchmesser) mit 3 winzigen Seitenkammern; links neben dem Eingang (Süden) der rampenförmige Aufgang. Nach Fundstücken wurde die Anlage in die 2. Hälfte des 2. Jahrtausend datiert. Die Ruinen nebenan stammen nach R. Grosjean von Wohngebäuden - Mühlstein und Kochstelle gefunden.

Zufahrt: von Sartène 2,5 km Richtung Bonifacio; in Bocca Albitrina auf die D 48 nach 1 km rechts die D 21 nach Grossa hoch. Von hier nach 5 km unmittelbar vor einem Gehöft rechts Wegweiser "Monument torréen d´Alo Bisucce". Einige Minuten zu Fuß über ausgetretenen Pfad zur Fundstelle hoch.

Mögliche Weiterfahrt über Belvédère - das Nest am Hang verdient den Namen wirklich - zur Bucht von Campomoro bzw. nach Propriano (Details siehe dort). Zuvor bei Grossa einsam im Tal die Kirche San Giovanni Battista (12. Jhd.), jetzt ein Wohnhaus, verzierte Westfassade.

Weitere Torreanerfestung Castellu di Cucuruzzu im Hinterland nahe Levi (D 268) (Details siehe südliches Inland).

Sartène→Bonifacio (N 196, 50 km)

Anfangs gut ausgebaute Straße, aber kurvig; ganz dünn besiedelte Gegend, hügelige Macchialandschaft. Weinanbaugebiet, z. T. verwilderte Plantagen.

Ca. 22 km nach Sartène der Golfe de Roccapina, schöne Sandbucht abseits der Straße, von Felsen begrenzt, ca. 300 m lang, feiner Sandstrand nicht makellos sauber. Kühe neben Badegästen; schattiges angrenzendes Zedernwäldchen, leider als Müllplatz und open-air-Klo mißbraucht. Idyllisch nur noch zur Vor- und Nachsaison.

Zum Surfen bei Scirocco ideal, Autozufahrt bis fast an den Strand.

Das ganze Areal ist Naturschutzgebiet - schöne Tafonibildung im rötlichen Gestein (Tafonibildung siehe Calanche).

Wildcampen verboten! Mehrsprachige Hinweisschilder.

*** Camping MUNICIPAL DE SARTÈNE- großes Terrain, ca. 10 min. zu Fuß vom Strand, leicht terrassiert angelegt, wenig Schatten. Moderne Sanitärblocks aus Naturstein auf dem Gelände verteilt. Separates Mietzelt/Bungalowareal. Zufahrt: von der N 196 ausgeschildert, 2 km holpriger Weg hinunter.

Sehr schöner Blick vom Aussichtspunkt Roccapina direkt an der Straße N 196 (ca. 150 m hoch) bei der kleinen Schenke L'OISIS DU LION.

In der Ferne liegt vor dem Genuesenturm der vielfotografierte "Löwe von Roccapina", ein interessant erodierter Bergrücken, der vom Col aus einem liegenden Löwen gleicht - beste Fotobeleuchtung vormittags. Gleich vor der Parkbucht eine Tafonibildung: "der steinerne Elefant".

Nach 10 km linker Hand im Inland das schroffe Massiv L`Omu di Cagna (Mensch von Cagna), das höchste Gebirge im Süden der Insel; der markante Wackelfelsen auf dem Gipfel (1.217 m hoch, von der Straße zu sehen) gleicht einem überdimensionalen Würfel (10 m^3), 20 bis 25 Tonnen ruhen auf einer nur Streichholzschachtel großen Auflage; lange Zeit war der Felsen für die Schiffahrt ein wichtiger Anhaltspunkt; eventuell auch zur megalithischen Epoche einer der wichtigsten Fixpunkte des Beobachtungssystems (siehe auch Cauria).

Durch´s Weinanbaugebiet L`Omu di Cagna - Probiermöglichkeit (Dégustation) bei der "Cave Vinicole Omu di Cagna" an der Strecke. Landschaftlich wird´s flacher.

Tonnara Plage - abgelegene Badebucht in felsiger Macchiagegend; schmaler Sandstrand, ein kleines Natursteinrestaurant LA CALANQUE und ein paar lieblos gebaute Fischerhäuser. Autozufahrt: 9 km vor Bonifacio.

Zusammen mit der Punta de Figari/Golfe de Figari eines der besten Surfgebiete im Süden, prima Bedingungen bei Mistral und Scirocco, gute Zugänge fürs eigene Board.

BONIFACIO

Vielfach als reizvollste Stadt Korsikas bezeichnet; in jedem Fall die südlichste Stadt Frankreichs (ausgenommen Überseedépartements) auf den vielbestaunten Kreidefelsen. Gut 60 m steigen die weißen Klippen senkrecht aus dem Meer empor. Häuser und Zitadelle scheinen die überhängenden Felsen zu verlängern. Zur anderen Seite ein langgestreckter Fjord, schützend von hohen Felsen umgeben; ein idealer Naturhafen für Fährschiffe und Jachten.

Die alte Festungsstadt Bonifacio (1.600 Einw.) wird auf 3 Seiten vom Meer umspült; wuchtige Bastionen schützen die Landseite. Diese besondere Lage prädestinierte die Stadt zur Wächterin über die Meerenge zwischen Sardinien und Korsika.

Unterstadt "La Marine", ein lebhafter Straßenzug am 1.500 m langen Hafenbecken, mit hohen Häusern direkt am hellen Fels. Viele Jachten, Geschäfte, Hotels, Restaurants - alles für die Touristen.

KIRCHE der Fischer ST. ERASME - Ursprünge aus dem 13. Jhd.; im 19. Jhd. grundlegend erneuert; neobyzantische Kuppel. In der Apsis, dem alten Teil der Kirche die Prozessionsstatue des hl. Erasme mit Bischofsmütze und Hirtenstab. Statt Kronleuchter hängt ein Schiffsmodell unter dem Tonnengewölbe.

Hoch oben auf der Landzunge die Altstadt "Haute Ville" : enge Gassen, flankiert von schmalen Häusern innerhalb der Bastion. Schmale, steile Treppen führen in die Wohnungen. Auffallend viele Strebebögen verbinden die Häuser. Besonders schön in der Rue du Corps du Garde zu sehen. Hiermit wurde früher für den Belagerungsfall das Regenwasser aufgefangen. Sehr gespenstisch zeigt sich die Altstadt bei Dunkelheit, kaum Straßenbeleuchtung, Wind fegt durch die Gassen, ideale Krimiszenerie.

Autozufahrt in die Altstadt möglich, Einbahnsystem. Von der Unterstadt Richtung Fähranlegestelle, dann links in den Tunnel unter der Festung her; anschließend mehrere Parkplätze (gebührenpflichtig); Betreuung und Überwachung durch Jugendliche - eine Art Sommer ABM der Stadt Bonifacio um die Jugendlichen zu beschäftigen und ihnen eine Einnahmequelle zu verschaffen (ebenso bei der Aragontreppe).
Weiterer Parkplatz unten vis-à-vis des Hafens.

Tourist INFO

Tourist Info: Place d´Armes - gleich beim Betreten der Zitadelle übern Fußweg. Ganzjährig offen Mo-Sa 9-12/16-19 Uhr; im Juli und August auch So. von 10-12/17-19 Uhr. Zusätzlich zur Saison Office de Tourisme am Parkplatz vis-à-vis des Denkmals der Fremdenlegion. Offen: Mo-Fr 9-12.30/14.30-18.30 und Sa. vormittags.

Geldwechsel zur Saison (Juli/August) am Hafen. Société Générale, Rue St. Erasme, offen Mo-Fr 9-11.45/14.15-16.20 Uhr

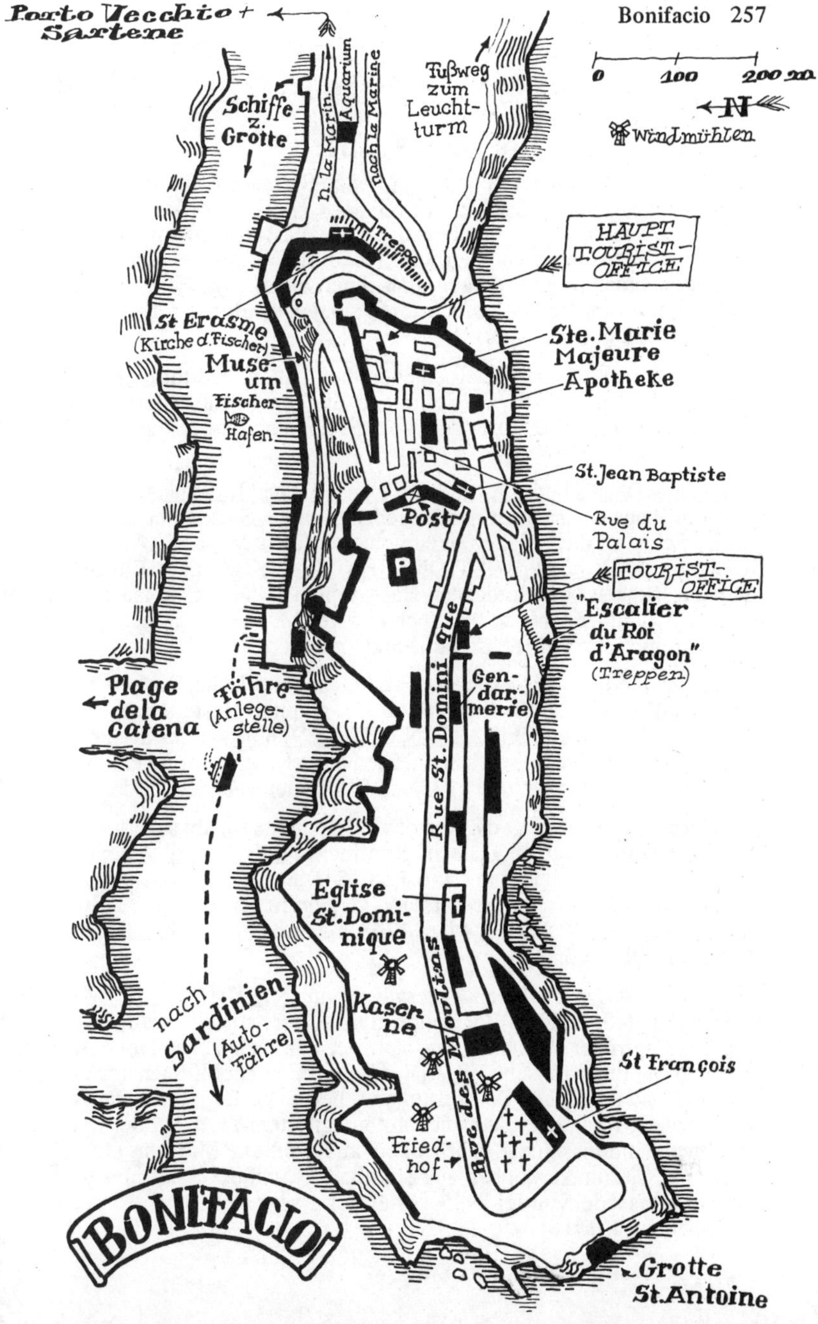
Porto Vecchio + Sartene
0 100 200 m
N
Windmühlen
Schiffe z. Grotte
n. la Marin.
Aquarium
nach la Marine
Fußweg zum Leuchtturm
Treppe
HAUPT TOURIST-OFFICE
St Erasme (Kirche d. Fischer)
Museum
Fischer Hafen
Ste. Marie Majeure
Apotheke
St. Jean Baptiste
Rue du Palais
Post
P
TOURIST-OFFICE
"Escalier du Roi d'Aragon" (Treppen)
Plage de la catena
Fähre (Anlegestelle)
Gendarmerie
Rue St. Dominique
Eglise St. Dominique
nach Sardinien (Auto-Fähre)
Kaserne
Rue des Moulins
St François
Friedhof
BONIFACIO
Grotte St. Antoine

Post: Place Casteletto, offen von Mo-Fr 9-12/15-17 Uhr; Sa. 9-12 Uhr.

ZU FUSS DURCH DIE OBERSTADT:

Ab Kai über den steilen Treppenweg Montée Rastello. Tolles Panorama auf "halber Strecke" bei der KAPELLE ST. ROCH (1) über die weißen bizarr erodierten Kreidefelsen; der Felsklotz im Wasser wird im Volksmund "Sandkorn" genannt; abenteuerlich kleben die Häuser der Oberstadt auf Felsüberhängen; Befürchtungen, daß ihnen eines Tages die Erosion die Basis nimmt sind leider gerechtfertigt. Hier zweigt der Fußweg zum Leuchtturm ab (siehe Ausflüge).

Der Treppenweg Montée St. Roch endet beim alten Stadttor PORTE DES GENES (2), bis in 19. Jhd. einziger Zugang in die Zitadellenstadt. Doppeltes Tor mit Zugbrücke von 1598. Man landet auf der Place d´Armes.

Interessante Details in der Altstadt auf einem kleinen Rundgang:
Auf dem Place d´Armes erinnern niedrige, runde Sockel der ehemaligen Kornspeicher an die Belagerungen von Bonifacio. Vis-à-vis Aufgang zur Befestigung GRAND BASTION GÉNOIS (3) (geringer Eintritt) mit schönem Blick auf den fotogenen Hafenschlauch. Die Stadtmauern waren früher gut 2 km lang, bis zu 8 m hoch und mit 1 Dutzend Türmen gespickt; heute nur noch der Tour de Carotola und Tour Toricella erhalten.

Die Stadtmauern umschlossen eine Fläche von rund 17 ha; der Löwenanteil (ca. 80 %) wurde im 18. Jhd. militärisch genutzt. Reste der mittelalterlichen Stadtbefestigung im JARDIN DES VESTIGES (links der Porte des Gênes). Die Zitadelle umschließt die ehemalige Kaserne Montlaur, die 1732 von Genuesen begonnen und 1775 von Frankreich beendet wurde.

Am Place d´Armes zweigt die Rue des 2 Empereurs (4) ab; sie erinnert an 2 erlauchte Übernachtungsgäste in Bonifacio: Kaiser Karl V. legte nach seinem Feldzug in Algier vom 3.-6. Okt 1541 hier einen Zwischenstop ein, - hübsches Marmorrelief im Türsturz. Gegenüber (Haus Nr. 31) logierte Napoleon I vom 22. Jan - 3. März 1793, als er an einer mißglückten Sardinienexpedition teilnahm.

Durch einen der nächsten Querwege zur KIRCHE STE. MARIE MAJEURE (13. Jhd.) (5) im Zentrum der Oberstadt. Sie verblüfft durch ihre Loggia, früher Versammlungsplatz der bonifazinischen Honoratioren. Darunter lag die städtische Zisterne mit Swimmingpooldimensionen (650 m^3), lebenswichtig bei Belagerungen - heute Vortragssaal. Die Kirche wurde häufig verändert; 3 Apsiden mit integriertem Turm auf der Ostseite. Im Innern interessantes Taufbecken aus weißem Marmor (15. Jhd.) römischer Marmorsarkophag aus dem 3.Jhd. Schöner Altar und Kanzel. Die Westfassade wurde 1985 restauriert, sehr schöne Rosette, eine Seltenheit auf Korsika.

Neben der Kirche das gut renovierte Rathaus; früher Haus des Podestà, in dieser Gasse sind die Strebebögen/Wasserrinnen am besten erhalten. An der Loggia vorbei zur Rue Doria, links weiter zur Place du Marché (alter Markt) (6). Vom Platz und benachbarten "Tour du Bastardello" Superpanorama über Kreideküste, Sandkorn, Leuchtturm bis rüber nach Sardinien.

Die breite "Hauptgeschäftsstraße" Rue Doria wieder zurück; sie ist nach Cäsar Doria benannt, der dem berühmten Geschlecht Admiral Andrea Dorias angehörte; dessen Bruder General Doria startete in genuesischem Auftrag üble Racheaktionen gegen den korsischen Freiheitskämpfer Sampiero Corso. Dorias Haus von 1624 mit Wappenschild in der Rue Doria Nr. 28.

Alte Fassaden aus dem 17. Jhd.; Die Rue Doria endet im Fondaco Montepagani Platz (7) (fondouk bedeutet auf arabisch Geschäft). Von hier die Rue Dominique nehmen; Neugierblick in schmale Hauseingänge mit supersteilen Stiegen sind unvermeidbar; vorbei an Häusern mit schönen alten Wappen der Familie Salinieri (Haus Nr. 10/12).

Insgesamt viele renovierungsbedürftige Häuser in der Oberstadt.

Auf dem Bir Hakeim Platz heroisches Monument der Fremdenlegion (8); das Gefallenendenkmal stand ursprünglich in Algerien (Saida), wurde 1962 hier aufgestellt; es erinnert an den Feldzug 1897-1902 im algerischen Südoran. Toller Blick über den Naturhafen und Stadtbefestigung. In der "Scharte" zwischen beiden halbrunden Wehrtürmen lag früher gut gesichert der erste Hafen der Stadt, in der sog. Anse (Bucht) de Carotola.

Bei der Kaserne die KIRCHE ST. DOMINIQUE mit luftigem 8-eckigem Glockenturm - eine gotische Kirche (selten auf Korsika) von den Templern zwischen 1270 und 1345 erbaut. Polychromer Hauptaltar von 1749; hübsche Predigtkanzel.

Vom Platz Bir Hakeim führt die Gasse "Rampe St. Jacques" zur TREPPE DES KÖNIGS VON ARAGON (9),jene legendären 187 Stufen, die der Spanier angeblich in einer Nacht in die Kreidewand schlagen ließ (siehe auch Stadtgeschichte). (geringer Eintritt) unbedingt lohnend, wenn auch bei Knallhitze mühsamer Weg hinunter ans Meer.

Auf dem Weg zur vordersten Landspitze (Friedhof) - Route des Moulins - RUINEN EHEMALIGER WINDMÜHLEN aus dem 13. Jhd. zur Getreideversorgung. Eine wurde 1983 restauriert (ohne Flügel). Ganz vorne am Sporn große Bunkeranlagen z. T. dezent gestrichen - einmaliges Panorama über die ganze Küstenlinie mit ihren Farbkontrasten.

Hoch überm Meer die schlichte KAPELLE ST. FRANÇOIS (10) aus dem 13. Jhd., interessante Totenstadt mit repräsentativen Grabkapellen.

An der Kaserne zurück durch die Porte de France (Autoausfahrt), weiteres Stadttor. Die Straße ist Napoleon III. zu verdanken. Gefallenendenkmal an der Straße, diese Granitsäule soll aus Römerzeit von dem Steinbruch auf der Insel San Bainzo stammen.

GESCHICHTE

Seit Menschengedenken war die Südspitze bewohnt - Skelettfund von 7000-6000 vor Chr. in einer Höhle entdeckt. Die Römer hatten am Endpunkt ihrer Straßenverbindung entlang der Ostküste die Siedlung Palla (nordöstl. von Bonifacio) gegründet; Ausgrabungen sind noch im Gang.

Um 830 gründete der toskanische MARKTGRAF BONIFACE im Rahmen einer Strafexpedition gegen die Sarazenen die heutige Stadt. Die strategische Lage faszinierte ihn so, daß er eine Befestigung auf dem höchsten Punkt errichten ließ. Allmählich siedelten sich Fischer und Händler in der Bucht von Carotola an. Die pisanische Zeit bescherte der Insel eine gut 200-jährige friedliche Epoche. Den Machtkampf zwischen Genua und Pisa bekam auch Bonifacio zu spüren - der Naturhafen und die Lage lockten. Ende des 12 Jhd. "schnappten" sich die GENUESEN die Stadt, vertrieben die Einwohner und siedelten linientreue Ligurer im Schutze einer mächtigen Festung an (eine beliebte Taktik der Genuesen). Verschiedene Privilegien unterstützten die Genua treue Politik der Stadt; Bonifacio wurde für die Genuesen ein äußerst wichtiger Stützpunkt im Mittelmeer.

Durch die isolierte Lage der Stadt konnte sich hier lange ein eigener stark ligurisch angehauchter Dialekt halten.

Bonifacio mußte sich im Verlauf der Jahrhunderte den verschiedensten Belagerungen stellen; eine der härtesten war die Belagerung von 1420:

Der KÖNIG VON ARAGON Alphonse V. hatte sich schon Sardinien unter den Nagel gerissen und lauerte nun auf Korsika, das der Papst bereits 1297 Alphons Vorfahren zugesprochen hatte. Mit Unterstützung des Korsen Vincentello d´Istria, der sich die Insel bis auf Calvi ganz im Norden und Bonifacio schon unterworfen hatte - beschloß Alphonse V. Bonifacio durch eine Belagerung in die Knie zu zwingen. 5 Monate widerstanden die Bonifaciner den Belagerern - ungezählte Stories kursieren über die Heldenhaftigkeit und Improvisationfähigkeit der Bewohner.

Der Sage nach ließ der König von Aragon in einer Nacht die berühmte Treppe "ESCALIER DU ROI D´ARAGON" in die Kreidefelsen von Bonifacio schlagen - um die Stadt zu bezwingen. Plausibler erscheint aber, daß die Bewohner später über die Treppe flüchteten, während ihr Hafen besetzt war.

Im Januar 1421 wurde Alphonse V. abberufen, er sollte König von Neapel werden; so gab er die Belagerung auf - um ein Haar wäre damals Korsika an Spanien gekommen.

1528 wütete die Pest in der Stadt und ließ von den 7.000 Einwohnern gerade 700 am Leben.

Der nächste Schock ereilte die Stadt 25 Jahre später: Im Zuge der Kampfhandlungen zwischen Genua und Karl V. auf der einen Seite - französischen Truppen Heinrich II., Türken (unter dem berüchtigten Korsaren Dragut) und Sampiero Corsos Leuten auf der anderen Seite wurde Bonifacio wiederum belagert. Die Türken bombardierten Bonifacio Tag und Nacht - erst durch eine List gelang es, die Stadt zur Kapitulation zu zwingen. Trotz anderslautender Zusicherungen hausten die Türken fürchterlich ab - erst Sampiero Corso konnte die "Waffenbrüder" bremsen.

Bonifacio wurde dann von den Franzosen besetzt, die die Befestigungen verstärkten - später den Genuesen zurückgegeben und von Ligurern neu besiedelt.

In den nächsten Jahrzehnten mußte sich die Stadt permanent mit sarazenischen Überfällen auseinandersetzen.

1793 startete Capitaine Bonaparte zu der unglückseligen Expedition nach Sardinien.

20 Jahre lang (bis 1983) beherrschte die Fremdenlegion die Zitadelle und die Legionäre die Restaurants. Zum Kummer der Gastronomen wurde die Legion abgezogen und durchs französische Militär - mit kärglichem Sold - abgelöst.

Sehenswertes AQUARIUM, das einzige Korsikas in einer Kalksteingrotte; es präsentiert etwa 100 verschiedene Arten, die in den Gewässern um Bonifacio leben; leuchtende "Actine Rouge", riesige Seeanemonen und Korallen. In einem Aquarium schwimmt der gespenstige Drachenkopf neben dem Wolfsbarsch. Faszinierend sind die Embryos der Katzenhaie: wie lange Früchte hängen die Fruchtblasen mit den zappelnden Embryos am Unterwasserbaum. Fotografieren erlaubt, aber düster. Eintritt 4 DM, Studenten die Hälfte. Gleich am Hafen - Quai Comparetti 25.

Strände

Einen gescheiten Ortsstrand gibt es nicht. Sotta Rocca ein Ministrand unterhalb der steilen Kreidefelsen. Zu Fuß erreicht man den nächsten Strand Catena, eine Bucht am Ausgang des Hafens. Die besten Bademöglichkeiten am 6 km entfernten Golfe de Santa Manza; Sandstrand mit Restauration und Hotels (siehe Text). Der natürliche Plage de Tonnara ca. 9 km westlich von Bonifacio Richtung Sartène. (siehe oben)

Weitere Strände: Plage de Calalonga und der Strand nahe des Campingplatzes Des Iles, beide wenige km östlich von Bonifacio.

An der Hafenstraße ein RESTAURANT am anderen:

RESTAURANTS

JOUR ET NUIT, recht ordentlich belegte Pizzen für ca. 10 DM.

L´ALBATROS, heller Raum gepflegt; Terrasse. Langustenmenü ca. 60 DM.

LE SDRAGONATO, kleines, etwas unauffälliges Lokal am Anfang des Treppenwegs Montée Rastello; recht nett, aber keine Terrasse. Menü mit Fisch oder Fleisch ca. 20 DM.

RELAIS DE L´ARAGUINA am Ortseingang beim Campingplatz, verschiedene Menüs und Pizzen.

LA RASCASSE am Hafen Quai Comparetti. Moderner Touch; Fisch, Languste, Bouillabaisse; Menü ab 22 DM.

Bootsrestaurant PELIKAN am Ende des Hafenbeckens; einfaches, aber ganz nettes Ambiente. Menü ab 25 DM. Manchmal korsische Musikabende.

STELLA D´ORO - CHEZ JULES in der Oberstadt; 5, Rue Doria. Rustikal eingerichtet, derbe Holzbalken, Bastgeflechtstühle, bis morgens geöffnet.

LA TAVERNE DE DRAGUT in der Oberstadt neben der Kirche Ste. Marie Majeure; kleines wohnzimmergroßes Restaurant, rustikal gemacht. Spaghettimenü mit korsischer Vor- und Nachspeise 18 DM.

Spezialitätenbäckerei in der Rue Jean Baptiste (Oberstadt) - leckere Kuchen z. B. Fagasi - ein köstliches süßes Brot mit Rosinen und Nüssen, das früher speziell zu Ostern gebacken wurde.

Pizzeria, Disco und Night Club L´AGORA in toller Lage; gekonnt kitschig aufgemacht. Avenue de la Carotola in der Oberstadt.

*** **Caravelle**: 11, Quai Comparetti. Gepflegtes Hotel, große Zimmer, stilvoll möbliert, das Bad hat nicht unbedingt 3 Sterne Format. Kamin und Naturstein schaffen Atmosphäre im Speiseraum. 25 Zi., ordentliches Frühstück, Tennisplätze. DZ ab 60 DM.

*** **Residence du Centre Nautique** am Hafen, recht ruhig gelegen. Gehört zum Jachtclub. Nur 10 Zi., unbedingt rechtzeitig reservieren. Sehr schöne Studios für 2-3 Personen mit Hafenblick. Ohne Restaurant. Ab 80 DM.

*** **Solemare** vis à vis des Jachthafen am bunten Neubauufer. 60 moderne, komfortable Zimmer. Swimmingpool. Kein Restaurant. DZ ab 85 DM.

* **Des Voyageurs**: Quai Comparetti, recht einfaches Hotel, Zimmer zum Hafen. 15 Zi. ab 30 DM.

* **La Pergola**: Quai Comparetti, mehrstöckiges Gebäude, unten mit Restaurant. 31 Zimmer. DZ ohne Dusche ab 35 DM.

* **Des Etrangers** am Ortseingang. Garnihotel an der Avenue Sylvère Bohn. Mehrstöckiges Gebäude, Zimmer zur lauten Durchgangsstraße; ca. 15. Min zur Altstadt- 33 Zimmer. DZ ab 45 DM.

Bungalowanlage **Pertamina Village**, 5 km nördlich Richtung Porto-Vecchio. Ruhige Anlage mit Erdbeer- und Olivenbäumen, kleine Wege strukturieren das Terrain, großer Swimmingpool. Ministudios, bestehend aus einem Zimmer, kahle Wänderustikales Mobiliar, separater Küchen und Sanitärbereich. Preis für 2 Pers. ca. 420 DM/Woche. Auf dem Gelände rustikales Restaurant U FUCONE.

* Camping L `ARAGUINA direkt am Ortseingang; kleiner Terrassenplatz, viele Olivenbäume, zur Saison knallvoll; 15 Minuten zur Altstadt. Allerdings mehren sich die Klagen über unzumutbare Sanitäranlagen und die Unfreundlichkeit der Platzleitung. Citypreise.

Empfehlenswerte Alternative für Leute mit eigenem Fahrzeug: **** Camping DES ILES, Route du Phare de Pertusato. Ca. 4 km außerhalb. Großer Platz, gutes Preis- Leistungsverhältnis. Sanitäranlagen recht ordentlich. Freundliche Leute, nette Atmosphäre in der Snackbar. Surfboardvermietung und Tauchschule; Libre Service. 500 m zum Meer.

*** Camping CAMPO DI LICCIA, 5 km nördlich Richtung Porto-Vecchio

(N 198), schattiges, etwas welliges Gelände neben der Straße; durchschnittliche Sanitäreinrichtungen. Solarwarmes Wasser; Einkaufsmöglichkeit, Bar, Restaurant, etwa 1 km zum Meer. Staubiger Weg. Busverbindung nach Bonifacio. 150 Stellpl.

Camping U FAR NIENTE, 5 km nördlich Richtung Porto-Vecchio; beim Pertamina Village, nicht am Meer. Große Anlage mit Büschen und Mäuerchen abgeteilt. Swimmingpool. 150 Stellpl.

SPORT

Hochseesegeln: der Südzipfel Korsikas ist ein interessantes, aber schwieriges Segelrevier. Die bekannte bretonische Segelschule: Centre Nautique des Glénans bietet Segelkurse auf unterschiedlichen Niveaus an, z.B. 2 Wochen Hochseesegeln inkl. Verpflegung 900 DM zur Hochsaison, im September billiger; für Könner 1-2 wöchige Törns im Raum Südkorsika, Nordsardinien. Basis in der Fazziobucht, Bucht von Rondinara.

Info und Anmeldung: Maison de la mer
Route de Santa Manza
20169 Bonifacio

oder

Quai Louis Blériot
75781 Paris
Cedex 16

Surfverleih: am Golfe de Santa Manza (Maora Strand) 6 km nördlich von Bonifacio.

Tauchen: Club de plongée du Detroit de Bonifacio bietet Ausbildung und Tauchfahrten an, ideales Gebiet; Fahrten bis zu den Inseln Cavallu - Lavezzi. Info beim Camping des Iles. Tauchboot im Hafen. Flaschenfüllstation bei "Total Araguina", Avenue Sylvère Bohn.

Reiten: Ranch de l'Hazienda. Chiovo d'Asino, Route de Porto-Vecchio.

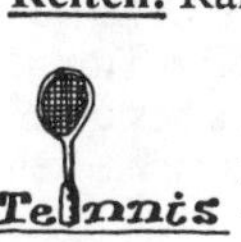

Tennis: Plätze beim Bonifacio Tennisclub am Ende des Hafenbeckens oder beim Pertamina Village 5 km Richtung Porto-Vecchio.

Ideal geschützter natürlicher **Jachthafen** zwischen Kreidefelsen und Stadt. 400 Plätze am Kai und an Pontons mit Strom und Wasser. Ankerplätze nahe beim Catenastrand, sehr schöner Seitenarm oder in der Arinellabucht.

Fahrrad- und Mofaverleih: an der Route de Pertusato Richtung Leuchtturm, Vermietung von Juni bis September.

Verbindungen

- nach Ajaccio über Sartène 2 x tgl. außer sonntags; in der Spitzensaison Juli/August auch sonntags.
- nach Porto-Vecchio 2 x tgl. zur Saison. Abfahrt Autocar Ollandini am Kai.

Taxi: am Hafen und Fährstation (Gare Maritime)

Car Rent:
Avis, Quai Comparetti
Hertz, am Hafen, Quai du Commerce
Europcar bei der Essostation

Flughafen Figari: 20 km von Bonifacio. Rundflüge über den Golf, Bonifacio und Inland. Für 45 Min. rund 100 DM/Pers. Zur Saison Linienflüge nach Paris mit TAT (siehe Anreise Flug).

Fährüberfahrt nach Sardinien (Autofähre) mit 2 Gesellschaften: ganzjährige Verbindung mit der Tirrenia 2 x tgl. (außer So.) nach Santa Teresa di Gallura und zurück. Zur Saison (Juni-Sept.) 3 x tgl. (Hin und zurück.). Zur Insel Maddalena 1 x tgl., außerhalb der Saison nicht So. - Mit der Navarma Gesellschaft nur zur Saison nach Santa Teresa di Gallura ca. 5 x tgl.

Preislich liegen beide Gesellschaften gleich. Bonifacio - Santa Teresa ca. 15 DM pro Person. PKW-Preisstaffelung nach Länge z.B. Mittelklassewagen bis 4,50 m ca. 50 DM (einfach), Fahrrad 6 DM.

AUSFLÜGE

Hauptattraktion von Bonifacio sind Bootstouren zu den GROTTEN, entlang der Kreidefelsen zum Leuchtturm. Die Zitadelle hoch droben aus einer schaukeligen Perspektive. Meist werden zwei Grotten angesteuert: St. Antoine mit Stalaktiten, auch Napoleongrotte genannt wegen der Ähnlichkeit mit dem Napoleonhut. Die Drachengrotte "SDRAGONATO" zeigt in der Decke die Umrisse Korsikas. Vom Meer sehr gut die Treppe des Königs von Aragon zu sehen. Tolle Fotomotive; nachmittags beste Beleuchtung. Zur Saison pendeln kleine Kutter vom Hafen aus zu den Grotten. Fahrzeit 40 Min. Preis 12 DM.

Längere Tour um die Ile Cavallu oder bis zu den LAVEZZI INSELN. Bei ruhigem Meer und gutem Wetter eine schöne Sache. Ca. 3 Std. Fahrt.

ILE CAVALLO: die Millionärs - und Jetset Insel ist in Privatbesitz; sie wird durch den 2. Mann von Caroline von Monaco verwaltet. "Normalsterbliche" werden hier nicht gerne gesehen. Bei der Ankunft mit dem Schiff überrascht ein beeindruckender Steinhaufen: der alte römische Steinbruch. Ca. 10 Familien leben auf und von Cavallo.

Des Pecheurs, nobles kleines Hotel. 14 luxuriöse Zimmer ab 250 DM/Nacht. Teures Restaurant, Service in weißen Handschuhen, nur zur Saison geöffnet.

ILES LAVEZZI: südlicher gelegene Inselgruppe mit einigen Stränden, keiner Behausung, da Naturschutzgebiet mit einer Haubenkormorankolonie.

1855 havarierte hier die "Semillante", ein französisches Kriegsschiff auf dem Weg von Toulon nach Sewastopol auf der Krim mit Nachschub für die dortige Belagerung. Über 700 Menschen ertranken bei dem Unglück. Alphonse Daudet beschreibt das Unglück in seinen "Lettres de mon Moulin". 2 große Friedhöfe mit zumeist namenlosen Gräbern.

Spaziergang (-fahrt) zum LEUCHTTURM PERTUSATO ist sehr zu empfehlen. Postkartenblick hinüber zur Oberstadt Bonifacios auf dem Sporn. Bei klarem Wetter bis rüber nach Sardinien (12 km).

Hier liegt der südlichste Punkt Korsikas. 200 m tief fällt der weiße Felsen ins Meer ab. Der Weg beginnt bei der Kapelle St. Roch an der Treppe zwischen Hafen und Altstadt, links ein Pfad auf der Höhe der Felsabstürze. Bis zum Cap immer rechts halten. Fußweg ca. 1/2 Std. Mit dem Auto gehts auch.

Zufahrt: 5 km anfangs D 58 nach Osten, nach wenigen Metern rechts; die weitere Strecke erfordert gute Nerven und Stoßdämpfer; letztes Stück miserabler Feldweg. Ca. 500 m vor dem Leuchtturm rechts unten herrlicher Strand mit Felsen und Grotten.

★ Bucht von Santa Manza

Traumhaft schön gelegene Bucht, 6 km nördl. von Bonifacio; doch schon lange kein Geheimtip mehr. Schlauchartig tief eingeschnitten von grünen Macchiahügeln eingefaßt, ganz vorn weiße Kreidefelsen (Rocchi Bianchi). Kleine seichte Sandausbuchtungen neben runden Felsen, schöne Schnorchelmöglichkeiten; viele abgelegene Stellen im eigenen Boot zu erkunden. Am Ende der Bucht der lange Sandstreifen Maorastrand - eigene Straßenzufahrt; kleiner Fischerhafen Gurgazo.

Zum Surfen ideal, vorne das offene Meer für Cracks, wellengeschützt in der Bucht, gute Zugänge. Zur Saison ist es allerdings mit der Idylle vorbei, Wildcamper und Wohnmobile geben sich ein Stell-dich-ein; verstreute Plastiktüten, Konservendosen, als bleibende Erinnerung, die Gendarmerie ist im Einsatz. Die Straße endet bei der Bergerie/Restaurant LES TAMARIS schön gelegen mit Blick auf die weißen Felsen.

Hotel Le Golfe beim Fischerhafen, zum Meer nur die Straße queren. Ein Dutzend Zimmer ab 40 DM.

RESTAURANT

U CEPPU, uriges Restaurant; auf zünftigen Holztischen werden Schnitzel und Meeresfrüchte serviert. Für ein Steak vom Holzkohlegrill berappt man ca. 20 DM.

Per Fähre rüber nach Sardinien in der Vor- und Nachsaison 2 mal tägl., in der Saison tägl.bis zu 8 mal. Alle Details im Transportkapitel Bonifacio. Beim Preis von nur ca. 15 DM pro Person (PKW 50 DM) bietet sich der Abstecher geradezu an.

Großartige Berglandschaften im Inselinneren, excellenter Käse und hausgemachter Landwein. Speziell im Gennargentu-Massiv gibts eine Reihe von Höhlen mit unterirdischen Wasserläufen und Seen, zum Teil so schön, daß sie von der Paramount zu Filmaufnahmen genutzt wurden.

Großartige Küsten mit Steilfelsen und Badebuchten, die nur per Boot erreicht werden können.

Auch ohne eigenes Auto: die Insel hat ein sehr gutes Busnetz, das alle wichtigen Punkte bequem erreichen läßt. Für einen 1 - wöchigen Abstecher nach Sardinien ab Bonifacio/

Korsika bietet sich auf Sardinien insbesondere die Ogliastra an der Ostküste an.

Hierzu, - aber auch alle Details zu Verbindungen, - Unterkunft, - Baden, - Restaurants, -schönen Stellen, - mehr als 30 Wanderrouten, Straßenbeschaffenheit etc. im Band 14

Bonifacio→Porto-Vecchio/Ostküste (27 km)

Die Straße verläuft nicht am Meer entlang; viel Macchia und Korkeichen; kaum besiedelt, sanft hügelig. Details zu Porto-Vecchio und der Ostküste im eigenen Kapitel.

Die Ostküste

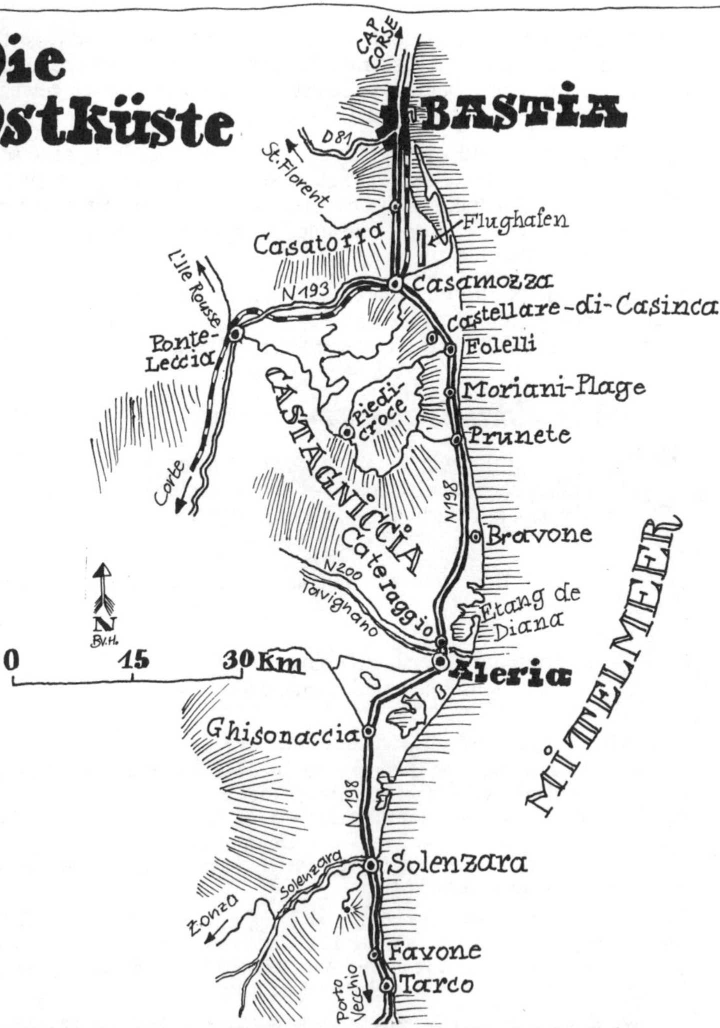

Die Ostküste Korsikas hat 2 Gesichter, im oberen Bereich bis Solenzara fast wie eine Badewanne mit den längsten Sandstränden der Insel, gräulich, feinkörnig und sanft ins Meer abfallend, selbst zur Hochsaison genügend Platz. Dahinter liegen Campingplätze, FKK- Zentren und Feriensiedlungen.

Landschaftlich oft flach und etwas eintönig; weite Ebene, kilometerlange Weinfelder und Zitrusplantagen, hin und wieder ein Fabrikationsgebäude, einige Etangs mit Muschelzucht. Entlang der Route Wein- und Obststände, teilweise Restaurants und Pizzerien. Hübsche Städtchen gibt es nicht, nur Kreuzungsorte an der Hauptroute, meist monoton bis chaotisch gewucherte Siedlungen; Ladenzentren der letzten Jahrzehnte.

Südlich Solenzara wird's interessanter, die Gegend hügeliger, schöne Felsbuchten mit eingestreuten Sandstränden; sehr schöne Badegolfe um Porto-Vecchio, eines der touristisch best erschlossenen und entsprechend frequentierten Gebiete der Insel. Einsame Macchialandschaft auf den letzten Kilometern bis Bonifacio.

Nationalstraße N 198 von Bastia bis Bonifacio 168 km, gut ausgebaut, überwiegend gradlinig, daher flott befahrbar, nur selten Blick aufs Meer. Immer wieder die Möglichkeit an den Strand oder ins Gebirge zu fahren.

Verbindungen

Busverbindung entlang der ganzen Küste. Im nördlichen Bereich Bastia - Favone/Moriani-Plage mehrmals tgl. Verbindung, Bastia - Porto-Vecchio zur Saison 2 x tgl.; So. 1 x tgl.

Porto-Vecchio - Bonifacio zur Saison 2 x tgl. inkl. So.; außerhalb der Saison 2 x werktags.

Bahn nur die ersten Kilometer bis Casamozza, biegt anschließend ins Inland ab.

Zwischen Malaria und Wirtschaftsboom

Das 12 km breite Tiefland der Ostküste gehört zu den fruchtbarsten Gebieten der Insel. Gute Böden und mildes Klima prädestinierten es seit alters her zur landwirtschaftlichen Nutzung. Zur Römerzeit war die Ostküste (bis ins 5. Jhd.) eine blühende Kornkammer. Als Folge der späteren Invasionen an diesem bequem zugänglichen Küstenstrich wurde die Ostküste zu einer von der Malariamücke verseuchten Sumpfebene mit entsprechend hoher Sterbe- und Abwanderungsrate.

Die Bevölkerung hatte sich weiter oberhalb am Hang angesiedelt. Dort war die Gefahr der Ansteckung nicht so groß. Erst durch das DDT der Amerikaner, das nach deren Landung 1943 eingesetzt wurde, gelang es, die Anophelesmücke auszurotten und die Ebene bewohnbar und landwirtschaftlich wieder nutzbar zu machen.

So entstanden die typischen Dependanceorte an der Küste. 1957 wurde die SOMIVAC - Gesellschaft gegründet (société pour la mise en valeur agricole de la corse), die die Inwertsetzung des bisher ungenutzten Brachlandes in Kulturland fördern sollte - vordringlich mußten Bewässerungs- und Drainageanlagen installiert werden. In diese Zeit fiel die "Immigrationswelle" der Algerienfranzosen, sog. Pieds Noirs (siehe auch Geschichte), die 1962 die ehemaligen französischen Kolonien in Algerien verlassen mußten. Durch finanzielle Hilfe schaffte Paris Anreize, um einen Teil der Algerienfranzosen auf Korsika anzusiedeln (ca. 16.000).

Die Initiative der Pieds Noirs verwandelte die Ostküste in eine große, intensiv genutzte Weinplantage; Monokulturen mit weit fortgeschrittener Mechanisierung. Die erfolgreichen "Neulinge" genossen ganz und gar nicht die Sympathie der Korsen, die sich durch Paris einmal mehr gelinkt sahen. An der Ostküste wird überwiegend einfacher Tafelwein produziert, der als Verschnittwein auch nach Frankreich verschifft wird.

Die Weinernte ist hier weitgehend eine Sache der Maschinen. Ein hochbeiniges Gerät fährt über die Rebstöcke hinweg und grabscht mit Riesenkämmen rechts und links in die Trauben. Ein mitfahrender Traktor fängt die ausgespuckten Früchte auf. Hunderte von Arbeitsplätzen "konnten" wegrationalisiert werden. Jetzt reichen 6 Mann vollkommen aus, um die Maschine zu bedienen.

Angesichts des Problems der Weinüberproduktion bringt der florierende Weinanbau an der korsischen Ostküste nicht nur strahlende Gesichter. Die Großproduzenten versuchen zunehmend auf Obstkulturen umzustellen (Zitrusfrüchte, Clementinen, Kiwis), was jedoch wegen der immer noch im Ausbau befindlichen Bewässerungssysteme und der Lagerprobleme (Kühlhäuser etc.) nur schrittweise vorangeht.

Bastia → Moriani-Plage (ca. 40 km)

Südlich von Bastia kilometerlang durch Neustadtvororte mit Kleinindustriemilieu, die in den letzten Jahrzehnten z.T. mit französischer Unterstützung gewuchert sind. Alternativ die Lagunenstraße am Etang de Biguglia entlang. Schöne Strandbereiche, Campingplatz, aber zeitaufwendiger, da schlechter Straßenzustand. Siehe Bastia Rundfahrt.

Lohnender Schlenker 9 km südlich von Bastia: durch die wilde Schlucht Défilé de Lancone zur schönsten romanisch, pisanischen Kirche Korsikas, San Michele in Murato. Insgesamt ca. 25 km:

Abzweig bei Biguglia/Casatorra; die anfangs schmale holprige Straße schlängelt sich hinauf zum Col St. Stefano (D 82), immer wieder Ausblicke auf den Etang de Biguglia. Das Tal wird immer schluchtiger, die Berghänge kahler, gut 150 m tief unten plätschert der Bevinco. Kleines Panoramacafé AUBERGE DU LANCONE kurz vor der schmalsten Stelle; toller Weitblick über die Ebene bis zum offenen Meer und in die Schlucht.

Weiter oberhalb immer wilder, die Straße klebt förmlich am Fels (hupen ratsam!). Auf dem Col mitten in der Macchia ein Kreisverkehr, der Ausschilderung Eglise Saint Michel folgen - in 4 km zur Muratokirche (Details siehe Hinterland St. Florent). Zurück über die angenehmere Strecke auf der gegenüberliegenden Schluchtseite (für poids lourds ausgeschildert) wieder hinunter zur Ostküste (N 198).

Von der Hauptstrecke (N198) zwischen Casatorra und Casamozza ist der ausgedehnte Etang de Biguglia zu sehen, eine gut 1500 ha große Lagune (Fischzucht). Die Pisaner machten den Ort Biguglia zur Hauptstadt der Insel; aus pisanischer Epoche stammt die berühmte Kirche Santa Maria Assunta (besser als "La Canonica" bekannt) neben dem Flughafen. Details siehe Rundfahrt Bastia.

Etangs, ein charakteristisches Phänomen an der Ostküste. Sie sind gekennzeichnet durch das Zusammentreffen von Süß- und Salzwasser. Man unterscheidet 2 Arten von Etangs:

Die Lagunenseen (Biguglia, Palo bei Solenzara) sind maximal 1 m tief. Ihr Salzgehalt schwankt mit den Jahreszeiten (unterschiedliche Wassermenge der Flüsse). Im Sommer sind sie fast so salzig wie das Meer; im Winter und nach Regengüssen können sie 20 x weniger Salz aufweisen als im Sommer. Sie haben eine üppige, aber variationsarme Flora und Fauna; recht gute Fischbestände. Der Etang de Biguglia ist jedoch schon von Verschmutzung bedroht!

Etangs tektonischen Ursprungs (Diane, Urbino) sind deutlich tiefer; bis zu 10 m. Sie entstanden durch eine Absenkung der Berge. Ihr Salzgehalt schwankt kaum, da sie wenig Süßwasserzuflüsse haben; der Salzgehalt entspricht etwa dem des Meeres. Flora und Fauna sind in dieser Art Etangs recht artenreich; große Fischbestände und Muschelzucht (Details siehe Etang de Diane).

Im Kreuzungsort **Casamozza** zweigt die Hauptinlandverbindung durchs Gebirge über Corte nach Ajaccio ab (Details siehe Kapitel nördliches Inland). Bahnstation und Lokomotivfriedhof der gemütlichen Dieseloldtimer; Eisenbahnreparaturwerkstätte, der Ort selbst ist wenig interessant.

Südlich von Casamozza läßt die Besiedelung nach, die Erhebungen rechter Hand gehören zur Casinca, ein schönes Waldgebiet; am Hang kleben malerische Dörfer wie Vescovato, Venzolasca, Penta di Casinca.

In Querciolo Abzweig (4 km) zum ruhig gelegenen CAMPINGPLATZ *** MARINA DI SORBO fast am Meer, etwas unebene Wiese, recht schattig, akzeptable Sanitäranlagen, heißes Wasser und Duschen. Stromanschlüsse, Libre Service, Snackbar. Etwa 250 m zum flachen Sandstrand. 250 Stellpl.

2 km weiter in San Pancrazio Stichstraße zum Plage de Castellare mit FREIZEITZENTRUM **Domaine d´Anghione** direkt am Strand. Vom eingerichteten Zelt, über Caravans bis zum Bungalow jede Unterkunft möglich. Großes Freizeitangebot mit Animateuren, Tennis, Surfen, Segeln, Squash, Fahrradverleih, Reiten etc. Die Verpflegung der Halbpensionsgäste in einem großen ungemütlichen Speisesaal. Preis pro Tag: Im Bungalow für 2 Pers. ca. 110 DM, Caravan, Zelt billiger. Das Freizeitangebot muß teilweise bezahlt werden.

Tip Nachsaisonurlauber: ab Oktober günstigeres Angebot: Bungalow für 2 Pers., Auto zur Verfügung, Reiten, Tennis frei, eine Woche ca. 420 DM. Wer kein Auto braucht,zahlt die Hälfte.

Einige Kilometer weiter der Kreuzungsort **Folelli** mit Abzweig in die Castagniccia, eine sehr reizvolle Landschaft mit Unmengen von Edelkastanien - einst Nahrungsquelle der Insel. Schmale kurvige Straßen, nette

Dörfer, lohnendes Wanderziel der Panoramaberg Monte San Petrone. Alle Details im eigenen Kapitel.

Restaurantempfehlung CHEZ MATHIEU etwa 1,5 km abseits der Hauptroute, Richtung La Porta (D 506). Recht gepflegtes Restaurant mit Terrasse, Billigmenü 15 DM. Es lohnt sich aber, etwas mehr anzulegen, um z. B. die ausgezeichnete Bouillabaisse zur probieren.

Restaurant AUBERGE CASTELLI, Route de la plage (an der Kreuzung in Folelli ausgeschildert) Blumen im Speiseraum, Terrasse, gute Küche. Menü ab 18 DM.

✶Moriani-Plage

Architektonisch einfallsloser, mehrere Kilometer langer Straßenort; recht zusammengewürfelt. Günstig die Nähe zum Meer mit endlos scheinendem Sandstreifen (grau) und luftigen Restaurantterrassen. Guter Surfzugang vom Parkplatz zwischen Straße und Meer. Im Hintergrund die Bergkette der Castagniccia.

In Terrassen am Hang das Nest St. Nicolao mit Barockkirche (17. Jhd) (schöne Kurzrundfahrt). Zur Zeit Pascal Paolis (18. Jhd.) war Moriani Marinebasis, von der sich sein Vater Ghiacinto Paoli unter Begleitung General Giafferis ins Exil nach Italien absetzte (Gedenktafel).

Bus: Richtung Bastia 3 x tgl. Fahrrad und Autovermietung.

Post (Mo-Fr 8.30-12.00 Uhr)

Geldwechsel bei der Credit Agricole (Mo-Fr 8.15-11.50/14.05-16.45)

HOTEL

* **Hotel Eugenia** an der Strandzugangsstraße. Dreistöckiger Bau. 10 ordentliche Zi., Mustertapete, Bad; schmalbrüstige Balkons. Ein Katzensprung zum Meer. DZ ab 45 DM.

Hotel/Restaurant A l´abri des flots: ruhig gelegen, nur wenige Meter zum Strand; einfach; hübsche Gartenterrasse abends sehr frequentiert. Große Auswahl an Pizzen, Fleisch und Fisch. Menü ab 20 DM.

* **Hotel Lido Plage** direkt am Strand. Schöne Frühstücksterrasse. 36 Zi. z.T. Meerblick, Garten nach hinten raus. DZ um die 50 DM.

*** **Hotel San Lucianu**, riesiger Betonkasten auf dem Strand am nördlichen Ortsausgang. Swimmingpool für Süßwasserfreunde. DZ ab 130 DM.

**** CAMPING MERENDELLA, 1 km südlich von Moriani-Plage (San Nicolao Moriani) neben der N 198. Sehr ausgedehnter, gepflegter Platz zwischen Straße und Meer mit angenehm großen Stellplätzen. Schön schattig, hohe Laubbäume und Büsche. Gute Sanitäranlagen, Stromanschlüsse. Recht schöner Strandabschnitt.

5 km südlich von Moriani der moderne Jachthafen Campoloro (Details siehe Segeln).

Ab Moriani läßt sich alternativ zur Küstenstraße ein kleiner Schlenker (gut 10 km zusätzlich) an den Castagnicciahängen entlang einbauen. Natürlich zeitaufwendiger, aber reizvolle Strecke mit Blick über die Küste. Sehr schmales Schlängelsträßchen (D 34) über Ste. Maria Poggio, Cervione mit interessanter Doppelapsiskapelle über die D 71 wieder an die Hauptstraße.

★Prunete

auf jeder Karte eingezeichnet, aber eigentlich nur wichtig als Abzweigung für die Fahrt durch die reizvolle Castagniccia (s. dort). Strand nur 500 m von der Hauptstraße/Kreuzung entfernt. Die Stichstraße endet abrupt ohne größere Parkmöglichkeiten. Schmaler Sandstreifen von den Gästen des Feriendorfes bevölkert; nicht sehr gepflegt (Treibgut), Strandrestaurant.

1 km nördlich von Prunete *** CAMPING OLMELLO (gut beschildert) unmittelbar am Sandstrand; schöne, ruhige Lage, viel Schatten ordentliche Sanitäreinrichtung. 150 Stellpl. Tenniscourts, Pedaloverleih, Minigolf, Libre Service.

** CAMPING CAMPOLORO, wenige 100 m nach der Kreuzung. Ca. 100 Stellpl. zwischen Straße und Meer, für längeren Aufenthalt gibt es allerdings Schöneres auf Korsika.

Preiswertes Restaurant CHEZ FABIEN ganz gemütlich, aber direkt an der Straße. Fischspezialitäten. Ca. 350 m vom Camping Olmello Richtung Bastia.

In jedem Fall lohnt der Abstecher von nur 6 km nach Cervione, das während der Episode des deutschen Abenteurerbarons Theodor von Neuhoff Hauptstadt seines Königreichs Korsika war (Details siehe Castagniccia und Geschichte).

Riesige FKK-"STADT" mit über 2.000 Betten zwischen Prunete und Bravone (Corsicana, Tropica, Baghera)

Insgesamt 4 km feiner Sandstrand mit Sportangebot - für die Menge der Besucher nicht ausreichend! Supermarkt und Restaurants. Busverbindung nach Bastia von der N 198 aus.

Die Zufahrten von der Hauptstraße zu den Dörfern sind schlecht zu finden. Z.T. Hinweisschilder recht spät.

Club Corsicana, das Hauptdorf mit Supermarkt und Sportangebot. Unterkünfte variieren von primitiven Spitzdachhütten auf dem Strand, bis Caravans und Mehrpersonen Bungalows. Je nach Komfort gestaffelte Preise (ca. 45 DM - 150 DM). Restaurant und Bar in der Anlage. Sauna, Tennis, Reiten, Surfen, Segeln und Tauchen möglich. Kindergarten für die Kleinen!

Tropica: als Unterkunft kann man zwischen Hütten auf dem Strand und komfortablen Bungalows wählen. Zusätzlich 1.000 Stellplätze für Camper. Restaurant, Supermarkt, Disco. In dem Dorf hört man fast nur deutsche Worte. Preis ca. 35 - 145 DM.

La Baghera: FKK-Feriendorf direkt am Strand. Einfache Bungalows mit großem Campingplatz und Supermarché. Studios für 2 Personen, etwas dunkel, mit Kochbereich und Terrasse. Übernachtung pro Tag ca. 80 DM. Fünfbettstudios mit Schlafplätzen durch ein Zwischenstock getrennt, etwas eng wenn es voll belegt ist (Pro Tag ca. 110 DM) Restaurant, Bar und Disco in der Anlage.

12 km südlich von Prunete zweigt links eine schmale Stichstraße ab nach

Marina de Bravone, ein kleines Touristenzentrum am Meer, 1,5 km von der Hauptstraße, mit Ferienwohnungen, Appartements und Hotels. Busverbindung nach Bastia abder N 198.

HOTELS:

Relais de Bravone. Freundliche, hufeisenförmige Appartementanlage mit parkähnlichem Garten. Kleiner Reitstall - kurze Ausritte kostenlos. Hier herrscht eine sehr familiäre Atmosphäre, der Monsieur spricht fließend deutsch. Die Studios mit großer Terrasse wirken hell und ordentlich, separate kleine Küche. Wahlweise für 2-6 Personen. Preis ab ca. 70 DM. Zum Strand 200 m.

*** **Paeshotel Ranch de Bravone**, die ganze Anlage im Ranchstil gehalten, Saloonähnliches Restaurant, Swimmingpool und Tennisplatz. Reiten für ca. 18 DM/Std.

In der Feriensiedlung Supermarkt und Restaurant U MONTE CINTU - schön ruhig gelegen, Menü ca. 20 DM.

Gut 3 km südlich Abzweig zum FKK-PLATZ **Riva-Bella**; Camping und Bungalows. Sehr großes, schön gelegenes Terrain am ewig weiten Sandstrand und Lagune. Zeltstellplätze z.T. direkt am Strand. Ausreichend Schatten, akzeptable Sanitäranlagen, Libre Service, Restaurant, Surfverleih. Von der N 198 ca. 4 km über die Staubpiste zum Platz (beschildert).

Von der Straße Richtung Aleria sieht man den riesigen ETANG DE DIANE 600 ha. In der Antike lag hier der Flottenstützpunkt der Römer - seit alters her berühmt für seine Austern. Die kleine Insel Ilot des Pêcheurs mitten im

Etang ist in Wirklichkeit ein Abfallhaufen aus Millionen Austernschalen, denn die Römer exportierten z.T. nur das gesalzene Muschelfleisch.

Der Wegweiser: Restaurant SCORSA führt zu einer Holzhütte am Etang. Muscheln, Austern frisch aus eigener Zucht zum Probierpreis.

Korsische Austernzucht im Aufwärtstrend.

Austernzucht (Ostreikultur) ist ein zeitaufwendiges Geschäft, das viel harte Handarbeit und Pflege bei jedem Wetter erfordert. Zahlreiche Parasiten machen die Austernzucht zu einem besonders risikoreichen Geschäft.

Austern kauft man superfrisch und recht preiswert direkt bei den Zuchtparks - "Gebrauchsanweisung" inklusive. Generell werden Austern nach Größen gehandelt, je größer desto teurer. Preisangaben üblicherweise im Dutzend. Qualitativ am hochwertigsten sind Austern in der Wintersaison, dann 14 Tage - 3 Wochen gekühlt haltbar.

Schon die Römer futterten begeistert Austern aus dem Etang de Diane, in dem heute noch (wie auch in dem größeren (750 ha) von Urbino 9 km südlich) Austernzucht betrieben wird. Die besonders günstigen Bedingungen in den Etangs ermöglichen eine kürzere Mastzeit und schnellere Reife; nur ca. 1 Jahr statt der sonst üblichen 3-4 Jahre. Beide Etangs sind in Privatbesitz und "liefern" pro Jahr rund 600 Tonnen dieser hochwertigen Muscheln. 3 Unternehmen teilen sich zur Zeit den Markt.

Die Austernzuchtanlagen decken schon fast den Inselbedarf. Ca. 80 % aller auf Korsika geschlürften Austern stammen aus den Etangs. Neben den normalen Austern (Huitres creuses) werden die feineren "plates", Miesmuscheln und Palourdes produziert, zusätzlich wird in den Etangs Fischzucht betrieben.

Zwei Sorten werden unterschieden:

Huitre Plate (Ostrea), die delikatere, auch als flache Auster bezeichnet. Eine kleinere runde Muschel mit relativ glatter Oberfläche. Die "plates" schmecken feiner, sind seltener und entsprechend teurer, kommen natürlicherweise auf Sandbänken vor.

Huitre Creuse (Gryphea), die übliche, fleischige und meist größere Auster, schmeckt nicht ganz so raffiniert wie ihre "Konkurrentin". Sie wächst länglicher mit ungleichmäßiger, geriffelter Schale und ist die Robustere der beiden; ursprünglich wuchsen sie an Felsen.

Natürlich wachsende Austern sind als Nahrungsmittel schon seit vorgeschichtlicher Zeit bekannt. Die Römer betrieben bereits professionelle Austernzucht. Am Hof König Ludwig XIV. wurden sie in Massen gefuttert.

Austern sind Zwitter. Voraussetzung für die Zucht ist eine Wassertemperatur von ca. 21° C und keine große Salzkonzentration; deshalb werden die Etangs für Zuchtparks bevorzugt. Austern können maximal 25 Jahre alt werden. Ihre Nahrung, winzige pflanzliche und tierische Schwebeorganismen, filtern sie aus ihrem Atemwasser heraus.

Gefahren: neben Krankheit bedrohen Verschmutzung, Verschlammung, zu hoher Salzgehalt, Stürme oder Kälteeinbrüche die Austernparks. Ihre natürlichen Feinde sind Raubfische, Rochen (kann sogar die Schale knacken); Seeschnecken, Krebse und Seesterne fressen die Larven.

★Aleria

Hat durch seine Geschichte und die noch intensiven archäologischen Ausgrabungen große Bedeutung. Die Ruinen der Römerstadt befinden sich im alten Aleria. In der Ebene, 1 km nördlich, die neue Siedlung mit Geschäften, Bars und Hotels.

ALT ALERIA - das "korsische Pompei" bietet allerdings für die Optik nur bedingt Spektakuläres. Wenn man den 50 m Hügel mit den wenigen Häusern sieht, kann man sich kaum vorstellen, daß in diesem Gebiet mal 20.000 Römer lebten und einen wichtigen Umschlagplatz mit Fischer- und Handelshafen an der Tavignanomündung unterhielten; Bodenschätze wie Eisen, Kupfer und Silber ausbeuteten, aber auch die Bevölkerung bis ins Bergland verfolgten. Welche Schwierigkeiten den Römern die korsischen Sklaven bereiteten illustriert sehr humorvoll "Asterix auf Korsika".

Gut 1.000 lang Jahre war Aleria das wichtigste Zentrum ganz Korsikas (von 600 vor- bis 400 nach Chr.) abwechselnd unter verschiedener Herrschaft: Griechen, Etrusker, Karthager und Römer - was die Einordnung der Funde etwas verkompliziert. Grob gesehen stammen die ausgegrabenen Fundamente auf dem Plateau aus römischer Epoche; Fundstücke im Museum im wesentlichen aus griechischer Zeit, aus einer griechisch/-etruskischen Nekropole.

564 vor Chr. gründeten Griechen die erste Siedlung "Alalia", genauer gesagt Phokäer aus dem Gebiet der heutigen Türkei.

Ab Mitte des 4. Jhd. vor Chr. überwiegt der etruskische Einfluß; erst ca. 280 vor Chr. wurden die Phokäer endgültig vertrieben. Für etwa 20 Jahre nisteten sich dann Karthager in Alalia ein. Ab 259 vor Chr. kam Korsika unter römische Knute. Nach knapp 100 Jahre dauernden Kämpfen gegen die aufständische Bevölkerung wurde 163 vor Chr. Frieden geschlossen. Trockenlegung der Sümpfe und Urbarmachung des Küstenstreifens folgte. 81 vor Chr. wurde Aleria unter Sulla zum militärischen Stützpunkt ausgebaut. Unter Kaiser Augustus Hauptstadt der Provinz Corsica. Bau des Kriegshafens im Etang de Diane, Handelshafen am Fuß der Metropole in einer Flußschleife des Tavignano. Funde von Thermenresten aus dem 2. und 3. Jhd. nach Chr.

Augustus ließ die Stadt befestigen (Mauerring), das Amphitheater und ein Aquädukt errichten, Forum und Prätorium restaurieren; unter ihm und seinen Nachfolgern blühte Aleria zu einem kulturellen Zentrum auf.

Mit dem Untergang des römischen Reiches kam auch der Exitus Alerias. Die Bewohner flüchteten vor der Malaria und Plünderungen durch Vandalen. 425 nach Chr. ging der größte Teil der einstigen Metropole in Flammen auf. (Siehe auch Geschichte).

Ausgrabungen in diesem Jahrhundert legten die Grundmauern wieder frei, große Badeanlagen, ein 100 m langer Marktplatz (Forum), der einst von runden Säulen eingerahmt war. Rechts und links davon vermutlich Reste der Verkaufsstände. Große Zisterne. Mit viel Phantasie kann man sich das lebhafte Treiben vorstellen, vielleicht mit Snackständen und Weinverkauf!

Der anschließende Tempel nur noch zu ahnen. Vis-à-vis das Verwaltungsgebäude (Prätorium), ein großer Torbogen zur Hälfte noch erhalten.

Ausgrabungsgegenstände, die von Jean Jehasse und seinen Leuten entdeckt wurden im MUSEUM, das im alten, sehr schön restaurierten Genuesenfort Matra (15. Jhd.) untergebracht ist.

Die Funde in den kleinen Räumen veranschaulichen die wechselvolle Geschichte Alerias: Keramiken aus den verschiedenen Epochen, Schmuck, Waffen und Helme der Krieger. In einer beleuchteten Nische ein knöchriger Gefangener. Landkarten verdeutlichen das komplizierte Gefüge der Beeinflussung Korsikas. Die Anordnung der Exponate ist nicht zwingend chronologisch; teilweise nach Gräbern geordnet. Die ältesten Funde aus griechisch/etruskischer Epoche 500 vor Chr. in den Räumen links hinten (vom Eingang aus gesehen). Ausgesprochen schöne Objekte u. a. 2 Trinkgefäße aus Keramik in Form eines Muli- und Hundekopfes.

Weiter vorne vis-à-vis der kleinen Menhirstatue stehen Schalen von Panaitios - attische Kermik 485 vor Chr., u.a. Satyrnmotive, recht erotische Szenen. Antike Funde (Keramik) ebenso im rechten Flügel; ganz hinten wieder Grabfunde aus der griechisch, etruskischen Nekropole. Z.T. mit Fotos der Fundstellen. Aus der Zeit der römischen Kolonialisierung stammen die Exponate im Eingangsraum; u. a. schöne Öllampe (3. Jhd. nach Chr.), Amphorenverschluß, sowie geradeaus im Raum die Marmorbüste des "Jupiter Hammon", erkennbar an seinen Widderhörnern.

Offen: 16.5. bis. 30.9.: 8-12/14-19 Uhr. Vom 1.10.-15.5.: nur bis 17 Uhr. Eintritt ca. 3 DM, Studenten ca. 1.50 DM.

Bank: Credit Agricole (Mo-Fr 8.15-11.55/14.05-17.15 Uhr)

Post: Mo-Fr 8.30-12/14.30-18 Uhr, Sa. 8.30-12 Uhr

HOTELS:

Hotel L'Atrachiata, gepflegt, im Landhausstil, aber laut, da an der Durchgangsstraße. 11 Zi. DZ ca. 60 DM.

Hotel/Restaurant Les Orangers, relativ ruhig an der Stichstraße (N 200) zum Meer gelegen. 1 Dutzend Zimmer z.T. mit Balkon. DZ ca. 40 DM.

***CAMPING MARINA D'ALERIA, schöner Platz direkt am Strand im Kieferngürtel. Recht gepflegt, z. T. Rasenboden, nur ein Katzensprung zum Meer. 200 Stellpl. Zufahrt: direkt in Aleria zweigt die N 200 ans Meer ab.

Nebenan sehr schöner **Strand** von Padulone km-lang bis zur Mündung des Etang de Diane. Einsame FKK-Plätzchen finden sich weiter nördlich. Schlechte Sandstraße an der Weinkellerei vorbei bis zur Turmruine. Wild Campen verboten! Zur Weinerntezeit Pendelverkehr von vollbesetzten Traktoren und LKW's.

Die Cave Coopérative d'Aleria Padulone zählt mit einer Kapazität von 230.000 hl zu einer der großen "Weinfabriken" Frankreichs. Ein Großteil des AOC - Weins der Ostküste wird hier produziert; Fließbandabfüllung. Der Wein ist hauptsächlich für den Konsum auf der Insel bestimmt; der geringere Teil zum Export auf den Kontinent, nach Deutschland, Dänemark, Belgien. Im Oktober während der Ernte gibt's hier den Vin Nouveau.

Abzweig bei Aleria ins korsische Bergland nach Corte 48 km (N 200). Zum Teil recht kurvige Strecke, am Tavignanofluß entlang (alle Details zum Inland siehe im eigenen Kapitel).

Von Aleria nach Ghisonaccia 15 km; weite und flache Landschaft; Weinfelder, junge Eukalyptuswälder, Zitrus-, und Olivenplantagen.

★ Ghisonaccia (Kors. Ghisunaccia)

Eine Ansammlung wenig schöner Häuser an der Küstenstraße N 198 beim Flüßchen Fium'Orbo. Typisches Beispiel eines Dependanceortes an der Küste aus der Nachkriegszeit. Das gewachsene Dorf Ghisoni liegt kilometerweit im Inland. Die Endsilbe - accia bedeutet häßlich und kennzeichnet die neue Siedlung in der Ebene.

Im Ort Supermärkte, Restaurants, **Post** und **Geldwechsel**.

Busverbindung nach Bastia und Solenzara.

Nur 4 km auf einer Stichstraße zum 10 m breiten **Strand** mit Pizzeria KON TIKI, Surfverleih und Campingplatz.

*** CAMPINGPLATZ ARINELLA BIANCA, sehr großer und gepflegter Platz am ewig weiten Sandstrand; flach gehts ins Wasser; ebenes Terrain, recht schattig, z.T. in Parzellen aufgeteilt. Moderne Sanitäranlagen, sonnenwarmes Wasser; Stromanschlüsse für Caravans. Libre Service, Restaurant am Strand, Bar. Surfboardverleih, Tennisplätze.

Hotel de la Poste, klein; weinbewachsene Fassade, gegenüber der Post an der Straße nach Ghisoni. DZ ca. 35 DM.

** **Motel Sud** an der Durchgangsstraße. 14 Zi. DZ um die 40 DM.

Lohnender Ausflug in die Berge zum "alten" **GHISONI** (27 km, D 344): Auffahrt durch die immer enger werdende Schlucht Defilé de l'Inzecca/Strette. Zum Teil überhängende Felsen, kurvige Straße, auch mit Wohnmobilen befahrbar.

Am Ende der Schlucht das Bergdorf Ghisoni. Sehr schöne Wandertouren im weiteren Umkreis z. B. zum Monte Renoso (Tagestour). Im Winter eines der wenigen Alpinskigebiete Korsikas in Ghisoni-Capanelle. Alle Details im Kapitel südliches Inland.

Als kürzere Tour bietet sich eine Rundfahrt durchs Fium 'Orbo an: eine ursprüngliche wenig bekannte Gegend mit Kastanien- und Korkeichenwäldern; nach dem Fluß Fium'Orbo benannt. Kleine korsische Dörfer am Hang. Schönes Panorama übers Abatesco Tal, die Ebene der Ostküste und das Meer. Ca. 64 km von Ghisonaccia über Miglicciaro zum THERMALBAD PIETRAPOLA mit schwefelhaltigen 52°C heißen Quellen, an denen schon die Römer kurten - helfen bei Rheuma und Arthrose. Kurhaus am Abatescofluß.

** Hotel Les Thermes, 40 Zi. DZ ab 55 DM.

Lohnende Strecke über San Gavino di Fiumorbo, Acciani weiter zum "Zentrum" des Fium'Orbo nach **Prunelli di Fiumorbo** (2.300 E.), recht schön am Hang gelegen; zurück über die D 45 an die Küste.

Von Ghisonaccia nach Solenzara, 17 km, recht flache, wenig reizvolle Gegend; nur locker besiedelt, ein paar Kleinbetriebe und Restaurants an der Strecke, ab und zu Weinfelder. Der Etang de Palo linker Hand.

★Solenzara

Ein nicht sehr einladender Ort an der Mündung der Solenzara, aber schöner Strand. Häßliche Neubauten und Hotels an der Durchgangsstraße. LKW's donnern an den Cafe's vorbei. Ruhiger ist's am Jachthafen mit 350 Liegeplätzen. Lockende Sandbuchten im Norden, z.T.Eukalyptuswälder mit über 100-jährigen Bäumen (siehe auch Pflanzenkapitel).

RESTAURANTS

Restaurants reihen sich an der Durchgangsstraße, Autoabgase gratis. Schöner und ruhiger sitzt man im Restaurant LA FONDERIE an der Mündung der Solenzara. Straße zum Hafen, bei der kleinen Kapelle links.

Restaurant A MANDRIA gemütlich gemacht, leider direkt an der Straße am nördlichen Ortsrand von Solenzara. Innen rustikale Bänke; Terrasse nach hinten raus. Kotelettmenü ca. 18 DM.

*** Hotel Maquis et Mer, großes 50 Zi.-Hotel laut neben der Straße. Innen sehr gepflegt. Ungemütliche kahle Bar. DZ mit Dusche um die 100 DM. Die Balkons zur Straße wenig reizvoll.

* Hotel Orsoni an der Hauptstraße, nüchternes zweckmäßiges Übernachtungshotel. 10 Zimmer, DZ ca. 45 DM.

** Hotel Tourisme, ebenfalls an der Durchgangsstraße. 15 Zimmer. DZ ca. 60 DM.

* Hotel A Staffa, 10 Zi.-Hotel in schöner Lage am Hafen. DZ ab 30 DM.

* Hotel Mare e Festa, recht schön gelegen, etwas abseits der Straße. Pavillons im Park mit eigener Bucht. 40 Zi., DZ ca. 45 DM.

*** CAMPING DE LA CÔTE DES NACRES am Ortsrand.Sehr großes Terrain zwischen Strand und Eukalyptuswald; sonnige oder schattige Plätze je nach Gusto. Am schönsten und gefragtesten natürlich die Stellplätze direkt am Strand. Stromanschlüsse, einfache Sanitäranlagen. Libre Service, Restaurant, Tennisplatz. 1 km nördlich vom Ort.

Busabfahrt nach Porto-Vecchio und Bastia vor der netten Bar CHEZ JEAN.

Autovermietung: Citer - Garage Planelli bei der Totaltankstelle an der Hauptstraße.

Reiten: Pony-Club - Chemin du Stade (N 198). Ca. 15 DM/Std. Lange Ausritte ins Bavellagebiet möglich.

Tauchen: "Tirrenia" am Jachthafen. Juni bis September täglich offen. Ein Tauchgang 20 DM, ohne Ausrüstung das Doppelte. Nachfüllmöglichkeit der Flaschen.

Abwechslung zur Strandidylle: Lohnende Fahrt ins BAVELLAMASSIV, eines der schönsten Gebirge Korsikas mit großen Kiefernwäldern und bizarren Felsformationen. Sehr gute Wandermöglichkeiten, ausgezeichnetes Klettergebiet. Zufahrt ab Solenzara über sehr schmale Schlängelstraße in 30 km bis auf 1.218 m (D 268). Mit dem Wohnmobil kann es recht eng werden. Rundfahrt möglich über Zonza und die bessere Paßstraße durch den Wald von Ospedale hinunter nach Porto-Vecchio an der Küste. Alle weiteren Details im Kapitel südliches Inland bzw. Ausflug von Porto-Vecchio.

Solenzara ⟶ Porto-Vecchio (40 km)

Schroffer werdende Küste bis Tarco und Porto-Vecchio. Rote, vom Meer umspülte Felsen - hügelige Macchialandschaft, ein besonders schöner Kontrast,wenn man aus dem flachen Norden kommt. Die breite Straße führt in 50 m Entfernung direkt am Meer vorbei. Außer vom Campingplatz oder bei den Ortschaften Tarco und Favone kein Zugang zum Meer. An den schönsten Stellen stehen Wochenendhäuser "Privé". Woanders erschwert die Macchia den Weg zu den warmen Badefelsen. Viele leicht zugängliche Badestrände bei Porto-Vecchio.

Der erste Küstenabschnitt von Solenzara bis zur Bucht von Faoutea wird "Côte des Nacres" (=Perlmuttküste), nach der dort häufig vorkommenden großen Muschelart "Plumes de mer" oder "nacres" = Steckmuschel genannt. Die Muscheln sind innen mit einer feinen Permuttschicht überzogen und stecken im Sand/Schlamm. Der Küstenbereich gilt als fischreich und ist ein interessantes Tauchgebiet.

★ Favone

Kleine Hotel- und Bungalowsiedlung an der Flußmündung des Favone, grüne Hügel im Hintergrund.Surfverleih und Restaurants 50 m neben der Straße auf dem 800 m langen Sandstrand (nicht picobello sauber).

*** CAMPING RANCH BON ANNO, 300 m vom Meer; recht ruhig in einer Mulde gelegen. Ebenes Gelände, z.T. Wiesenboden, vereinzelte Pappeln. Reitmöglichkeit.

Hotel U Dragulino, gemütliches Hotel von großen Blumenbüschen eingerahmt, am Strand gelegen; gut ausgestattete Zimmer, moderne Dependance, etwas hellhörige Räume. DZ ab 85 DM.

GR 20 - Wanderer können von hier aus nach Conca zum Ausgangspunkt der großen Durchquerung Korsikas starten. Angenehmere Strecke als die Asphaltstraße ab Ste. Lucie de Porto-Vecchio. Details zum GR 20 im eigenen Kapitel.

★ Tarco

Badebucht mit einer Handvoll Häusern an der Flußmündung. Ca. 200 m langer Sandstrand neben der Straße, kristallklares Wasser. Surfverleih, Segeln, Wasserski, Tennis möglich.

** **Hotel Playa di Tarco**, 4-stöckiger Bau direkt auf dem Strand. 23 Zi. z. T. mit Meerblick von den recht großen Balkons. Restaurantterrasse zum Meer. DZ 50 DM.

Hotel Au Rêve, kleines Hotel zwischen Straße und Meer. DZ ca. 35 DM. Studios für 2 Personen 300 DM/Woche.

*CAMPING CAMPO TARCO, abseits der Straße, ca. 5 Min. Fußweg zum Meer. 50 Stellpl.

★ Bucht von Faoutea

Hübsche kleine Sandbucht, die letzte unmittelbar neben der Küstenstraße, nicht sehr sauber; begrenzt von der felsigen Landnase (prima Surfeinstieg), mit gut erhaltenem Genuesenturm (bequemer Fußweg).

CAMPING DE FAOUTEA auf der Landnase, natürlich belassenes Gelände, Stellplätze zwischen Erdbeerbäumen und Steineichen, allerdings Straßenlärm. Warme Duschen, Libre Service, Bar. Bademöglichkeiten in den Sandbuchten (ca. 150 m lang) links und rechts oder direkt an der felsigen Landnase.

Nach der Bucht von Faoutea knickt die Straße ins Inland ab.

★Ste. Lucie de Porto - Vecchio

Ein Ort an der Durchgangsstraße, der nicht zum Verweilen einlädt. Abzweig nach Conca zum GR 20 - Wanderroute quer durch Korsika (Details im eigenen Kapitel).

*** CAMPING SANTA LUCIA, 100 m abseits der Straße, z.T. Wiesenboden, Pappeln. Nachteil: nicht am Strand gelegen. Am Ortsausgang Richtung Porto-Vecchio, links. Offen von Juni bis Oktober.

Im Ort keine Hotels, Ausweichmöglichkeit am Golfe de Pinarello (4 km entfernt).

In Ste. Lucie de Porto-Vecchio Möglichkeit, ans Meer zum sehr schönen Golfe de Pinarello abzufahren und weiter zu den Badegolfen St. Cyprien und Golfe di Sogno auf einer schmaleren Parallelroute mit Abstechern ans Meer, nach Porto-Vecchio. Alle Details zu den Badebuchten s. dort.

Schneller zweifelsohne über die N 198 direkt nach Porto-Vecchio. Zwei lohnende und ganz unterschiedliche Torreanerbauten unmittelbar an der Route. Details siehe Kapitel Ausflüge Porto-Vecchio.

Porto Vecchio

(8.000 E. Kors. Porti-Vechju)

Haupttouristenzentrum im südlichen Bereich der Ostküste, in sehr schöner, hügeliger Umgebung, buchtenreiche Küste und grüne Hänge. Die Altstadt von Porto-Vecchio, ca. 70 m oberhalb vom Meer, ist buchstäblich über ihre Mauern herausgewachsen.

Das lebhafte Zentrum karréförmig in die Stadtmauer gepreßt, die Häuser quellen den Hang hinunter bis zum geschützten Hafen. Vom Jachthafen schönster Blick auf die Stadtbefestigung, abends effektvoll angestrahlt. Eng und immer verstopft sind die Straßen innerhalb der Zitadelle.

Pittoreske Gassen mit Restaurants und kleinen Läden - Mittelpunkt die Kirche ST. JEAN BAPTISTE. Auf der PLACE DE LA REPUBLIQUE, beim "Glacier" tummeln sich Tag und Nacht die Touristen.

Porto-Vecchio ist nicht nur das bedeutendste Fremdenverkehrs - und Einkaufszentrum an der Ostküste, sondern auch wichtiger Exporthafen.

Der Hafen gleicht auf den ersten Blick mehr einem riesigen See, da die hohe vorgelagerte Landzunge das Meer verdeckt. Er ist nicht nur für die Yachten interessant, hier werden auch die Exportgüter des Inlands verladen - Korkballen, Oliven, Zitrusfrüchte etc.

Die angrenzenden Salinen versorgten einst ganz Korsika mit Salz. Sie sind heute noch in Betrieb, haben aber nicht mehr die Bedeutung wie früher.

Anziehungspunkt ist weniger die Stadt als der landschaftlich schönste Abschnitt der Ostküste. Herrliche Badebuchten - teils Fels, teils Sandstrand. Viele komfortable Hotels/Feriendörfer und große FKK-Zentren, Campingplätze in Meeresnähe meist mit großem Wassersportangebot.

Die schönsten Badestrände: Palombaggia, Golfe di Sogno, Pinarello im 10 km Radius von Porto-Vecchio entfernt.

Günstiger Stützpunkt, um einen Badeurlaub mit Ausflügen zu kombinieren, z.B. ins Bavellamassiv (klettern, wandern), zu 3000 Jahre alten Torreanerbauten oder zur Kreideküste nach Bonifacio.

Per Auto: Einbahnstraßensystem in der Altstadt. Begrenzte Parkmöglichkeiten am Straßenrand oder neben der Mairie; gebührenpflichtiger, größerer Parkplatz zentral bei der Post. Weitere Parkmöglichkeit unten beim Hafen ("Port" ausgeschildert) und zu Fuß in die Oberstadt.

Schönster Zugang (zu Fuß) in die Stadt durch das alte Stadttor Porte Génoise; weiter Blick über Hafen, Salzgärten und Golf.

Der Hafen wurde vermutlich schon von Griechen aus Syrakus unter dem Namen Portus Syracusanus gegründet, an einem der besten Naturhäfen der Insel. Nach dem Zerfall des römischen Reiches geriet auch der Hafen in Vergessenheit.

Das heutige Porto-Vecchio wurde von der Bank des Hl. Georg gegründet (Genua). Genuesen befestigten die Stadt, die durch den einzigen geeigneten Kriegshafen an der Ostküste interessant war. Teile des Bollwerks und das Stadttor noch zu sehen. Anfangs war sie noch von Korsen bewohnt, die Genua mit Weizen und Korklieferungen zu versorgen hatten, später wurden sie vertrieben und durch Genua treue Bewohner ausgetauscht.

So entstand die erste genuesische Kolonie. Doch nicht lange - die Malaria dezimierte die Bewohnerzahl erheblich. Zu dieser Zeit bemächtigte sich Sampiero Corso mit Hilfe des Korsaren "Dragut" der Stadt. Die Genuesen schickten den berühmten Stefano Doria, die Stadt kam wieder unter Genuesenherrschaft.

Nach 1945, durch die Anwendung des DDT gesundete die ganze Region und mauserte sich seit den 60-er Jahren zu einem florierenden Touristenzentrum.

Tourist INFO

Tourist-Info: am Place de l'Hotel de Ville gegenüber Rathaus/Rückseite vom Platz ganzjährig offen von 9.30-12/15-19 Uhr außer Sonntag. Im Sommer länger.

Geldwechseln:
B.N.P.:9, Avenue General Leclerc (Mo-Fr 8.30-11.45/14-16.45 Uhr)
Credit Agricole: Route de Bonifacio
Credit Lyonnais: Route de Bastia (Mo-Fr 8.15-11.45/14-16.30 Uhr)

Post

Post: Rue Général Leclerc (Mo-Fr 9-12/14-17 Uhr, Sa. 9-12 Uhr)

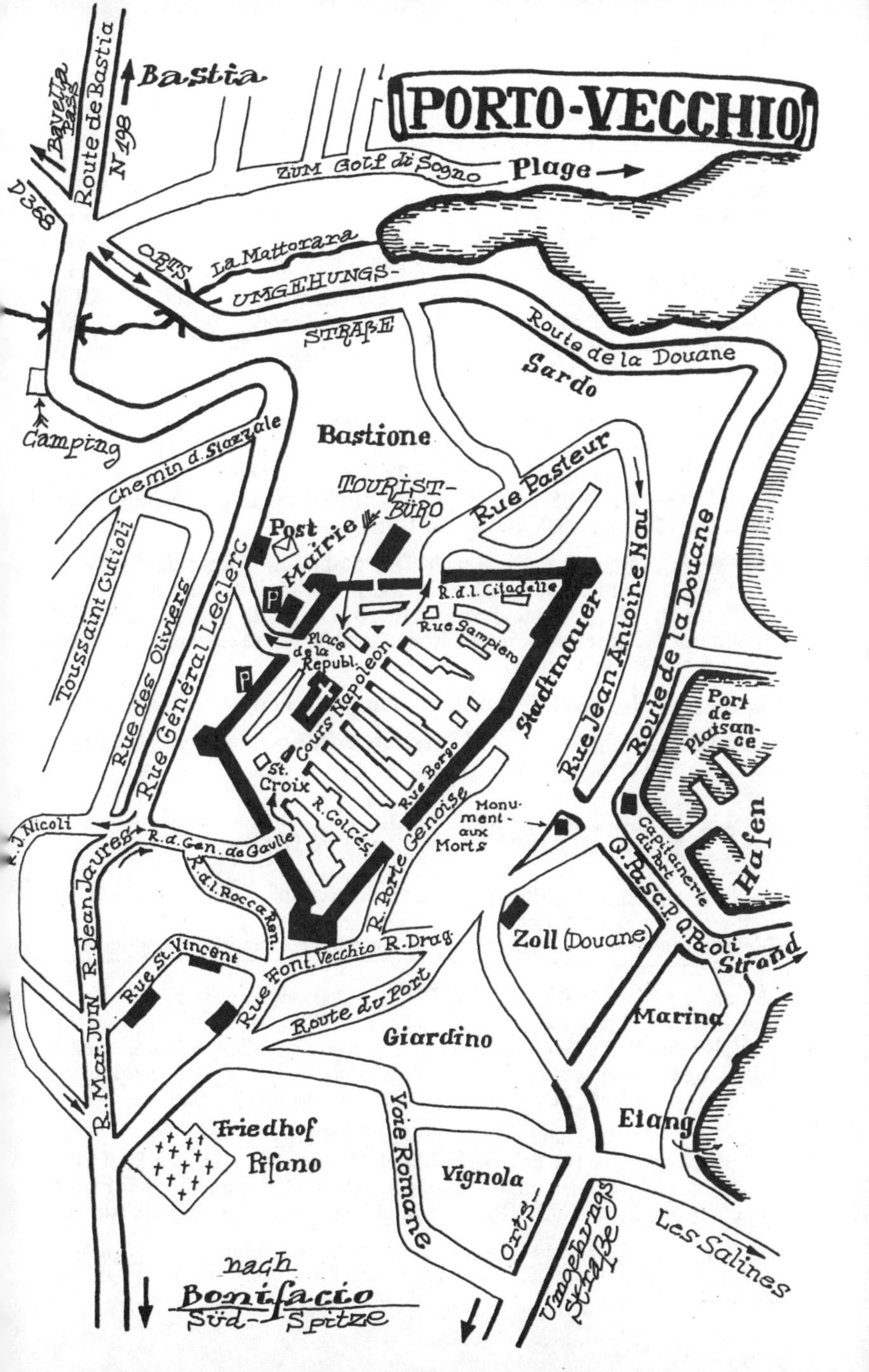
PORTO-VECCHIO
Bastia
Route de Bastia
N 198
Bavella Pass
D 368
ZUM Golf di Sogno
Plage
La Mattorara
ORTS UMGEHUNGS-STRAßE
Route de la Douane
Sardo
Camping
Bastione
Chemin d. Stazzale
TOURIST-BÜRO
Post
Mairie
Rue Pasteur
R. d. l. Citadelle
Rue Sampiero
Place de la Republ.
Cours Napoleon
Toussaint Cutioli
Rue des Oliviers
Rue Général Leclerc
Stadtmauer
Rue Jean Antoine Nau
Route de la Douane
Port de Plaisance
Hafen
St. Croix
R. Col. Ces.
Rue Borgo
R. Porte Genoise
Monument aux Morts
Capitainerie du Port
R. J. Nicoli
R. d. Gen. de Gaulle
R. Jean Jaures
R. d. l. Rocca Ren.
Q. Pasc. P.
Q. Paoli
Strand
Zoll (Douane)
Rue St. Vincent
Rue Font. Vecchio
R. Drag.
Route du Port
Giardino
Marina
R. Mar. JUIN
Friedhof
Pisano
Voie Romane
Vignola
Etang
Orts-Umgehungs Straße
Les Salines
nach Bonifacio Süd-Spitze

Telefonladen: zur Saison am Hafen bei der Capitainerie, täglich 10-22 Uhr offen, ab 1.9. von 12.30 - 15 Uhr Mittagspause.

SPORT

Stadtbadestrand: neben dem Hafen vor den Salinen ein schmaler Streifen flachen Sandstrands. Er zieht sich weit um die Bucht. Im Hintergrund Gras und Schilf. Für ein kurzes erstes Bad o.k., sonst lieber zu den großen Badestränden auf den Halbinseln: Palombaggia, Golfe di Sogno, Pinarello - mehrere Kilometer entfernt (siehe dort).

Bei den **Tauchern** sind die perlmuttfarbenen Muscheln besonders begehrt.Tauchclub "La Palanquée" am Yachthafen.Preise: Ein Tauchgang mit eigener Aurüstung ca. 30 DM, bzw. mit geliehener ca. 40 DM. 10 Tauchgänge verbilligt. Offen zwischen 15.6 und 30.9. von 8 - 20 Uhr.

Reiten: in der Ranch "Di u Stabiaccu" 5 km außerhalb - Straße nach Sotta. 8 Pferde stehen für Ausritte zur Verfügung. Preis: ca. 18 DM/Std., ca. 60 DM/Tag. Außerdem: "Ecuries de Trinite", Route de Cala Rossa, mehrere Kilometer nördlich von Porto-Vecchio.

Segelbootverleih: 7-11 m Boote bei Europ Yachting, am Hafen

Bootsvermietung und große Reparaturwerft, Bootsmotoren etc., Route de Bastia 100 m nach der Elf- Tankstelle.

Fahrrad- und Mopedverleih: 11, Rue Maréchal Juin. Fahrrad ca. 20 DM/Tag, Moped ca. 70 DM/Tag.

Surfshop und Boardverleih beim "Windclub" nahe Jachthafen und Johny Bongo in der Rue Gen. d. Gaulle.
Weitere Wassersportangebote bei den Badeständen und Campingplätzen.

Hinter dem Namen TAILLERIE DE CORAIL verbirgt sich, eine Korallenwerkstatt. Hier kann man zuschauen, wie das "rote Gold" verarbeitet wird. Nachdem die Haut abgezogen ist, werden Korallenspitzen zu Ketten aufgezogen (preiswertester Korallenschmuck). Die Perlen werden fast automatisch gefräst, dann der Größe nach sortiert und gebohrt.

Eine künstlerische Hand erfordern die Medaillons und Figuren. Mit einer Zahnarztturbine wird das harte Material bearbeitet. Im Verkaufsraum herrliche Motive eines italienischen Künstlers. Die orientalischen Figuren stammen aus Japan. Adr.: Route de Bonifacio, neben der Totaltankstelle.

Die **Koralle** ist keine Pflanze, sonder ein Nesseltier. Sie scheidet kalkige Skelette ab. In den 60er Jahren herrschte ein Korallenboom auf Korsika, jetzt gibts in Bastia nur noch wenige professionelle Taucher, die eine entsprechende Erlaubnis besitzen. Die Korallen werden hauptsächlich in Neapel, Marseille nur z.T. auch in Korsika verkauft, da es in Korsika an versierten Korallenschleifern und Bearbeitern fehlt. Neapolitaner haben das lukrative Geschäft in der Hand. Ihr Vorsprung in Know-How, Kapital und Absatzmärkten ist kaum aufholbar.

Schwer zu schaffen machen den Tauchern die illegalen "Raubzüge" mancher Touristen. Die rote Koralle ist die attraktivste, die Bestände gehen aber drastisch zurück. Im 18. Jhd. wurden noch 20 Tonnen "gefischt", heute nur noch 4- 5 Tonnen. Ein 20 cm langer Ast braucht bis zu 50 Jahre, bis er nachgewachsen ist. Man muß heute in immer tieferen Regionen suchen, bis man fündig wird.

Porto-Vecchio ist ein relativ teures Pflaster:

LES BOUCANIERS, Rue Jean Nicoli. Gemütliche, auf spanisch gemachte Terrasse mit vielen Grünpflanzen, innen Vierertische, Holzstühle, Natursteinwände, auch Pizzeria.

ROI THEODORE, Porte Génoise. Ein Restaurant in der Stadtmauer, rustikal eingerichtet, dunkles Holz. Die Tische am Fenster mit Superblick über die Bucht, Yachthafen, Etang. Tisch reservieren; gehobenes Preisniveau.

CRÊPERIE in der Rue Gen. de Gaulle. Tische im Freien locken eine Menge Touristen an. Große Auswahl an Crêpes, von 3-10 DM für jeden Geschmack etwas.

Restaurant LE LUCULLUS: 17, Rue Gen. de Gaulle. Klein und gepflegt, immer viel Betrieb; leckere gefüllte Auberginen, gute Weine.

Restaurant BALADIN: 13, Rue Gen Leclerc, elegant, modern bis kitschig; klimatisiert; gute Karte, relativ teuer. Auf die Service - Prozente achten.

Restaurant LE BASTION, Seitenstraße bei der Kirche. Kleines gemütliches Lokal, schwere Balkendecke, viel Grün an der Fassade. Menü 22 DM plus Service.

Eiscafé LA PLACE, Korbstühle auf der Place de la Republique. Hier gibts riesige bunte Eisportionen, kein billiges Vergnügen.

Nachtlokale:

AU ROI THEODORE an der Porte Génoise. Ab 22 Uhr spielen hier Folklore- und Lateinamerikanische Gruppen. Lederhocker, Kamin und Natursteinwände schaffen eine angenehme Umgebung. Kein Eintritt, aber Cola, Mineralwasser jeweils 11 DM!

DISCOS: außerhalb bei den Ferienzentren am Meer: CALA DI RENA mit Nightclub und Restaurant, offen ab 22.30 Uhr. Der kreisrunde Pavillon auf der Halbinsel Palombaggia in einer Grünanlage am Strand. Ca. 5 km außerhalb. NEW LOVE am Plage de San Cipriano.

LIBRAIRIE, Papeterie "Giraschi": 22, Cours Napoleon. Einiges an deutsch-sprachigen Taschenbüchern, Krimis, Romane und Zeitungen.

Verbindungen

Busse: nach Sartène, Ajaccio (nicht durchs Gebirge) 2 x werktags zur Saison inkl. sonntags. Abfahrt Agentur "Trinitours", Rue Pasteur.
nach Ajaccio über Zonza, 1 x täglich außer sonntags (zur Saison); sonst nur 3 x/Woche.

nach Bonifacio 2 x tgl. zur Saison auch sonntags; außerhalb der Saison 2 x werktags. Abfahrt Trinitours, Rue Pasteur
nach Bastia zur Saison 2 x tgl.; sonntags 1 x tgl.; außerhalb der Saison etwas seltener.
Busauskunft auch im Touristenbüro

Taxis am Place de la Republique; Tel.: 95 700849

Car Rent: Avis, 6 Rue Jean Jaurès; Europcar (Balesi) La Poretta

HOTELS:

** Les Roches Blanches, dreistöckiges Natursteinhotel am Hafen; ruhig gelegen, freundliches Personal. Zum Stadtstrand 500 m. DZ mit Du ca. 50 DM. Großer Restaurantvorbau.

*** Les Cigales, hübsche Anlage mit Minivillen im Grünen. Am nördlichen Stadtrand von Porto-Vecchio. Swimmingpool ersetzt das Bad im Meer. Zu den Stränden muß man das Auto anspannen. Bungalows unter Eichen und Pinien; komplett ausgestattet für 4 Pers., Kitchenette. Zur Saison ca. 1.000 DM/Woche. In der Vor-/Nachsaison erhebliche Ermäßigung.

*** Shegara, hübsches Natursteingebäude an der Hafenstraße, nicht weit vom Strand. Laute Zimmer zur Straße raus. 40 Zi., z.T. mit Balkon, Dusche/Bad DZ ca. 85 DM.

** Le Goeland, unterhalb der Hafenstraße, direkt am Meer; Strand nicht sehr einladend, da Hafennähe. Kleiner Park, 22 Zi. DZ ca. 65 DM.

*** Cala Verde, Route de Marina di Fiori. Separate Anlage mit Bäumen umgeben, an der Matonara Mündung. 50 m zum Meer; 40 komfortable Zimmer, die meisten mit Blick zum Garten; alle mit Terrasse. 2 Tennisfelder im Park. DZ ca. 110 DM.

* Holzer, 12, Rue Jean Jaurès, direkt im Zentrum, ungemütlicher Aufenthaltsraum; 21 Zi., z.T. recht laut ab 30 DM. Rustikales Restaurant. Menü ab 20 DM.

* Panorama, 12, Rue Jean Nicoli. Kleines Natursteinhotel. 12 einfache Zi. mit Blick über die Stadt, zentral gelegen, Autolärm DZ ab 30 DM.

* Mistral, schräg gegenüber. 12 Zi. mit kleinen Balkons, schöne Blumenfassade. DZ ab 40 DM.

* Modern gegenüber der Kirche mitten im Zentrum. DZ ab 30 DM.

Weitere Hotels siehe Badebuchten um Porto-Vecchio.

CAMPING ** LA MATONARA, Route de Bastia. Große Anlage, 300 Plätze mit Bäumen, günstig am nördlichen Stadtrand gelegen. ca. 800 m ins Zentrum.

FKK-Anlage U FURU, 10 km landeinwärts, Route de Nota, fast unberührte Natur. Am klaren Gebirgsbach mit Badegumpen und Wasserfällen kann man ungestört und nahtlos braun werden. Campingmöglichkeit und einfache Zimmer.

Eine originelle Idee, das verwinkelte Restaurant in der alten Mühle. Als sportliche Betätigung: Gymnastik, Judo, Yoga oder Volleyball. - Minibus nach Porto Vecchio. Ab Porto-Vecchio Abzweig nach Zonza/Ospedale nehmen; nach 500 m links ab Richtung Muratello.

Weitere Campingplätze siehe Badebuchten von Porto-Vecchio.

Golf von Porto-Vecchio

ein riesiger, flacher Naturhafen im Schnitt nur 6 m tief. Gesamtlänge 8,5 km, 2,5 km maximale Breite. Wilde Austern und die sog. Steckmuschel kommen im Golf vor.

Porto-Vecchios KORKEICHENWALD (beiderseits der N 198 Richtung Bonifacio) ist mit 8.000 ha größter Korsikas. Der kieselhaltige Boden bildet auf der Schwemmerde den idealen Nährboden. Korkeichenrinde ist immer noch ein gefragtes Exportprodukt, beispielsweise für den berühmten Flaschenkorken oder als Wärmeisolation etc. Am Hafen liegen die gebündelten Ballen fertig für den Abtransport. Details zum Korkeichenschälen im Einleitungsteil dieses Bandes, Kapitel "Pflanzen".

Südöstlich in der Bucht und knapp an Porto Vecchio anschließend die riesigen SALZ SALINEN. Können besichtigt werden.

Salzgewinnung per Saline: Die Technik ist sicher mehr als 1.ooo Jahre alt. Was auf den ersten Blick verwirrend erscheint, entpuppt sich als ein geschickt angelegtes System von Verdunstungsbecken, um auf natürliche Weise durch Sonnenwärme Meersalz zu gewinnen. Das Grundprinzip der Salzgewinnung basiert darauf, daß Salz auskristallisiert (sich absetzt), sobald das Wasser gesättigt ist, also keine weiteren Salzkristalle aufnehmen kann. Das Meerwasser wird zunächst durch eine Öffnung in ein Vorbecken eingeleitet. Auf der Kanalseite regelt ein Mäuerchen den Nachschub (durch Holztore kontrollierbar).

Im Vorbecken erwärmt sich das Meerwasser bereits ein wenig und lagert Schmutzpartikel ab. Alle 2-3 Jahre müssen die Becken entleert und gereinigt werden. Dabei werden auch große Mengen von Aalen und anderen Fischen abgefischt. Aus dem Vorbecken fließt das Wasser allmählich in das 2. Klärbecken. Der kontrollierte Einfluß erfolgt durch eine große Schiefer- (oder Holz-) Platte im Damm.

Die eigentliche Saline ist der wichtigste und komplizierteste Teil und besteht aus vielen rechteckig angeordneten Becken, nur durch niedrige Dämme voneinander getrennt. Ein Großteil dient der weiteren Erwärmung und Verdunstung des Wassers bei etwa 2-5 m Wassertiefe. Einfache Plättchen regeln den Einfluß in die letzten Bassins. Bei einer Wasserhöhe von ca. 1 cm kann das Salz hier auskristallisieren und geerntet werden. Die Erntezeit beschränkt sich im wesentlichen auf die heißen Sommermonate, in denen der "Paludier" das Salz vorsichtig abschöpft bzw. abrecht.

PORTO VECCHIO ist als Standquartier für den gleichnamigen Golf günstig wegen der vielzähligen Aktivitäten und dem Leben im Ort.

Allerdings: zum Baden braucht man ein Miet- Moped oder PKW, - denn die besten Strände liegen rund 1o - 15 km südl. oder nördl. in der Bucht!

Badebuchten südlich von Porto-Vecchio:

★ Palombaggia

Die vorgelagerte Landzunge ist von Porto Vecchio aus schon zu sehen. Sie rahmt die Bucht ein und gibt dem Hafen die geschützte Lage. Die Halbinsel ist hügelig, voller Macchia, dazwischen fallen immer wieder die roten Stämme der geschälten Korkeichen auf.

CAMPING L´ASCIASGJU, ca. 8 km südöstlich von Porto-Vecchio, Abzweig Palombaggia/Bocca dell´oro. Ordentliche Sanitärs, Sandbadebucht 10 Min. entfernt.

Sand- und Felsbuchten wechseln sich ab. Schönste Bademöglichkeit am Plage de Palombaggia. Von Felsen eingerahmte helle Sandbucht mit angrenzendem Kieferngürtel, glasklares Wasser. Die Iles Cerbicali im Blick; die Inseln stehen unter Naturschutz, hier sollen noch Korallenmöwen brüten.

*** Hotel Ziglione, Route de Palombaggia. 7 km von P. V., schlechte Zufahrt. Langgestrecktes, motelartiges Gebäude in Grün verpackt. Zimmer mit Terrasse zum Meer. Blick nach Porto-Vecchio wird mit 130 DM HP teuer bezahlt. Gehobenes Preisniveau im Restaurant.

** E Casette, Motelanlage in grüner Macchia nahe bei Ziglione. Die Bungalows nur 100 m vom Meer entfernt. Zur Saison HP obligatorisch knapp 100 DM/Tag.

★ FKK-Zentrum **La Chiappa**: 65 ha Land und 2.500 m Fels- und Sandstrand, fest in den Händen deutscher Naturisten. Hier ist Nacktsein Pflicht. Jedenfalls bei zumutbaren Temperaturen. In der großen Anlage kann gecampt werden. Eine Woche Minimum.

Holzbungalows unter schattigen Bäumen, Preis zwischen 40 DM und 110 DM p.P. und Tag. Das Freizeitangebot ist groß. Disco und Feten. Alles bestens organisiert. Man spricht natürlich auch Deutsch. Restaurant und Snackbar, kein Kochen nötig. Lage: 15 km entfernt von Porto-Vecchio, beim Leuchtturm, Zufahrt staubige Lehmstraße.

CAMPING *** U PIRELLU, 10 km von Porto Vecchio entfernt. Eine Anlage mit 200 Plätzen, schattige Korkeichen, das Meer ist nur aus der Ferne zu sehen. Schöner Strand nach ca. 2,5 km (Palombaggia). bzw. 4 km (hinter dem Campingplatz) kleiner Weg links.

Badebuchten nördlich von Porto-Vecchio:

★ **Golfe di Sogno**, ca. 6 km nördlich. Eine ideale, supergeschützte Badebucht. Kilometerlange Sandstrände, üppige Vegetation, viele Korkeichen. Zahlreiche Campingplätze und Hotels über die Bucht verteilt. Überall am Strand Surf- und Segelbootverleih. Optimal geschützt, starker Wellengang die Ausnahme. Zufahrt: Abzweigung bei "La Trinité", 5 km nördlich Porto-Vecchio.

*** Hotel Marina di Fiori, Route de Cala Rossa. Eine wirklich schöne Hotel- und Studioanlage am Golf, umgeben von Grünflächen und Blumen. Kleine Häuschen im Landhausstil am Sandstrand, der allerdings nur knapp 5 m breit ist. Große moderne Studios mit Kochgelegenheit, Dinner bei Kerzenschein im Restaurant, Menü 25 DM. Swimmingpool, Bootsanlegestelle, Tennis (15 DM die 3/4 Std), DZ ab 100 DM, Studios ab 130 DM.

Grandhotel Cala Rossa. In einem großen Park gelegen, moderne Zimmer mit Balkon zum Meer. Fischspezialitäten im Restaurant. HP 155 DM.

**** CAMPING GOLFO DI SOGNO, sehr große, komfortable Anlage am 1,5 km langen Sandstrand. Alle Wassersportarten möglich, Tennis (14 DM/Std.) und Volleyball. Verschiedene Leser beschweren sich über den lauten Discolärm. Angenehm schattig; die schönsten und gefragtesten Stellplätze direkt am Strand unter Pinien. Großes Lebensmittelgeschäft, Sonderservice: Warme Gerichte zum Mitnehmen. Übernachtungspreise: für Person, Zelt und Auto knapp 20 DM. Sehr großes Areal mit Strandbungalow auf Vorbestellung. 18 qm große Schuhschachteln für 4 Personen. Komplett eingerichtet mit, Kocher, Kühlschrank etc.. Zur Spitzensaison Vermietung für mindestens 14 Tage. Zur Vor-/Nachsaison stark ermäßigte Preise.

*** CAMPING LA BAIE DES VOILES am Sandstrand. Büsche und Felsen strukturieren das schattige Areal. Z.T. Stellpl. mit Meerblick. Bei langer Trockenheit "betonharter Boden". Einige Stromanschlüsse. Zur Hochsaison knallvoller Strand. Die Bucht eignet sich sehr gut zum Surfen.

Nebenan *** LES ILOTS am schmalen Sandstrand; leicht welliges Areal mit hohen Eukalyptusbäumen. Akzeptable Sanitäranlagen mit Warmduschen; wenig Stromanschlüsse. Kleiner Libre Service. Snackbar. Zufahrt: die N 198 bis zum Ort Trinité (5 km) dann rechts ab, (beschildert).

Weitere Campingplätze *** PEZZA CARDO, LES CHENES.

Reiten beim Ranch O'Club, Route de Cala Rossa.

★ **Bucht von St. Cyprien**, gute 10 km nördlich von Porto-Vecchio.

Sehr schöne, geschützte Bucht, halbkreisförmig geschwungen, vom Genuesenturm dominiert. Langer, nicht sehr breiter Sandstrand mit Wassersportangebot, Snackbar und Restaurant.

Guter Einstieg für Surfer mit eigenem Board; Stichstraße endet direkt am Strand; relativ wellengeschützte Baie. Wild campen absolut verboten!

Die Attraktion in der Bucht von St. Cyprien ist Schleppfliegen (von Juni bis September). Auskunft gegenüber, Restaurant LA PARRICADA. Surfverleih und Wasserski (20 DM die Tour) auch möglich.

Starke Wald/Macchiabrandschäden bei der Zufahrt.

★ Golfe de Pinarello

rund 20 km nördlich von Porto-Vecchio.

Eine weite Sandbucht, von Felsen eingefaßt, an der Spitze ein Genuesenturm. Auf dem kilometerlangen Sandstreifen ein schmaler Kiefernhain. Das Ufer sehr seicht und somit ein Paradies für Kinder.

Gute Surfbucht. Boardverleih, wenig bequeme Zugänge. Am Ende der Sackstraße liegt Pinarello, eine Handvoll Häuser, 2 Hotels und Superladen.

Das ** Hotel La Tour Génoise wirkt mit seinen himmelblauen Fenstern nicht sehr einladend, aber direkt am Meer. DZ 70 DM. 32 Zimmer.

** Hotel Du Golfe schräg gegenüber. Einfache Zimmer mit Balkon, preiswerter. DZ um die 45 DM. Der lange Sandstrand nur 100 m weiter.

Sämtliche Boote sind hier zu mieten, vom Katamaran bis zum Motorboot (20 DM/Std.) natürlich auch Surfbretter.

CAMPING *** PINARELLO 350 Plätze im Schatten der Korkeichen, gepflegte Sanitäranlagen, etwas abschüssiger Platz, z.T. Wiesenboden, teils auch steinig. Einige Stromanschlüsse. Tenniscourts. Zum Meer gut 500 m.

Auf den Spuren der Torreaner

In dichter Macchia Überreste torreanischer Steinbauten (Kultmonumente), meist in schöner Lage mit weitem Blick über den Golf.

In der Regel wurden die Rundbauten auf Anhöhen errichtet und mit Schutzmauern umgeben. Erst in diesem Jahrhundert wurden sie unter der Macchia entdeckt und teilweise freigelegt. Ob schon alles gefunden ist, bleibt ungewiß. Vermutlich landeten die torreanischen Eindringlinge zum ersten Mal hier im supergeschützten Golf von Porto-Vecchio. Mit Ausnahme des Kultmonuments Tappa konzentriert sich die Bauzeit auf 1.6oo- 1.ooo vor Chr.

① WENIGE KILOMETER SÜDLICH VON PORTO-VECCHIO: 2 KULTMONUMENTE DICHT BEIEINANDER: CECCIA U. TAPPA:

★ Der torreanische Komplex von CECCIA

Liegt auf einem Hügel in Top Lage. Die Superaussicht in 3 Richtungen lohnt allein schon den Aufstieg. Vom Kultmonument noch einiges erhalten (1.35o-1.3oo vor Chr.), Kultraum, eine Minicella von 2 m Durchmesser, die von oben, gebückt über die schmale Treppe zugänglich ist. Innen ausnahmsweise nur eine Nische.

Über der Cella ein "Dachgarten", sprich Beobachtungsplattform. Von der Lage mit Einsicht bis zum Golf und zum benachbarten Kultmonument Tappa eine plausible Erklärung. Als Besonderheit torreanischer Bauten besitzt Ceccia keine Festungsmauer, allein die exponierte Lage bot Schutz genug. Behausungen wurden weiter unterhalb gefunden.

Zufahrt: von Porto-Vecchio 2 km südlich Richtung Bonifacio, dann Abzweig Richtung Sotta, Sartène (D 859). Nach 4 km unmittelbar beim Friedhof links ins Dorf Ceccia reinfahren. Im Weiler eine Art Platz, dort parken, beim Haus mit dem separat stehenden Backofen beginnt der Pfad zum Monument. Steil bergauf etwa 15 Min.

★ Torreanisches Kultmonument von TAPPA

Die Anlage Tappa auf natürlichen Felsbrocken nur ca. 60 m überm Meer zählt zu den ältesten torreanischen Bauwerken. Vermutlich wurde Tappa seit 2.2oo vor Chr.benutzt. Da die Torreaner jedoch wie weithin angenommen wird, erst um 1.6oo vor Chr. auf der Insel landeten, bleibt umstritten, ob Tappa zurecht den Torreanern zugeschrieben wird.

Breite Umfassungsmauer, Kultmonument mit Seitenkammern. Auf dem zentralen Felsen wurden verschiedene Schichten von Ascheresten gefunden (Opferfeuer?), auf denen die uneindeutige Datierung (nach Radiokarbonmethode C 14) basiert. Funde im prähistorischen Museum in Sartène. Die Decke des Kultmonumentes war eingestürzt und füllte die Cella (mit 4,5 m Durchmesser).

Fundamente von Behausungen, Feuerstellen als Unterschlupf im Umkreis. Zugang zur Anlage etwas schwierig zu finden:

Gut 1 km nach dem Ortsendeschild von Ceccia liegt etwas abseits der Straße links die Kultstätte Tappa (auf Privatgelände). Rechter Hand der Straße, etwas oberhalb ein einzelstehendes Haus der Familie Kilburg, denen das Gelände gehört.

Vis-à-vis des Hauses Zugang durch verwilderte Weinfelder, stacheldrahtbewehrtes Gatter wegen der Tiere, nicht abschrecken lassen (evtl. im Haus fragen), aber Gatter hinterher wieder schließen. Karrenweg 200 m rein. Beim Beginn des 2. verwilderten Weinfeldes rechts schmaler Pfad durch pieksende Brombeersträucher. Trampelpfad über Felsblöcke - oben liegt das Kultmonument Tappa (mit Türsturz) neben dem Eichenbaum.

② Torreanische Monumente nördlich von Porto-Vecchio

✶ CASTELLU D'ARRAGIU

Eines der größten und anschaulichsten torreanischen Bauten in 245 m Höhe am Hang. Schöner Spaziergang durch die Macchia. Vom Monument weiter Blick übern Golf von Porto-Vecchio, Bucht St. Cyprien und die Ebene. Das Castellu d´Arraggiu ist ca. 3000 Jahre alt, wurde erst in den 60er Jahren von R. Grosjean entdeckt und ausgegraben. 3-5 m hohe, gut erhaltene Zyklopenmauer mit integrierten Zimmern, Nischen und Treppen. Insgesamt 120 m Umfang.

Eingangskorridor von Osten (schwere Türsturzplatten). Die Seitenräume werden als Kammern für Wachmannschaften interpretiert. Die Nische zum Hang hin in der Zyklopenmauer wird als zugemauerter 2. Eingang gedeutet. Die mörtellose Aufschichtung der Mauersteine ist hier recht gut zu sehen. Das Kultmonument mit Cella etwas erhöht vis-à-vis des Eingangs. 2 Seitenkammern noch erhalten. Zuerst entstand das Zentralmonument, später wurde es befestigt. Weiter unterhalb wurde ein torreanisches Dorf gefunden.

<u>Zufahrt</u>: von Porto Vecchio in 5 km nach Trinité. Ca. 500 m nach dem Ortsendeschild Trinité de Porto-Vecchio schmale, holprige Straße links rein. 3 km bis zum langgezogenen Dorf Arraghju. Im Ort (S-Kurve) an einer Hauswand verblichenes Hinweisschild "Ruines Megalithiques 40 min". Von hier aus ist oben am Hang schon ein Stück der Mauern zu sehen. Die ersten Meter über den Hof, dann runter, nach ca. 2 Min Aufstieg im spitzen Winkel rechts hoch (Pfadspuren an der "Kreuzung" können verwirren, führen auf Privatgelände). Insgesamt 30 Min. bis zum Castellu.

✶ TORRE

Das am bequemsten zugängliche Monument, 7 km nördlich von Porto-Vecchio auf einem kleinen Hügel, rechts 500 m neben der Straße (N 198). Der Weiler Torre stand Pate bei der Namensgebung der torreanischen Kultur. Das kleine, fast komplett erhaltene Kultmonument liegt recht schön mit Blick zum Golf von Porto-Vecchio; durch das Fehlen einer Cella unterscheidet es sich von übrigen Torreanerbauten.

Torre wurde geschickt an einen riesigen Granitbrocken angebaut. Das Monument besteht aus einem schmalen Gang mit Seitennischen. Torre diente vermutlich als Bestattungsstätte (Verbrennungsspuren), interessant ist die kleine waagerechte Öffnung am Ende des Ganges, die als Kamin interpretiert wird - deutliche schwarze Rußspuren. In der Umgebung wurden torreanische Behausungen gefunden.

Die Besichtigung der torreanischen Bauten läßt sich sehr schön als <u>Fahrradtour</u> realisieren: z.B. von Porto-Vecchio nach Torre auf der stark befahrenen N 198, dann über schmale Seitenstraßen (D 759) entlang an Korkeichen zu dem kleinen Nest Arraghju über die D 559 nach Palavesa und zurück D 368 nach Porto-Vecchio. Rund 20 km. Fahrradvermietung in Porto-Vecchio (s. dort).

③ AUSFLÜGE

✶ Als **Kurztour** empfiehlt Stephan Klopfer einen: "reizvollen Ausflug zum Sendeturm gegenüber von Porto Vecchio auf einer Anhöhe. Wunderbarer Blick auf die Stadt und den Golf. Anfahrt: RN198 Richtung Bonifacio, nach der Brücke über den Stabacco links (Schild zum Camping LES ANOPHELES). Nach ca. 5 km kurz vor einer kleinen Paßhöhe links, schlecht geteerte Straße und in schmalen, steilen Serpentinen rauf zum Sender. Dort Park- /Wendemöglichkeit."

✶ **Sehr lohnende Tagesrundfahrt ins Inland:**

Durch den Kiefernwald Forêt de l'Ospedale. Spaziergang zum fotogenen Wasserfall Piscia di Gallo. Authentische Lokale mit korsischen Spezialitäten im Bergdorf Zonza. Evtl. Kurzabstecher zur 3000 Jahre alten Torreanerhochburg Cucuruzzu. Alpines Ambiente auf dem Bavellapaß mitten in den "Dolomiten" Korsikas.

Minimal mit 100 km rechnen; die Tour ist im Prinzip nur mit eigenem Fahrzeug realisierbar, per Fahrrad unter sehr sportlichen Gesichtspunkten denkbar (von Meereshöhe auf 1.000 m). Für Leute ohne eigenen PKW ist ein Mietwagen eine gute Alternative. Vollbesetzt mit 4 Personen günstiger als eine organisierte Tour im Ausflugsbus, mit dem Vorteil größerer Flexibilität. Autovermietung in Porto-Vecchio.

Von Porto Vecchio anfangs durch "Vorortsiedlungen", dann Macchiagebiet mit einzelnen Korkeichen. Gute Paßstraße D 368, breit, zum Weiler:

Ospedale,"klebt" in Terrassen auf 800 m Höhe am Hang. Der Name Ospedale geht auf ein römisches Hospital zurück. Superpanorama über den Golf, bis zur Südspitze Korsikas. Schöne Sonnenuhr im Dorf. Ab Ospedale gehts durch Kiefernwald mit gewaltigen Felsbrocken. Der Stausee (nicht zum Baden!) versorgt die Gegend von Porto-Vecchio mit Wasser - im Spätsommer (Niedrigstand) ragen die Baumstümpfe aus dem See. Die Straße führt dicht am Ufer entlang, dann über den 25 m hohen Staudamm. Blick zum Pyramidenberg Punta di u Diamante (1.198 m).

Kurzwanderung zum 75 m Wasserfall Piscia di Gallo (Hahnenpiß). Fotoapparat einpacken, zwischendurch sehr schöne Bergmotive. Vormittags hat man die beste Beleuchtung des Wasserfalls. Wanderweg ohne nennenswerte Schwierigkeiten. ca. 3/4 Std. - einfach. Rückweg eventuell etwas länger, da Steigung.

In einem schmalen Felskessel stürzt der Oso Bach aus einer kleinen Rinne 50 m frei fallend herab, rötlich schimmernde Felsen, weiß schäumende Cascaden, unten ein grünliches Becken - nierenförmig wie ein natürlicher Swimmingpool, doch keine Badeeinstiege. Der Oso mündet in der Bucht St. Cyprien nördlich von Porto-Vecchio.

Zugang: ca. 1 km nach dem Staudamm breiter Forstweg rechts runter (Schlagbaum). Parkplatz unter Kiefern ca. 200 m weiter mit natürlichen Picknickfelsen. Etwa 10 Min.

den breiten, schattigen Weg runter, dann zweigt rechts ein schmaler Weg ab; bald ein breites Bachbett queren, dann leicht ansteigend (spärlich rot markiert) durch enorm reizvolle Berglandschaft, zerklüftete Felsen, hochstämmige Kiefern, die markante Punta di u Diamante im Blick.

Bei den charakteristischen, freistehenden Felsen gehts nochmal runter, zum Schluß steil. Zugang endet (mit guter Perspektive) auf halber Wasserfallhöhe. Wenn der Wasserfall ausgetrocknet ist, kann man recht gut sogenannte Strudellöcher erkennen, die sich das Wasser ausgewaschen hat.

Die Straße (D 368) führt lange Zeit durch Kiefernwald, Paßhöhe Bocca d'Illarata ca. 1.000 m schöne natürliche Picknickstellen - Lagerfeuer verboten!!

In vielen Kurven wieder hinunter zum Bergdorf ZONZA (Details siehe Kapitel "Südliches Inland"): Seite 347

Ab Zonza mehrere Ausflugsvarianten:

Auf jeden Fall lohnt der kurze Abstecher ins BAVELLA- MASSIV. Gut ausgebaute Straße in nur 7 km auf die Paßhöhe 1.218 m. Bei der Auffahrt schön die markanten Felstürme zu sehen, immer wieder uralte Laricio Kiefern mit windzerzauster Krone. Kurzspaziergänge bis an die Felstürme, für eine zünftige Wanderung durch das Bavellamassiv einen ganzen Tag einplanen.

Im Sommer wird in den Wellblech Bergerien korsischer Käse angeboten; gemütliches Restaurant COL DE BAVELLA (Details siehe Kapitel "Bavella"!)

Weiterfahrt auf der anderen Paßseite, nach SOLENZARA an der Küste möglich, 30 km, kurvig und sehr schmal, kann für Wohnmobilfahrer stressig werden.

Alternativ von ZONZA ca. 10 km nach LEVI mit prähistorischem Museum. Etwas weiter die torreanische Festung Castellu di Cucuruzzu, Kultmonument von ca. 1.5oo vor Chr. Eine extrem seltene Granitart, Kugeldiorit in Ste. Lucie de Tallano, schön geschliffene Exemplare im Ort; die Steinbrüche unrentabel und stillgelegt.

Alle Details im Kapitel "Südl. Inland". Die Tour läßt sich bei viel Zeit zu einer Rundfahrt durch den Süden Korsikas ausdehnen: Thermalpool bei Caldane, über SARTENE, der korsischsten Stadt der Insel nach BONIFACIO über gradlinige Straße zurück nach Porto-Vecchio.

Ohne eigenes Fahrzeug auch per organisierte Bustouren möglich. Z.B. mit "Corsicatours", 7, rue Jean Jaurès, Porto-Vecchio.

Das Inselinnere

Nicht nur in seinen Küsten, besondere auch in seinem Inselinneren gehört KORSIKA zu einer der schönsten und lohnendsten Inseln im Mittelmeer:

Nur wenige Kilometer vom Meer steigen gewaltige, hochalpine Gebirgslandschaften auf, mit schroffen Gipfeln, tiefen Schluchten und Bergseen in kargen Felskesseln, - aber auch dichte Kastanien- und Kiefernwälder, grüne Täler mit idyllischen Gebirgsbächen, kleine abgelegene Dörfer, wie auch touristisch erschlossene Zentren.

Ein Ausverkauf des Gebirges wie in unseren Alpen mit Gondeln, Sesselliften und Panoramahotels hat nicht stattgefunden. Viel herrliche Natur, bescheidene Unterkünfte.

Für Bergwanderer und Kletterer bringt das Inselinnere ideale Verhältnisse: Touren aller Schwierigkeiten, auch leichte Wanderungen und Spaziergänge möglich. Die interessantesten Bereiche liegen zwischen Haut Asco und Vizzavona (siehe Karte nächste Seite), - aber auch im Bereich des Bavella-Massivs. Details siehe folgender Text!

Die extrem kurzen Entfernungen von der Küste ermöglichen zugleich reizvolle Ausflüge und Tagesrundfahrten mit Badestops in verlockenden, aber kalten Bergbächen, Mittagspause in gemütlichen und kleinen korsischen Lokalen.

Zentrum und Anziehungspunkt ist CORTE, die alte Hauptstadt und größter Ort im Inselinneren mit dem umfangreichsten Angebot an Restaurants und Unterkünften. Für Leute ohne eigenes Fahrzeug der beste Stützpunkt. Bahnverbindung und direkter "Einstieg" ins Gebirge. In Corte münden 2 lohnende Seitentäler: das einsame Tavignanotal und das reizvolle, aber überlaufenere Restonicatal mit Straßenverbindung. ....siehe S. 325

Der höchste Gipfel Korsikas, der Monte Cinto (2.707 m) ist vom Ascotal aus zugänglich, sehr anstrengende Geröllwanderung! ....Details Seite 3o6.

Der optisch schönste Berg mit guten Wander- und Klettermöglichkeiten: die Paglia Orba (2.525 m), rund 6 km südwestl. des Mte. Cinto. DetailsS.317

Im Niolo, eine jahrhundertelang total isolierte Hochebene, die wildeste Schlucht Korsikas, die Scala di Santa Regina. Heute durch eine gut ausgebaute Paßstraße (höchster Paß der Insel, Col de Vergio, 1.463 m) mit der Küste bei Porto verbunden. ....Details S. 308 und 315

Mittelgebirgscharakter in der CASTAGNICCIA, die größte Edelkastanien-"Plantage" der Insel. Verlassene Häuser in kleinen fotogenen Weilern bezeugen das Ende der wirtschaftlichen Blüte, der Tourismus faßt nur recht zögernd Fuß. ....Details S. 319

Im Süden dominiert das Bavellamassiv, nur 30 km von der Küste, trotzdem Dolomiten-like. Rötliche Felsnadeln, besonders die klobigen Türme werden in Kletterkreisen favorisiert, schöne Bergwanderungen um die Zinnen. .... Details S. 348

Schwefelhaltige Thermalquellen besonders im südlichen Inselbereich, der von der touristischen Erschließung her noch in den Kinderschuhen steckt.

Verbindungen

Das nördliche und mittlere Inselinnere Korsikas wird durch die TRANS-INSEL- STRASSE "N 193" Bastia - Corte - Ajaccio gut erschlossen. Trotz vieler Kurven ist sie relativ schnell befahrbar. Auf allen übrigen Straßen limitieren nicht nur die unzähligen Kurven, sondern zusätzlich viele Schlaglöcher und Frostaufbrüche den Stundenschnitt auf maximal 4o km/h.

Eisenbahn: das Transinsel-Gleis gehört zu einer der schönsten Strecken im westlichen Mittelmeer Raum! Die Strecke Bastia - Corte - Ajaccio (mit

Nördliches und mittleres Inselinneres

Bastia - Ponte Leccia..... 300
(1) ASCOTAL.................. 302
(2) Bergtouren Ascotal....... 306
(3) NIOLO / GOLOTAL.... 308
(4) Viro Tal...................... 313
Oberes Golotal............. 316
(5) CASTAGNICCIA........ 319
CORTE........................ 325
(6) Restonicatal................ 333
(7) Tavignanotal............... 335
Vizzavona.................... 339

Südliches Inselinneres

(8) Ghionsi...................... 343
(9) Bavella....................... 348
(10) Aullene...................... 346
(11) Zonza......................... 347

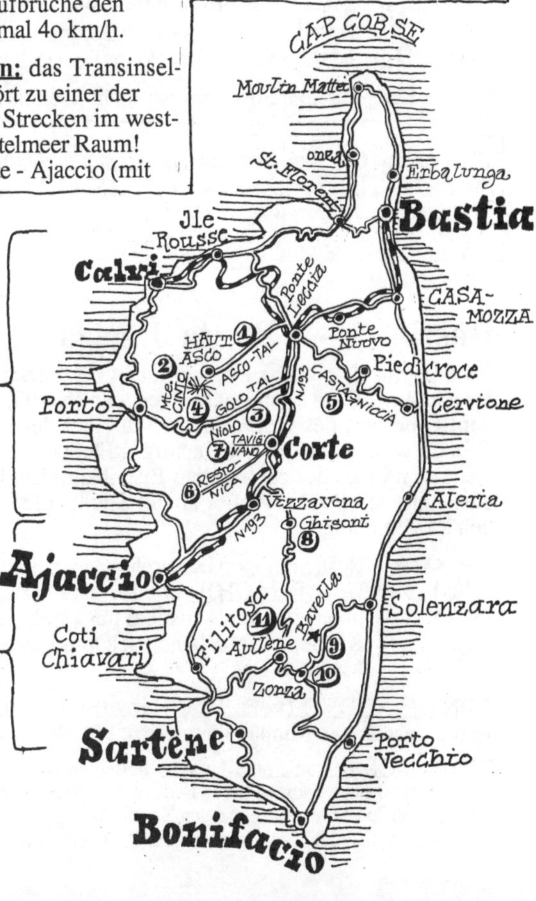

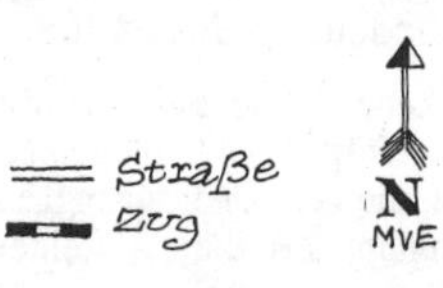

Abzweiger in Ponte Leccia runter nach Calvi) bringt nicht nur landschaftlichen Genuß und den Einstieg für CORTE, sondern dient auch als Start- oder Endpunkt verschiedener Wanderungen im Inselinneren, Details siehe Text!

Bastia - Corte - Ajaccio: 4 mal tägl., sonntags ca. 2 mal.
Fahrzeit ca. 3 1/2 Std.

Bastia - Ponte Leccia - Ile Rousse -Calvi : 2 mal tägl., sonntags seltener .
Fahrzeit ca. 3 1/2 Std.

Calvi - Ajaccio: bis zum Umsteigepunkt in Ponte Leccia 2 mal tägl., aber Warterei auf den Anschluß nach Ajaccio. Ca. 5 1/2 Std.

Preislich 25 - 3o DM je nach Strecke

Busverbindung: nur auf der Hauptstrecke relativ häufig.
Bastia - Corte - Ajaccio 2 x tgl. zur Saison, sonst nur 1 x tgl.
Bastia - Calvi über Ponte-Leccia 1 x tgl. außer So.

In Seitentäler nur sporadisch bis gar nicht (Details siehe Text).

Wir beschreiben zunächst den nördlichen und mittleren Teil des Inselinneren ab BASTIA . Eingeschoben die CASTAGNICCIA als Querverbindung Inselinneres zur Ostküste *(Seite 319)*

Das südliche Inselinnere ab Seite 343

Bastia ⟶ Ponte Leccia (N 193, 46 km)

Von Bastia zweigt 20 km südlich im Kreuzungspunkt Casamozza die Strecke ins Inland nach Ponte-Leccia ab (N 193, 26 km). Die Straße folgt dem Unterlauf des Golo, mit 84 km einer der längsten Flüsse Korsikas. Schnell wird's gebirgig, schluchtiges Flußbett, breite Straße. Gelegentlich sieht man eines der zahlreichen Eisenbahnviadukte. Das Tal ist nur dünn besiedelt, vereinzelte Weiler an der Straße, die Dörfer kleben oberhalb an den kargen Hängen.

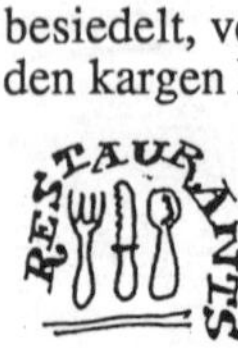

Restaurantstop in Barchetta nach 9 km (auch Bahnstation) U BARGAGHJU mit Terrasse in der Kurve, Tische z.T. unter Weinlaub, rustikal mit viel Lokalkolorit. Gute, deftige Küche, entsprechend auch von Einheimischen frequentiert. Menü 20 DM.

PONTE NUOVO (kors. Ponte-Novu) noch im engen Tal, ca. 8 km vor Ponte Leccia. Die Minisiedlung erlangte historische Bedeutung Mai 1769.

Im sog. "Desaster von Ponte Nuovo" besiegten die anrückenden und zahlenmäßig überlegenen franz. Truppen unter Ludwig XV die Widerstandskämpfer Paolis. Dieser hatte sich an den Golo zurückgezogen, um die 5- bogige Genuesenbrücke und Zugang zur Inselhauptstadt CORTE zu verteidigen. Paoli ging nach England ins Exil, um einen

Bürgerkrieg auf Korsika zu vermeiden. Denkmal an der Straße nach der Brücke.

Die asphaltierte Hauptstraße N 193 erreicht nach ca. 8 km Ponte Leccia, flott zu befahren.

ALTERNATIVE ab Ponte Nuovo: der ca. 3o km- Schlenker südlich oberhalb des Golotales via Castello di Rostino nach Ponte Leccia, landschaftlich sehr lohnend!

Ab Ponte Nuovo und Brücke über den Golo zunächst wieder retour flußab und nach ca. 5oo m rechts die D 115 in die Berge rauffahren. Schon bald steile Seprentinen nach Bisinchi, weiter über die D 15, Castello di Rostino mit der kleinen romanischen Kapelle San Toma. Sehenswerte Fresken aus dem 15./16. Jhd. Evangelisten und Engel umgeben Christus in der Apsis. Leidenswegszenen an der Nordseite vis-à-vis Heiligenfresken stark beschädigt. Die Restaurierungsarbeiten in den 30er Jahren waren kein Volltreffer.

Weiterfahrt über Valle di Rostino mit schöner Aussicht ins Golotal, in der Macchia Ruinen der Kirche Santa Maria 10.-12. Jhd. Apsis komplett erhalten und Taufkapelle San Giovanni Battista (12. Jhd.). In Kehren wieder hinunter ins Golotal, trifft in Ponte Leccia auf die Hauptroute.

ODER: Route nördl. des Golotales, ab Ponte Nuovo die D 5 nach Lento, - D 1o5 über Costa Roda nach Ponte Leccia: Superstrecke insbesondere für Motorradfahrer, aber auch für Leute mit kleineren, wendigen PKW's ; Wohnmobilfahrer meiden besser die Strecke! Extrem kurvenreiche und schmale Schotterstraße, teils in den Felshang gebrochen, Superausblicke ins Golotal! Eine Detailkarte für beide Strecken ist sinnvoll.

★ Ponte Leccia

Ausgangspunkt fürs ASCOTAL, Umsteigepunkt für den Zug, sowie Straßenkreuzung. Mit seinen verstreuten Häusern im Hochtal wirkt Ponte Leccia wie eine amerikanische Goldgräberstadt.

Definitiv nichts los und bestimmt kein Ort zum Urlaub machen. Aber bekommt hier alles, was man braucht: moderne Apotheke, Werkstätten, Tankstellen, Post (9-12/14-17 Uhr, Sa.9-12 Uhr). Bäcker, mehrere Libres Services, sogar einen Friseur, verschiedene Bars, Restaurants und Hotels. Beim Bazar werden Farbbilder in 48 Stunden entwickelt.

Bar AU CARRE D'AS, ungemütlich mit Spielhölle, aber Treffpunkt.

Credit Agricole im neuen "Geschäftszentrum" an der Straße Richtung Corte, kleine Filiale. 3 x/Woche kommt vormittags ein Bankangestellter aus Corte.

Kleine HOTELS mit RESTAURANTS, die mehr für den Zwischenstop wichtig sind:

Des Touristes, 12-Zimmer-Hotel, reichhaltiges Menü. DZ ca. 50 DM.
Las Vegas, 40 Zi., DZ ca. 40 DM, beide an der Hauptstraße Richtung Corte.

CAMPING/Caravaning A LA FERME/GRIGGIONE, 4 km südlich von Ponte-Leccia Richtung Corte. Gut 200 m abseits der Straße hinter Obstplantagen, nahe beim Golofluß.

Schönes Gelände, warme Duschen, Stromanschlüsse, Verkauf von Produkten des Bauernhofes.

Weitere Campingplätze am Anfang des Ascotals, nur wenige km von Ponte-Leccia (Beschreibung siehe Ascotal).

Verbindungen: **Zug:** Bastia 6 mal tägl., - Calvi: 2 mal tägl., - Corte/Ajaccio: 4 mal tägl. Von Ende Sept. bis Ende Mai etwas seltener.

Bus: Bastia: 2 mal tägl., Calvi 1 mal tägl., - Corte/Ajacchio 2 mal tägl., - So. und zur Vor/Nachsaison seltener.

Taxi: Colle Jean, Tel.: 95 476 294 oder bei der Bar am Bahnhof.

Ab Ponte-Leccia diverse Möglichkeiten zur Weiterfahrt:

1 Nach Ile-Rousse, Calvi ans Meer (N 197), 70 km bis Calvi mit Abstechermöglichkeit beim Dorf Belgodere in die reizvolle Balagne. Details siehe Balagnerundfahrt.

2 In die Castagniccia, Korsikas Kastaniengebiet, eine liebliche Mittelgebirgslandschaft mit Geburtsort des kors. Nationalhelden Pascal Paoli in Morosaglia. Details siehe Castagniccia.

3 Die Hauptroute nach Corte mit Abstechermöglichkeit zur wildesten Schlucht Korsikas "Scala di Santa Regina", auf dem Weg ins Niolohochtal. Details siehe dort.

4 Ins Ascotal

Das Asco-Tal

Einer der besten Stützpunkte Korsikas für Wanderer und Bergsteiger, aber auch für Leute, die gerne in einem ruhigen Tal baden und sonnen, - Skigebiet im Winter.

Beliebter Ausgangspunkt, um den höchsten Berg Korsikas, Monte Cinto zu besteigen. Hochalpine Landschaft, obwohl die Gipfel unter 3.000 m bleiben. Schroffe Felswände am Ende des Talkessels, Schluchten, Gebirgsbäche, struppig zerzauste Lariciokiefern.

Kurvige Autozufahrt ca. 35 km ab Ponte Leccia bis auf 1.450 m Höhe (Haut Asco), aber auch zu Fuß in ca. 2 Tagen von der Küste/Calvi über den bekannten Wanderweg GR 20 zu erreichen.

Trotz der Beliebtheit und landschaftlichen Schönheit ist das Ascotal noch recht ursprünglich, ohne Hotelburgen. Auf abgelegenen Wandertouren kann man mit Glück auch Mufflons beobachten; in einem 3.000 ha großen Reservat lebt die größte Mufflon-Population Korsikas. Flink wie Gemsen

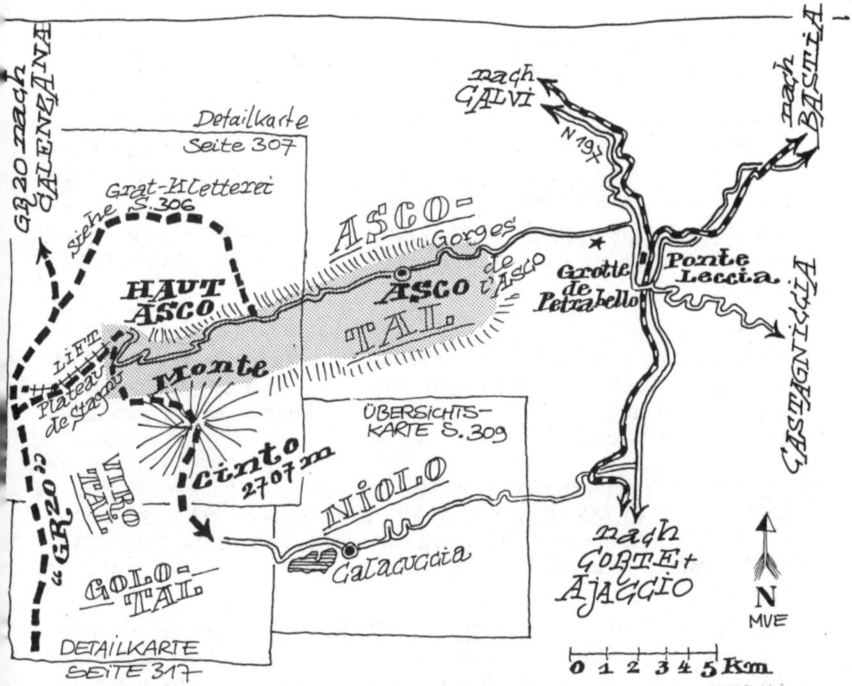

klettern sie über Felsen, sind aber recht scheu. Im Regionalpark ist auch der seltene Steinadler und Bartgeier anzutreffen.

Zufahrt: ca. 20 km von Ponte-Leccia bis Asco: holprig und kurvig, zum Schluß schmal. Die letzten 15 km bis Haut-Asco: Frostaufbrüche, kurvig, am Ende Serpentinen. 1969 zum ersten und wohl einzigen Mal geteert. Auch mit Wohnmobilen (vorsichtig!) befahrbar.

Öffentl. Transport: existiert nur per (teurem) **Taxi**, Preis ist Verhandlungssache und sollte unbedingt vorab unmißverständlich ausgemacht sein unter Klärung, wieviel Personen und welches Gepäck mit an "Bord" sind, - oder per **Minibus**, der je nach Saison relativ selten fährt und seinen Endpunkt im Ort ASCO besitzt. Beide ab Ponte Leccia, KONTAKT: in der Bar beim Bahnhof.

Trampen: am besten morgens, die meisten Autos jedoch voll besetzt. Allzugroße Hoffnungen sollte man sich nicht auf einen "Km-verkürzenden lift" machen; Handycap für eine der schönsten Wander- und Bergsteigerregionen Korsikas. Eigenes Fahrzeug, - Miet-PKW oder Miet- Moped ist daher für die Region sinnvoll, vorallem, wenn man knapp mit Zeit ist.

GROTTE PETRABELLO: Am Anfang des Ascotals, das Höhlensystem umfasst beachtliche Dimensionen von 5o km, sowie einen unterirdischen See und Wasserfall.

Der Besuch ist jedoch ausdrücklich verboten, da die Höhle nicht erschlossen ist und es eine Reihe schwererer Unfälle gegeben hatte (einige Hobby- Speleologen fanden den Ausgang nicht mehr...). - Profi-Höhlenforscher benötigen eine Genehmigung vom Bürgermeister in Moltifao. Das ovale Einstiegsloch - ca. 3 m Durchmesser - ist kaum zu finden: Nach 2 km auf D47 (Richtung Asco) neue Brücke, davor links Karrenweg in die Macchia. Nach 600 m links hoch.

Hotel/Restaurant **Cabanella** am Anfang der D 147 Richtung Asco - links. Schöne holzvertäfelte Zimmer, sehr sauber. Separate Dusche und WC. Doppel ab ca. 30 DM. 14 Zimmer.

Wildcampen und Feuermachen ist im gesamten Ascotal streng untersagt, nachdem es durch Waldbrände zu erheblichen Zerstörungen gekommen ist. Man sollte diese Bestimmungen sehr ernst nehmen, werden auch entsprechend scharf kontrolliert und bestraft! - Mehrere legale Campmöglichkeiten im Ascotal:

Im unteren Bereich, 5 km nach der Einbiegung ins Ascotal: CAMPING CAMPANELLE, vis-à-vis Hotel Cabanella. Einfacher Platz neben der Straße, im Sommer betonharter Boden; einige Schattenplätze am Flußufer. Das Bad im Bach ersetzt die Dusche.

Etwa 1 km weiter ** CAMPING TIZZARELLA natürlich belassenes Areal, Schattenplätze unter Steineichen, einfache Sanitärs mit Duschen, der Asco nebenan mit seichten Stellen zum Plantschen; improvisierte Bar, Telefonzelle am Eingang; reiner Saisonplatz.

Sehr reizvolle Strecke weiter bis zum Ort Asco. Durch die tiefe Schlucht "Gorges de l`Asco" mit kargen Hängen, steilen bis zu 1.000 m aufsteigenden Felsrücken aus verschiedenfarbigem Granit mit schönen Tafonibildungen, tief unten der klare Gebirgsbach.

✶ Asco (ca.100 E.)

Einziges Dorf im Tal. Idyllisch verteilen sich die Häuser am Hang. Hier ist kaum etwas los, die Touristen fahren bis Haut-Asco. Im Dorf ein Libre Service (Campinggas, Konserven, Ascohonig etc.), winzige Bar.

Telefonzelle bei der Mairie (9-11/15-17 Uhr)

Zur Genuesenbrücke im Tal die Serpentinenstraße am Ortsausgang runter. Aus dem "Stranciacone" wird ab hier der "Asco"!

Weiter oberhalb kiefernbewachsene Hänge, gemütlich plätschert der Stranciacone gleich neben der Straße. Im steinigen Bachbett ideale Sonnenfelsen. Das Cintomassiv bildet den Talabschluß.

★ Haut Asco

Auch "Plateau de Stagnu" genannt, Bergsteigerzentrum. Am Anfang des Talkessels endet die Straße; Hotel, Ferienhäuser und Skilift.

Hier auf 1.450 m beginnen die Bergtouren. Am Spätnachmittag ist wieder Leben auf der Terrasse vom Chalet: sonnenverbrannte Bergsteiger zurück von ihrer Tour.

Hotel/Restaurant Le Chalet: vertrauliche Gemütlichkeit im Aufenthaltsraum mit Bartheke. 22-Hotelzimmer für 2 und auch 3 Personen. HP ca. 60 DM. DZ ca. 55 DM. Schlafraum mit 40 Plätzen, Toiletten, Duschen 13 DM/Person. Gutes Restaurant. Proviant für Bergsteiger, auch Nachschub für GR 20 Wanderer. Telefonzelle.

CAMPING MONTE CINTO, 6 km vor dem Plateau de Stagnu, schön am Stranciacone gelegen, ordentliche Anlage, guter Stützpunkt für Wanderungen.

Jede Menge lockender Bergtouren ab Haut Asco; die meisten Touren verlaufen in Hochgebirgsregionen und sollten nicht unterschätzt werden! Mit Schneefeldern noch bis Mai/Juni rechnen, auch wenn an der Küste schon der Schweiß rinnt. Beste Wanderzeit Juli/August, meist beständiges Wetter, die Gipfel nur selten in Wolken (dann mittags) früh aufbrechen, die Mittagshitze meiden.

Der Monte Cinto übt als höchster Gipfel Korsikas einen merkwürdigen Reiz auf die meisten Urlauber aus, der Aufstieg ist aber eine rechte Schinderei; nicht gleich vom Schreibtisch ohne Training auf den Cinto - danach ist der Wanderurlaub vermutlich gelaufen. Es gibt auch andere lohnende Gipfel und schöne, leichte und kurze Wandermöglichkeiten.

Leichte Touren:

* Abwechslungsreiche Halbtages-Wanderung am schmalen Tassinettabach. Mulipfad unter schattenspendenden Lariciokiefern. Zwischendurch kleine Badegumpen. Kurz vor der Bergerie Tassinetta (unbewirtschaftet), stehen am rechten Hang umgebrochene Kiefern wie Streichhölzer in der Luft.

  Ausgangspunkt: ca. 7 km vor Haut-Asco, links am Tassinettabach entlang. Gehzeit: bis zur Tassinetta-Bergerie 2 1/2 bis 3 Stunden.

* Leichte Kurzwanderung durch das bewaldete Manicatal zur Bergerie de Manica. Sehr idyllisch gelegen, geeignet für das Mittagspicknick. An der Betonbrücke auf 984 m Höhe ca. 6 km vor Haut-Asco links, den Bach entlang - schlecht markierter Weg. Gehzeit etwa 1 Stunde.

* Bequeme Wanderung zum Ende des Talkessels. Auf markiertem Trampel pfad. Weiter Rückblick übers Ascotal.

  Start: ab dem Hotel, links am Skilift entlang, beim Knick weiter geradeaus dem Pfad folgen. Höhenunterschied 550 m, Gehzeit etwa 1 1/2 - 2 Stunden.

Anspruchsvolle Bergtouren:

Vom Ende des Talkessels, (siehe vorherige Beschreibung) zum PIC VON CUBE: Aufstieg in einer Steinwüste, kleine lose Steinplättchen. Das letzte Stück zum Gipfel, teilweise leichte Kletterei.

Oben erscheint die Punta Minuta und ihre zahlreichen Türme zum Greifen nah. Die Paglia Orba aus einer herrlichen Perspektive.

Beginn der Tour: rechts neben den Fundamenten der Altorehütte den roten Steilgeröllhang aufsteigen (Steinmännchen), um den ersten Felsen rechts rum. Auf der Rückseite S/W - weiter. Vom Geröllrücken zum Gipfel aufsteigen.

Höhenunterschied: Von den Fundamenten der Altorehütte - Pic von Cube 250 m. Gehzeit: ca. 2 Std. Die Spitze ist nach dem Pionier der korsischen Berge: Dr. Felix von Cube benannt.

MT. CINTO - mit 2.707 m höchster Berg der Insel. Anstrengende Tour zum Gipfel, nur mit guter Ausrüstung, teilweise Geröll. Die Nordwand am Vormittag angenehm schattig. Der Pfad beginnt an der österreichischen Hütte gegenüber vom Chalet. Von dort ins Tal, den Bach queren, zur Bocca Borba aufsteigen. Dann südlich am Lac d`Argentu vorbei auf den Höhenrücken. Das letzte Stück in N/W-licher Richtung.

Aufstieg durch rote Punkte und Steinmänner gut markiert. Dauer ca. 5 Stunden (nur Aufstieg!). Höhenunterschied 1.300 m.

SUPER GRAT "KLETTEREI" in 2.000 m Höhe (kein Spaziergang!) Von der A Mufrella bis zur Punta Ghialla, herrliche Aussicht in die Täler nach Ost und West. Klettern bis Schwierigkeitsgrad II. Abschließend Wanderung den Tassinettabach entlang. (Nr. siehe Kartenskizze rechts)

Einstieg: An der Rückseite des Hotels (1), noch vor den Spitzdachhütten hoch. Zwischen Waldrand und Wacholdergestrüpp Serpentinen Pfad zur "Brêche de Stagnu" (2) (markiert). Letzte Hälfte leichte Kletterei. Von (1) 90 Minuten nach (2).

Blick von der Brêche: im Norden der Taitabach, weiter westlich das Fangotal. Links die Gipfel "Capu Larghia", "Capu Rossu", "Punta Minuta". Im Süden der Cinto, ihm vorgelagert der Capu Borba.

Zur "Mufrella" (3) schmaler Pfad rechts hoch (mit Steinmännchen markiert). In der Ferne rechts "Pt. Minuta" und Paglia Orba zu sehen. Vom (2) 30 Minuten nach (3).

Der weitere "Weg" ist nicht markiert. Der Gipfel gut sichtbar, so daß man das Ziel immer anpeilen kann. Zum "Capu di a Marcia", eine Scharte 100 m tiefer, auf der westlichen Seite entlang.

Aufstieg zum Gipfel "Capu a u Carrozzo" (4) auf der Westseite, über Geröll und Wacholdergestrüpp. So weit wie möglich oben halten, dort angenehmer zu laufen. Von (3) 60 Minuten nach (4).

Zur "Punta Mezzagnu" (5) aus rotem Gestein, auf der Ostseite den Kamm entlang. Von (4) 35 Minuten nach (5).

Abstieg mit Kletterstellen zur Scharte "Col de Ghialla". Auf dem Grat westlich (links) halten. Von hier schon einen Aufstieg zum Gipfel "Punta Ghialla" (6) ausgucken. Am günstigsten westseitig hoch. Von (5) 60 Minuten nach (6). In einem Blechkasten das Gipfelbuch mit netten Sprüchen.

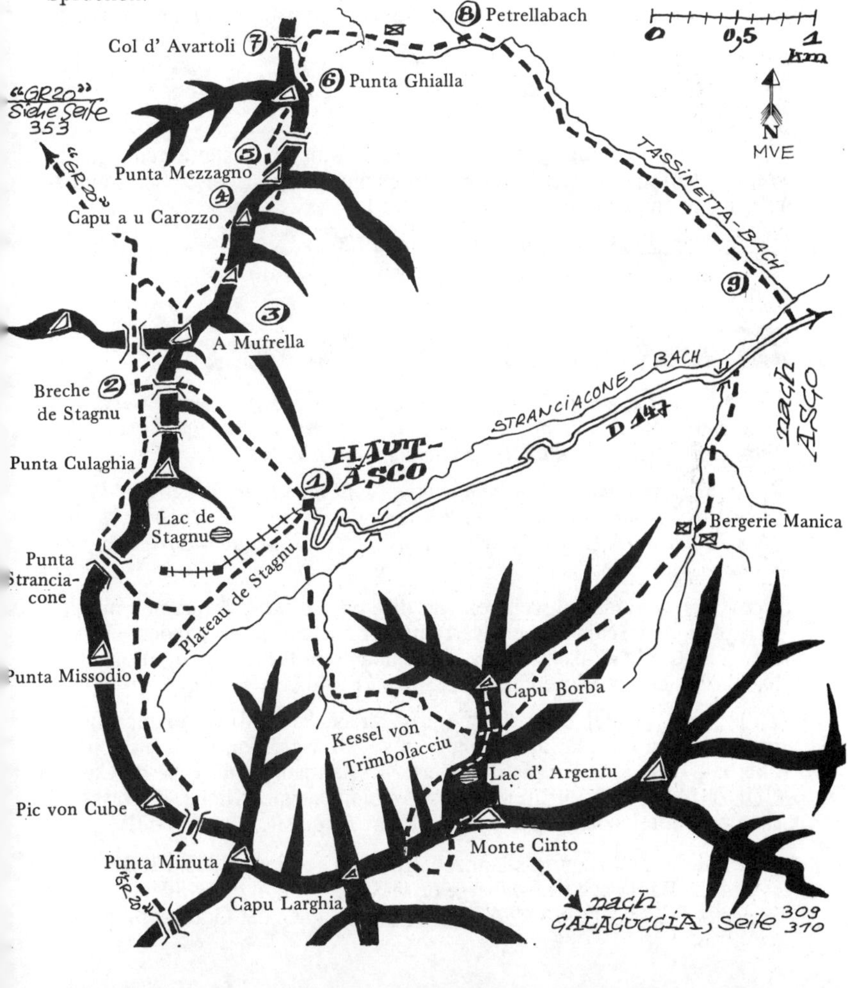

Den weiteren Abstieg sorgfältig suchen. Nach 3 - 4 Schritten - nicht bis zum nördlichen Steilabfall - rechts (N/O) eine 1 m breite Rinne mit Geröll. Hier "leichtester" Abstieg. Weiter unter Felsüberhang, dann Buchenbüsche queren. Die Scharte "Col d´Avertoli" (7) teilweise schon zu sehen. In dieser Richtung (Norden) weiter. Beschwerlich wegen Buchengestrüpp und teilweisem Geröll. Von (6) 1.20 Std. nach (7).

Abstieg vom Col d´Avertoli nach Osten, anfangs kein Weg. Die ersten dicken Kiefern anvisieren und über Stock und Stein. Dann dem schmalen Bachbett folgen, linksseitig besser zu laufen. Den "Petrellabach" (8), der von links kommt, queren. Von (7) 60 Minuten nach (8).

Kurze Zeit dem Pfad linksseitig folgen. Spätestens bei der Bergerie Tassinetta, den Bach queren. Rechts eine ehemalige Schäferhütte. Auf gutem Trampelpfad weiter. Der Weg führt oberhalb des Tassinettabaches bis zur Straße D 147 (an der Mündung in den Stranciacone Bach) (9). Von (8) 2 Stunden nach (9).

Reine Gesamtwanderzeit ca. 9 Stunden. Nur bei beständigem, gutem Wetter. Pausen zum Genießen zusätzlich einplanen. Aufstieg bei Sonnenaufgang zu empfehlen.

Höhenunterschied: Le Chalet - A Mufrella 726 m.
Punta Ghialla - Straße D 147 1.136 m

Niolo-und Golotal

Eindrucksvolle, wilde Gebirgslandschaft. Ein Stausee im weiten Talkessel, umgeben von den höchsten Gipfeln Korsikas. Idyllische Bergdörfer, Wasserfälle, tiefe, zerklüftete Schlucht bei der Anfahrt.

Ausgangspunkt für viele Wanderungen und Bergtouren, z.B. zur Paglia Orba, ins Virotal etc. Das Gebiet ist Teil des Niolos, ein Hochbecken von 15 x 10 km; eine karge, reizvolle Landschaft mit großem Lariciokiefernwald.

Noch vor wenigen Jahrzehnten war dies ein isolierter Talkessel, nur über Mulipfad (alte Scala - sehenswert) mit der Außenwelt verbunden. Dadurch ein sicherer Platz (als es an der Küste noch sehr turbulent zuging), damals hauptsächlich von Hirten bewohnt.

Zufahrt ins Hochtal: etwa 20 km (guter Straßenzustand) vom Kreuzungsort Francardo an der Nationalstraße. Anfangs im grünen, noch breiten Tal, oberhalb des Golo. Empfehlenswerter Restaurantstop in Pont de Castirla CHEZ JACQUELINE, einfaches Ambiente, gute Küche. Terrasse zur Straße, sehr reichhaltiges korsisches Menü (exquisite Charcuterie!).

Ab Pont de Castirla wirds landschaftlich interessanter, das Tal enger und schroffer. Bald nach der Auberge de la Scala beginnt der wildeste Teil der
(1) Schlucht SCALA DI SANTA REGINA - tief unten der Golobach, im Som-

mer ein schmales Rinnsal, ringsrum schroffe, rötlich braune Felswände, zerklüftet, bizarr erodierte Felsgebilde (Tafoni, Entstehung siehe Calanche bei Porto), kaum ein grüner Fleck am Hang.

Teilweise abenteuerliche Straßenführung, wo absolut kein Platz mehr war, wurde sie hinter den Fels gesprengt, manchmal klebt sie förmlich unter steilen Überhängen, Bogenbrücken über Seitentäler. Gelegentlich rechts oben der alte angelegte Weg zu sehen, oft schwer zu entdecken. Bis 1889 war dies der einzige Verbindungsweg ins Niolo! Lohnender Kurzspaziergang auf dem historischen Pfad bis zu den steilen Serpentinen "Scala di Sta. Regina". Den Namen, Treppe der Heiligen Königin, verdankt sie den 17 Kehren auf dem Weg ins früher total isolierte Niolo.

Tip: vormittags beste Lichtverhältnisse, besonders für Fotografen, Sonne läßt die Felsen rötlich erscheinen.

Der Zugang zur alten Scala etwas schwer zu finden: ca. 6 km nach der Auberge de la Scala (aus der anderen Richtung - von Calacuccia kommend - 8 km nach dem Staudamm) kommt ein tief eingeschnittenes, schroffes Seitental hinzu - Straßenbrücke. Unmittelbar davor, rechts der Straße eine PKW-große Schotterausbuchtung, am Brückenmäuerchen verblichener, roter Pfeil, weitere Markierungen am Felsen. Nach kurzem schon ist die Scala zu sehen. Wenig Parkmöglichkeiten, da schmale Straße.

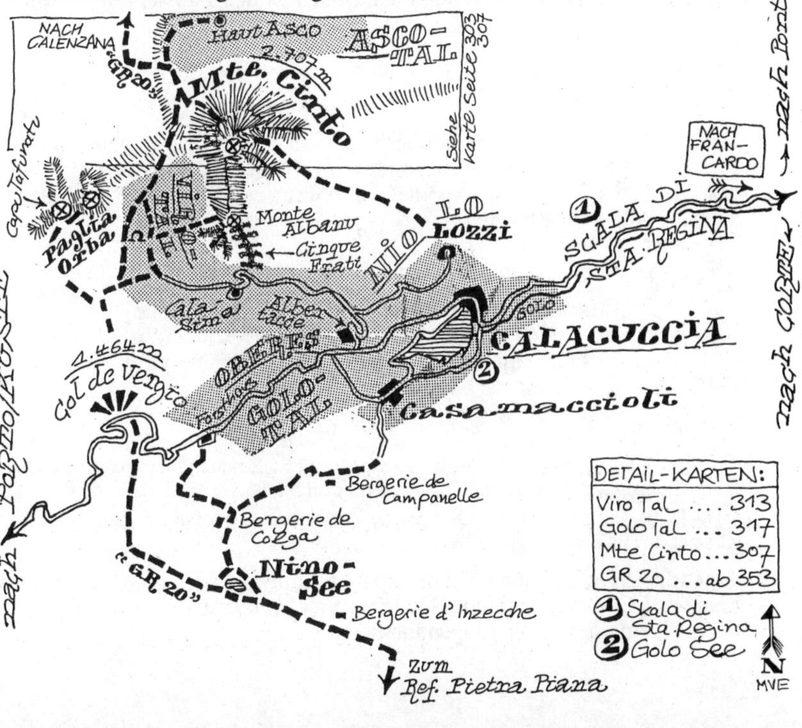

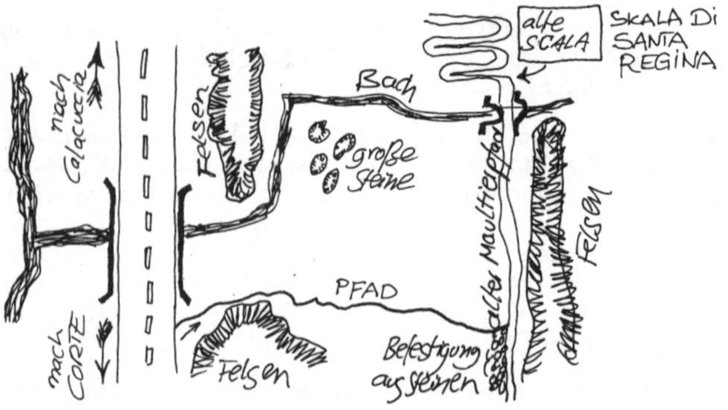

Der "Weg" geht erst über Felsen hoch zu dem alten Mulipfad, dort links weiter. Unten rauscht der kleine Gebirgsbach. Felsbrocken bilden kleine Wasserfälle und Strudel. Die Bogenbrücke über den tosenden Bach stammt noch aus der Genuesenzeit. Danach beginnt die alte Scala. Für eine Ganzaufnahme des plätschernden Baches ca. 10 m hochsteigen.

Wer gut zu Fuß ist, kann am Bach zurückklettern. Hautnah am rauschenden Wasser entlang. Die Krabbelei über die Steine macht viel Spaß. Festes Schuhwerk, Turnschuhe, oder wieder in den Fußstapfen der alten Korsen, auf dem Pfad zurück.

✶ Calacuccia (400E.)

Größter Ort im Niolo, etwas oberhalb vom See am Hang gelegen. Hier findet man alles nützliche, besonders für Wanderer interessant: Supermärkte, Cafes und Hotels, Apotheke und wenn es sonst wo drückt hilft ein Arzt für Allgemeines weiter.

Post: Offen Mo.-Fr. 9.00-12.00/15.00-18.00 Uhr

Bus über Francardo nach Bastia. Unregelmäßige Verbindung, zur Saison in der Regel 3 x pro Woche. Auskunft im Hotel Touristes. Evtl. auch eine Verbindung über Evisa nach Porto, vorher abklären.

Taxi besorgt M. Gérard, Tel.: 95 480 212

** **Hotel Des Touristes**. Ein älterer Komplex mit 36 Zimmern, das größte Hotel im Dorf. Großzügiger Speiseraum mit Fensterfront zur Straße. DZ mit Dusche 60 DM.

* **De la Scala**, auch an der Dorfstraße, Ortsanfang. 10 Zimmer, modern, einige Zimmer mit Balkon. DZ ab 40 DM.

Jugendherbergsähnliche Unterkunft im Convent ST. FRANÇOIS, ein knapper Kilometer Richtung Albertacce rechts oberhalb der Straße. Siehe auch allgemeines Kapitel Jugendherbergen.

Restaurant LE CORSICA am Ortsende von Calacuccia. Terrasse im Freien. Recht gute korsische Küche zu akzeptablen Preisen.

LAC DE NIOLO. Stausee in 800 m , der höchste der Insel. Unterschiedlicher Wasserstand, im Sommer niedrig mit graubraunem Ufer. Eine Straße ringsum bietet Zugang von allen Seiten. Leider ist Baden, Angeln und Motorbootfahren verboten. Von hier aus zeigt sich die Paglia Orba von ihrer schönsten Seite. Aus dieser Persepktive gleicht sie einer Sprungschanze. 2

★Casamaccioli

Ein kleines Dorf hinter Obstbäumen versteckt, dicht beim Stausee. Von weitem recht malerisch, beim Durchlaufen aber wirkt es verlassen und farblos. Vor der Kirche ein Esel, zwei alte Männer auf der Treppe, ein schlapper Hund auf der Straße - eine Momentaufnahme im Alltag.

Aber einmal im Jahr erwacht Casamaccioli, am 8. September, zum FEST DER SANTA DI NIOLO. Schon Tage vorher herrscht ganz ungewöhnliche Aktivität auf dem Platz. Buden und Stände werden gezimmert, viele junge Korsen stehen abends beim Drink zusammen und singen mehrstimmig (klingt unheimlich schön).

Das Fest zu Ehren der Schutzheiligen ist ein echt korsisches Volksfest von Korsen für Korsen. Natürlich viel für den Gaumen: Bars, improvisierte Imbißstuben, Waffeln. Kuchenspezialitäten und Würstchengrill. Zentrum sind die Stände der Corsicada, vom Honig über Holzschnitzereien , Schallplatten, Stoffdrucke, Töpferwaren, bis zur Kuhglocke ist alles vertreten.

Abends, in der Bar, herrscht Hochbetrieb, verschiedene korsische Musikgruppen, teilweise mehrstimmiger Männergesang, Glücksspiele, beherrschen das Feld. Im Freien sind Roulettische aufgebaut, umrahmt von verbissenen Spielern. Bei dem Kartenspiel, das sich "Eisenbahn" nennt, fließen enorme Summen. Die ernste Atmosphäre in dem engen Raum ist unheimlich gespannt. Mit Spiel hat das nichts mehr zu tun.

Höhepunkt ist die Prozession am 8. September. Nach einem Gottesdienst im Freien, wird die Statue der Santa di Niolo von vier Männern in weißen Kutten durchs Dorf getragen. Ihr folgt eine Prozession mit Tausenden von Gläubigen und Schaulustigen. Früher wurde an diesem Fest ein Sänger- und Dichterwettstreit ausgetragen.

Einen Tag später ist der Spuk vorbei. Außer einem großen Müllberg bleibt nichts mehr, Casamaccioli fällt wieder in seinen Dornröschenschlaf.

Die übrige Zeit des Jahres steht LA SANTA im linken Seitenschiff der Dorfkirche. Nach einer Legende stritten sich verschiedene Klöster um die wundertätige Marienstatue mit Kind; die in Folge einer Klosterzerstörung "herrenlos" geworden war.

Um den Streit zu schlichten, ließ man den gesunden Instinkt eines Maultieres entscheiden: dem Tier wurde die Statue auf den Buckel gebunden und man beschloß die Marienstatue dort zu weihen, wo das Grautier stehenbleibe. Nach 2 Tagen ließ sich das Muli in Casamaccioli nieder - seit dem wird hier die Santa di Niolo verehrt.

Ca. 4 km nach Calacuccia der Weiler **ALBERTACCE** (300 Einw.). Einige typische Natursteinhäuser, Bars, hübscher Brunnen aus Flußsteinen.

Hinter dem unauffälligen Schild Restaurant CHEZ ZIA CATALINA verbirgt sich ein originelles Lokal. Im ersten Moment ist man nicht ganz sicher, ob man in ein Wohnzimmer eindringt, aber dann steht der Wein auf dem Tisch und ein exquisites, deftiges Essen folgt. Alles incl. 24 DM.

Viro-Tal Wandern: In Albertacce Abzweig ins Virotal nach Calasima (6 km), dem höchst-gelegenen Dorf Korsikas auf 1.095 m. Ringsherum uralte Edelkastanien. Bei der Auffahrt schöner Blick über das weite Niolo mit dem Stausee.

(1) Kurz nach Calasima beginnt der ausgedehnte Lariciokiefernwald des Virotals mit plätscherndem Bergbach, hochstämmigen Kiefern und schöner Bergkulisse. Ausgangspunkt für Spaziergänge bzw. Einstieg zu unterschiedlich schweren Gipfeltouren: Aufstieg zum Panoramaberg Albano oder auf den schönsten Berg Korsikas, zur Paglia Orba - bis zur mehrtägigen Wanderung ausdehnbar. Begrenzte Parkmöglichkeit kurz vor Ende der Teerstraße (nach 2 - 3 km) beim Denkmal (1) des 1970 verunglückten Wasserflugzeugs Canadair.

(2) Leichte Halbtageswanderung durchs VIROTAL (2) ohne übermäßige Anstrengung auf gutem Pfad zur Bergerie Ballone (1.440 m) bzw. etwas weiter zum Refuge (1.640). Schöne Berglandschaft am Fuß der Zweitausender. Mächtige Lariciokiefern, abgebrochene und umgestürzte Baumskelette, zwischen dicken Steinen plätschert der Gebirgsbach mit vereinzelten Badegumpen. Durch die Baumkronen ist der Zacken der Paglia Orba zu erkennen.

Ab Denkmal die Straße weiter, geht in Schotter über, leicht bergan. Nach
(3) ca. 30-40 Minuten links eine GROTTE (3) (schwer zu erkennen). Eigentlich ist sie nur ein Riesenfelsbrocken mit Unterschlupf und freiem Platz davor. Dem markierten Weg folgen bis zum Refuge am GR 20. Dauer insgesamt ca. 2 Stunden einfach, beim Höhenunterschied vom 320 m.

(4) Schöne Tageswanderung zum MONTE ALBANO (2.018 m) (4). Kein spektakulärer Berg, auch nicht der schönste, aber er lohnt sich wegen des

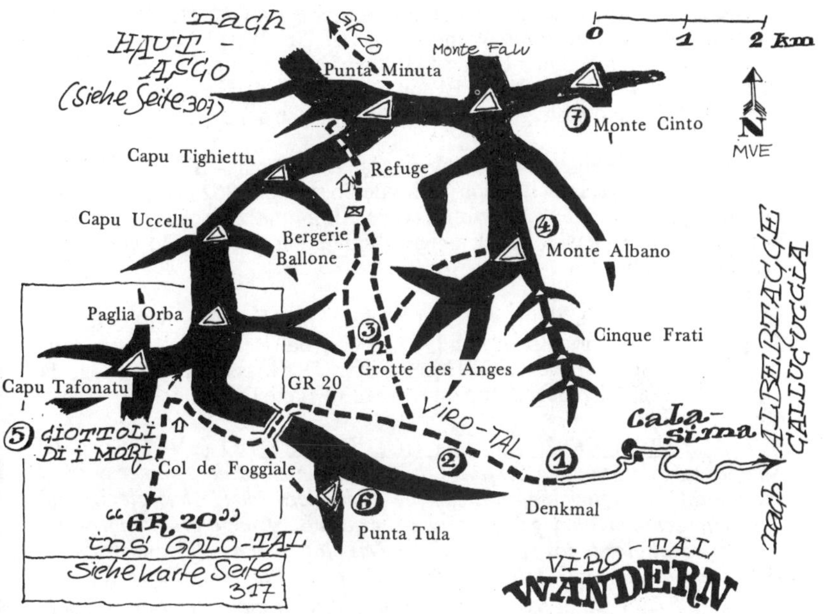

phantastischen Blicks.

Anfangs herrliche Wanderung im Virotal, Aufstieg durch Macchia und Geröll, abschließende Krabbelei zum Gipfel, weites Panorama übern "Calacucciasee" und Forêt de Valdo-Niello.

Der Einstieg etwas schwer zu finden: ab Denkmal zu Fuß auf schottrigem Karrenweg wie oben weiter. Nach ca. 30 bis 40 Minuten flankieren zwei Felsen wie ein Tor den Weg - der rechte mit blauen Streifen, davor Steinmänner. Hier geht ein schmaler Pfad rechts ab, also noch vor Beginn des Kiefernwaldes den Steilhang mit Wacholdergestrüpp hoch. Steinmänner zeigen die Richtung zum Gipfel, kein durchgehender Pfad.

Nach 30 Minuten auf einer Terrasse verfallene Hütte, weiter Richtung N/O (von hier noch 1 1/2 Stunden bis rauf). Nach etwa 20 Minuten trockenes Bachbett queren, etwa 200 m weiter, bei den letzten Kiefern steil rechts hoch - die großen Felsen als Anhaltspunkt. Hier teilweise Geröll. Der Albanogipfel gleicht hier einem Pyramidenstumpf. Die letzten 80 m einfache Kletterei.

Aufstieg ca. 2 1/2 - 3 Stunden, Höhenunterschied 800 m.

(5) Mehrtageswanderung zur Hütte CIOTTOLI DI I MORI (5) und am nächsten Tag Aufstieg zur PAGLIA ORBA möglich:

Ab dem Denkmal durchs Virotal zur Bergerie Ballone (1.440 m) bzw. Refuge (1.640m), auf dem Wanderweg GR 20 weiter über den Col de Foggiale (1.962 m). Dauer etwa 4-5 Std. Auf- und Abstieg zur Paglia Orba ebenfalls mit 4-5 Std. rechnen. Eventuell am 3. Tag durchs obere Golotal zum Col de Vergio absteigen. Weitere Details siehe dort.

6 An einem Tag dagegen die Rundwanderung: Denkmal - Bergerie Ballone (1.440 m) oder Refuge (1.640 m) - Col de Foggiale (1.962 m) - Punta Tula (2.142 m) (6) mit Blick bis zum Lac de Niolo und zum Ausgangspunkt zurück. Weitere Details in den obigen Wanderungen, bzw. Beschreibung ab Col de Vergio.

7 MONTE CINTO (2.706 m) (7). Der höchste Berg Korsikas wirkt wie ein Magnet. Aufstieg prinzipiell von LOZZI über das Refuge de l'Erco möglich, insgesamt aber ca. 1.700 Höhenmeter. Der klassische Aufstieg, da kürzer startet auf der Gegenseite im Ascotal. Weitere Details dort.

Von ALBERTACCE 20 km zum COL DE VERGIO (1.464 m), gute Straße, mäßige Steigung. Anfangs durch Kastanienwälder; immer wieder trifft man auf Schweinefamilien, die besonders im Herbst gierig auf Kastanienschmaus sind, gelegentlich aber auch Bergsteigerproviant fressen oder aus Neugierde ins verschlossene Zelt einbrechen. - Besonders beim Picknick mit der guten Spürnase der freilebenden Hausschweine rechnen.

Die Straße führt durch den dichten Wald von VALDO NIELLO am Ende des Talkessels - das größte zusammenhängende Waldgebiet Korsikas (ca. 4.600 ha). Etwa 2/3 des Waldes sind Lariciokiefern, z.T. mehrere Hundert Jahre alt, manche gut 40 m hoch. Im Schatten der Baumkronen angenehmes Wandern, gerade zur Mittagshitze. Wildcampen und Feuermachen im Waldgebiet verboten!

Beim Forsthaus POPAJA (1.076 m) auf halber Strecke zum Paß, schöne Picknickstellen etwas abseits der Straße bei der Quelle, mit fest installierten Holzbänken und Tischen. Campmöglichkeit - ein guter Stop für kurze Spaziergänge auf angelegten Waldwegen.

Sehr schöne Wanderung für Trainierte zum NINOSEE auf 1.743 m Höhe, dem Ursprung des Tavignanobaches:

In ca. 2 1/2 Std. hinauf, zum Schluß recht anstrengend steil, lohnt aber die Mühe für den Blick auf den schönen Bergsee im grünen Hochtal, im Hintergrund die Rotondogruppe. Picknick einpacken. Eventuell Kurzabstecher vom Ninosee auf den Panoramaberg CAPU A U TOZZU (2.007 m) oder einfach eine gemütliche Siesta am See. Von oben weitere Wanderungen auf dem GR 20 möglich, z. B. nach Norden zum Col de Vergio oder in die andere Richtung zum Capitello/Melosee bzw. Abstieg nach Corte durchs Tavignanotal.

700 m Höhenunterschied vom Forsthaus bis Ninosee.

Als Kurzwanderung einen Teil der Tour bis zur Bergerie durch den Wald auf angenehmem Weg.

Einstieg: beim Forsthaus Popaja an der Straße. Gelb markierter Weg, anfangs auf breitem Pfad durch den Wald. Nach 20-30 Min.quert man den Forstweg (Wendeplatz); schöner Badegumpen 10 m unterhalb. Das weitere Stück wird landschaftlich wilder, urwüchsiger, wirkt wie ein chaotisches Felsenmeer, z. T. abgestorbene Bäume, die Wurzeln staken nach oben. Steiniger Weg, Bach queren. Nach einer weiteren Std. ist die Baumgrenze erreicht. Der Weg wird anstrengender und steiler.

Auf Höhe der Bergerien COLGA (1.1411 m am Bach) steigt links der Weg an, manchmal über Steinplatten - bei Feuchtigkeit rutschig. Recht steiler Aufstieg in etwa 1 Std. zum Col, gut markiert - anstrengend, aber immer wieder schöner Blick runter ins Tal, in der Ferne die Skilifte am Col de Vergio zu sehen.

Oben auf der Scharte COL DE STAZZONA (1.762 m) fordern die markanten Felsbrocken zu diversen Interpretationen heraus: nach einer Legende ließ der Hl. Martin die beiden Ochsen des Teufels zu Stein erstarren. Auf der anderen Seite der Scharte liegt der Ninosee in einer grünen Mulde. Rinnsale und Tümpel durchziehen die angrenzenden Weideflächen, Erlengestrüpp an den Hängen. Blick zu den schroffen Gipfeln des Rotondomassivs. Ca. 15 Min. runter zum See. Aus dem Ninosee entspringt als Abfluß der Tavignano, der bei Corte durch die Restonica aufgefüllt wird und bei Aleria an der Ostküste mündet.

Rückweg: entweder auf gleichem Pfad retour zum Forsthaus, alternativ beim Ninosee dem GR 20 folgen und zum Col de Vergio über die Bocca Reta. Gut mit rot/weißen Streifen markiert. Siehe auch Etappenbeschreibung des GR 20 im Anhang.

Die flott befahrbare Straße vom Forsthaus in Kehren hinauf zum Skigebiet COL DE VERGIO einige Lifte, kurze mittelschwere Abfahrten.

Skiverleih beim **Hotel Castel de Vergio**, ein großer Kasten, der etwas renovierungsbedürftig erscheint. Riesiger Speisesaal mit halbrunder Glasfront. DZ ca. 45 DM.

CAMPING neben dem Hotel möglich.

Noch 1 km weiter zur Paßhöhe Col de Vergio in 1.464 m Höhe. Gute Parkmöglichkeiten bei der großen modernen Statue. Top Blick übers Niolo und den dichten Wald von Valdo-Niello; auf der anderen Seite die Gebirgsketten und der Wald von Aitone.

Für eine gute Aussicht über beide Täler lohnt es sich, mal das Auto am Paß zu verlassen und rechts über Wacholdergestrüpp hochzusteigen. Bei guter Sicht leuchtet im Westen der blaue Golf von Porto.

Ab dem Col in ca. 35 km an die Westküste nach Porto.

Anfangs durch das Waldgebiet von AITONE ebenfalls mit großem Lariciokiefernbestand. Reizvolle Spaziergänge, z.B. 4 km vor Evisa der Abstecher zu den Wasserfällen von Aitone - etwa 1/4 Std. Fußweg, einfach.

In Evisa empfehlenswerter Wanderweg durch die Speluncaschlucht nach Ota und weiter nach Porto (Details siehe dort).

Per Auto/Motorrad zwei Möglichkeiten an die Küste: Entweder direkt runter nach Porto an den eindrucksvollen wilden Golf oder über Vico an den weiten Golf von Sagone (Details unter dem jeweiligen Stichwort).

Oberes Golotal - Wandern.

Ab Col de Vergio, dem höchsten Paß (1.464 m), guter Ausgangspunkt für Wanderungen ins obere Golotal.

Tageswanderung zur Hütte CIOTTOLI DI I MORI, ca. 6 Std. hin und zurück.

Der Pfad führt vom Col de Vergio in die schroffe Geröllschlucht des Golo mit majestätischen Lariciokiefern an steinigen Hängen. Hier zeigt sich der Golooberlauf von seiner schönsten Seite: unzählige Miniwasserfälle im felsigen Bachbett, umgestürzte Bäume, glasklare Badegumpen. Zur Quelle hin weitet sich das Tal und wird karg. Am Fuß des Tafonato die Berghütte Ciottoli di Mori.

Ausgangspunkt: Parkplatz am Paß Col de Vergio 1.464 m. Schmaler Trampelpfad (gelb markiert) in n/östlicher Richtung um den Hügel rum. Etwa 1 Stunde abwärtslaufen zur Bergerie Gradule, dort auf dem GR 20 - rot/weiß markiert - weiter. Einstieg für den Rückweg einprägen. Auf gut erkenntlichem Weg am Golo entlang. Kurz vor der Tulabergerie zum linken Grat in Serpentinen aufsteigen. Auf dem Kamm zur sichtbaren Hütte. Gehzeit: Col de Vergio zur Hütte 3 1/2 Stunden.

Berghütte Ciottoli di i Mori in 2.000 m am Fuß der Berge. 1980 erbaut, nicht bewirtschaftet. 24 Betten, Kochgelegenheit und Kamin für den Winter. Im Sommer durch Gardien beaufsichtigt. Solarzellen vor der Terrasse sorgen für Strom. Übernachtung incl. Gas 10 DM/Person.

Kurzwanderung im Golotal von ca. 1 1/2 - 2 Std. Gleicher Einstieg wie oben, etwa 1 Std. bis zur Bergerie Gradule. Dort auf den rot/weiß markierten Wanderweg nach rechts (Südosten) abzweigen und in etwa 30 Minuten zur Straße zurück. Die letzten 2 km zum Hotel bzw. 3 km bis zur Paßhöhe über Asphaltstraße.

Ab der Berghütte Ciottoli di i Mori verschiedene Tagestouren:

Empfehlenswerte Aufstiege zur Paglia Orba, Loch des Tafunatu und Punta Tula, ein leicht zu ersteigender Aussichtsberg (Kurztour von knapp 2 Std.

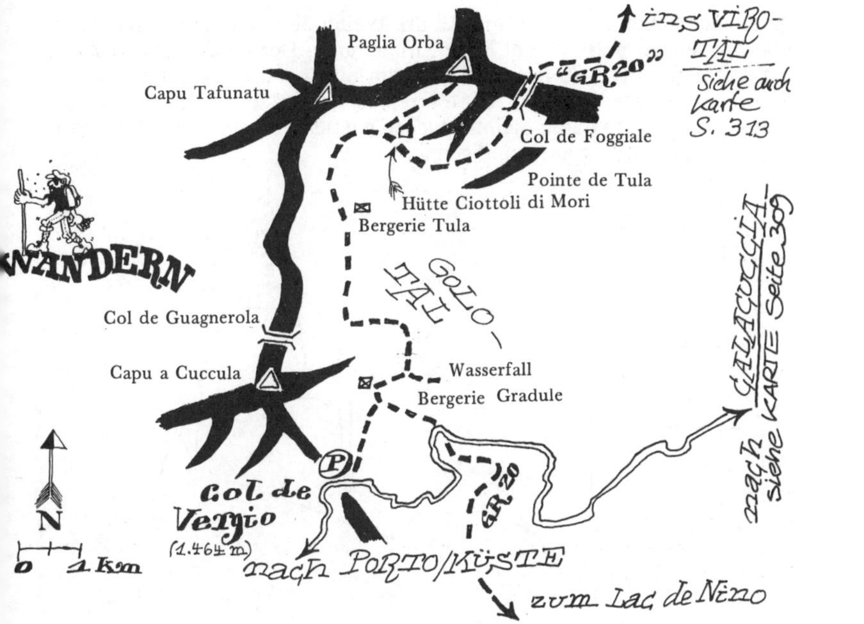

hin und zurück), gegenüber der mächtigen Paglia Orba -Südwand. Blick zum Lac de Niolo, links die Punta Licciola und rechts der Forst mit Paßstraße zum Col.

Aufstieg: von der Hütte aus auf dem GR 20 zur Scharte COL DE FOGGIALE. Wo der Weg links ins Virotal abzweigt, weiter geradeaus zum Gipfel hoch. Viel Geröll, kein Weg.

PAGLIA ORBA (2.525 m) Tageswanderung mit leichter Kletterei.Die markante Form eines Eckzahns ist von der Hütte nicht mehr zu erkennen. Am Gipfel meint man, mitten im Zentrum der Berge zu sitzen. Vor einem im N/O das Niolotal mit Stausee. Im Norden das wuchtige Cintomassiv, anschließend die Säulen der Punta Minuta. Bei klarem Wetter sogar Sicht bis zur Westküste.

Der Aufstieg beginnt hinter der Hütte. Etwa 20 Minuten zum Fuß des Col des Maures (Steinmänner). Der Pfad teilt sich hier, links zum Tafunatu, also rechts halten und zum kleinen Plateau hoch. Nach Osten weiter steil rauf. Steinmänner zeigen die Richtung. Lange noch ist rechts unten die Hütte zu sehen. Durch die breite Schlucht in der N-W Wand klettert man bis zur Nordseite hoch.

Schwierigstes Stück, gefährlich bei Regen durch rutschigen Fels, Schwierigkeitsgrad II. Beim Aufstieg wird das Loch im Tafunatu immer deutlicher sichtbar (mißt 30 m x 12 m). Weiter über schmalen Pfad, unter überhängenden Felsen - bei Regen Eisbildung. Der Gipfel ist hier noch nicht erreicht. Etwa 80 m nach Süden absteigen und links den bequemen Steilhang wieder rauf zum Gipfelkreuz. Aufstieg ca. 2 1/2 bis 3 Std. (einfach). Der Weg durch Steinmännchen gut markiert, bei Nebel schwierig zurückzufinden, Weg gut einprägen.

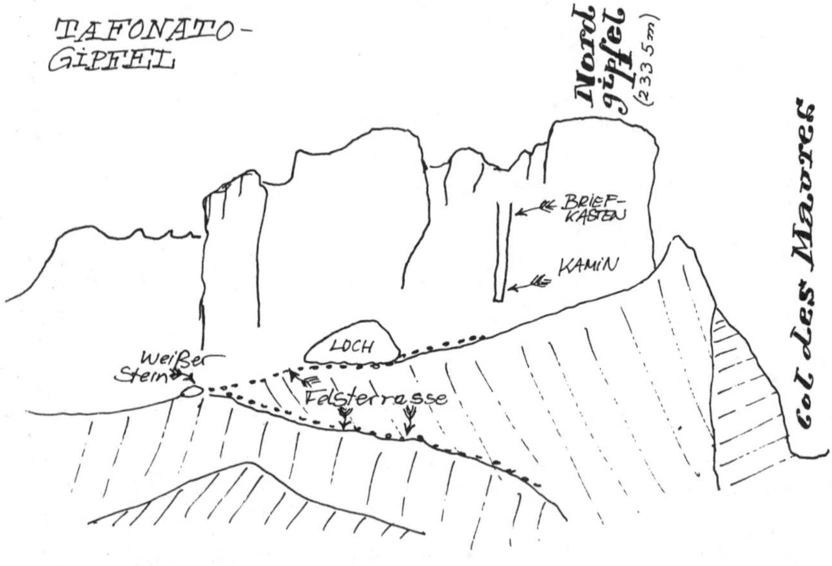

Kletterberg <u>TAFUNATU</u> - der "Berg mit dem Loch":

Zum Aufstieg schickt uns Ralf Schneider folgende Beschreibung mit dem Kommentar: "Sehr luftiges Unternehmen , nur für Bergerfahrene. Von der Hütte Ciottoli di i Mori in 20 Min zum Col des Maures, danach über Steinplatten mit Geröll links hoch, dann über ein schönes "Band"/Felsterrasse (siehe auch Skizze) zum riesigen Loch - ab dem Col etwa 20 Min. Vom Loch ist auch die Besteigung des Capu Tafunatu N/O Gipfel (2.335 m) möglich - Seil, Karabiner und Bandschlingen nicht vergessen, nichts für Gebirgsneulinge, etwa IIer Kletterstellen. Dauer ca. 30 Min bis 1 Std., je nach Klettererfahrung.

Vom Loch aus, dem Band weiterfolgen und somit die Ostwand queren. Am N/O Grat Querung eines kleine Geröllfeldes bis zu einer Scharte. Von dort zieht sich ein Band nach Süden, an dessen Ende ca. 10 m hoher Kamin (IIer Kletterstelle). Danach Abstieg von ein paar Metern und von S/O zum Gipfel hoch, ebenfalls IIer Kletterstelle.

Herrlicher Ausblick zum Golf von Porto und zur Paglia Orba."

Die Castagniccia

Die Castagniccia ist das größte Waldgebiet mit Edelkastanien (Maronen) der Insel. Aus 1.767 m Höhe, vom Gipfel des Mte. San Petrone, gleicht sie einem grünen welligen Meer mit vereinzelten Schieferflecken, die sich als kleine Weiler entpuppen. Die Dörfer mit meist weniger als 100 Häusern sind überwiegend von älteren Menschen bewohnt. Obwohl die Castagniccia fast bis an die Ostküste reicht, ist sie touristisch nur wenig erschlossen.

Früher waren Edelkastanien der Reichtum Korsikas, die Castagniccia dicht besiedelt. In vielen Kastanienmühlen wurde Mehl hergestellt, und Kuchen, Brot oder Plätzchen daraus gebacken. Das Holz zu Möbeln und Dachbalken verarbeitet.

Kastanienmehl war Hauptnahrungsmittel und brachte der Edelkastanie den Beinamen "Brotbaum" ein. Kastanien waren besonders unter der genuesischen Herrschaft an Stelle der Eichenwälder angepflanzt worden. Es stand damals unter Strafe, einen Baum ohne Erlaubnis des Gouverneurs zu fällen. Für die Bewohner war es ein wichtiges Tauschmittel, um von den "Nachbarn" Öl, Obst, Wein, Käse etc. zu bekommen. Im Winter dienten die Maronen zudem als Schweinefutter.

Viele Kastanienbäume sind heute jedoch von Baumkrankheiten befallen, die mühevolle Ernte lohnt sich für den Kommerz nicht mehr, die Zeiten sind passé, als korsische Maronen im Delikateßgeschäft zu Höchstpreisen gehandelt wurden.

Die korsische Unabhängigkeitsbewegung hatte in der Castagniccia ein wichtiges Zentrum, wie beispielsweise in Piedicroce, Alesani und Orezza. Morosaglia war Geburtsstadt des Freiheitskämpfers - Pasquale Paoli. Die Klöster dienten vielfach als Versammlungsort; hier wurden korsische Widerstandskämpfer zu "Generälen der Nation" proklamiert. Unter Theodor v. Neuhoff war Cervione sogar königliche Hauptstadt.

Kirchen wie La Porta und Kapellen mit interessanten Fresken (z.B. Ste. Christine bei Cervione) sind Zeugen vergangener Kultur.

(D 71, ca. 70 km)

Ponte Leccia ⟶ Cervione/Ostküste

Am besten entdeckt man die Castagniccia mit dem eigenen Fahrzeug, das öffentliche Busnetz ist recht dürftig.

Wegen der Steigerung der Eindrücke empfiehlt sich eine Fahrt durch die Castagniccia von Ponte Leccia nach Cervione an der Ostküste. Für längeren Aufenthalt fehlen leider die Hotels und Campingplätze - wild campen untersagt, vorher die Besitzer fragen oder sich an die jeweilige "Mairie" wenden.

Fahrradfahrer müssen sich darauf einstellen, daß es immer rauf und runter geht, doch sind die Straßen nicht übermäßig befahren. Insgesamt ein schönes Gebiet.

Von Ponte-Leccia (siehe Seite 3o1) in 15 km nach:

✶ Morosaglia (kors. Merusaglia)

Mit etwa 500 Einwohnern größter Ort der Castagniccia. In 800 m Höhe, verstreut am Hang klebende Weiler mit Bars, ehemaligen Hotels und einem Paolidenkmal am Ortseingang. Sein Geburtshaus ist jetzt MUSEUM: in primitiven Vitrinen sind viele Stiche seiner Person ausgestellt - interessant wie die verschiedenen Nationen ihn dargestellt haben. Neben Urkunden Fragmente des ersten Buchs - 1758 in Oletta gedruckt - "La Justification de la révolution Corse".

Die Kapelle unten im Haus beinhaltet seine Urne. Am 2. September 1889 von England überführt, am 5. hier beigesetzt. Zahlreiche Perlenkränze aus allen Ländern zieren die Wände. Auffallend zwei korsische Fahnen: einmal ein Maurenkopf mit verbunden Augen und Ohrringen, der andere nur mit Stirnband. Die Ohrringe waren ein Zeichen der Unterdrückung,gegen die Paoli ankämpfte. Seit dem - erzählt man - weht die andere Flagge (Details hierzu unter P. Paoli im Geschichtsteil) Offen Mo.-Fr. 9-12/14-17 Uhr.

COL DE PRATO: aus fast 1.000 m Höhe ein Vorgeschmack auf die Castagniccia: weite Wälder mit funkelnden Weilern. Nur vom Mte. San Petrone noch faszinierendere Weitsicht.

[Wer ein Quartier sucht: **Hotel U San Petrone** mit einem Restaurant auf der Paßhöhe. DZ ca. 45DM.]

MTE. SAN PETRONE: vom höchsten Punkt - 1.767 m - die Castagniccia aus der Vogelperspektive. Bis zur Ostküste nur Kastanienwälder. Im Rücken die Zweitausender, vom Monte Padro im Norden bis Monte Incudine im Süden. Aufstieg durch schattigen Buchenwald mit toll verwachsenen Stämmen.

Der angenehmste Einstieg am Col de Prato, siehe Skizze. Der Weg ist bis zum Gipfel markiert, zwischendurch auch Steinmännchen: von der Hauptstraße (D 71) beginnt ein breiter Weg genau zwischen den beiden Häusern wie in der Skizze eingetragen. Gleich danach rechts über offenes Gelände, nach ca. 15 Min. Weggabelung, links halten und in den Buchenwald rein. Nach weiteren 70 Min rechts eine eingefaßte Quelle. Von hier etwa 30 Min. zum freien Plateau. Links Richtung Osten am Waldrand weiter. Steinmänner geben die Richtung an, kein direkter Weg, erst im Wald Serpentinenpfad. 20 Min noch bis zum Gipfel.

Gesamte Gehzeit ca. 2 1/2 Std.
Höhenunterschied: 780 m. Abstieg auf gleichem Weg.

★ La Porta

Anders als die meisten Castagniccia-Dörfer liegt La Porta im Tal. Ein bescheidenes Zentrum mit Bars, **Post**, Lebensmittelladen, morgens kommen Bäcker und Metzger mit ihren Verkaufswagen und versorgen die ganze Umgebung.

Restaurant L`AMPUGNANI - sehr gute korsische Küche. Exquisites Menü für ca. 25 DM, empfehlenswerte "Pâtisserie Maison", guter Wein.

Die Besonderheit an La Porta bleibt die strahlende BAROCKKIRCHE. Der freistehende Glockenturm ist fast zu gewaltig für die Kirche. Der erste an dieser Stelle wurde 1648 eingeweiht. Die Barockfassade stammt von dem Mailänder Architekten "Baina" (1707), der auch den Glockenturm begonnen hat; vollendet wurde der Turm von einem Architekten aus dem Nachbardorf Quercitello. Das Kircheninnere nicht so faszinierend wie die Fassade. Altar aus Carraramarmor (1839), ein Holzkruzifix aus dem 17. Jhd. Ganzer Stolz der Kirche ist die Orgel. Ein Mönch vom Cap Corse hat sie 1780 gefertigt. Damit sie in La Porta auch Platz hatte, wurde eigens eine Empore gezimmert.Im Sommer Orgelkonzerte.

Maréchal Sébastiani, der 1772 in La Porta geboren wurde, machte Karriere in Napoleons Armee. Er hat sich in der Schlacht von Marengo 1800 ausge-zeichnet und wurde dann Botschafter von Frankreich in Konstantinopel, Neapel und London. Viele Straßen auf Korsika sind nach ihm benannt.

Bus nach Bastia mehrmals pro Woche, Abfahrtzeiten im Ort erfragen.

CAMPING MUNICIPAL - 9 km nach Morosaglia links nach "Croce", 1 km danach rechts 200 m hoch.Schlüssel für die Sanitärs in der Bar von Croce

2 km vor Piedicroce links die einsam gelegene KLOSTERRUINE VON OREZZA.

Im 18. Jhd. ein wichtiges geistliches wie auch politisches Zentrum. Am 18. April 1731 beispielsweise stellte sich die Mehrheit der Kirchenbosse hinter die korsische Revolution; zumindest fanden sie den Aufstand gegen die Obrigkeit nicht im christlichen Sinn verwerflich. Im Kloster wurde 1751 Jean Pierre Gaffori von der Consulta (kors. Nationalversammlung) die Regierungsgewalt über die Insel übertragen, indem er zum General der Nation vereidigt wurde. 40 Jahre später fand hier das Treffen Pasquale Paolis mit Napoleon statt. Das Kloster wurde 1943 von deutschen Truppen zerstört (diente den Italienern als Munitionsdepot).

✶Piedicroce

An der Durchgangsstraße über dem Orezzatal gelegen. Mit 300 Einwohnern relativ groß. Es wirkte auf uns still, vielleicht liegt das an dem fehlenden Zentrum. Die Bewohner treffen sich in den Bars.

Von der Barockkirche ST. PIERRE ET ST. PAUL schöner Blick übers Tal und Kastanienwälder. Im Innern üppig ausgestattet, Tafelbild eines italienischen Meisters.

Hotel/Restaurant **Le Refuge**: gepflegtes Haus, das Doppelzimmer ca. 40 DM.

Busverbindung: mehrmals pro Woche nach Bastia (siehe dort).

Die Zeit des Kurorts **OREZZA** ist vorbei, aber sehenswert die Mineralquelle (bei Piedicroce 3 km ins Tal), aus der das eisenhaltige Mineralwasser ununterbrochen aus dem Boden sprudelt! Neben der gefaßten Quelle wird es gleich in Flaschen gefüllt und als Orezzawasser verkauft. Sehr gutes Mineralwasser. Um ihm die braune Trübung zu nehmen, wird das Eisen rausgefiltert und Kohlensäure wieder zugesetzt. Erstaunlich, daß die nostalgische Anlage noch funktioniert! Bis vor kurzem wurde hier auch noch Limonade und Cidre produziert, jetzt wegen zu hoher Transportkosten unrentabel und nach Bastia verlegt.

COL D`ARCAROTTA (820 m). Nochmal ein weiter Blick zurück, sowie ins Valle d`Alesani. Im Hotel zu den zwei Tälern keine Zimmer mehr, dafür aber preiswertes korsisches Essen.

Ein etwas mühevoller Weg führt zum KLOSTER VON ALESANI: herrlich im Wald gelegen. Im ersten Moment überrascht eher die saftig grüne Wiese, als das ärmliche Klostergebäude. Seit dem Einsturz des Turms Mitte des 18. Jhd. stehen die Glocken auf dem Rasen. Ein Mönch übernimmt gerne die Kirchenführung. Neben den Deckenbemalungen, den Fresken und dem geschnitzten Chorgestühl fällt das kleine Madonnenbild auf goldenem Grund (Mitte 15. Jhd.) am wenigsten auf. Das Christuskind hält eine rote Kirsche in der Hand. Nach Meinung des Mönches stammt sie nicht vom Künstler Sano di Pietro aus Siena, sondern wurde nachträglich dazugemalt. Der Mönch zeigt gerne das Schnitzwerk mit mexikanischen Motiven im Refektorium.

Geschichtlich interessant wird das Kloster durch Theodor von Neuhoff, der westfälische Baron wurde hier zum König von Korsika ernannt (siehe Geschichte)!

Zufahrt: Ortsausgang Valle d'Alesani Richtung Perelle, dem Wegweiser "Couvent" folgen. Letztes Stück fürchterlich schlechte Teerdecke. Besser der Aufforderung "Fußweg" (rechts) folgen.

★Cervione (kors. Cervioni)

Mit 1.500 Einwohnern für die Castagniccia fast eine "Großstadt". Die Häuser konzentrieren sich am Hang des Mt. Castello, am Rande der Castagniccia auf 320m Höhe. Geschäfte und Bars in Hülle und Fülle, von den Cafes an der Durchgangsstraße ist schon das Meer zu sehen. Trotz der Küstennähe (6 km) kaum Touristen - ein echter "Korsenort" mit gutem Wein.

1736 war Cervione sogar Hauptstadt des Königreichs Korsika, ein kurzes Intermezzo in der korsischen Geschichte, inszeniert durch Theodor von Neuhoff, Baron aus Westfalen. Er versprach als König Korsikas die Insel im kors. Unabhängigkeitskrieg zu unterstützen. Regierte von Cervione aus, ließ Münzen prägen, doch schon nach wenigen Monaten war sein Finanzsäckel leer, die Beliebtheit schmolz dahin, Säbelrasseln aus Genua verunsicherte den Frischgekrönten so sehr, daß er stickum die Flucht vorzog (siehe auch Geschichte).

Die Kirche SAINTE-MARIE-ET SAINT-ERASME (16. Jhd.) ehemalige Kathedrale, wird interessant durch ihre mächtige Kuppel und die perspektivische Wandbemalung. Sehenswertes Chorgestühl aus Kastanienholz (Ende des 17. Jhd.).

Museum für Völkerkunde, archäologische Funde und Kunst (offen: 10-12/16-19 Uhr) im Hinterhof der Kirche.

In dem **Restaurant** LA FOURCHETTE speist man über einer Sargschreinerei, das stört den Genuß beim Essen nicht.

Hotel im Ort: **Saint Alexandre**.

Geldwechsel: bei Crédit Agricole, Mi. und Fr. 15-17 Uhr.

TIP FÜR KUNSTLIEBHABER: originelle KAPELLE STE. CHRISTINE aus dem 15. Jhd., in Valle di Campoloro, 0,5 km am nördlichen Ortsausgang von Cervione. Ganz außergewöhnlich ist die Doppelapsis. Die beiden Wölbungen im Inneren komplett mit Fresken ausgestattet, die Ver-kündigungsszene noch am besten erhalten. Links eine Darstellung des heiligen Christophorus. Andere Bilder teilweise beschädigt. Trotzdem sind es die besterhaltenen Fresken Korsikas.

Zum Besuch muß man sich den Schlüssel beim Bürgermeister erfragen. Ca. 30 Min Fußweg: schmaler Pfad vis-à-vis der Kirche, einige 100 m auf dem Schotterweg, enger Trampelpfad an Haselnußsträuchern verbei zur Kapelle.

Auf direktem Weg an die Ostküste nur 5 km. Lohnend aber auch die Panoramastraße (Corniche) an den Ausläufern der Castagniccia nach Sta. Lucia di Moriani bzw. St. Nicolao und von dort an die Küste nach Moriani Plage. Insgesamt 11 km. Windungsreiche Straße am Hang, durch abgelegene Weiler, schöne Aussicht auf Ebene und Meer. Details zur Ostküste im eigenen Kapitel.

ZURÜCK IM INLAND: weiter von Ponte-Leccia, dem Kreuzungspunkt auf der breiten Nationalstraße N 193 in 24 km nach Corte, flott und bequem zu fahren, bei etwas mehr Zeit bieten sich zwei Alternativen an:

1 Durch kleine Dörfer am Fuße der AIGUILLES DE POPOLASCA entlang - ein zackiges Felsmassiv im Hintergrund von Ponte Leccia, abgelegene Strecke. Nach 2 km auf der N 193 rechts ab D 18.

POPOLASCA, ein idyllisches, völlig abgeschiedenes Bergnest zu Füßen der spitzen Aiguilles de Popolasca. 15 Häuser krallen sich auf dem Felsen fest. In der Bar, dem Anbau ans Wohnzimmer, karteln die Alten.

Die Bewohner spüren allerdings wenig Romantik, die Jugend hat sich die Grotte zur Disco mit Lichtorgel umgebaut, ihrem einzigen Treffpunkt. Schulkinder müssen bis Ponte Leccia zur Schule gebracht werden.

CASTIGLIONE ist ein romantisch, verlassenes Kaff auf einem Bergsporn.

Im Kreuzungsort PONT DE CASTIRLA über die Nebenstrecke auf direktem Weg nach Corte. 300 m ansteigend über den kleine Paß Col d´Ominanda, landschaftlich lohnend, wenn auch kurviger als die Hauptroute.

(2) Von der Nationalstraße zweigt 9 km nach Ponte Leccia beim Weiler FRANCARDO die lohnende Route ins Niolo ab D 84, mit der Möglichkeit über den Col de Vergio (1.464 m) an den wildesten Teil der Westküste nach Porto zu gelangen. Auf jeden Fall lohnt es, durch die imposante Schlucht SCALA DI SANTA REGINA bis ins Hochtal bei Calacuccia zu fahren (21 km). Details siehe Seite 308!

Corte

(5000 Einw., kors. Corti)

Bekannt als Postkartenmotiv: die Zitadelle hoch über der Altstadt auf dem Felsen. Corte, DAS Zentrum Korsikas und ehemalige Hauptstadt Paolis, vor einmalig schöner Bergkulisse am Zusammenfluß von Tavignano und Restonica.Eine Stadt mit ausgeprägtem Eigenleben, etwas Industrie, Schulen und einer Universität; auch nach der Saison geht das Leben hier weiter.

Auf dem Cours Paoli und dem anschließenden Platz mit der Bronzestatue des Freiheitskämpfers (1864 von Huguenin) ist am meisten los: Menschen, Geschäfte, Bars und Restaurants. Für Wanderer ist Corte ein wichtiger Stützpunkt (mehrere Zeltplätze, Hotels, Geschäfte).

Die ZITADELLE als Krone auf dem 100 m hohen Sporn von weitem zu sehen, abends effektvoll beleuchtet. Die einzige Zitadelle im korsischen Inland wurde vom Vizekönig Aragons und Graf der Cinarca Vincentello d´Istria - im Auftrag Aragons 1419 erbaut; auf Spuren schon vorhandener Befestigungen aus dem 9. Jhd. Die jeweiligen Herrscher logierten hoch oben in der Zitadelle: korsische Feudalherren, Genuesen, Franzosen.

Die Festung galt lange Zeit als uneinnehmbar, wer sie hatte, besaß das Herz Korsikas. Innerhalb der Mauern entstanden Häuser und eine Kapelle. Die Festung wurde im 18. Jhd. erweitert, diente u.a. als politisches Gefängnis, im 2. Weltkrieg als Internierungslager der Italiener. Ab 1962 beherrschten die Fremdenlegionäre Zitadelle, Stadtbild und Restaurants. Seit ihrem Abzug im Dezember 1983 (ihre Ausbildungslager wurden in die Gegen von Nimes) verlegt, ist der Zitadellenbereich wieder im Besitz der Stadt Corte und der Öffentlichkeit zugänglich.

Besichtigung der Zitadelle möglich; zur Saison (Juni-September) auch deutschsprachige Führung; offen von 9-20 Uhr (geringer Eintritt); sonst nur bis Einbruch der Dunkelheit.

Die Zitadelle ist in einem recht heruntergekommenen Zustand, bei der Aussichtskanzel sehr schöner Blick über die Stadt und die beiden einmündenden Seitentäler. - z.T. noch Gebäude aus dem 15. Jhd. erhalten. Das Gros der Anlage aus der Mitte des letzten Jhd., teilweise noch Gefängniszellen mit gemauerten Betten zu sehen.

Renovierungspläne liegen bereits in den Schubladen, die Arbeiten z.T. schon begonnen. Hier soll ein modernes ethnographisches Museum entstehen (Musée départemental d'art et traditions populaires) und eine Galerie für moderne Kunst.

Vom Belvédère unterhalb der Zitadelle Blick auf das nahe Gebirge und die einschneidenden Waldtäler Restonica und Tavignano.

Corte war 14 Jahre lang von 1755 - 1769 Hauptstadt Korsikas. Pascal Paoli, der "Vater des Vaterlandes" (U Babbu di a Patria) regierte von Corte aus die Insel, erließ sein Reformwerk und schaffte eine demokratische Verfassung, in der u.a. die Gewaltenteilung verankert wurde (siehe auch korsische Geschichte).

Die Ober-/Altstadt ist immer noch von Einheimischen belebt. Am GAFFORIPLATZ eine Bronzestatue von 1901 des Freiheitskämpfers Gaffori (*1704 - † 1753) und sein Geburtshaus; Gaffori machte sich im Kampf gegen die Genuesen einen Namen. General Jean Pierre Gaffori befreite Corte 1745 und wurde 1751 in Orezza von der korsischen Nationalversammlung zum General der Nation gewählt (siehe dort).

Szenen dieser Befreiungsaktion auf den Relieftafeln am Sockel seines Denkmals: Die Genuesen hatten Gafforis Sohn gekidnappt und als Geisel auf der Stadtmauer festgebunden, um Gaffori zur Beendigung seines Angriffs zu zwingen. Gaffori zeigt mit seinem Degen auf die Stadtmauer - auf seinen Sohn, den kleinen Punkt zwischen den Zinnen.

Die Heldentaten seiner Frau Faustine werden auf der Rückseite illustriert. Faustine mit Korsen im belagerten Wohnhaus, unter starkem Beschuß durch genuesische Truppen, die die Abwesenheit Gafforis zu einer Attacke nutzten. Die Korsen waren schon zur Kapitulation bereit, da stellt sie Faustine beherzt mit der Lunte vor die Alternative: entweder weiterkämpfen oder ich sprenge alles in die Luft. Die Entscheidung war klar, tatsächlich konnten sie das verbarrikadierte Haus halten, bis Nachschub anrückte.

Im ehemaligen Wohnhaus der Gafforis heute die Bar DE LA HAUTE VILLE, Treffpunkt in der Oberstadt; die Einschußlöcher aus der Belagerungszeit noch sichtbar!

Vis-à-vis die Verkündigungskirche EGLISE DE L'ANNONCIATION. Der schlanke Glockenturm fällt schon von weitem auf. 1450 erbaut und im 17. Jhd. vergrößert, innen sehr schlicht. SAINT THEOPHILE, der Schutzpatron der Stadt - jetzt aus Wachs - wird hier angebetet. Seitenkapelle vorne links.

Modernes ORATORIUM des Hl. Theophile an Stelle seines Geburtshauses - hinterm Palais National. Schmiedeeisernes Gitter mit Stories aus seinem Leben von einheimischen Künstlern. Theophile, im weltlichen Leben als Blaise de Signori bekannt (1676 - 1740) wurde Philosoph und Franziskanermönch im hiesigen Kloster (heute nur noch der dreieckige Turm erhalten). Als erster und bisher einziger Korse wurde er von Papst Pius XI. 1930 heilig gesprochen. Sein Geburtstag am 19. Mai wird mit einer großen Messe gefeiert.

PALAIS NATIONAL - ein Werk der Genuesen, wurde später Regierungssitz Pascal Paolis (1755-1769), dann Unigelände. Heute ist hier die Fakultät für korsische Studien mit Bibliothek untergebracht.

GEBURTSHAUS JOSEPH BONAPARTES, der 1 Jahr ältere Bruder Napoleons, spätere König von Spanien - am Place Poilu.

DENKMAL VON ARRIGHI CASANOVA (1778-1853) (Seitenplatz vom Cours Paoli), der als Herzog von Padua in der Schlacht von Marengo 1800 (Napoleons Sieg über Österreich) für Schlagzeilen sorgte.

Interessanter DREIECKIGER GLOCKENTURM ST. FRANÇOIS (im Unibereich Grossetti) aus dem 15. Jhd., eine Rarität in Europa. Von Corte kommend über die Restonicabrücke.

Die UNIVERSITÄT PASCAL PAOLI in den Fußstapfen ihrer historischen Vorläuferin: Pascal Paoli hatte zur Zeit der korsischen Unabhängigkeit eine Uni für rund 300 Studenten mit 12 Fakultäten gegründet; studiengebührenfrei versteht sich. Nachdem die Franzosen auf Korsika das Ruder übernommen hatten, wurde die Universität nicht wiedereröffnet.

Anfang der 70er Jahre dieses Jahrhunderts gingen die Korsen auf die Barrikaden, um sich vom zentralistischen Frankreich "ihre" Uni zu holen. 1974 wurde die Sommer-Uni, 1981 die Universität Pascal Paoli eröffnet, anfangs mit 800 Studenten; der Auf- und Ausbau braucht natürlich etwas Zeit; mittlerweile studieren rund 1.500 Studenten in Corte und bringen ab Oktober Schwung und Leben in die Stadt.

Vorläufig kann man in Corte Jura, Natur-, Agrarwissenschaft, Geistes-/Literaturwissenschaft, BWL und natürlich "Korsisch" studieren. Eigenes Institut für korsische Studien (im Palais National).

Tourist Info: am Eingang der Zitadelle (Oberstadt). Im Sommer gleiche Öffnungszeiten wie die Zitadelle 9-20 Uhr, sonst kürzer.

Geldwechseln: Credit Agricole: Crs Paoli (Mo.-Fr. 8.05-12.00/14.05-17.00 Uhr), Credit Lyonnais : Crs Paoli (Mo.-Fr. 9-12/14-16 Uhr).

Post: Av. Baron Mariani (Mo.-Fr. 8-12/14-18 Uhr, Sa. 8-12 Uhr).

Parken: sehr praktisch auf dem großen Platz Tufelli parallel zum Cours Paoli (ausgeschildert). Von hier im Nu zu Fuß ins Zentrum.

Geschäfte:

Maison de la Presse, Cours Paoli (8-12/14-18 Uhr), große Auswahl an Wanderkarten! Recht gut auch: Librairie Bartoli, Av. X. Luciani.

Omnisport, Cours Paoli (Mo.-Sa. 8-12/14.30-19 Uhr). Das am besten ausgerüsteten Bergsportgeschäft, Wander- und Kletterzubehör.

Fahrradgeschäft: kleiner Laden, aber erstaunlich was der M. alles aus den Ecken zaubern kann. Rue Professeur Santiaggi.

Offene Weine in der "Vielle Cave", vom Place Paoli kommend 10 m den Cours Paoli, dann links rein.

Diverse korsische Käse frisch aus der Produktion: Verkaufsstand vor der Käsefabrik an der Restonicabrücke. Ausgezeichneter, sehr würziger bis scharfer Ziegenkäse.

Guter Fotoblick auf die Zitadelle, die wie ein Adlerhorst über Corte thront: von der Restonicabrücke Richtung Ajaccio bzw. ein Stück ins Tavignanotal rein; aus der Perspektive wirkt die Festung recht beeindruckend.

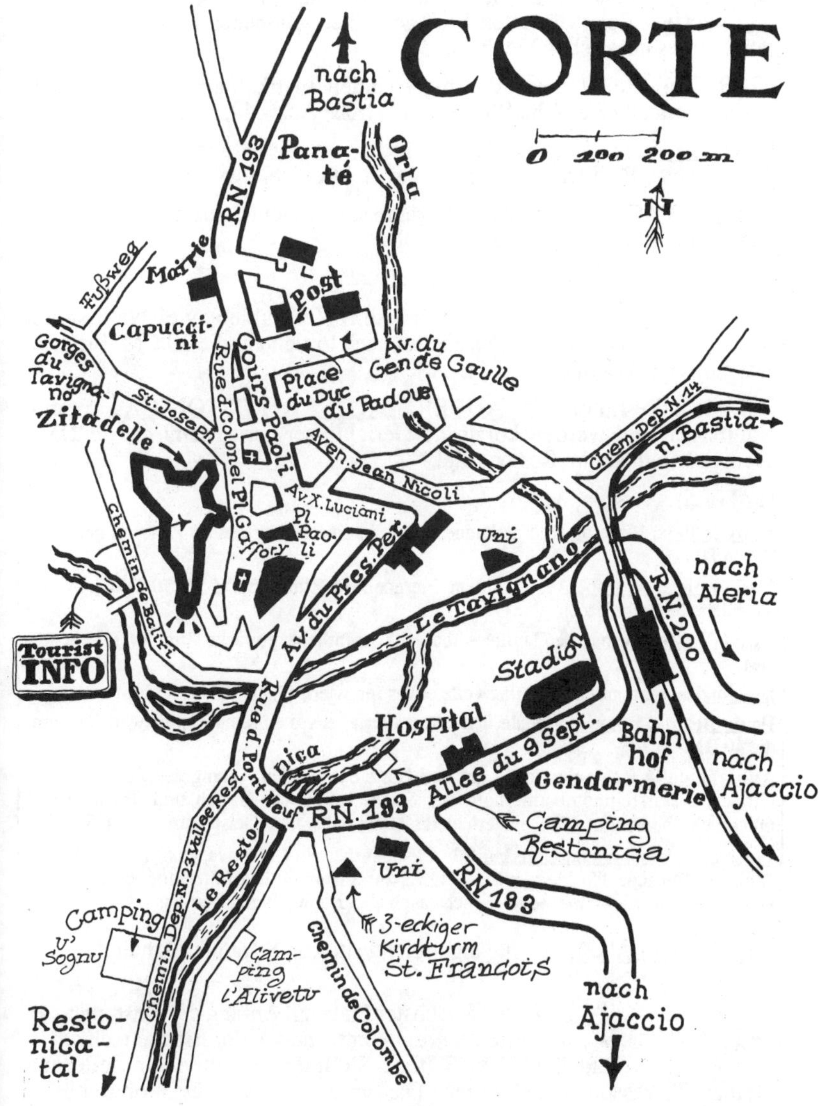
CORTE
0 100 200 m
N
nach Bastia
Panaté
Orta
RN. 193
Mairie
Fußweg
Post
Capuccini
Gorges du Tavignano
Av. du Gen de Gaulle
Place du Duc du Padoue
Cours Paoli
Rue d. Colonel
St. Joseph
Zitadelle
Aven. Jean Nicoli
Chem. Dep. N. 14
n. Bastia
Av. X. Luciani
Pl. Paoli
Pl. Gaffory
Chemin de Baliri
Av. du Pres. Pet.
Uni
Le Tavignano
nach Aleria
R.N. 200
Tourist INFO
Stadion
Hospital
Allee du 9 Sept.
Bahnhof
nach Ajaccio
Gendarmerie
Rue d. Pont Neuf
Vallee Rest.
RN. 193
Camping Restonica
Uni
RN 193
Le Restonica
3-eckiger Kirchturm St. Françoiș
Camping U' Sognu
Chemin Dep. N. 23
Camping l'Alivetu
Chemin de Colombe
nach Ajaccio
Restonicatal

Restaurant/Crêperie AU PASSE TEMPS, Seitenstraße zum Cours Paoli am Brunnen, 5, Rampe St. Croix. Gemütliches Lokal im alten Steingewölbe, gehobenes Preisniveau à la carte. Gutes korsisches Menü.

BIPS. Kellerlokal beim Parkplatz, innen rustikal gemacht, schmale Terrasse mit Blick auf die Blechkisten. Große Auswahl, Menü 20 DM.

U STAZZU am Cours Paoli, hier ißt man preiswert und gut. Spezialität Zuppa Corsa. Rustikal eingerichtet und viel Betrieb.

PASCAL PAOLI mit schmaler Terrasse und großem Speiseraum am Place Paoli. Ordentliches Menü ab ca. 20 DM.

Nebenan TIEN HAI - vietnamesische Küche.

CHEZ JULIEN, 24, Cours Paoli, zum Wohlfühlen, viel Naturstein, Kamin, variationsreiche Karte, abends auch Pizzen um die 10 DM. Fleisch, Fisch, diverse Menüs.

Ein gutes Restaurant ist AUBERGE DE LA RESTONICA, in dem Natursteinraum werden korsische Gerichte serviert. Menü ca. 35 DM. Wenige Kilometer im Restonicatal.

HOTELS:

** **De la Paix**, Place du Duc de Padue. Ruhig in einer Sackgasse im Zentrum gelegen. DZ ab 80 DM.

** **Sampiero Corso**, Av. Président Pierucci. 31 Zimmer. DZ ab 50 DM. An der Ausfallstraße nach Ajaccio.

* **De la Poste**, Avenue de Gaulle. Altbau, 10 ordentliche, einfache Zimmer. DZ ca. 45 DM.

Du Nord, zentral gelegen, mittlerweile etwas renoviert, 11 Zi. DZ ca. 45 DM.

Ile de Beauté, Route Nationale, Richtung Aleria, etwas außerhalb, preiswert. DZ um die 40 DM.

Auberge de la Restonica, ca. 2 km von Corte entfernt am Anfang des Restonicatals. Großes, Natursteinhotel unterhalb der Straße am Bach. Garten und Terrasse. 10 ordentliche Zimmer; rustikal eingerichteter Aufenthalts- und Speiseraum. DZ ca. 55 DM.

Jugendherbergsähnliche Unterkunft **E Case Amiche** in Casanova, ca. 8 km von Corte Richtung Venaco, sehr klein, nur 10 Plätze, zur Saison oft überfüllt. Möglichst vormittags da sein, an die Mairie wenden (siehe auch allg. Kapitel Jugendherbergen).

CAMPINGPLÄTZE in Fußgängerreichweite von Stadt und Bahnhof:

U SOGNU. Stadtnächster Platz am Anfang des Restonicatals, von Corte Zentrum kommend vor der Brücke rechts. Zitadellenblick. Schöne Stellmöglichkeiten für Zelte auf kleinen Terrassen unter Oliven. Das untere Terrain für Wohnmobile, größere Zelte etc. Pappeln mit lichter Krone. Stromboxen, gekachelte Sanitärs, Warmduschen separat zu zahlen.

DE L´ALIVETU auf der anderen Restonicaseite, von Corte kommend über die Brücke rechts. Holprige Zufahrt an der Käsefabrik vorbei. Langgestreckter Platz auf 2 ebenen Plateaus, steiniger Boden, Schatten unter buschigen Olivenbäumen. Schöne Bademöglichkeiten im Fluß, wenige 100 m vom Platzende.

** RESTONICA, relativ lauter Platz, da nahe der Straße, etwas unterhalb Richtung Fluß. Von Corte über die Brücke, links. Kleine Anlage z.T. schattenspendende Pappeln. Stromanschlüsse, Warmduschen, Waschmaschine, Bar, Restaurant. Unterkunft auch in Mietzelten.

*** TUANI schön gelegener Platz mitten im Restonicatal. 6 km von Corte entfernt (Zur Saison Busverbindung). Bademöglichkeiten im erfrischenden Bergbach. Der Platz zieht sich am Ufer entlang, natürlich belassenes Gelände, sehr schattig durch hohe Kiefern, Waldboden. Guter Stützpunkt (Ausgangspunkt) für Wanderungen zum Melo-/Capitellosee, GR 20.

Verbindungen ab Corte

Bus:
nach Bastia und Ajaccio 2 x tgl., So. 1 x tgl. zur Vor-/Nachsaison seltener.
nach Aleria (Ostküste) nur zur Hochsaison. Seltene Abfahrten, vorher abklären (Societé des Autocars Cortenais).
ins Restonicatal bis Camping Tuani, nur zur Saison ca. 4 x tgl.

Bahn:
nach Ajaccio, Ponte-Leccia und Bastia 4 x tgl., So. seltener.
Bahnhof ca. 800 m vom Zentrum am Stadtrand.

Autovermietung: Europcar neben der Totaltankstelle 28, Cours Paoli.

INTERNATIONALES FOLKLOREFESTIVAL am letzten Juliwochenende mit diversen Straßengruppen und Aufführungen in der Zitadelle.

GHJURNATE DI U POPULU CORSU (Tage des Korsischen Volkes), Festival der nationalistischen Parteien UPC/MCA mit viel Atmosphäre, Podiumsdiskussionen, viel korsischer Musik und kulinarischen Genüssen. Meist Wochenende Anfang August.

In der Karwoche große PROZESSIONEN: "Granitola" (Schnecke) beginnt bei der Kapelle St. Croix und läuft spiralförmig nach St. Sépulcre.

Ausflug zu Ruinen zweier frühromanischer Kirchen:

SAN GIOVANNI (9. Jhd.), Apsis recht gut erhalten - ursprünglich war die Kirche 3-schiffig. Z.T. noch die Verwendung von römischen Ziegeln zu sehen. In der Nähe das recht gut erhaltene Baptisterium. Zufahrt: die Straße

Richtung Aleria (N 200) nach 1,5 km rechts ab, in ca. 800 m zur Kirche.

SANTA MARIONA KIRCHE mit ungewöhnlicher Zwillingsapsis. In der Umgebung Spuren römischer und mittelalterlicher Besiedelung. Zufahrt: Hauptstraße nach Bastia, den Ortabach queren, nach ca. 1 km die Ruine linker Hand.

AUSFLUGSMÖGLICHKEITEN: Corte bietet sich optimal als Stützpunkt für Touren im korsischen Inland an. Tagesausflüge per Bahn, Auto/-Mietwagen. Herrliche Wanderungen durch das schluchtige Tavignanotal. Kurztour zum Melo/Capitellosee sehr schön, aber auch sehr frequentiert. Tageswanderung zum Monte Rotondo. Wer etwas mehr Zeit im Gebirge einplant, kann schöne Überschreitungen in Nachbartäler austüfteln. Seenrundtour oder Teilpassagen auf dem GR 20. Details siehe folgender Text!

Restonical Tal

Es wird von vielen als schönstes Tal Korsikas bezeichnet, zweifellos ist es das meistbesuchte Gebirgstal. Graue Felswände, stämmige Kiefern bis ans Bachbett, sie werden als "Cortekiefern" bezeichnet, eine spezielle Variante der Lariciokiefer.

Die Restonica windet sich um mächtige Felsbrocken im Bachbett; mal dicht neben der Straße, mal schluchtig tief unten, immer wieder schöne Picknickstellen auf runden Steinen am Fluß, glasklare Pools. Versteckte Badeplätze locken viele Camper an, obwohl wild zelten ausdrücklich verboten ist. Als Zeichen ihres Aufenthaltes liegt überall Müll, die Abfallkübel entlang der Straße sind leer. Sehr schön gelegener Campingplatz Tuani (Details siehe Corte). Gegen Talende wird's immer wilder, Geröllhänge, vereinzelte Kiefern - bizarre, knorrige Gestalten.

Die Straße führt 15 km lang durchs Tal, insgesamt 400 Höhenmeter Differenz. Anfangs breit mit Parkausbuchtungen, später immer schmaler und holpriger, z.T. nur 1-spurig, auch für Wohnmobile befahrbar. Auf 2/3 der Strecke schöner Restaurantstop in CÉSARS gemütlichem Natursteinlokal mit Terrasse am Fluß, korsische Spezialitäten, Forelle etc.

Straßenende im Schotterparkplatz bei der Bergerie GROTTELLE, fast schon ein kleines Bergeriedorf, urig gemacht. Verkauf von Sandwiches und Getränken, Honig und Käse aus eigener Produktion. Ringsum 2000er, links das Rotondomassiv (2.622 m).

Busverbindung zur Saison nur bis Camping Tuani mehrmals tgl., den Rest per pedes oder Tramp.

Durch die Straße bequemer Ausgangspunkt auf ca. 1.400 m für Kurzwanderungen zum Melo-/Capitellosee. Guter Einstieg für mehrtägige Wanderungen und Zugang zum GR 20.

★ Dreiseen-Wanderung Lac de Melo (1.711 m) - Capitello (1.930 m) - Goria (1.852 m). Die 3 schönsten und sehr unterschiedlichen Bergseen auf einer Tour. Der Melosee lieblich mit etwas Grün umgeben. Der Capitello, der wildeste, in einem steilen Kessel. Etwas im Abseits der Goriasee. Alle 3 sind Überbleibsel der Eiszeit, als Trichterseen auf verschiedenen Niveaus. Campingverbot am Melosee, deutschsprachige Hinweisschilder!

★ Kurze Wanderung zum Melosee, einem der 7 Seen im Rotondomassiv. 2-3 Std. hin und zurück. Lohnend, obwohl in der Saison fast schon überlaufen. U.A. viele Badesandalen- und Stöckelschuhtouristen unterwegs. Ca. 400 Höhenmeter, viel Geröll, Turnschuhe, besser feste Bergschuhe.

Der gut markierte Pfad beginnt unmittelbar beim Parkplatz, leicht bergan über eine bewachsene Moräne. Nach ca. 15-20 Min. auf dem ersten Plateau gabelt sich der Weg: die leichtere Route und bei Nässe auf jeden Fall zu empfehlen, zweigt nach links ab - große Steinpyramide. Bachbett queren, über den ausgetretenen Pfad bergan.

Der schwerere Weg, mit leichten Kletterstellen, führt geradeaus weiter durch Erlengebüsch. Schöner Blick zurück ins Hochtal. Nach weiteren 30 Min. eine höhere Felsbarriere, große Steinplatten. Kletterstelle durch Kettenhandläufe entschärft, bei Regen allerdings Rutschgefahr. Am Ende der kurzen Krabbelei der Melosee, aus dem die Restonica entspringt. Auch im Frühsommer noch Schneereste, herrlicher Kontrast zu dem klaren, kreisrunden See mit Hochgebirgswasser.

★ Zum Capitellosee: Aufstieg ab dem Westufer des Melosees rechts in ca. 3/4 - 1 Std. Ca. 220 Höhenmeter hoch, steiler als der bisherige Anstieg, markiert, ausgetretener Pfad. In einem eiszeitlichen Granitkessel liegt der glasklare See, 40 m tief! Darin ganz kurz unterzutauchen ist schon verdammt erfrischend. Etwa 3/4 des Jahres ist der Capitellosee zugefroren. Anschluß an den GR 20 links vom See zur Scharte hoch.

Alpiner und nur für Erfahrene der Weg zum Lac de Goria am nördlichen Seebereich über eine Bocca rauf und wieder hinunter. Im Frühsommer mit Schneefeldern rechnen ca 1 1/2 bis 2 Std. Zurück den gleichen Weg.

★ Vom Restonicatal Aufstieg zum MONTE ROTONDO (2.625 m) möglich: Von Corte ca. 11 km ins Restonicatal rein, ca. 700 m nach der Brücke (Pont de Tragone - Restaurant CHEZ CÉSAR -) beginnt links ein steiler Karrenweg.Der Aufstieg zum Rotondo insgesamt ca. 5 Stunden (einfach!). Recht anstrengend. 1.670 m Höhenunterschied! Wir fanden die Besteigung von der Südseite abwechslungsreicher. Routenbeschreibung siehe "4 Wandertage im Rotondomassiv" (Vizzavona).

Mehrtägige Bergtouren

ab CORTE bzw. BERGERIE DE GROTELLE, am Ende des Restonicatals auf 1.400 m Höhe:

★ 3 Wandertage auf dem GR 20. Insbesondere interessant für Leute, die nicht die Zeit haben, den kompletten GR 2o zu wandern. Sie berührt einen der schönsten Teile des GR 2o als sehr lohnende Hüttentour für Leute, die lieber mit wenig Gepäck wandern und auf Zelt und Matten verzichten. In der Hochsaison sind die Hütten allerdings oft überfüllt!

1. Tag: von Grotelle über den Melo- und Capitello See zum GR 20 hoch und weiter zur Pietra-Piana Hütte.

2. Tag: von der Pietra-Piana Hütte zur L´Onda Hütte.

3. Tag: von der L´Onda Hütte bis zum Ort Vizzavona an der Bahnlinie und mit dem Zug zurück nach Corte.

Diese Tour ist durch Gipfelbesteigungen des Monte Rotondo von der Pietra-Piana Hütte und des Monte D`Oro von L´Onda Hütte ausweitbar, entsprechend mehr Verpflegung mitnehmen (Details in der GR 20-Beschreibung).

★ Uli Steger schlug uns folgende 4-Tagestour vor, die weit weniger belaufen, allerdings auch anstrengender ist und ein Zelt erfordert.Eine Route für Sportler, 2 lockende Gipfel kann man zusätzlich mit einbauen, nur Teilstrecken führen über den GR 20.

1. Tag: Von Corte bis zum See unterhalb des Monte Rotondo.

2. Tag: weiter bis zur Pietra-Piana Hütte.

3. Tag: Besteigung des Monte D´Oro, Übernachtung in der L´Onda Hütte.

4. Tag: Abstieg zum Weiler Tattone/Bahnstation. Retour mit dem Zug nach Corte.

★ 2-Tagestour hinüber ins Niolo, z. T. über den GR 20:

1. Tag: von der Bergerie Grottelle über den Melo-/Capitellosee bis zum Refuge Manganu.

2. Tag: vom Refuge eine sehr schöne Route (GR 20) zum Ninosee, Abstieg vom See über die Bergerie Colga durch den Kiefernwald von Valdo-Niello zum Forsthaus Popaja an der D 84 (siehe Niolotal). Etwas problematisch von dort fortzukommen. Per Tramp nach Calacuccia, dort geht zur Saison mehrmals/Woche ein Bus nach Corte (mit Umsteigen).

Details zu den Wanderungen, Strecken- und Hüttenbeschreibungen, Höhenunterschiede, Zeitbedarf siehe unter dem jeweiligen Stichwort bzw. Kapitel GR 20, bzw. allg. Kapitel Wandern.

★ 4 Wandertage im Rotondomassiv mit Bahnfahrt ab Corte nach Vivario und Aufstieg zur Pietra-Piana Hütte - Gipfelbesteigung des Zweithöchsten. Per Bahn ab Vizzavona wieder zurück. Details zur Wanderung siehe "Vizzavona".

Tavignanotal

Ein Tal ohne Autos, ohne Straße, nur ein Mulipfad führt durch die Macchia. Die Schlucht des Tavignano ist ganz einsam, riesige Felsbrocken im noch kleinen Gebirgsbach, der aus dem Ninosee entspringt. Ruhigere Bademöglichkeiten im Tavignano als in der benachbarten Restonica, denn die ca. 1 1/2 stündige Wanderung zu den schönen Badeplätzen schreckt viele ab.

Reizvolle Wanderungen locken im Tavignanotal, problematisch ist allerdings die unzureichende Markierung.

★ Empfehlenswerte Kurzwanderung 1-2 Std. ins Tavignanotal hinein, auf gleichem Pfad wieder zurück. Keine Gewalttour, Badesachen und Pickck einpacken, schöne Ausblicke auf Cortes Zitadelle und in die Schlucht. Nach Belieben verlängerbar.

Einstieg: hinter der Zitadelle die Rue St. Joseph, anschließend beginnt der farblich markierte Weg. Die 1. Stunde praktisch schattenlos, häufig Abzweigungen zum Bachbett mit Badegumpen: Erste große Bachüberquerung (Antiabach) nach 1 1/4 Std. Bis zur nächsten Bachquerung geht´s teilweise oberhalb des Tavignano. Nach insgesamt 1 Std. 45 Min. trifft der Pfad ans Tavignanoufer, hier gabelt er sich, links über die Brücke (wenn nicht wieder/immer noch eingestürzt) zum Ninosee, rechts in den Kiefernwald Melo hoch. Zurück auf gleichem Weg.

★ Lange Wandertour zum Ninosee, der Quelle des Tavignano. Mindestens 8-9 Std. einkalkulieren, guter Orientierungssinn vonnöten, unzureichende Markierung.

★ Überquerung: vom Tavignanotal hinüber ins Niolohochtal. Aufstieg durch den Kiefernwald Forêt du Melo (hat nichts mit dem Melosee zu tun), auf dem traditionellen Hirtenpfad über den Col de L´Arinella 1592 m ins Niolo. Ca. 7-8 Std. Wanderung.

★ Rundtour durchs Tavignanotal bis zum Refuge Sega (4 Std.),steiler Aufstieg zur Bergerie Alzo und weiter bis auf knapp 1.700 m Höhe. Abstieg ins Restonicatal (ca. 900 m Höhenmeter) auf halber Strecke der Fahrstraße. Gut 9 Std. einplanen!

Obigen 3 Touren noch nicht selbst ausprobiert, wir freuen uns über Infos!

★ 

Ausflug mit der **Bahn** nach VIZZAVONA im sehr schönen Waldgebiet und zum gleichnamigen Paß.

Auf dem abenteuerlichsten Streckenteil des kors. Bahn netzes, über die höchsten Viadukte, wüste Kurven, landschaftlich ein Hochgenuß. Auch für Autofahrer als Alternative zur Blechdosenperspektive sehr zu empfehlen. Erwischt man einen der alten Wagen der 200-er Serie kann man spätestens nach diesem Ausflug die Kosenamen "Bandscheibenexpress" oder "Cocktail- Shaker" verstehen. (Details zur korsischen Eisenbahn im eigenen Kapitel.)

Von Corte nach Ajaccio (und zurück) 4 x tgl., So. seltener, etwa 1 Std. Fahrzeit bis Vizzavona über Venaco, Vivario, Tattone. Möglichst gleich die erste Bahn frühmorgens nehmen, dann hat man einen langen Tag, bis am Spätnachmittag die letzte Bahn wieder zurück nach Corte fährt.

Ab dem Weiler Vizzavona schöne Spaziermöglichkeiten im Wald, Planschpause im Bach. Eine Handvoll Hotels/Restaurants mit deftiger korsischer Küche für die Mittagspause, oder Picknickbänke im Wald (Details siehe Vizzavona).

Tagestour per Auto/Motorrad/Mietwagen - für Konditionsstarke auch per Fahrrad. Lohnende Fahrt ins Nachbartal (Niolo) im Nordwesten, mit der imposantesten Schlucht Korsikas "Scala di Santa Regina". Schroff zerklüftet über 10 km lang. Gute, wenn auch schmale Straße, teilweise nahe dem Abgrund. Enorm reizvolle Fotomotive, kurzer Fußweg zur alten Scala, Picknick am Stausee von Calacuccia im weiten Talkessel mit einigen kleinen Dörfern. Die Straße verläuft weiter durch dichten Schwarzkiefernwald zum höchsten Paß Korsikas Col de Vergio (1.477 m), bis zur Westküste (Porto).

Routenverlauf: ab Corte die N 193 bis zum Kreuzungsort Francardo, dort Abzweig nach Calacuccia. Bei der Rückfahrt am Ende der Schlucht im Weiler Pont de Castirla zweigt rechts eine kürzere Variante nach Corte ab, über St. Michele. Landschaftlich ein sehr schöner Abschluß der Tour.

Corte - Calacuccia und zurück ca. 65 km, Corte - Col de Vergio und zurück 110 km.

Die Tour ist zu einer großen Rundfahrt über Ajaccio erweiterbar: ab dem Col de Vergio über Evisa, Vico, Golfe de Sagone nach Ajaccio. Als Tagestour allerdings stressig, besser Übernachtung in Ajaccio einplanen, gemütlich essen gehen und das Flair der lebhaftesten korsischen Stadt genießen. Alle Details im jeweiligen Kapitel.

Weitere lohnende **Rundfahrt** nach Südosten: über die N 193 bis Vivario, gut ausgebaute Strecke, fotogene Dörfer kleben am Hang. Abzweig zum Bergnest Ghisoni mit Abstechermöglichkeit ins Gebirge nach Ghisoni-Capanelle und Gipfeltour zum Panoramaberg Renoso (an einem Tag machbar). Durch die reizvolle Schlucht Défilé des Strette/L'Inzecca an die Ostküste zum Austernetang Urbino. Besichtigung der Ruinen der ehemaligen Römerstadt Aleria, über die N 200 am Tavignanounterlauf wieder zurück nach Corte. Insgesamt 135 km ohne Abstecher nach Ghisoni-Capanelle. Details im Kapitel südliches Inland und Ostküste.

Von CORTE nach AJACCIO (N 193), 83 km über den Col de Vizzavona (1.163 m). Gut ausgebaute Straße, landschaftlich sehr reizvoll, parallel verläuft die Eisenbahn über z.T. schwindelerregende Viadukte - eine handvoll hübsch gelegener Dörfer an der Strecke. Aus dem weiten Hochtal von Corte (viele Edelkastanien am Weg) in 9 km nach:

✶Venaco (kors. Venacu)

Ein Doppeldorf, wobei Venaco in 600 m die majestätischere Lage hat. Über zwei Sporne verteilen sich die Häuser mit Blick über das Vecchiotal. Bewaldeter Hang im Hintergrund. Die Post (Mo.-Fr. 9-12/14-17 Uhr) in einer alten Villa. Schlichte Barockkirche.

Das Dorfleben spielt sich um die Bar-Restaurant CENTRAL ab, Pizzeria DE LA PLACE nebenan. Die Urlauber halten sich eher in Saint-Pierre-de-Venaco auf - 4 km nördlich auf einer Anhöhe gelegen. Zwei Hotels nahe der Durchgangsstraße N 193:

* **Auberge Du Petit Bosquet**, etwas unterhalb der Straße, im Landhausstil. Terrasse mit Panorama der Berge. Zimmer zur Straßenseite etwas laut. Doppel ab ca. 35 DM - Echt korsische Küche.

Hotelanlage *** **Paesotel E Caselle**, schön gelegenes Bungalowhotel, unauffällig am Wildbach versteckt, aus Bachkieseln, Schieferplatten und Holz - eine gelungene Kombination (wenn auch das Holz einen neuen Anstrich nötig hätte!). Swimmingpool, Tennis und Reiten möglich. 47 Zimmer, einige mit Miniküche zur wochenweisen Vermietung. DZ ca. 90 DM. Bekannt gute korsische Küche: Forelle, Lachs, Wild etc., serviert in originellen Speiseräumen mit großem Kamin, Schieferboden, runden Kieselsteinen und Schafsfellen an der Wand. Menü ca. 30 DM, cabrettu a l'istrettu (Zicklein). Zufahrt ab Ortsende Venaco, 5 km ins Tal hinunter.

REITEN in Venaco beim Centre Randonnées Equestres A STALLA mit jugendherbergsähnlicher Unterkunft. Für Ausritte stehen etwa 1 Dtzd. Pferde zur Verfügung.

Weiterhin sehr schöne Panoramastrecke, grünbewachsene Berghänge, das Tal wird enger. 4 km vor Vivario führt die Straße direkt unter der Eisenbahnbrücke PONT DU VECCHIO hindurch - größtes Viadukt der Insel (140 m lang). Ein Werk des berühmten Ingenieurs Eiffel. Wie auf Stelzen quert die Bahn in 100 m Höhe das wildzerklüftete Vecchiotal. - Der Bach ist reich an schmackhaften Fischen, schönen Badegumpen mit Sprungbrettfelsen.

Kurz zuvor, rechts die Straßenauffahrt (Hinweis "Vaccherecciu") - Einstieg der beschriebenen 4 Tageswanderung (Details siehe Vizzavona).

✶Vivario (600 E.)

Kleiner Ort an der N 193, hübsch über dem Tal des Vecchio gelegen. Angenehmes Klima durch die 650 Höhenmeter, im Winter Langlauf. Die

Bahn schnauft unterhalb am Hang vorbei (Bahnstation). Auf dem Brunnen am Hauptplatz die Jagdgöttin Diana mit Hirsch.

Bar: DES AMIS (Der Besitzer ist zugleich Taxiunternehmer), - Restaurant CHEZ CHARLES sehr zu empfehlen, reichhaltiges Menü incl. Wein 20 DM.

Kleines 8-Zimmer Hotel: Macchia e Monti, im Ort, Doppel ca. 55 DM. - Die Post hat Mo.-Fr. von 9-12 und 15-18 Uhr offen.

Bahnverbindung: 4 x tgl. nach Ajaccio, Corte, Ponte-Leccia, Bastia, So. seltener. Umsteigemöglichkeit nach Calvi, 2 x tgl.

Direkt nach Vivario steigt es in Kurven an, breit ausgebaute Straße. Schöner Blick auf die Berge und zurück ins Tal. Rechter Hand auf dem Hügel ganz exponiert (in 790 m Höhe) die Ruine des Fort de Parciola, ein Werk der Franzosen (von 1770), später diente es als Gefängnis. Zugang möglich.

Ca.1-2 km nach Vivario zweigt links die D 69 ab, mit mehreren Varianten für die Weiterfahrt:

* Entweder über das Bergdorf Ghisoni durch die Schluchten Défilé des Strette et de l'Inzecca an die Ostküste bei Aleria bzw. Ghisonaccia. Insgesamt knapp 50 km. Anfangs bis Ghisoni guter Straßenzustand, zahmer Paß Col de Sorba (1.311 m). Details zu Wanderungen und Streckenbeschreibung siehe Ghisoni.

* Oder ab Ghisoni durchs südliche Inland übern Col de Verde (1.289 m) zum Bavellamassiv, weiter an die Ostküste nach Porto-Vecchio oder Sartène und Bonifacio am Südzipfel Korsikas. Schmale zeitaufwendige Strecke durch wenig touristisierte Dörfer. Ghisoni - Bavella ca. 100 km. Details im südlichen Inland.

* Die zweifellos bequemere Route führt durch den Wald von Vizzavona über den gleichnamigen Paß in 55 km nach Ajaccio.

Durch hochstämmigen Lariciokiefern-und Buchenwald nach Vizzavona. Auf der Strecke fast unscheinbar im Wald der Weiler TATTONE im wesentlichen ein großes Sanatorium/Krankenhaus und Bahnstation.

★Vizzavona

Auf jeder Landkarte eingezeichnet, obwohl nur eine Handvoll Häuser, Hotels, ein Bahnhof und kleiner Lebensmittelladen.

Herrlich ist der Wald von Vizzavona: wie im deutschen Mittelgebirge. Im Sommer angenehme Temperaturen bei der Höhenlage von mehr als 900 m, während an der Küste brütende Hitze lastet.

Vizzavona ist für Wanderer eine besonders wichtige Station: sowohl als Ein-/Ausstieg zum GR 20, der hier durchführt, wie auch interessant für andere Wanderungen in der näheren Umgebung.

HOTELS/REFUGES/RESTAURANTS:

Beau Séjour, 100 m schräg gegenüber vom Bahnhof, schön sitzt man auf der Restaurantterrasse, gute korsische Küche, reichhaltiges Menü 25 DM. Ein halbes Dtzd. Zimmer um die 40 DM das Doppel, zudem Matratzenlager für 10 DM/Person. Bad bzw. warme Dusche extra.

De la Gare, gleich nebenan, ebenfalls Matratzenlager und Restaurant.

Hotel/Restaurant **Modern**, etwas abseits vom Bahnhof, auch Matratzenlager für 12 DM.

Schöner, natürlicher CAMPINGPLATZ und Picknickstellen im Wald am Bach, recht schattig, keinen Luxus erwarten. Beim Forsthaus in der Kurve rechts runter (einige hundert Meter nach dem zweiten Abzweig Gare de Vizzavona).

Wanderverpflegung im Sommer in der Epicerie.

Zugverbindung: 4 x tgl. nach Venaco, Corte, Ponte Leccia, Bastia in die eine Richtung, Ajaccio in die andere. So. seltener. In Ponte Leccia umsteigen nach Calvi im Nordwesten.

ab VIZZAVONA WANDERN

★Kurze Wanderung durch den Wald zu den CASCADES DES ANGLAIS: Wasserfälle der Engländer werden die drei Steilstufen des Agnone Gebirgsbaches genannt. Bis dahin ausgetretener Pfad durch Buchenwälder am Bach entlang. Sehr schön zu laufen.

Ausgangspunkt beim Camp mit Picknickmöglichkeit! Hier Auto abstellen. Anfangs breiter Waldweg (weiß/rote Markierung). In einer Rechtskurve geradeaus am Bach kleineren Weg weiter. Die Holzbrücke Pont Cassagneau überquert den Agnonebach. Dauer: hin und zurück ca. 1 1/2 - 2 Std.

★MONTE D´ORO (2.389 m): bei klarem Wetter ein lohnender, wenn auch anstrengender Aufstieg ab Vizzavona. Startpunkt ist auch hier wieder das Forsthaus von Vizzavona. Der Pfad folgt nun dem Talbett des L´Agnone und ist mit dem GR 20 identisch bis zur Paßhöhe Muratello (2.020 m). Die Beschreibung hierfür entspricht dem Abstieg in der letzten Etappe der 4-Tageswanderung (siehe unten). 1.030 Höhenmeter, ca. 4 Std. bis zur Abzweigung Muratello.

Der Gipfelweg zweigt nach NO ab, während der GR 20 nach Westen abbiegt. Ansteigend bis zur Bocca di Porcu (2.159 m), das letzte Stück zum Gipfel schwierig, felsig bis auf 2.389 m. Vorsicht , zu Anfang der Saison mit Schneefeldern rechnen. Ab Paßhöhe Muratello 2 - 2 1/2 Std.

Panoramablick bis zu Korsikas höchsten Gipfeln Monte Cinto, Monte Renoso, Monte Rotondo und über die Ostküste zum Meer.

Abstieg über den selben Weg, bzw. schwierigere Abstiegsvariante in 2 1/2 - 3 Std. über die NO bzw. Ostseite zu den Bergerien de Puzzatelle (1.526 m) und direkt nach Vizzavona.

Vom Forsthaus bis zum Gipfel ca. 1.500 Höhenmeter, 6 - 6 1/2 Std. (einfach) einkalkulieren.

★Vier Wandertage im ROTONDOMASSIV:

Eine sehr lohnende 4-Tageswanderung ab dem Dorf Vivario (siehe Seite 337) an der N 193, zunächst durch den abwechslungsreichen Wald von Cervello, an Schäferhütten vorbei zur heimeligen Holzhütte Pietra Piana. Dann Aufstieg zum Rotondo, dem zweithöchsten Berg der Insel (2.622 m) mit weitem Blick über Täler und Seen. Von der Spitzdachhütte aussichtsreiche Gratwanderung zur L´Ondahütte. Abstieg ins reizvolle Agnonetal mit Buchenwald. Zum Abschluß von Vizzavona noch eine abenteuerliche Fahrt mit der alten Eisenbahn zurück nach Vivario.

Teile der Tour für zwei oder drei Tage sind auch möglich.

Das Ganze ist kein Spaziergang, sondern eine anstrengende, aber auch lohnende Bergtour. Gute Ausrüstung und Verpflegung ist Voraussetzung. Die Hütten bieten Matratzenlager ohne Decken, aber mit Kochgelegenheit, keine alpine Jausenstation erwarten.

Ob man die Tour von Vizzavona nach Vivario oder in beschriebener Richtung läuft bleibt Geschmacksache, bzw. die Frage, ob man den Einstieg über Teerstraße lieber bergauf läuft oder sich für den Schluß aufhebt.

1. Tag: von Vivario zur Pietra Piana Hütte unterhalb des Mt. Rotondo:

Von Vivario zunächst auf der N 193 Richtung Venaco. Nach der Brücke Pont du Vecchio im spitzen Winkel links die Straße rauf, VACCHERECCIU ausgeschildert. Die 7 km ab Brücke sind anfangs geteert, nach der Hälfte Holperstrecke. Beim Chalet nach dem Tor Parkmöglichkeit und den Forstweg zu Fuß weiter. Taxi für die insgesamt 10 km ab Bahnhof Vivario ca. 40 DM (20 Min. Fahrzeit).

Wer sich das Geld sparen will, läßt sich vom Busfahrer bei der Brücke raussetzen oder versucht, bis hierhin zu trampen.

Anfangs gehts dann auf bequemem Fortweg durch den Wald von Cervello. An der letzten Bergerie Blick in die tiefe Schlucht des Varghello. Gelb markierter Pfad am wild rauschenden Bach entlang. Erfrischende Pause für den nächsten Aufstieg (etwa 500 Höhenmeter!) in Serpentinen, etwas mühsam. An der neuen Bergerie Gialghello vorbei und den Rest zur kargen Scharte Bocca Tripoli (1.590 m), bis hier sind es etwa 2 Std.

Im Westen (rechts) zwei Bergerien zu sehen: Muraccioli und am Talende Gialgo. Oberhalb Gialgo die Pietra Pianahütte (noch nicht zu erkennen!).

Das vor einem liegende Manganellotal gilt als eines der schönsten Korsikas.

Der Pfad geht jetzt bequem auf gleicher Höhe weiter, etwas irritierend die zusätzlichen Pfadspuren. Unterhalb der Bergerie Muraccioli, leichter Abstieg zum Talende. Dort übern Manganellobach hüpfen und den rot/weiß markierten Weg wieder aufsteigen (etwa 300 Höhenmeter. Noch ca. 50 Min und die Holzhütte ist erreicht.

Gehzeit 4-5 Std., Höhenunterschied etwa 1.000 m.

Pietra Pianahütte in 1.840 m. Am Fuß des Rotondo steht das einladende Spitzdachhaus auf einem Plateau überm Tal. Von der Terrasse sagenhafte Sonnenaufgänge zwischen den Bergen. Die Hütte hat 24 Lager, Gas, ca. 10 DM/Person.

2. Tag: Aufstieg zum Rotondo - dem Zweithöchsten (2.622m)

Aussicht in alle Himmelsrichtungen. Im Westen vor den Steilfelsen der Capitellosee, dahinter in Verlängerung der drei Seen der Golf von Porto. Links vom Capitellosee das Bergdorf Vico. Rechts auf der Hochebene in schöner Lage der Ninosee. Im S-W der Golf von Sagone.

Aufstieg - durch Steinmänner schlecht markiert! Von der Hütte erst in N-O Richtung zu einer Scharte. Anfangs steil über Wiesen und Geröll zum grossen Rotondosee (2.321 m) aufsteigen. Am See rechts vorbei, weiter zum Grat Col du Fer de Lance im Nord-Osten. Oben angekommen nach links in leichter Kletterei zum Gipfel. Gehzeit: Hin und zurück 4 - 5 Stunden.

3. Tag: Auf dem Höhenrücken zur L´Ondahütte

Von der Pietra-Pianahütte auf gleichem Weg wieder einige Meter absteigen, bis roter Wegweiser (Stein) nach rechts verweist: "Crêtes" = Grat. Auf gut markiertem Pfad (rot/weiß) gehts über die Höhenzüge leicht rauf und runter. Prima Aussicht in die Täler. Links unten der Manganellobach, rechts der Wald von Guagno.

Hat man den höchsten Punkt 2.021 m Punta di Pinzi Corbini erreicht, gehts zur Bocca alla Meta runter. Dann am N-O Hang entlang. Nochmal steil hoch durch die Scharte zum nächsten Höhenrücken. Der Rest geht auf einer Wiese allmählich sehr bequem bergab. 500 m Höhenunterschied.

Bei der Bocca D´Oreccia kommt von unten der Talweg. Zur L´Ondahütte auf diesem Talweg einige Meter zurück. Bei schlechtem Wetter oder Nebel günstiger durchs Tal, Wegweiser Richtung Vallée auch rot/weiß markiert! Gehzeit etwa 4 Stunden, 750 m Abstieg, 300 m Aufstieg.

L´Ondahütte in 1.430 m, ein Steinrefuge am Hang. 24 Lager und Gas, mit Kamin für kühle Abende. Ca. 10 DM/Person.

4. Tag: Abstieg ins Agnonetal nach Vizzavona (Bahnstation)

Erst einmal gehts 600 m steil hoch zur Punta Muratello (2.141 m), etwa 2 Stunden. Nach der Scharte, wo sich der Weg nach Osten wendet, ist das meiste geschafft. Nach dem Gipfel über Fels und Steine wieder bergab, - insgesamt 900 Höhenmeter, etwa 2 Stunden.

Ab der ersten Brücke beginnt ein abwechslungsreicher Buchenwald. Die drei Wasserfälle des Agnonebachs sind am imposantesten nach einem ordentlichen Regenguß. Es ist nicht unbedingt notwendig, hier den Bach zu überqueren, am rechten Ufer gehts auch weiter. Die Holzbrücke Pont de Cassagneau quert den Bach weiter unten. Der anschließende Forstweg endet am Campground beim Forsthaus. Noch 10 Min. zum Bahnhof (ausgeschildert). Abfahrt 4 mal täglich nach Vivario und Ajaccio. Siehe auch Vizzavona. Gesamte Gehzeit ca. 5 Stunden je nach Kondition.

Vizzavona ➳ Ajaccio (N 193, ca. 50 km)

Der Col de Vizzavona ist mit 1.163 m höchster Punkt der Korsika durchquerenden Hauptverbindung, allerdings mit Buchen zugewachsen. Schönen Weitblick über die bewaldeten Täler hat man erst von den Ruinen des Fort von Vizzavona, das die Genuesen an dem wichtigen Durchgangsweg Korsikas anlegten. Vom Paß Col de Vizzavona ca. 3/4 Std. zu Fuß, rechts zum Plateau, dann durch den Wald.

Bei der Weiterfahrt nach Bocognano sieht man die weiten Schluchten des Foce (später Gravone). Der Bach ist bei der üppigen Vegetation nur zu erahnen.

★Bocognano (kors. Bucugnanu)

Ein Dorf über dem bewaldeten Tal des Gravone in 640 m Höhe. Die Häuser verteilen sich an der langgezogenen Straße mit alleeartigen Edelkastanien. Eisenbahnverbindung nach Ajaccio, Bastia und Calvi.

Abstecher zum "Brautschleier Wasserfall", ca. 3,5 km auf der D 27 südöstlich Bocognano. Der CASCADE DU VOILE DE LA MARIÉE ist der höchste Wasserfall Korsikas.

Wer sich für PRÄHISTORISCHE FUNDE interessiert, kann wenige Kilometer entfernt die kunstvoll bearbeitete Menhirstatue TAVERA sehen: tiefliegende Augen, abstehende Ohren, runde Schultern und Halsansatz - eine der weitest entwickelten Statuen der Insel.

Wo: Etwa 8 km hinter Bocognano auf der N 193 Richtung Ajaccio. Die Abzweigung Tavera links liegen lassen. Nach 1 km eine Brücke, unmittelbar danach links ein Haus mit Schuppenanbau, an dem der Fußweg vorbei führt. Am Ende der breiten Wiese über das Steinmäuerchen, rechts hoch und nach 100 m von einer alten Hütte verdeckt die Statue. Details zur Menhirentwicklung siehe Geschichte.

Ab Tavera in 27 km relativ flott nach Ajaccio ans Meer.

Südliches Inland

Ein schwach besiedeltes Gebiet, kleine schmucke Dörfer im Süden. In diesem Teil der Insel sind besonders viele Hirten anzutreffen. Kleine Bergeriedörfer, die Hochflächen nur wenig mit Macchia bewachsen, Mischwald zieht sich von den Tälern bis hinauf zum Col de Verde.

Wilde Schluchten und der Panoramaberg Mt. Renoso bei Ghisoni mit Blick zur Ost- und Westküste.

Hauptattraktion des südlichen Inlands bilden die Nadelspitzen im Bavellamassiv. Die sog. korsischen Dolomiten. Durch die gute Paßstraße bequem zugänglich. Sehr lohnendes Wander-Klettergebiet.

Imposante Festung aus torreanischer Epoche CASTELLU DI CUCURUZZU, über Sartène mit fotogener Altstadt an die Küste - hier die bedeutendsten Funde der Megalithepoche.

Das südliche Inland ist touristisch wenig erschlossen, kaum Campingplätze, wenig Hotels, dünnes öffentliches Transportnetz. Keine Bahnverbindung. Insgesamt schmale Straßen, wenig Tankstellen.

★ Ghisoni

Ein ruhiges Bergdorf im Tal zwischen zwei Paßhöhen (Col de Sorba 1.305 m und Col de Verde). Den Blick auf die sagenumwobenen schroffen Nadelfelsen "Christe-" und "Kyrie-Eleison" gerichtet.

Von Ghisonaccia durch die Schlucht kommend, hat man den schönsten Eindruck von dem halbkreisförmigen Dorf. Kontrastreich die alten grauen Häuser vor dem bewaldeten Hügel.

Im Dorf sitzen kleine Gruppen älterer Menschen gemütlich an der Straße - ein typisches Bild, das viel Ruhe ausstrahlt. Touristisch interessant ist eher das Gebirge, auch im Winter mit kleinem Skizentrum bei Capanelle.

Die Legende von den Bergen "Kyrie -" und "Christe Eleison" hat mit den Giovannali zu tun. Diese Sekte wurde vom Papst verfolgt und ausgerottet (siehe Carbini). Als hier die letzten Anhänger auf dem Scheiterhaufen hingerichtet wurden, bekam ein Geistlicher Mitleid mit ihnen und stimmte das Kyrieleison an. Die schaulustige Menge stimmte mit ein. Die letzten Worte "Kyrie Eleison", "Christe Eleison" wurden als Echo von diesen Bergen zurückgeworfen. Seitdem tragen sie diesen Namen.

Post: Mo.-Fr. 9-12/15-18 Uhr, Sa. 9-12 Uhr.

Hotel le Kyrie, einzige Unterkunft in der Umgebung, 4-stöckig mit sehr schönem Blick übers Tal, z.T. enge, hellhörige Zimmer. HP obligatorisch. Schönes Panoramarestaurant. Menü um die 25 DM. DZ ab 50 DM.

Ausflüge von Ghisoni

Mit dem Auto durch die Schluchten Défilé des Strette et de l'Inzecca, welche zu den Naturwundern Korsikas gehören (Straße D 344). Eine Schlucht mit zwei Charakteren und zwei Namen - die schönste Verbindung vom Inland zur Ostküste.

Défilé des Strette - eine z.T. bewaldete Schlucht. Der Fium'Orbo ist kaum zu erkennen, tief unten versteckt er sich unter Büschen, Bäumen und Felsen. Die grauen Granitfelsen steigen bis zu 1.000 m Höhe auf, durch viel Nadelwald wirken sie nicht so schroff. Zum Fium`Orbo - hier recht seicht und schmal - kaum Zugangsmöglichkeiten.

Flußabwärts trägt die Schlucht den Namen Défilé de l'Inzecca. Bizarre ausgehöhlte Felsen - manche erinnern an Geierköpfe - steigen senkrecht aus dem Bachbett auf. Tief unten liegen abgerundete Felsen im Bach. Die Straße wurde in 80 m Höhe in den kargen Felsen gesprengt.

Zugänge zu Badegumpen weiter flußabwärts - kaum Möglichkeit am Flüßchen zu wandern.

Die 12 km Straße auch reizvoll in umgekehrter Richtung: im Hintergrund die Gebirgskette.

Weiterfahrt zur Ostküste nach Ghisonaccia bzw. Aleria möglich, Ghisoni-Ghisonaccia 27 km.

WANDERN ab Ghisoni : Wander-/Skigebiet Ghisoni-Capanelle zu Füssen des Aussichtsberges Monte Renoso. Eine Asphaltstraße führt bis auf 1.600 m. Von Ghisoni erst 7 km in Richtung Col de Verde, dann rechts ab; Wegweiser Bergeries de Capanelle, Renoso (D 169). Die Serpentinenstraße endet nach 13 km bei den Skiliften. Ghisoni-Capanelle ist das höchstgelegene Skigebiet Korsikas - einige Lifte verschönern nicht gerade die Landschaft.

Mäßig schwere Abfahrten, Skiverleih, im Winter auch Skibus von Ghisonaccia, hauptsächlich am Wochenende. Die ehemaligen Bergerien Capanelle geraten recht ins Abseits, nebenan Übernachtung im U FUGONE im Berghüttenstil. 4-Bettzimmer (Stockbetten) und 2 Schlafsäle - warme Duschen. Pro Person um die 12 DM. Mit Restaurant, Bar, preiswerte Menüs, Pizzen etc. Hier auch Lebensmittelverkauf für GR 20-Wanderer.

Refuge CAPANELLE (vom Parc Regional) - das urige einfache Natursteinrefuge soll (leider?) vergrößert und modernisiert werden.

Halbtageswanderung zum Monte Renoso (2.351 m)

Ein Panoramaberg mit kurzem bequemen Aufstieg. Nach 2 Stunden Wanderung hat man Aussicht bis zum Golf von Ajaccio, zur Paglia Orba im Norden und zum Etang d'Urbino an der Ostküste.

Der Aufstieg beginnt beim linken Skilift vis-à-vis Berghotel U Fugone. In Serpentinen den Skihang hoch und bis zum Ende folgen.

Ab hier markieren Steinmänner den Weg zum Gipfel. Über einen Rücken nach S-W, die schöne Wiese läßt man rechts liegen, bis zum Lac de Bastiani. Rechts am See vorbei zum Plateau hochsteigen. Von hier nach S-O über eine "Steinwüste" zum Gipfelkreuz!

- Weitere Wandermöglichkeiten auf dem gut markierten GR 20, entweder nach Vizzavona oder Col de Verde, jeweils 1. Tagesetappe Beschreibung imGR 20 Kapitel.

Ghisoni ➳ Bavella (ca. 95 km)

Von Ghisoni schmale Straße mit Frostaufbrüchen durch den dichten Forst von "Marmano" in 27 km zum Col de Verde - 1.289 m. Schmaler Paß, weite Kiefern- und Buchenwälder, aber wenig Sicht über die Täler.

Am Col bietet sich das gepflegte Relais de San Pietru für eine Pause an. Refuge des Parc Regional, Einstiegsmöglichkeit zum GR 20 (Korsikadurchquerung).

Straße vom Col de Verde über Zicavo nach Zonza:

Anfangs Ausblicke auf bewaldete Hänge und ins Taravotal, später Weitsicht über unzählige Hügel bis zum Meer. Auffällig ab hier die akkurat gebauten Natursteinhäuser.

Über Cozzano - ein Weiler mit winzigem 4-Zimmerhotel Des Cols, Doppel ab ca. 30 DM - nach Zicavo: kleiner, etwas verstreuter Ort. Touristisch tut sich hier nicht viel, kleine abgeblätterte Bar, Restaurant LE FLORIDA. Ein einfaches Hotel Du Tourisme, von den Zimmern Blick über das weite Taravotal (Doppel ab ca.30 DM). Im Dorf gibts eine **Tankstelle** und eine **Post** (normale Öffnungszeiten). Im Winter sind die Höhen um Zicavo ein beliebtes Langlaufgebiet.

Kurioser Abstecher zu den BAINS DE GUITERA - 7 km - Thermalstation mit 42 Grad Celsius heißem Schwefelwasser. Das Kurhaus hat wahrlich bessere Zeiten gesehen: alte vergammelte Badezimmer mit kratzigen Wannen. Zu finden im Gebäude gegenüber dem Hotel, Bar TARAVO. Übernachtung im Hotel, aber kein Restaurantbetrieb mehr.

Weiterfahrt nach Ajaccio möglich, ca. 60 km über Santa Maria Sicche (D 83), dann über die N 196.

Alternativ nach Süden auf der D 69, ca. 15 km südlich Zicavo der Col de la Vaccia (1.187 m hoch), ein sehr waldiges Gebiet, die Straße bis AULLÈNE *gespickt mit Frostlöchern.*

★ Aullène (kors. Auddè)

Die 1.600 Einwohner merkt man dem Dorf nicht an. Sehr gemütlich geht jeder seinen Geschäften nach, von Tourismus ist hier wenig zu spüren.

Ein Durchgangshotel **De la Poste** und die Snackbar LE RELAIS an der Kreuzung.

Gut erhaltene KIRCHE im Zentrum. Innen eine ungewöhnliche Kanzel (17. Jhd.). Als Stütze dienen ihr vier exotische Schuppentiere, die von einem Maurenkopf getragen werden. Erinnerungen an die immer drohenden Überfälle der Sarazenen.

Möglichkeit über die schöne Querverbindung nach Petreto-Bicchisano und weiter über die N 196 nach Propriano, ca. 40 km an der Küste. Alles Weitere siehe dort.

CAMPING und REITEN: zwischen Aullène und Quenza: ein Campingplatz unter den Edelkastanien beim Reitstall. Ausritt ca. 20 DM/Std. - schlechte Steilauffahrt links hoch (Hinweisschild). Er befindet sich, von Zonza kommend, am Dorfausgang von Serra di Scopamene. Zusammen mit dem Camping Communal bei Zonza einziger der Gegend.

★ Quenza (230 E.)

Kleines Dorf mit den gigantischen Türmen der Bavellagruppe im Hintergrund. Für Kircheninteressierte:

Erste romanische Kirche aus dem Jahr 1.000 - gleich am Ortseingang.
Im Innern der CHAPELLE STE. MARIE ähnliche Kanzel wie in Aullène - nicht ganz so prächtig. Gegenüber, in der Nische der St. Stefanus aus Holz. Auf einem Seitenaltar eine kleine Marienfigur mit Kind - typisch korsische Holzschnitzkunst (15. Jhd.).

Großes 24-Zimmer-Hotel **Sole et Monti**. Doppel ca. 40 DM.

Auf dem Weg nach Zonza die Bavellanadeln aus abwechslungsreicher Perspektive.

★Zonza (1.500 E.)

Gepflegter Ort in knapp 800 m Höhe am Hang mit einigen Hotels. Landschaftlich sehr schön inmitten ca. 100 Jahre alter Edelkastanien- und Kiefernwälder gelegen. Für Urlauber ein angenehmer Aufenthalt. Leichte Wanderungen und Kletterpartien im nahen Bavellamassiv, dessen Felstürme allerdings von hier noch nicht zu erblicken sind.

Busse: Verbindung über Sartène nach Ajaccio und nach Porto-Vecchio (siehe dort).

Post: normale Öffnungszeiten.

Die Hotels an der Dorfstraße:

Du Tourisme - preiswert und gut, 10 Zimmer (Doppel ca. 30 DM). Korsische Gerichte zwischen ca. 20 und 30 DM, gemütlicher Speiseraum mit weitem Blick übers Tal.

L'Aiglon (Doppel ca. 30 DM). Restaurant mit Eisspezialitäten. 1/2 Dtzd. Zimmer.

Hotel la Terrasse, 8 Zimmer, Doppel ca. 35 DM.

CAMPING COMMUNAL, ca. 4 km von Zonza entfernt Richtung L'Ospedale. Sehr schön im Wald gelegen - hochstämmige Pinien, Nadelboden, Sonnen- und Schattenplätze je nach Geschmack. Sehr schöner Bergblick. Moderne Sanitärgebäude, einfache Anlagen.

Ab Zonza bieten sich mehrere Routen zur Weiterfahrt an die Küste an; schwer zu entscheiden, welche die reizvollste ist.

Über den 1.218 m hohen Bavellapaß, eine der schönsten Gebirgsstrecken der Insel an die Küste nach Solenzara (nördlich von Porto-Vecchio). Ca. 40 km . Die 9 km zur Paßhöhe in die Berge auf jeden Fall auch als Kurzabstecher zu empfehlen, gute Auffahrt. Die weitere Strecke runter an die Küste ist sehr schmal und kurvig, für breite Wohnmobile recht stressig.

Durch den Kiefernwald von Ospedale ebenfalls 40 km direkt nach Porto-Vecchio, für korsische Verhältnisse geradezu breite Straße. Nahe dem Stausee Kurzwanderung zum fotogenen Wasserfall Piscia di Gallo. Alle Details siehe Ausflüge von Porto-Vecchio.

Weiter nach Süden durch korsische Dörfer, zur torreanischen Festung Castellu di Cucuruzzu (gut 3.000 Jahre alt) über Levie, Carbini zur Küste oder nach Ste. Lucie de Tallano, das durch die sehr seltene Granitart Kugeldiorit bekannt ist. Thermalpool von Caldane, Genuesenbrücke über den Rizzanese zur Inlandsstadt Sartène und an die Südküste nach Bonifacio. Zonza bis Bonifacio ca. 90 km. (Details siehe weiter unten).

✶ BAVELLA: Ein Gebirge, ein Paß und ein Dorf

Das Bavellamassiv wird auch die Dolomiten Korsikas genannt. Obwohl sie nicht einmal 2.000 m erreichen, wirken sie hochalpin. Zerrissene Felstürme, nadelförmige Zacken, die sog. Aiguilles de Bavella oder im Volksmund Eselsohren, Felsgabeln etc. genannt.

Wind und Wetter haben das Gestein ausgehöhlt und bizarre Tafoni gebildet (Tafonientstehung siehe Calanche). Uralte Lariciokiefern mit windzerzausten Kronen als grüne Farbkontraste. Von der Paßstraße scheinen die Berge zum Greifen nahe. Der Col trennt das Massiv in 2 Gruppen, die höheren Spitzen in der nördlichen, Turm III mit nur 1.611 m höchster Gipfel. Der kuriose durchlöcherte Berg Punta Tafunata di i Paliri (1.312 m) auch Bombentrichter genannt, in der gegenüberliegenden Ferriategruppe.

Das Bavellagebiet gehört zum korsischen Regionalpark mit geschütztem Schwarzkiefernwald, fotogene Exemplare auf der Paßhöhe. Im Regionalpark lebt eine größere Mufflonpopulation, die scheuen Kletterkünstler kann man mit etwas Glück durchs Fernglas beobachten. In den Felsen nisten verschiedene Greifvögel, darunter auch selten gewordene Adler, sowie Mäusebussarde, Falken etc. (Regionalparkbüro in Zonza, nur zur Saison besetzt).

Auf der Paßhöhe im Kiefernwald das Bavelladorf - eine eigenwillige Ansammlung von Wellblechhütten, -bergerien und Wochenendhäusern. Keine Hotels, selbst Campen verboten, der nächste offizielle Campingplatz in Zonza, 12 km entfernt.

Zur Saison ist der Col de Bavella ein beliebtes Ausflugsziel, natürliche Picknickstellen auf Felsen, kleiner Lebensmittelladen, manchmal auch Käse-Direktverkauf bei den Bergerien; doch kein Touristenrummel mit Jausenstationen, Ausflugscafes und Panoramaterrasse à la Österreich. Sehr gemütlich sitzt man im Restaurant COL DE BAVELLA, rustikal und urig, gute deftige Küche.

WANDERN - ab Bavella: Die Paßhöhe ist ein idealer Ausgangspunkt für Spaziergänge, Wanderungen, ausgewachsenen Berg- und Klettertouren. Allerdings keine reguläre Busverbindung. Gute Straße von Porto-Vecchio (50 km)/ Zonza (9 km), schmaler die Schlängelstraße D 268 auf der anderen Seite nach Solenzara (30 km) - nichts für breite Wohnmobile, geschweige denn Gespanne.

- Leichter Kurzspaziergang auf dem breiten Forstweg direkt vis-à-vis der Statue, schönes Panorama auf die rötliche Bavellagruppe und die buschigen Kiefern.

- Vom Parkplatz in nur 15 Min. zum Fuß des Massivs, schon von hier sehr schön die Tafonibildung zu sehen.

- Sehr lohnender Aufstieg zu den Bavellatürmen, recht anstrengend, gute Kondition und Gebirgserfahrung vonnöten. Etwa 300 - 400 Höhenmeter steil rauf, steiniger Pfad, auf den Turm III mit leichter Kletterei, dafür wird man mit tollen Ausblicken belohnt. Aufstieg von der Paßstraße ca. 2-3 Std. gelb markiert (siehe auch 1. Teil der folgenden Rundwanderung).

Rundwanderung um die Türme Aiguilles de Bavella mit leichter Kletterpartie zum Turm III.

Von der Gipfelspitze schimmert der Golf von Pinarello. Punktfömig die Ile Roscana, Turm I und II aus einer einzigartigen Perspektive, Rückweg am Fuß des Bavellamassivs durchs Asinaotal, vorbei an gewaltigen Kiefern - auch viele umgestürzte Bäume , Macchiagestrüpp und Erdbeerbäume. Zweitagestour mit Übernachtung im Refuge Asinao möglich.

Einstieg am Col - 100 m links der Statue. Erst rot-weiß markiert, nach etwa 300 m eine Gabelung, dort gelbem Doppelstrich aufwärts folgen (variante alpine). Zum Col de L´Oiseau am Fuß der Türme I und II (nord-östlich) vorbei - steile Felsplatte mit Seilsicherung. Danach zur Scharte hochsteigen. Von dort kann man in leichter Krabbelei zur Turmspitze (Turm III) hoch. Der Weg führt dann am Turm IV vorbei und den westlichen Abhang ins Asinaotal hinunter. Mühevolle 400 Höhenmeter, ausgetretener Pfad.

Unten an der Gabelung rot/weiß markierter Weg entweder nach Norden und in 1 1/2 Std. zur Asinaohütte - zum Schluß aufsteigen, oder südlich zum Paß zurück: ca. 3 Std. 20 Min. angenehmer Weg mit leichten Höhenunterschieden, Querung kleiner Bäche, als sportlicher Abschluß 300 m hochsteigen. Gesamte Gehzeit: Rundtour ca. 6-7 Std.

ASINAOHÜTTE (1.600 m) - ein geräumiges Steinrefuge mit 24 Lagern und Kochstelle - nette Kaminecke. Von der Terrasse Blick auf die Bavellanadeln. Übernachtung ca. 10 DM. Die Hütte liegt oberhalb des Bergeriedorfs Asinao - das größte der Insel!

Tagestour in die südöstliche Bavellagruppe zur schön gelegenen Palirihütte. 2-3 Std. einfach, Mittagspicknick selber mitbringen. Auf gleicher Route wieder zum Bavellapaß zurück. Weniger anstrengend als die Rundwanderung durch die nördliche Bavellagruppe, andererseits auch weniger spektakuläre Gegend. Diese Wandung ist Teil des GR 20, rot-weiß markiert. Beschreibung im GR 20 Kapitel (Col de Bavella - Refuge Paliri).

Zum Klettern ist das Bavella eines der besten Gebiete der Insel. Hauptattraktion natürlich die Türme der nördlichen Gruppe, griffig und sehr rauh, brüchig dagegen der Fels in der Ferriategruppe.

Klettergarten mit Schraubhaken ca. 15 Min vom Paß entfernt, nahe dem gelb markierten Weg zu den Türmen. Von der III-er Tour mit dicken Henkeln bis zum happigen Überhang für Cracks. Weitere Infos im speziellen Kletterkapitel.

Zonza ⤞ Sartène ⤞ Südküste

Bis Sartène (D 268) ca. 40 km ohne Abstecher.

Levi (kors. Livia)

Lebhafte kleine Stadt auf 680 m Höhe. Die Häuser aus grauem Naturstein sind auffallend gut in Schuß. Für die umliegenden Dörfer stellt Levi ein wichtiges Zentrum dar. Viele Läden, Konditor, Apotheke, Post und Taxi.

In dem kleinen MUSEUM sind prähistorische Funde von den Ausgrabungsstellen bei Cucuruzzu ausgestellt. - Geöffnet von Juni bis September von 9-12/14-18 Uhr, dienstags und feiertags geschlossen.

In der Usteria I PETRI BIANCHI mit schöner Holzverkleidung sitzt man sehr nett. Menü ca. 20 DM.

Das kleine Hotel Les Terrasses steht mit 10 Zimmern als Übernachtungsmöglichkeit zur Verfügung, allerdings nur in der Saison.

Abstecher, 8 km nach Carbini (D 59). Der Ort ist heute vom Aussterben bedroht. Die Mme. im Cafe erzählt etwas traurig, daß im Winter nur noch 50 Menschen hier wohnen, meist Alte, die Jungen kehren nur zeitweise vom Kontinent zurück, denn in Carbini gibt es keine Arbeit.

Gleich am Ortseingang überrascht ein schmaler, langgestreckter Glockenturm neben der romanischen Kirche SAN GIOVANNI BATTISTA. Der Turm wurde Ende des 19. Jhd. wieder aufgebaut, trug ursprünglich, wie bei toskan. Glockentürmen üblich, Zinnen als Abschluß, er soll einst 7-stöckig gewesen sein. Mit der Kirche ist ein sehr ungewöhnliches historisches Ereignis verbunden:

Zur Zeit der schwarzen Pest im 14. Jhd. formierten sich die GIOVANNALI, Anhänger des Franziskus von Assisi, eine religiöse Sekte mit kommunistischen Ideen. Sie lebten in Gemeinschaft, proklamierten Kollektivbesitz, wandten sich gegen Pomp und Hierarchie der Kirche und forderten eine Rückkehr zum ursprünglichen Christentum. Sie gewannen mehr und mehr Anhänger.

Dem Papst wurde diese neue Bewegung zu unheimlich, er ließ sie verfolgen und als Ketzer ausrotten. Man munkelt, daß sie nachts in der Kirche von Carbini wilde Orgien feierten, die historischen Quellen widersprechen dem jedoch ziemlich. (Mehr noch bei Ghisoni - Kyrie Eleison).

4 km außerhalb von Levi Richtung Ste. Lucie de Tallano lohnender Abstecher zum torreanischen Castellu di Cucuruzzu.

Eine schöne Gegend haben sich die Torreaner ausgesucht, als sie sich etwa um 1.000 v. Chr. hier niederließen. Der Komplex schlummerte tausende von Jahren auf einem Plateau in 700 m Höhe, bis 1959 die ersten Ausgrabungen begannen.

Zufahrt: 3,5 km nach Levi von der D 268 rechts ab, Holzschild Cucuruzzu. Nach 3 km Teerstraße beginnt links der Fußweg. Hinweisschild. Die letzten 800 m schöner Weg durch Steineichenwäldchen.

Die Wehranlage CASTELLU DI CUCURUZZU besteht aus drei Teilen: einer Festung, einem Kultmonument und einem torreanischen Dorf.

- Die Festung (40 x 20 m) gleicht fast einer Zitadelle mit dicker Ringmauer aus mächtigen Blöcken. Einziger Zugang in die Anlage zwischen einem zweigeteilten Felsen hindurch. Interessant sind die niedrigen Gänge in der Umfassungsmauer, verwinkelt wie Wehrgänge, mit Nischen. Ein tischähnlicher Fels im nördlichen Halbrund mit Vertiefungen - diente eventuell zum Kornmahlen.

- Im Osten der Anlage etwas erhöht, das vermutete Kultmonument, noch ziemlich gut erhalten. Schmale Gänge aus sorgsam aufgeschichteten Steinen, die Cella 3-4 m im Durchmesser. Das Gewölbe noch intakt (extrem selten auf Korsika), es mißt etwa 3 m bis zur Kuppel. Östlich des Monuments außerhalb der Befestigung einige Mauerreste, die als Fundamente von Häusern interpretiert werden.

- Capula: nicht weit vom Straßenende entfernt. Siedlungsfunde von der Torreanerepoche bis ins Mittelalter, daher etwas verwirrend. Die Kapelle stammt natürlich nicht von den Torreanern (17. Jhd.).

Menhirstatue Capula I mit Langschwert am Eingang der Festung.

Die Felsanordnungen innerhalb der Anlage gleichen nicht den üblichen Torreanerbauten mit Cella. Eckige Mauern mit bearbeiteten Steinen dominieren. Einige Fundamente von Hütten, teilweise den Fels mit integriert. Viel Macchiagestrüpp verdeckt die Grundmauern.

- Megalithisches Steinkistengrab Calesa (3.000 v. Chr.), etwa 1,5 km vor dem Parkplatz, allerdings auf Privatgelände, zur Besichtigung vorher um Erlaubnis fragen.

STE. LUCIE DE TALLANO. Der kleine Ort über dem Rizzanese wurde weltbekannt durch seinen einmaligen Dioritsteinbruch - Kugeldiorit wird sonst nur noch in Finnland abgebaut - auch Korsit genannt.

Der Steinbruch wird nicht mehr gewerblich ausgebeutet und ist auch nicht zu besichtigen. Kleine Steinbrocken kann man bei Mme. Desantes im Ort kaufen (im Libreservice nachfragen). Hier natürlich viel preiswerter als beim Andenkenhändler in Ajaccio oder Sartène.

Einen sehr schönen polierten Kugeldiorit sieht man auf dem Marktplatz: Die Statue des KRIEGERDENKMALS steht auf einem prächtigen Exemplar. Es zeigt sehr deutlich die hellen "Augen" in dem schwarzen Gestein. In der Bar ORTOI noch zwei weitere schön geschliffene Dioritsteine. Dieses Gestein wurde u.a. für die Medici-Kapelle in Florenz verwendet. Auffällig im Ort die gut gepflegten Natursteinhäuser. Sie wirken sehr proper durch abgesetzte Steine.

Ca. 1 km außerhalb das Kloster ST. FRANÇOIS: Rinuccio della Rocca - einer der wichtigsten Feudalherren, gründete das Kloster im 15. Jhd. Den

Schlüssel kann man beim Bürgermeister erbitten. Der Anblick des Innenraumes erinnert an die Bilderstürmer. Die Altarbilder des Meisters von Castelsardo hängen jetzt im Rathaus. Die Kirche wartet auf Gelder aus dem Staatssäckel für die Renovierung, scheint aber anzulaufen.

Kugeldiorit: Die kugelartigen Einschlüsse sind eine Seltenheit unter den grau gesprenkelten Dioritgesteinen. Geschliffen gleichen die Flecken einem grauen Pantherfell. Die Kugeleinschlüsse entstanden durch Teilaufschmelzung und Wiederauskristallisierung anderer Gesteinsteile. Hier in Ste. Lucie und in Finnland die einzigen Fundstellen der Welt!

Weiterer Abstecher bereits nach 5 km. Links zweigt die D 148 zu dem heißen Bad von Caldane ab. Schwefelhaltige Quelle in einem kleinen Swimmingpool gefaßt - 37° C, alles unter freiem Himmel, im Sommer bis Mitternacht geöffnet (Mehr unter Ausflüge Sartène).

Direkt am Weg die malerische Genuesenbrücke Spin a Cavallu über den Rizzanese. Nach Sartène bequemer die breite N 196 Richtung Bonifacio. Alles weitere zu den sehenswerten Städten,Megalithfunden und Torreanerbefestigungen im Kapitel Südspitze.

Die grosse

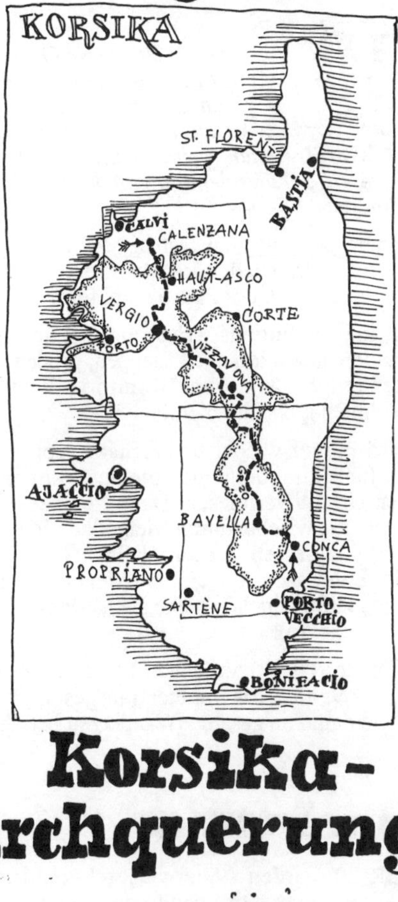

Korsika-Durchquerung

GR 20

Der GR 20 ist kein Geheimtip mehr - aber trotzdem eine herrliche Wanderroute durchs Inland. Er berührt nicht nur die höchsten, sondern auch die schönsten Stellen: schroffe Gebirgskämme, Geröllwüsten, schnuckelige Hochgebirgstäler, nadelförmige Kletterfelsen, Schäfereien mit gutem Käse! Leider streift er keine korsischen Bergnester.

Die Durchquerung beginnt man fast in Meereshöhe, steigt in die 2.000 Meter Region und endet wieder am Meer; der GR 20 liegt fast in seiner gesamten Länge im Bereich des Parc naturel régional.

Der GR 20 ist kein Familienspaziergang, sondern eine anspruchsvolle hochalpine Wanderroute mit langen Etappen, großen Höhenunterschieden, leichten Kletterstellen - und ohne Komfort. Bewirtschaftete "Hotel" - Hütten à la Dolomiten gibts hier nicht!

Der GR 20 wird immer wieder unterschätzt, vollbepackt mit schwerem Rucksack kann für Untrainierte die komplette Route schnell zur Quälerei werden und den Urlaub vermiesen. Dann flexibel sein, sich schöne Teilstrecken raussuchen, zwischendurch baden und nicht vom sportlichen Perfektionsehrgeiz leiten lassen. Z.B. auf halber Strecke in Vizzavona unterbrechen, mit der Bahn nach Ajaccio, am Meer entspannen und dann frisch erholt die zweite Hälfte angehen(siehe auch Alternative "Strada tra Mare e Monti" im Wanderkapitel).

Die Gesamtlänge des GR 20 umfaßt 173 km. Insgesamt müssen in Nord-Süd Richtung ca. 9.900 Höhenmeter raufgeschwitzt und ca. 9.920 m runtergelaufen werden. Die gesamte Wanderzeit beträgt rund 82 Stunden!

Übernachtung

Entlang des GR 20 wurden - überwiegend vom Parc régional - Hütten (Refuges) jeweils in Tagesetappenentfernung angelegt; an Paßstraßen auch Hotelübernachtung möglich z.B. Haut Asco, Col de Vergio, Vizzavona und Capanelle.

Eine Korsikadurchquerung ausschließlich auf Refugebasis zu planen, ist prinzipiell möglich, Engpässe treten jedoch zur Spitzensaison (Juli/August) auf.

Die **Hütten** (Refuges) sind relativ klein, im Schnitt 25 Lager, urig, ohne Komfort; Kaltdusche hat Seltenheitswert; Gaskocher, Kamin und Matratzen vorhanden. Schlafsack selber mitbringen. Keine Bewirtschaftung, zur Saison kümmert sich ein Gardien um die Hütte; sämtliche Verpflegung muß selbst geschleppt werden. Übernachtungspreis inkl. Gasbenutzung 10 DM/Pers.

Die Erfahrung, daß Wanderer die Hütten gerne benutzen, sich dann aber ohne Obulus wieder auf die Socken machen, hat dazu geführt, daß zunehmend Kontrollen gemacht werden und auch Hirten der umliegenden Bergerien autorisiert sind, die Übernachtungsgebühr abzukassieren. Andernfalls den Briefkastentresor benutzen! Denn die Unterhaltung der Hütten und des GR 20 kostet einiges.

Campingmöglichkeit besteht bei den meisten Hütten kostenlos, natürlich nicht mit Gasbenutzung!

Weitere Infos zu den Hütten im Wanderkapitel (siehe Sport) und im jeweiligen Etappentext. Leider fallen immer wieder Schutzhütten den Flammen zum Opfer (Waldbrände, Gasexplosionen, etc.). Dann dauert es Jahre, bis wieder eine neue Hütte steht. Wer auf Nummer sicher gehen will, packt ein wasserdichtes, sturmerprobtes Leichtzelt ein (diverse Typen im Handel), wenigstens aber einen Biwaksack (super leicht) und eine warme Unterlage (Isomatte, oder, platzsparender, eine Mini-Luftmatratze). Im weiteren Text verstehen wir unter biwakieren übernachten unter freiem Himmel ohne Zelt.

Wild campen ist am/abseits des GR 20 verboten!! Angesichts der wachsenden Zahl von Wanderern in den korsischen Bergen ist es einfach nötig, den Bergtourismus zu kanalisieren. Mit der Zahl der Wanderer ist leider nicht unbedingt deren Umweltbewußtsein gestiegen; Müllberge sind/waren leider Realität. Auch aus eigenen Sicherheitsgründen sollte man sich unbedingt auf die Campingmöglichkeiten bei Refuges beschränken.

Karin Rohlfs schrieb uns zu dem traurigen und leider immer wiederkehrenden Thema Waldbrand:

"In Waldgebieten unbedingt in Nähe der Schutzhütten campieren, denn dieses Jahr hat es wieder sehr viel gebrannt und die Leute in den Schutzhütten oder in der Nähe können evakuiert werden, bzw. werden durch die "Canadair" mit Wasser versorgt. Wer weiter weg ist, kann sich nicht bemerkbar machen und so mußten dieses Jahr 2 junge Leute bei lebendigem Leib verbrennen."

Es kann nicht genug vor **Feuer** gewarnt werden; größte Vorsicht bei Zigarettenkippen etc. Lagerfeuer unter allen Umständen unterlassen, so romantisch es auch sein mag. Auch gut gelöscht scheinende Feuerchen können sich selbst wieder entzünden! Jeder Wanderer sollte sich seiner Verantwortung bewußt sein (siehe auch Kap. Wald-Macchiabrände).

Bergerien/Schäfereien sind keine Übernachtungshütten. U.U. gestatten die Schäfer nach Absprache in der Nähe zu zelten. Zur Saison verkaufen viele den köstlichen und nahrhaften korsischen Käse, gelegentlich auch Brot oder sogar Wein. Man kann sich jedoch nicht darauf verlassen, Entgegenkommende fragen!

Verpflegung ist für 2 - 4 Tage mitzunehmen. Dadurch bleibt der Rucksack kaum unter 15 kg. Man muß es nicht unbedingt so machen, wie der "Müslifan", den wir trafen: er schleppte für 12 Tage mehrere Kilogramm Haferflocken mit! Nachschubstellen auf dem GR 20 siehe Kasten.

Der GR 20 wurde nach der früheren Nummer des Départements-Korsika 20 benannt. Er beginnt in Calenzana (nahe Calvi) und endet in Conca (nahe Porto-Vecchio). Die große Inseldurchquerung ist je nach Kondition, Lust und Laune in 2 Wochen bewältigbar. Inklusive Erholungstagen, Nachschub besorgen erfordert er gut 15 - 20 Tage. Wer einen Teil der vielen lockenden Gipfel miteinbauen möchte, muß entsprechend mehr Zeit und Futter einplanen.

Von Nord nach Süd oder umgekehrt zu wandern, bleibt Geschmacksache. Der anstrengendere und schönere Teil auf dem ersten Stück, dafür in zwei Tagen brutal von 0 auf 2000 m in alpine Regionen. Sanfterer Einstieg von Süden aus, anfangs vielleicht weniger spektakulär mit einer Steigerung der Eindrücke auf den letzten Etappen. Ein anderes Argument: von Süden startend hat man die Sonne meist im Rücken, der Rucksack hält einen Teil der Wärme ab und man läuft gegen den Hauptstrom.

Um den Einstieg zu erleichtern eventuell in Haut Asco auf 1450 m beginnen oder von Süden beim Bavellapaß dazustoßen: spart anstrengende Etappen, ohne auf die Höhepunkte zu verzichten.

Gute Kondition, Bergerfahrung und solide Ausrüstung sind unbedingte Voraussetzung für die Durchquerung!

Einstiegsmöglichkeiten: ohne Auto sieht es generell etwas schlecht aus, andererseits muß man Warterei in Kauf nehmen, um wieder zu seinem Auto am Ausgangspunkt zu kommen. Der Einstieg Calenzana wird in der Hochsaison (Juli/August) von Calvi aus per Bus bedient. Zum Alternativeinstieg Bonifato keine Busverbindung. Taxi ab Calvi möglich (siehe Calvi S. 177). Nach Conca nur zu Fuß oder Taxi; Nächste Busstation in Ste. Lucie de Porto-Vecchio, bzw. Favone.

Per Bahn kann man direkt in Vizzavona auf halber Strecke einsteigen, abbrechen oder "weitermachen". Zu den Paßstraßen Col de Vergio, Col de Verde, Col de Bavella mit öffentlichen Verkehrsmitteln keine verläßliche Verbindung, nur die Möglichkeit zu trampen, per Taxi oder zu Fuß natürlich.

Alle Details im Hauptteil unter dem jeweiligen Stichwort.

Handwerkszeug

Zusätzlich zu den Kartenskizzen sind die **Wanderkarten** "Itinéraires Pédestres" im Maßstab 1:50.000 unbedingt zu empfehlen. Corse Nord (Nr. 20) und Corse Sud (Nr. 23). Sie decken den kompletten GR 20 ab und dazu fast ganz Korsika. Der hohe Anschaffungspreis von gut 20 DM pro Stück lohnt sich. Sehr detailliert, genauer Wegverlauf des GR 20 incl. Quellen, Hütten, Abstiegsmöglichkeiten, etc.; Höhenlinien sind leider sehr dürftig beschriftet; optisch sind die Karten wenig kontrastreich gemacht.

Über Geo Center Stuttgart erhältlich oder direkt auf der Insel in Buchhandlungen, Tabakshops etc. Zu Ende der Saison kann der Vorrat u.U. ausgehen! Möglichst gleich in Bastia oder Ajaccio besorgen.

Im Maßstab 1:100.000 existieren die Karten Corse Nord (73) und Corse Sud (74). Sie bieten durch farbige Abstufung gute Orientierung. Diverse IGN Detailkarten im Maßstab 1:50.000 zum GR 20 erhältlich.

"A Travers la Montagne Corse" nennt sich ein 60 Seiten Heft über den GR 20 mit guten Kartenausschnitten und Wegbeschreibung auf Französisch. Preis rund 20 DM.

"Bergwelt Korsika" Führer für Wanderer und Bergsteiger von Hans Schymik. Wanderbeschreibungen und Gipfeltouren inkl. GR 20. Verlag Kümmerly + Frey, Stuttgart.

KLIMA

Prinzipiell kann der GR 20 von Mitte Juni bis Anfang November begangen werden. Vom Klima her ist die beste Jahreszeit für die Durchquerung der Hochsommer, Juli-August. Es herrscht in der Regel beständig warmes Wetter, mittags wird's enorm heiß, im August nachmittags auch mal Wärmegewitter oder Wolkenbildung, deswegen ganz früh morgens aufbrechen und bei beständiger Witterung mittags eine lange Pause im Schatten einlegen (Kurzpausen alle 2 Std. empfehlenswert).

Die schönste Sicht hat man auch vormittags, da häufig am Nachmittag Wolken vom Meer anrücken. Im Hochsommer ist zu dieser Jahreszeit aber auch eine kleine Völkerwanderung unterwegs. Ab Oktober muß man mit Nebel, Regen und sogar Schneefällen rechnen. Die Nächte schon kühl und leicht feucht. Zum Teil muß man abends in den Hütten bereits heizen. Die Tage sind kürzer, für längere Etappen kann dies zum Zeitdruck werden. Andererseits sind sommerlich heiße Tage auch so spät im Jahr keine Seltenheit. Ab November ist der Spaß allerdings vorbei.

Im Frühsommer in der Regel mit verschneiten Wegpartien, Schneefeldern und Eis rechnen. Das erhöht die Schwierigkeit mancher Passagen. Vor

GR 20 Die grosse Korsika-

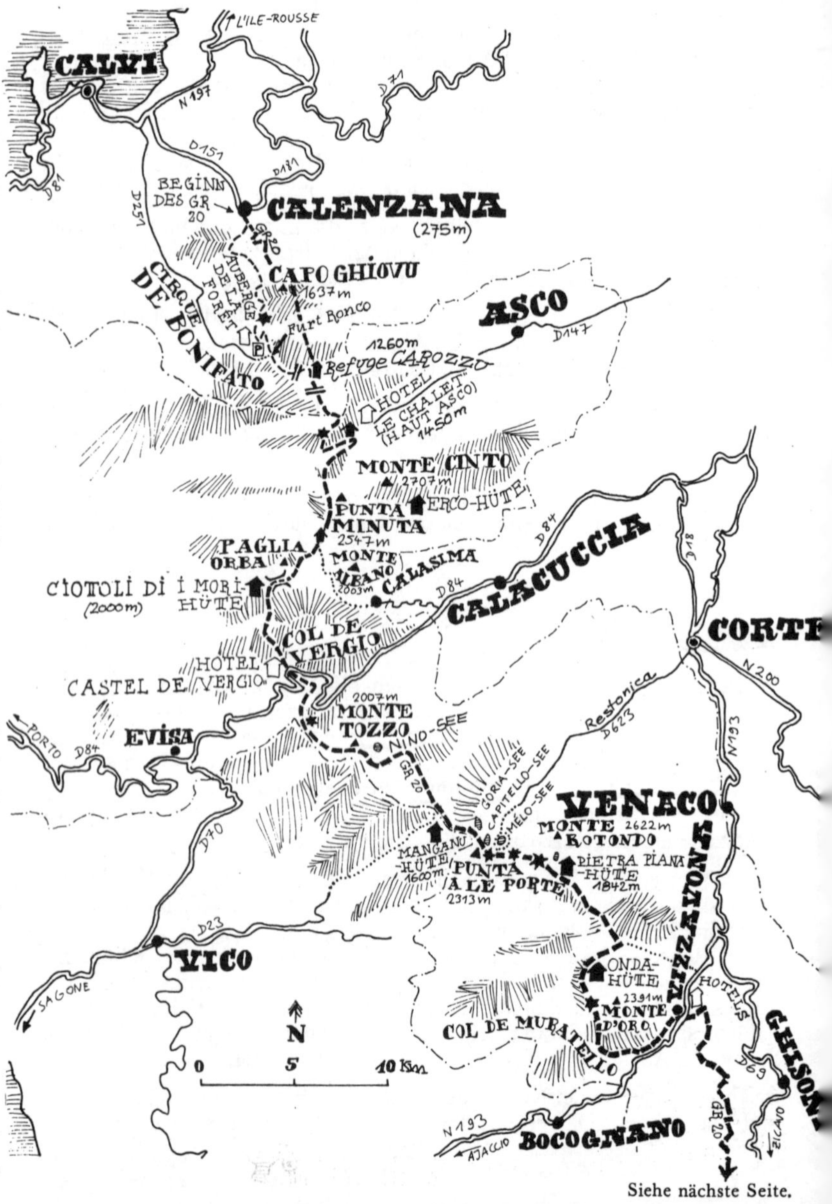

Siehe nächste Seite.

Durchquerung

GR 20

Siehe vorherige Seite.

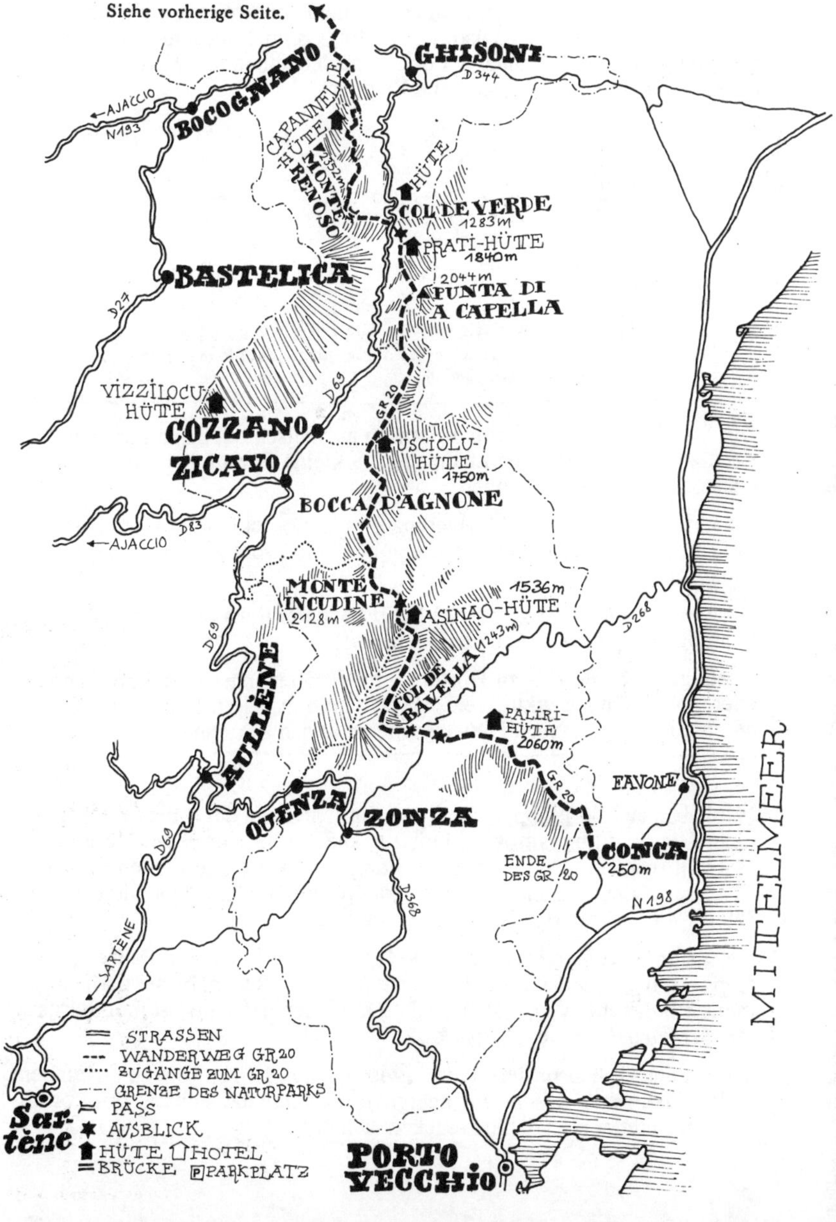

Mitte Juni ist der GR 20 nicht komplett begehbar. Zur Vor-/Nachsaison kann der GR 20 trotz der genannten Probleme bei weitem idyllischer sein als zur überfüllten Hochsaison. Allerdings sind Nachschub und Transportmöglichkeiten außerhalb der Saison auch deutlich reduziert. Siehe auch Kapitel Klima, Beste Reisezeit und Wandern.

Richtungs-
wechsel

Abzweigung vom GR 2o, die zu einer Siedlung oder Herberge führt

o.K., ihr seid auf dem richtigen Weg

Die Strecke ist mit weiß/roten Streifen auf Felsen oder Bäumen markiert. Zusätzlich gibts die "Steinmännchen" - kleine Pyramiden aus losen aufeinandergeschichteten Steinen.

Bei gutem Wetter ist die Markierung problemlos zu finden, bei Nebel wird es kritisch - deswegen sollte ein Kompaß und eventuell ein Höhenmesser dabei sein.

Orografisch linkes bzw. rechtes Ufer: bedeutet links oder rechts in Flußrichtung eines Baches (von der Quelle her).

Abstiege vom GR 20 - zu Dörfern, um Verpflegungsnachschub zu holen, oder um Blasen auszukurieren - werden gelb markiert. In unserer Routenbeschreibung findet man Hinweise hierzu in den Kästchen.

Wir haben auf die Etappeneinteilung verzichtet und dafür die Strecken von einer Übernachtungsmöglichkeit zur anderen beschrieben (Hütten oder Hotels), so kann sich jeder seine Etappenlänge selber wählen und seine "Tagesportionen" nach Lust und Kondition einteilen, ohne sich von der "Norm" des Wanderführers jagen zu lassen.

Die Zeiten sind Durchschnittswerte für trainierte Wanderer, Pausen, Fotostops etc. hinzurechnen. Bei schlechtem Wetter (Regen, Nebel o.ä.) einiges mehr einplanen! Allg. Faustregel: 300 Höhenmeter pro Stunde bergauf, 400 bergab bei leichtem Gepäck.

Wegen der großen Entfernungen zwischen den Hütten (bis zu 8 Stunden) solltet ihr immer wieder auf geeignete Biwakplätze achten, um notfalls (schlecht Wetter etc.) dahin zurück zu kehren!

Es gibt unterwegs Quellen mit gutem Trinkwasser! Zumindest bei den Hütten. Auf manchen Etappen kann es knapp werden; deswegen genügend Vorrat bei der Hütte "tanken".

Wer per Auto unterwegs ist, richtet sich vielleicht vorher Verpflegungsdepots ein, d.h.: Lebensmittelvorräte nahe der Paßstraßen verstecken. - Beim Verpacken an Regen und die gute Nase der Schweine denken!

Nachschub

Hier eine Liste der Nachschubstellen im Sommer/Hochsaison.

Achtung: zur Vor-/Nachsaison kann man sich nicht drauf verlassen. (von Nord nach Süd):

- Hotel "Forêt de Bonifato"
- "Haut Asco", im Chalet gibts Verpflegung.
- Ballone: Verpflegung solange Vorrat reicht.
- Col de Vergio: im Hotel auch Proviantverkauf (nur zu bestimmten Tageszeiten), Konserven, Brot, Käse.

Nächste größere Einkaufsmöglichkeit 12 km vom GR 20 entfernt in Evisa: einige Lebensmittelgeschäfte, keine verläßliche Busverbindung dorthin!

- Zwischen Vergio und Vizzavona in der Bergerie L´Onda im Sommer Verkauf von Brot, Wein, Milch, Käse etc.
- Vizzavona: kleiner Lebensmittelladen mit Konserven etc. beim Hotel Modern.
- Col des Vizzavona: im Sommer einige Verkaufswagen.
- Capanelle: Hotel und Restaurant mit Verpflegungsmöglichkeit und Verkauf
- Col de Verde: kleine Wirtschaft "Relais de San-Pietro" mit Broten, Getränken etc. Verpflegungseinkauf möglich. Kein Restaurant.
- Zwischen Col de Verde und Bavella gibts keine Nachschubstellen!
- Col de Bavella: 2 Restaurants und Lebensmittelverkauf. Nächster Ort ist Zonza, 9 km auf der Asphaltstraße. Dort Busverbindung nach Sartène/ Ajaccio; Porto-Vecchio.

Z.T. verkaufen die Schäfer zur Saison Käse und Brot; selbstgemachte Pappschilder manchmal sogar in Deutsch! Details zu Orten und Pässen siehe jeweilige Beschreibung im Hauptteil.

Müll (Poubelle) wird auf dem GR 20 immer mehr zu einem Problem. Deswegen herzliche Bitte: alles, ganz besonders leere Konservendosen, Plastikverpackungen wieder mitnehmen und erst bei der nächsten Hütte in den Mülleimer. Dort wird der Müll sehr aufwendig, z.T. mit Helikoptern am Ende der Saison abgeholt.

Ausrüstung

- Unbedingt wichtig ist ein bequemer Rucksack - keine alten Armeetornister mitnehmen. Tramperrucksack ist etwas sperriger als ein Bergsteigerrucksack, aber auch o.k.
- So wenig Gepäck wie möglich mitnehmen, denn jedes Kilo mehr kann ganz schön lästig werden; auf keinen Fall mehr als 20 kg!! Besser nur 15 kg.
- Warmer Schlafsack, Regenschutz und etwas auf den Kopf gegen die Sonne.
- Erste-Hilfe Utensilien!
- Biwaksack oder leichtes Zelt für Notunterkunft.
- Wanderschuhe mit fester Sohle! Wenn man sie vorher einläuft erspart man sich unterwegs böse Überraschungen mit Blasen. Sicherheitshalber ein Blasenpuder aus der Apotheke mitnehmen. Blasengefährdete Stellen kann man vorher mit Heftpflaster schützen.
- Kleine Taschenlampe und Kerzen!

Mehr noch in der Ausrüstungsliste, Einleitungsteil dieses Buches (Kapitel Wandern).

GR 20 Meckerecke

Bitte schreibt uns Eure Anmerkungen, Anregungen zum GR 20; Veränderungen, neue Routenlegungen, veränderte Hüttenzustände, neue Abstiege oder Verpflegungsmöglichkeiten.

Durch Eure Mithilfe können wir das GR 20 Kapitel immer aktuell halten und Eure Erfahrungen den Wanderern im nächsten Jahr direkt weitergeben. Bitte notiert Euch Veränderungen gleich an Ort und Stelle, z. B. am

Ende des Buches. In der Erinnerung verwischt sich viel - die nachfolgenden Wanderer werdens´s Euch danken! (Wer nicht namentlich genannt werden will, schreibe es bitte kurz mit drauf).

Einstiege

Der GR 20 beginnt eigentlich bei Calenzana, doch um nicht gleich am ersten Tag mit einer langen und anstrengenden Etappe anzufangen, würden wir den Einstieg im Forêt de Bonifato empfehlen.

Am Forsthaus bei den kleinen Badegumpen des Ficarellabachs kann man 1 -2 Tage prima akklimatisieren, um dann zur großen Durchquerung zu starten oder am 1. Tag ab Bonifato die kurze Etappe bis zur Carozzuhütte und dort einen Anpassungstag einlegen.

Auf diese Weise spart man rund 800 Höhenmeter Aufstieg und 600 Höhenmeter Abstieg im Vergleich zur Variante über Calenzana und das Refuge de l´Ortu nach Carozzu. Zufahrt/Zugang von Calvi über die 20 km Teerstraße

1 Foret de Bonifato (540 m) → Refuge Carozzu (1.260 m)

(ca. 2½ Std.)

bis zum Hotel "Auberge de la Forêt" (Bonifato) am Ausgangspunkt der Wanderung. Keine Busverbindung (nur Reiseunternehmen als Rundreise von Calvi), eventuell Taxi. Preis ca 40 DM ab Calvi, wird durch Fahrgemeinschaft entsprechend billiger.

Busverbindung dagegen nach Calenzana im Juli/August ab Calvi, zum "klassischen" Einstieg. Taxi ca. 30 DM.

Am Ende der Fahrstraße beim Ausgangspunkt "AUBERGE DE LA FORÊT" Hotelzimmer, Schlafräume und Zeltmöglichkeit.

Einstieg über den GR 20 Zubringer:

Nach der Schranke am Ende des Parkplatzes beim Hotel dem Forstweg weiter folgen. Nach ca. 35 Minuten erreicht man die Furt "Ronco" (620 m). Sofort nach der Furt den Forstweg S-O verlassen. Der weitere Weg verläuft am linken Ufer des Ficarellabachs stetig steigend (gut 600 Höhenmeter). Zwischendurch den Bach queren und am rechten Ufer weiter hoch bis inmitten von Lariciokiefern Reste alter Hütten (1190 m) auftauchen. Noch 15 Min steil hoch zur Carozzuhütte auf ca. 1260 m (Kaltwasserdusche) mit vielen Zelt- und Biwakplätzen. Hier kommt der GR 20 von Calenzana hinzu.

Klassischer Einstieg ab Calenzana, gut 1 Tag länger; dabei bieten sich **2 Varianten**:

Entweder Calenzana (275 m) -- Refuge di l`Ortu di u Piobbu (1570 m), ca. 6-7 Std. und vom Refuge -- Carozzuhütte (1260 m), 5-6 Std. oder Calenzana -- Auberge de la Forêt (Bonifato), 4 1/2-5 Std und Auberge -- Refuge Carozzu 2 1/2-3 Std.

(Details zu Calenzana siehe Seite 185)

Die 1. Stunde ab Calenzana verlaufen beide Strecken gleich. Am süd/-östlichen Ortsausgang erreicht der GR 20 den Mulipfad und führt zur Quelle von "Ortivinti" (leicht oberhalb des Weges); etwas weiter die Weggabelung (550 m) mit den beiden Möglichkeiten:

a) Die empfehlenswertere und leichtere Variante folgt anfangs dem Wanderweg "strada tra mare e monti" nach Bonifato (Auberge), geringe Steigungen, orange markiert, bei schlechtem Wetter auf jeden Fall hier lang.

b) Die alpinere Möglichkeit auf dem GR 20 weiter übern Grat; die schwierigere Passage z. T. mit Handseilen gesichert. Als Einstieg nicht unbedingt zu empfehlen, da mit schwerem Rucksack sehr anstrengend und u. U. demotivierend. Nur für Schwindelfreie und auf keinen Fall bei nassem Wetter oder im Frühsommer (Schnee). ACHTUNG: Keine Quelle bis zum Refuge di l`Ortu di u Piobbu!

Der GR 20 zweigt an der obigen Kreuzung nach links, Süden ab; gut markiert, steigt an und führt durch Gebiete mit Waldbrandschäden. Von der Weggabelung bis zum Höhenrücken (Bocca, ca. 1.250 m hoch) etwa 2 1/2 Std. Das letzte Stück in Serpentinen steil rauf. Danach schwierige Schlüsselstelle über Felsen - Händläufe! Immer wieder ansteigend bis auf ca. 1.650 m. Das letzte Stück bis zur Hütte abwärts. Refuge di l´Ortu di u Piobbu (1570 m): Übernachtung, Zeltmöglichkeit, Quelle.

2. Tag: Refuge di l´Ortu di u Piobbu - Ref. Carozzu

Ab dem Refuge anstrengende Etappe, knapp 500 Höhenmeter Aufstieg, 600 Hm Abstieg. Grobrichtung Süd. Ansteigend bis auf 2000 m Höhe und weiter zum Col d`Avartoli (1898 m) gute 4 Std. einplanen.

Nach dem Col schwierige, steinig- felsige Passage an der Westseite der "Punta Ghialla" vorbei. Steiler schwieriger Abstieg durch ein felsiges Couloir. Das letzte Stück an der alten Bergerie vorbei zum Refuge Carozzu (1.260 m). Hier kommt der Weg von Bonifato hinzu.

2 Refuge Carozzu (1.260 m) ⟶ Haut Asco (1.422 m), 6-7 Std.

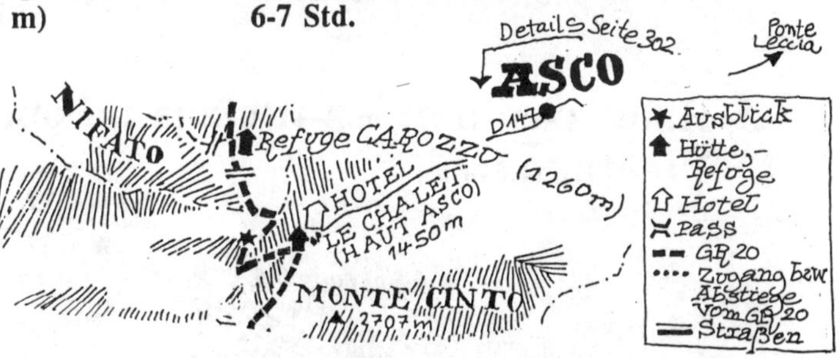

Oberhalb Carozzu führt der Weg kurz nach Süden, am Waldrand den Bach auf einer schmalen Hängebrücke queren und am linken Ufer Richtung Süd-Osten weiter aufsteigen. Mehrere Passagen über schräge Steinplatten, die bei Regen rutschig werden, Vorsicht! Die Seile sollen dann den Weg etwas erleichtern. Stetig ansteigend weiter zum "Lac de Muvrella" (1.860 m), bis hier etwa 3-3 1/2 Std. Der See ist vom Verschwinden bedroht, Baden unterlassen.

Zum Thema Wasser schreib uns N. Hohl:

> Eine kleine Quelle gibt es doch (allen Unkenrufen zum Trotz). Man findet sie, wenn man vom Jägerlager (Carozzuhütte) kommend rechts hinterm See ca. 30 m schräg hoch ins Erlengebüsch geht (Wer sie sucht wird sie auch finden, wir haben auch 5 Min. gebraucht).

Oberhalb des Sees, in 1.900 m nach Süden zu einer Scharte (2.000 m) und somit über die Westausläufer der Muvrella zur "Brêche de Stagnu" hoch.

Kurzer Aufstieg zum Muvrella-Gipfel möglich (Beschreibung im Text "Super Gratkletterei" Kapitel Inland/Ascotal). Von der Scharte bereits toller Blick in den Talkessel, auf der Gegenseite der Mt. Cinto, Korsikas höchster Gipfel 2.707 m.

Alternativabstieg nach Haut Asco ca. 1 1/2 Std.: von der Brêche steil auf markiertem Pfad am Ostabhang absteigen. Anfangs leichte Kletterstellen, dann am Waldrand weiter bis runter zum "Chalet Haut Asco". Siehe Wanderung Seite 306.

Der GR 20 folgt dem Hauptgrat nach Süden zur Bocca Culaghia (1.957 m). Aufstieg zum Gipfel Punta Culaghia (2.034 m). Vom Lac de Muvrella 1 1/2-2 Std. Vom Gipfel durch ein steiles Couloir hinunter zum Skilift des Plateau de Stagnu (Haut Asco). Das letzte Stück angenehm bis zum Refuge (1 1/2 Std).

Haut Asco:
Übernachtungsmöglichkeit im Hotel "**Le Chalet**", Hotelzimmer, Schlafräume, Dusche und Verpflegungsdepot.

Alternativ das Refuge de Stagnu des Parc Régional.

3 Haut Asco (1.422 m) → Refuge im oberen Virotal (1.640 m)

Die schwierigste Etappe des GR 20, Schlüsselstelle der Cirque de la Solitude mit anspruchsvoller Kletterstelle, landschaftlich aber super.

Von Haut Asco links neben dem Lift hochsteigen, bis die Liftspur rechts abbiegt. Ihr nicht mehr folgen, sondern geradeaus weiter. Vom Fuß des Geröllhanges noch kurz bis zu Resten einer 1985 abgebrannten Hütte

(2.000 m) rauf. Dauer ca. 2-2 1/2 Std, die Träufelquelle besteht noch. Ab hier Aufstieg zum Pic von Cube möglich (siehe Beschreibung im Hauptteil Inland/Haut Asco).

Der GR 20 steigt dann über lose Steine nach Südosten an. Vorbei an zwei kleinen Seen zum "Col Perdu" hoch (2.183 m) (Dauer gut 1/2 Std.). Der folgende Abstieg (Süden) zum "Cirque de la Solitude" und wieder rauf zur "Bocca Minuta" ist das schwierigste und gefährlichste Stück der Route (es hat schon einige Verletzte gegeben!). Dauer knapp 2 Std.

Der 200 m steile Abstieg in den Kessel "Cirque de la Solitude" ist mit einem Handseil versehen, Vorsicht bei jedem Schritt, denn losgelöste Steine können für die anderen gefährlich werden - besser warten bis der erste unten ist!

Im Mai-Juni muß noch mit Schnee und Eis gerechnet werden! Von 1.980 m wieder zur "Bocca Minuta" (2.218 m) hochsteigen, ebenfalls Seilsicherung und Eisenhaken. Von hier nach Süden über Felsen absteigen. Nach etwa 1 1/2-2 Std. das Refuge im oberen Virotal (1.640 m).

4 Refuge im oberen Virotal (1.640 m) ⋙→ Refuge Ciottoli di i Mori (2.000 m), ca. 4 Std.

Vom Refuge etwa 30 Min. Abstieg (200 Höhenmeter) zu den Bergerien Ballone (1.440 m). Die letzten Jahre wurde sie von 2-jungen Männern "bewirtschaftet" (neusten Stand bei Entgegenkommen erfragen).

Abstieg: in etwa 1 1/2 Std. über den Waldweg nach Calasima absteigen. Der Pfad weitet sich zu einem Schotterweg, geht in Teerstraße über, weitere ca. 2-3 km bis Calasima (Restaurant). 7 km zu Fuß nach Calacuccia oder Taxi ordern. Dort Lebensmittelläden, Arzt, Taxi, manchmal an bestimmten Tagen auch Busverbindung zum Col de Vergio bzw. Bastia. Mehr im Hauptteil Inland/Niolo.

Von Ballone dem GR 20 am rechten Ufer des Virobaches auf einer Höhe von 1.400 m folgen. Uralte Lariciokiefern wurden hier durch einen Waldbrand zerstört - vermutlich von unachtsamen Wanderern!

Der Weg führt über einen bewaldeten Sattel am Süd-Ostausläufer der Paglia-Orba. Danach steigt er ca. 500 m steil nach Westen an und erreicht nach ca. 3 Std. ab Bergerie den Col de Foggiale (1.962 m). Nach leichtem Anstieg erreicht man die Hütte "Ciottoli di i Mori" in etwa 20 Min. Das Refuge liegt auf einem kleinem Plateau zu Füßen von Tafunatu und Paglia Orba (gute Campingmöglichkeiten), wenig Wasser, Hüttenbeschreibung S. 341).

Lohnender Aufstieg zur Paglia-Orba, Punta de Tula, Tafunatu (siehe unsere Beschreibung S. 317/318).

5 Ciottoli di i Mori (2.000 m) → Hotel Castel de Vergio (1.404 m), 2 1/2-3 Std.

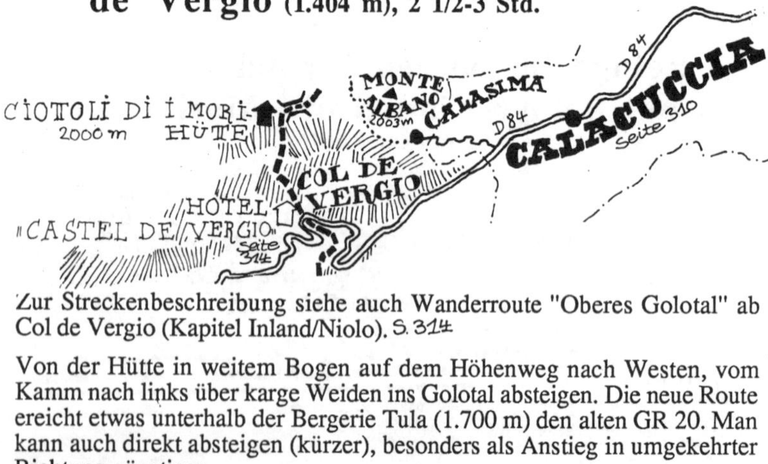

Zur Streckenbeschreibung siehe auch Wanderroute "Oberes Golotal" ab Col de Vergio (Kapitel Inland/Niolo). S. 314

Von der Hütte in weitem Bogen auf dem Höhenweg nach Westen, vom Kamm nach links über karge Weiden ins Golotal absteigen. Die neue Route ereicht etwas unterhalb der Bergerie Tula (1.700 m) den alten GR 20. Man kann auch direkt absteigen (kürzer), besonders als Anstieg in umgekehrter Richtung günstiger.

Man sollte sich an der folgenden Strecke auf keinen Fall die großen Badegumpen entgehen lassen, super erfrischend.

Weiter gehts am rechten Bachufer entlang. Den Golo dann bei den großen Steinplatten queren und auf dem breiten Pfad durch die Goloschlucht weiter. Vor dem Wasserfall "Radule" (1.370 m) den Bach wieder queren (Aufpassen! nicht geradeaus weiter, denn der Weg führt nach Albertacce/-Calasima). Dauer vom Refuge bis hier ca. 1 1/2 Std. Nach etwa 300 m in süd-westlicher Richtung dann die Bergerie "Radule".

Von hier in etwa 30 Min. auf fast horizontalem Pfad zur Haarnadelkurve "fer a Cheval" (1.329 m), an der Paßstraße. Auf der Straße in 2 km zum Hotel "Castel de Vergio", schöner aber der Waldweg: der GR 20 quert dazu die Straße und verläuft auf einem ausgezeichneten Pfad durch den Wald von Valdu Niellu, leicht ansteigend. Auf 1.330 m Höhe zweigt rechts der kurze "Zubringerweg" zum Hotel ab (15 Min.).

Andere Möglichkeit zum Hotel über den Col de Vergio: Dazu unmittelbar nach der Bergerie "Radule" rechts hoch und dem gelb markierten Pfad leicht ansteigend bis zum Col de Vergio folgen (ca. 50 Min.). Noch 1,5 km zum Hotel auf der Asphaltstraße abwärtslaufen.

Übernachtung, Verpflegung, Abstieg

Übernachtung im Hotel "Castel de Vergio" ca. 45 DM (das Doppelzimmer), auch preiswertere Übernachtung in Stockbetten, Campingmöglichkeit. (Achtung Schweine!)

In den letzten Jahren gabs im Hotel alle möglichen Lebensmittel zu kaufen, z.B. Konserven, Sardinen, Brot, Reis, Käse, Spaghetti etc. doch nur zu bestimmten Zeiten.

Gute Einkaufsmöglichkeit 12 km weiter in Evisa oder 11 km nach Albertacce. Es gab schon mal eine Busverbindung von Calacuccia übern Col nach Porto, neusten Stand im Hotel erfragen. Alternativ Taxi (Calacuccia) oder trampen.

Verpflegung: Zwischen Col de Vergio und Vizzavona keine Möglichkeit Nachschub zu bekommen!

6 Hotel Castel de Vergio (1.404 m) ➛Refuge Manganu (1.600 m), 6-7 Std.

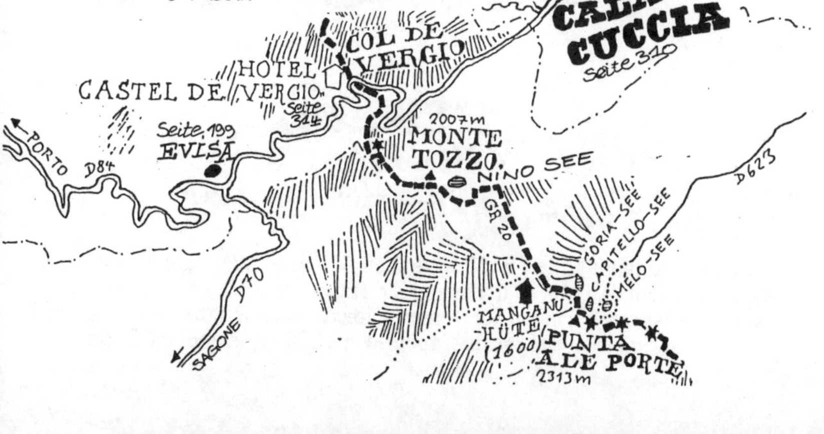

Vom Hotel nach Süd-Osten durch den Wald absteigen (gelb markiert). Bei 1.330 m Höhe trifft man wieder auf den GR 20. Durch den Wald etwa 3 km auf ebenem Weg weiter, zu einer Kreuzung. Hier zweigt der GR 20 nach rechts - Süden - ab, um zum Col St. Pierre (1.450 m) hochzusteigen, obere Baumgrenze, ca. 2 Std.

Vom Col gehts auf einem alten Maultierpfad über den Grat ansteigend zur "Bocca a Reta" (1.880 m). Nach 150 m Abstieg erreicht man nach weiteren 2 Std. den Ninosee (1.743 m) - eine schöne Hochebene mit Wiese. Eine Quelle im Erlengebüsch nahe dem S-W Ufer des Sees. Viele kleine Rinnsale, die den Tavignano bilden. Die Markierung hier dürftig, bei Nebel schwierige Orientierung. Camping am See verboten. Der Weg verläuft am Südufer des Sees nach Osten, bis zu einer Weggabelung unterhalb der Bergerie "Inzecche".

Der Pfad steigt bei der Gabelung ab zum ehemaligen Refuge "Campiglione" (1.600 m). Auf einer Lichtung im Buchenwald das Fundament der abgebrannten Hütte. Der GR 20 entfernt sich vom Tavignano und führt durch den Wald auf fast ebenem Weg zur Bergerie "Vaccaghia" mit Quelle. Über die Ebene von Campotile (1.540 m) zum "Col d`Aqua Ciarnente" (1.568); Wasserscheide. Vom Ninosee bis hier etwa 2 Std.

> Hinweisschild auf Abstiegsmöglichkeit (gelb markiert) Richtung Süd-Westen zum "Lac de Creno" - "Orto" (700 m) (ca. 3 Std.). Weiter nach "Guagno les Bains" - "Vico" (siehe unsere Beschreibung dort) Busverbindung erst bei Vico, nach Evisa und Ajaccio.

Nach etwa 15 Min. in 1.600 m Höhe dann die "Manganuhütte". Sie liegt am linken Ufer des Manganubaches und ist über einen Steg erreichbar. Groß und gemütlich mit kalter Dusche, Campingmöglichkeit.

7 Refuge Manganu (1.600 m) → Pietra Piana (1.842 m), ca. 6-7 Std.

Von der Manganuhütte (1.600 m) gleich 600 m Anstieg, anfangs nach S - O, dann Osten. Auf 1.970 m ein kleiner Tümpel mit Wiese, im Sommer bei wenig Wasser gleicht er aber einer Kloake. Mühseliger Aufstieg, auch Geröll, zur Scharte "Brêche de Capitello" (2.225 m). Dauer ca. 3 Std.

Der weitere Pfad auf dem zerklüfteten Grat wird schwieriger. Ein Schneefeld im Osten der Brêche de Capitello bleibt bis zum Sommer, größte Vorsicht bei der Überquerung, sonst liegt man im Capitellosee. Anschließend Abstieg nach Süd - Westen zu einer Scharte (2.000 m), die genau im Süden des Capitellosees liegt (ca. 30 Min.Gehzeit).

Variante - den schönsten Bergsee Korsikas aus der Nähe:

Bei dieser Scharte nach Norden durch ein Felscouloir zum Capitello- und Melosee absteigen und im Südosten beim "Col de Bocca Soglia" den GR 20 wieder erreichen (gelb markiert).

Abstieg bis Corte:

Über die Variante am Capitellosee vorbei zum Melosee. Fast am Ende des Sees nach Norden absteigen (leichtere Variante rechts; siehe Wanderung Corte/Restonicatal). Anfangs Felsplatten, dann ein ausgetretener Pfad bis zur Bergerie an der Fahrstraße. Capitellosee - Bergerie ca. 1 1/2 -2 Std. Bis Corte noch 14 km Teerstraße, Busverbindung erst ab Camping Tuani, nur zur Saison (siehe auch Text "Restonicatal" S. 332). Bahnverbindung in Corte Richtung Vizzavona - GR 20 -, Ajaccio oder Bastia/Calvi.

Von der Scharte verläuft der GR 20 auf dem Grat entlang in etwa 45 Min. zum "Col de Bocca Soglia" (2.052 m). Hier Wechsel auf den Nordabhang. Ohne nennenswerte Steigung nach Nord-Osten, dabei "Turnerei" über große Felsen (nicht gerade angenehm), der letzte Anstieg nach Osten (rechts hoch) zur Anhöhe in 2.125 m, (beim Erlengebüsch schlecht markiert) oberhalb des kleinen Rinososee vorbei, an den Nordsteilhängen der "Punta Mozzello" entlang. Soglia bis Col de la Haute Route 1 1/2 Std.

Vom Col de la Haute Route in 2.206 m noch etwa 1 Std. nach Südosten absteigen zur Pietra Piana - Hütte (1.842 m). Gemütliche Spitzdachhütte mit Kanonenofen, Campingmöglichkeit. Stützpunkt für die Besteigung des Rotondo (2.622 m), Korsikas zweithöchstem Gipfel. Durch die gute Lage und Nähe zu Corte oft überfüllte Hütte.

Aufstieg zum "Monte Rotondo" ca. 5 Stunden hin und zurück (siehe unsere Beschreibung Viertagestour, Seite 341).

8 Pietra Piana (1.842 m) ⟶ L`Onda Hütte (1.430 m), 4-5 Std.

Von der Spitzdachhütte ein kurzes Stück nach Süden absteigen, dann teilt sich der Weg. Einmal über den Grat (Crêtes) oder durchs Manganellotal (Vallée) zur L`Onda Hütte, Richtungsmarkierung auf einem Stein.

Übern Grat hat man eine sehr schöne Aussicht - bei gutem Wetter deshalb sehr zu empfehlen. Geringere Höhenunterschiede als durchs Tal, etwas schwieriger. Gehzeit ca. 4 Std. Beschreibung der Variante siehe S. 341.

Vallée: ein Weg, der durch eines der schönsten Bachtäler Korsikas führt - viel Wald. Gehzeit bis zur Hütte etwa 5 Stunden. Bei schlechtem Wetter ist dies der sicherere Weg zur L`Onda Hütte (900 m Abstieg, 450 m Anstieg).

Nach der besagten Kreuzung weiterhin steiler Abstieg. An der Bergerie "Gialgo" (auf 1.609 m) vorbei und nach Osten runter zum Manganellobach in 1.450 m . Dort nach Süd - Osten (rechts) den Weg verlassen und am linken Ufer des Manganellobaches entlang laufen. Dann durch einen Wald bis zur Bergerie Tolla (1.011 m) zwischendurch am Weg eine Quelle. Von der Bergerie führt der Weg weiter zu einer Brücke, wo man den Manganellobach quert (930 m). Gehzeit gut 3 Std.

Abstieg und Variante - Verpflegungsnachschub

Bei der Brücke zweigt ein Weg nach Osten zum Weiler "Canaglia" ab (700 m). Bis dort etwa 1 Stunde, dann auf der Straße weiter in 1 1/2 Std. nach "Tattone". Hinterm Sanatorium gibts einen kleinen Libreservice.

__Bahnverbindung__ 4 x täglich, So. seltener, nach Vizzavona - Ajaccio oder Venaco - Bastia/Calvi.

Bei der obigen schönen Abstiegsvariante durchs Manganellotal nach Tattone kann man den anstrengenden 5 Stunden-Marsch übers Monte D`Oro Massiv angenehm umgehen und mit einem Einkauf in Tattone oder besser noch in Venaco verbinden - die kurze Bahnschaukelei oberhalb schroffer Täler ist eine aufregende Sache. Wiedereinstieg in Vizzavona.

Nach der Brücke führt der Weg am linken Ufer des Grottacciabaches aufwärts. 500 m Aufstieg Richtung Süd - West bis zur Hütte. Der Bach wird bei dem Erlengebüsch gequert und man erreicht nach der "Bocca d`Oreccia die Bergerie L`Onda. Das große Refuge liegt oberhalb davon in 1.430 m. Wasserstelle und Campingmöglichkeit. An der Bergerie gabs in den letzten Jahren Wein, Bier, belegte Brote und guten Käse.

9 L`Onda Hütte (1.430 m) → Vizzavona (990 m), ca. 6 Std.

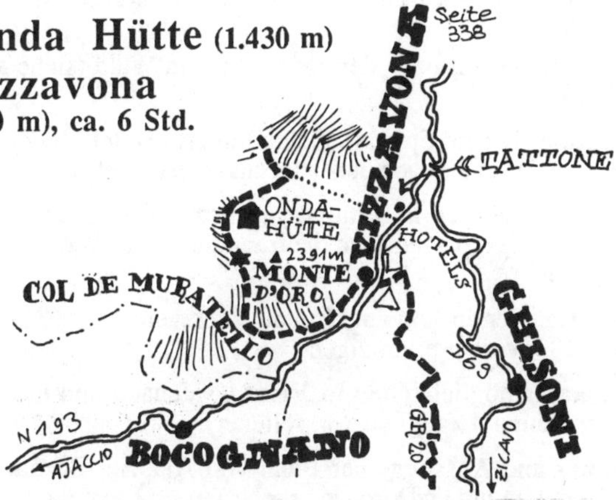

Von der Hütte gehts gleich 600 m bergan. Anfangs nach Süd-Westen bis zum Grat, dann nach Süden weiter. Der Weg steigt ständig, teilweise pfadlos, bis zu einer Felsscharte an. Dort nach Osten ein steiniger Pfad zum Gipfel "Crête de Muratello" (2.020 m); Dauer ca. 2 1/2 Std. - 3 Std.

Variante: Über den Gipfel des "Monte d`Oro (2.391 m) nach Vizzavona möglich. Einstieg bei der Crête de Muratello . Gehzeit etwa 4 -5 Std. bis Vizzavona. Siehe auch Beschreibung dort.

Der GR steigt von hier über 1.000 m nach Vizzavona ab. Anfangs noch steil nach Süden, mit losen Steinen und Felsplatten, ab 1.600 m, bei dem Erlengestrüpp, wird der Pfad besser. In 1.490 m Höhe an den Ruinen einer Hütte vorbei, immer oberhalb des "Agnonebaches". Bald eine Brücke zum rechten Ufer queren. Der Weg führt dann angenehm durch den Buchenwald.

Bei den drei Stufen des Agnone - den sogenannten "Cascades des Anglais" (1.092 m) quert der GR 20 den Bach.Von der Crête bis zum Wasserfall ca 2 1/2 Std. Bei Hochwasser geht man besser am rechten Ufer weiter und quert über die nächste Holzbrücke den Bach. Auf breitem Forstweg dann in 1 Std. zum Campground und Forsthaus an der Straße N 193 (in 990 m Höhe). Wenige Meter zum Bahnhof und den Hotels/Refuges.

Verpflegung - Unterkünfte

Refugeersatz gibts im Hotel "Beau Séjour" 100 m schräg gegenüber vom Bahnhof. Schöne Atmosphäre, große Terrasse, gutes, reichhaltiges Menü für 25 DM. Außer einem 1/2 Dutzend Hotelzimmer (DZ um die 40 DM) auch Matratzenlager um die 10 DM, Dusche extra.

Im "Hotel Modern" das Matratzenlagerca. 12 DM, aber kein Menüzwang.

"Hotel da la Gare" ebenfalls Matratzenlager, u. U. muß man bei Mme Tho ein Menü nehmen

Campingmöglichkeit nahe dem Forsthaus im Wald (siehe auch Hauptteil Vizzavona).

Verpflegung: Kleine Epicerie gleich hinterm Hotel Modern, alles Nötige erhältlich, incl. Schokolade, nur zur Saison geöffnet.

Weiterer Libreservice in Tattone (nächste Bahnstation). Außerhalb der Saison hilft bei Engpässen auch die freundliche Mme. Zini vom Hotel Beau Séjour weiter.

Fahrende Händler ab Juni am "Col de Vizzavona" (1.163 m) 3 km südlich auf der N 193, vorher erkundigen.

Gute Einkaufsmöglichkeiten in Vivario, Venaco und natürlich in Corte (Bahnverbindung 4 x täglich, So. seltener).

Guter "Ein- und Ausstieg" per Bahn von Ajaccio, Bastia, Calvi. Gut an einem Vormittag hin und zurück zu schaffen.

Verpflegung: Wer in umgekehrter Richtung läuft, sollte sich hier gut versorgen, bis Castel de Vergio keine Nachschubmöglichkeit.

In Vizzavona etwa Halbzeit der Durchquerung, zudem eine der besten Möglichkeiten den GR 20 zu unterbrechen und einige Relaxtage am Meer, z. B. Ajaccio einzulegen. Direkter Transfer per Bahn. Viele Hinweise in den vorangegangenen Kapiteln des Hauptteils zu schönen Stränden, Restaurants etc.

10 Vizzavona (990 m) ⟶ Capanelle Hütte (1.586 m), ca. 5-6 Std.

Eine Strecke, die sehr viel im Wald verläuft. Vom Forsthaus einige Meter auf der Straße Richtung Norden absteigen und die erste Abzweigung rechts benutzen - Hinweisschild "GR 20". Anfangs ein neuer Forstweg, dann guter Waldweg, der in Kehren etwa 650 m zum "Col de Palmente" (1.645 m) ansteigt. 2 1/2-3 Std. rechnen. Vor dem Paß, oberhalb der Waldgrenze, eine Quelle. Vom Col nach Süden abwärts zur Bergerie "Alzeta" (1.560 m) und weiter Richtung Bergerie "Cardo" (1.500 m).

Der Weg verläuft auf fast gleicher Höhe weiter, Allgemeinrichtung Süd-West zur Bergerie "Scarpaccedie" (1.450 m). Nach etwa 10 Minuten den

Weg verlassen ("Sambuco") und rechts, pfadlos, kurz und steil empor. Danach trifft man auf die Straße (zum Skilift). Nach wenigen Metern (auf der Straße) zur Capanellehütte links runter. Vom Col de Palmente etwa 2 1/2-3 Std.

Vom Ende der Fahrstraße, aus Ghisoni kommend, liegt die Hütte rechts oberhalb des Hotels, vis à vis des Skilifts. Hier Aufstiegsmöglichkeit zum Mt. Renoso (2.352 m) mit Blick zur Ost- und Westküste. Aufstieg ca. 3 Std. einfach. Siehe Seite 345.

Unterkunft entweder im Refuge des Parc Régional oder im Hotel/-Restaurant "U Fugone". Berghüttenmäßig ausgestattet, warme Duschen, Mehrbettzimmer (preisgünstig), preiswertes Restaurant, Menüs, Pizzen, auch kleinere Gerichte. **Einkauf** von Verpflegung möglich. Telefon, um Taxi zu ordern.

11 Capanelle Hütte (1.586 m) → Refuge am Col de Verde (1.289 m), ca. 4 1/2 Std.

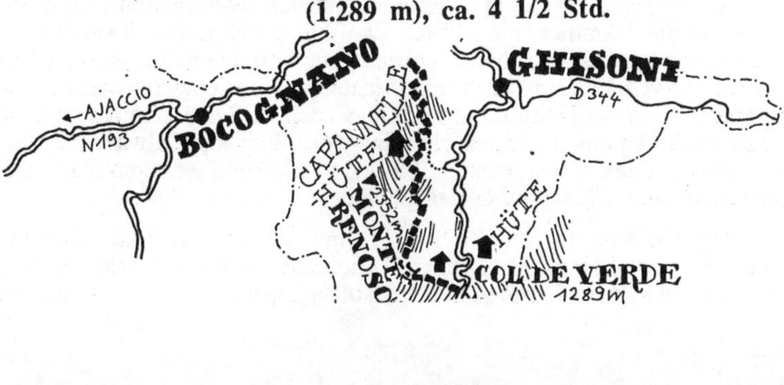

Die folgende Etappe führt vielfach durch waldige Passagen, schön schattig. Der GR 20 verläuft links vom unteren Lift weiter, anfangs nach Süden Richtung Bergerie "Tragette" (1.520 m). Dort an der linken Talseite abwärts zur Straße. Kurz nach der Brücke die Straße wieder verlassen und bergwärts dem Rundweg folgen. Etwa 250 m angenehmer Aufstieg zum Plateau "Gialgone" (1.591 m) - eine Quelle direkt am Weg. Capanelle bis Plateau ca. 3 Std.

In wenigen Kehren nach Süden absteigen und in 1.390 m den "Marmanebach" überqueren. Einige Minuten vor dem Bach Hinweisschild zur Bergerie, mit Käse, Brot etc. Im spitzen Winkel knickt der Weg nach Osten ab. Noch 30 Minuten leicht ansteigend zum "Col de la Fiasca" (1.430 m). Über einen Waldweg im Bogen zum "Col de Verde" (1.289 m) und zur D 69 hinab

Übernachtung:

Im Refuge Col de Verde und Campingmöglichkeit. Brunnen nahe dabei. Im Relais gibt's kein Restaurant, dafür Sandwiches und Getränke, sowie Lebensmittel zu kaufen.

Achtung: keine Busverbindung, doch da direkt an der Paßstraße D 69, müßte Trampen nach Norden Richtung Corte, bzw. Süden/Bavellapaß gut gehen.

Auf den nächsten Etappen bis zum Col de Bavella keine Verpflegungsmöglichkeit!

12/13 Col de Verde (1.289 m) - evtl. via Refuge de Prati - Refuge Usciolo (1.750 m)

Ab dem Col de Verde bieten sich 2 Routen zum Refuge Usciolo an:

- Die kürzere und einfachere Route verläuft auf dem alten GR 20 etwas unterhalb des Kammes, umgeht die Prati Hütte und die Gratwanderung. Diese besonders bei schlechtem Wetter zu empfehlende Route verläuft über einen Forstweg, der kurz nach dem Einstieg rechts abzweigt, weitgehend geschützt im Wald. Hauptrichtung Süden, nach ca. 3 Std. erreicht man die Chapelle St. Antoine (1.150 m); hier biegt der Weg ab, in etwa 1 1/2 bis 2 Std. zum Col de Laparo hoch (1.525 m); Vom Col in weiteren 3 1/2 Std. zur Usciolohütte, Beschreibung siehe unten.

- Die längere, ausgesetztere Tour führt über den Grat zur Prati Hütte und weiter zur Usciolo Hütte. Bei gutem Wetter eine lohnende Strecke, schöner Blick. Beide Varianten treffen sich am Col de Laparo.

12 Col de Verde (1.289 m) ⟶ Refuge de Prati (1.840 m), 2 1/2-3 Std.

Vom Col gehts auf der Fahrstraße nach Süden bis zum Wegweiser "Refuge de Prati". Dort wieder auf den GR 20 und durch Nadelwald aufsteigen. Danach ein freies Gelände, anschließend steil durch einen Buchenwald empor, der etwa bei 1.550 m aufhört. Ein steiles Stück noch zum "Col de Prato" in 1.880 m. Vom Kamm am Ostabhang der "Punta del Prato" über ein fast ebenes Plateau zur Pratihütte (1.840 m).

13 Refuge de Prati (1.840 m) Usciolo Refuge (1.750 m), ca. 6 Std.

Wasser ....Wasser .... Wasser ....

Im Sommer gibt es hier oben fast keine Quellen, deshalb unbedingt genügend Wasser bis zur nächsten Hütte mitnehmen.

Zum WASSERPROBLEM schreibt uns E. Gugumberger:"An der Bocca di Laparo (4 Std. vom Prati Refuge entfernt) gibts eine Quelle (1.400 m; groß angeschrieben), ca. 20 Min. entfernt; Anmerkung: kann im Sommer versiegen. Entgegenkommende fragen."

Von der Hütte Aufstieg nach Süd-Westen bis zum Höhenrücken der "Punta Cappella". In etwa 2000 m wird der Berg auf der Ostseite umgangen. Manchmal noch Schneereste. Vorsicht!

Bei guter Sicht ist der mühsame Aufstieg zum Gipfel über Steine und durch Gebüsch von der Nordseite her lohnenswert. Nach Süden steigt der Weg zu einer steinigen Mulde wieder ab, schwierige Passage über felsiges Gelände. Bei den Südausläufern der "Punta Latoncello" wird der Pfad etwas besser. Er wechselt kurz auf den Ostabhang und beim "Col de Rapari" (1.614 m) wieder zum Westhang und führt unterhalb der "Punta di Campolongo" vorbei.

Weiter absteigen (Wald mit Krüppelbuchen) zum "Col de Laparo" (1.525 m). Hier stößt die obige Alternative hinzu. Etwa Halbzeit auf dem Weg zur Usciolohütte. Vom Col den Grat auf der Ostseite Richtung Süden ansteigen. Durch einen Buchenwald, immer rauf und runter, im Osten um die "Punta Mozza" herum. Nach dem Wald in einigen Serpentinen zum Bergrücken.

Weiter, ohne richtigen Pfad, über ein breites Plateau (1.950 m) im Norden des "Monte Formicola" und im Osten um den Berg herum. Bis zur

Uscioluhütte noch etwa 200 Höhenmeter auf dem Süd - Osthang absteigen. Das Refuge dann auf 1.750 m in steiniger Umgebung.

14 Refuge Usciolo (1.750 m) → Asinao Hütte (1.536 m), ca. 9-10 Std.

Da die Pedinielli Hütte abgebrannt ist, ergibt sich eine sehr lange Etappe von 9 - 10 Std. bis zur Asinao Hütte. Übernachtung unterwegs als Biwak möglich; Biwakplätze am Bach bei der Hängebrücke

Vom Refuge Usciolu nach S-W in kurzem Aufstieg zum Grat. Der GR 20 folgt der Hügelkette oberhalb der Baumgrenze; in 15 Min. zum Col d`Usciolo (1.780 m).

Abstiegsmöglichkeit nach Cozzano (727 m) - gelb markiert
Bei der Scharte "Col d`Usciolu" (1.780 m) etwa 3 Stunden runter, 4 Stunden rauf.

Weiter über den Grat; viele bizarre Felsen am höchsten Punkt (1.836 m). Zeitbedarf vom Col aus 1 1/2 Std. Er wird auch der Grat der Statuen genannt. Einige Felszacken umgehen und zu einer Senke mit Buchenwald absteigen (1.680 m). Der GR 20 wendet sich hier nach Süden und steigt steil auf 1.565 m ab (Quelle rechts im Buchenwald).

Abstieg nach Zicavo (700 m): Ein gelbmarkierter Pfad führt erst nach Süd - West, dann Westen. Abstieg etwa 3 Stunden, Aufstieg 4 Stunden.

Dann durch einen Wald nach Süden bis zu einer breiten Senke in 1.556 m. Dort den Hauptkamm verlassen und nach Süd-Ost absteigen. (Teilweise durch Buchenwald). Über eine Hängebrücke (1.380 m) den Bach queren. Am Bach sehr gute Biwakplätze. Abzweig etwa 5 - 10 Min. vor dem Bach zur Bergerie, im Sommer Käseverkauf. Umweg von ca. 30 Min. Entgegenkommende fragen, ob es noch etwas gibt.

Am rechten Bachufer steigt der GR 20 in einigen Kehren durch Buchenwald bis zu einer Lichtung an, auf der die Pediniellihütte stand (1.620 m); rechts des Wegs ist eine Quelle. Vom Refuge Usciolo bis zu den Ruinen der ehemaligen Pediniellihütte - gute 6 Std.

Von der ehemaligen Hütte erst nach Osten zum "Col de Luana" (1.805 m). Dort nach Süden wenden und ohne markanten Pfad den breiten Kamm des Incudine zum Gipfelkreuz (2.134 m) hoch. Abstieg erst nach Südwesten und dem Grat folgend zum "Col de Forgerons" (2.025 m).

Von dieser Scharte nach S - O durch ein steiles, erlenbewachsenes Couloir, das bis zur Asinaohütte ausläuft. Das Refuge liegt oberhalb des Bergeriedorfes Asinao in 1.530 m (von der Scharte ca. 1 1/2 Std.)

Campingmöglichkeit, Quelle. Mehr über das Refuge im Hauptteil: Kapitel Bavella.

15 Refuge Asinao (1.536 m) ⟶ Col de Bavella (1.218 m)

Von der Hütte im großen Bogen, anfangs nach S - W, um das Bergeriedorf Asinao (1.460 m) herum. In etwa 1.350 m den Asinaobach überqueren (30 Min. Gehzeit).

Wenige Meter hoch (Osten) und nach rechts (Süden) wenden. Auf etwa gleicher Höhe führt der ausgetretene Weg oberhalb des Asinaobachs (linkes Ufer), durch den Wald. Nach ca. 1 1/4 Std, von der Hütte gerechnet, erreicht man eine Wegkreuzung.

2 Möglichkeiten:

1) <u>Anspruchsvoll</u>, aber bei guter Sicht lohnende Variante: links rauf (S - O) durch die Mini-Dolomiten (Bavellatürme) mit Aussicht zum Golf von Porto Vecchio. Dauer je nach Kondition 2 - 3 Std.

Direkt bei der Abzweigung führt der Pfad steil den Westhang hinauf (mit gelbem Doppelstrich markiert). Gut 400 Höhenmeter in Serpentinen zum

Col de Pargolu (1.662 m). Zwischen den Türmen III und IV durch, wobei man den Aufstieg zum Dreier mit leichten Kletterstellen einschieben kann. Am Fuß des Turm III steigt der Weg steil ab und gleich wieder zum "Col de L`Oiseau" auf. Zwischendurch eine Steinplatte mit Handseil - Vorsicht - steiler, steiniger Abstieg, bis sich der Pfad mit der anderen Variante trifft. Noch etwa 300 m auf dem GR 20 zum Col de Bavella.

2) Alternativ: An der Gabelung geradeaus führt der bequemere Weg um das Massiv herum zum Col de Bavella, bei schlechtem Wetter unbedingt hier lang! Dauer ca. 4 - 5 Std.

Rotweiß markierter Weg Richtung Süden, noch kurze Zeit durch den Wald, weiter, auf ebenem Pfad zu einem Plateau. Schöne Aussicht. Der Weg verläuft ab jetzt nach Osten. Allmählich absteigen und am Südostausläufer der Türme steil einen bewaldeten Hang hochsteigen (ca. 200 Höhenmeter). Hier treffen sich Variante 1 und 2. Noch 300 m zum Paß (1.218 m).

Abstieg - Verpflegung

Direkt am Col, bei der Madonnenstatue, eine flache, geschützte Wiese zum Biwakieren. Schilder Camping verboten, Biwakieren wird toleriert. Kein Refuge; Hotels und Camping erst in Zonza. Abstieg über die Teerstraße 9 km nach Zonza (Autostop versuchen), von dort Busverbindung 1 x täglich, außer sonntags (zur Saison, sonst nur 3x/Woche), nach Sartène/Ajaccio bzw. Porto-Vecchio.

Restaurant "COL DE BAVELLA" und "LE REFUGE" sowie zur Hauptsaison Lebensmittelladen zum "Nachtanken".

16 Col de Bavella (1.218 m) → Refuge Paliri (1.060 m), ca. 2-3 Std.

Vom Col die Straße bis zum Restaurant "Col de Bavella". In der Kehre rechts am Restaurant vorbei (S - O) und auf breitem Forstweg den GR 20 fortsetzen. Dieser führt bequem durch einen Wald zum Bach "Saint Pierre" (1.025 m) hinab . Am rechten Ufer wieder ansteigen zum "Col de Finosa" (1.206 m), ca. 1 1/2 Std. Von dieser Scharte in kurzen Serpentinen nach S - O steil absteigen, dann wieder auf gleicher Höhe weiter. Nach etwa 15 Min. den Weg nach links verlassen und zur Palirihütte (1.060 m). Das Refuge in sehr schöner Waldlage (Gardien im Sommer). Von Süden kommend ist die Abzweigung leicht zu verpassen. Als Anhaltspunkt rechts im Wald die großen Findlinge, dann nochmal 100 m Aufstieg zur Hütte.

17

Refuge Paliri (1.060 m) ⟶ Conca (250 m), ca. 5 Std.

Von der Hütte nach Süden absteigen. Dem GR 20 Richtung S - O folgen. Abwärts zum "Col de Bracciutu (971 m). Bis auf etwa 900 m absteigen, dann wieder nach Süden ansteigen zum "Col Villaghello" (1.040 m). Der weitere Weg führt teilweise durch einen Wald, bis zu den verfallenen Bergerien Capello (850 m), ab Refuge etwa 2 Std. Quelle ca. 200 m nördlich.

Weiter nach S -O absteigen, Waldbrandschäden, wobei man den Tarcobach 2 x quert, an der zweiten Querung herrliche Badegumpen (550 m). Der letzte Anstieg beginnt in einigen Kehren, dann gehts auf fast gleichbleibender Höhe in weiteren 2 Std. zum Col d`Usciolo (540 m).

Ein kurzer Abstieg zur Fontaine de Radicale und dann in ca. 40 Min in den Ort Conca hinein. Das letzte Stück Teerstraße.

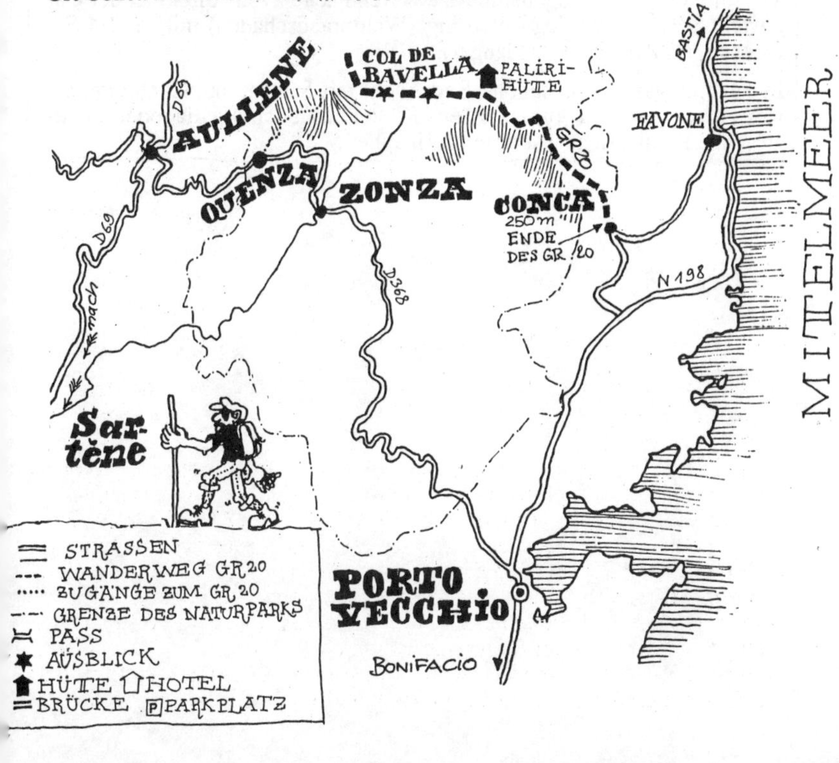

Conca liegt auf 250 m Höhe am Hang vor den Bergen des Ortu Massivs. Die Häuser weit verstreut; "Zentrum" bei den Restaurants und Cafés, Einkaufsmöglichkeit. Große Waldbrandschäden in der Umgebung.

Übernachtung: keine Hotels.

Camping "RELAIS GR 20" am Ortsrand gleich neben den Tenniscourts. Gemütlicher Platz unter Korkeichen; viel Improvisiertes; Kaltdusche, kleines open air Restaurant "LA TONELLE", gute Kontaktbörse.

Abstieg von Conca an die Küste:

Keine reguläre Busverbindung. Taxi telefonisch organisierbar. Bei 4-5 Leuten im Auto preislich akzeptabel. Busverbindung erst wieder in Ste. Lucie de Porto-Vecchio an der Küstenstraße (nach Bastia und Porto-Vecchio, Häufigkeit siehe dort).

Zu Fuß entweder über die Teerstraße in 7 km nach Ste. Lucie de Porto-Vecchio; eventuell angenehmer zu laufen nach Favone direkt an der Ostküste. Ordentlicher Weg (allerdings Waldbrandschäden) mit ca. 3-4 Std. rechnen (als Anstieg etwas länger).

In Favone wartet eine schöne Badebucht mit Sandstrand, Campingplatz, Restaurant und ein kühles Bier! Küstenbus nach Bastia oder Porto-Vecchio. Details siehe Ostküste im Hauptteil.

Kleiner Wortschatz

Einige Wörter + Redewendungen

oui	ja
non	nein
Monsieur (Abk.M.)	Herr
Madame (Abk.Mme)	Dame, Frau
Mademoiselle (Mlle)	Fräulein
bonjour	guten Tag; auch: guten Morgen
bonsoir	guten Abend
merci (beaucoup)	vielen Dank
je vous en prie	gern geschehen
de rien	nicht der Rede wert
s'il vous plaît	bitte
pardon	wie bitte, entschuldigen Sie (als Einleitung zu einer Frage nach dem Weg)
au revoir	auf Wiedersehen
parlez doucement	sprechen Sie langsam
je ne comprends pas	ich verstehe nicht
encore une fois	noch einmal
je ne sais pas	ich weiß nicht
ne quittez pas	am Telefon: bleiben Sie am Apparat
comment aller à...	wie komme ich nach...
où se trouve...	wo befindet sich...
donnez-moi	geben Sie mir
parlez-vous allemand?	sprechen Sie deutsch?
anglais?	englisch?
français?	französisch?
où	wo
quand	wann
combien	wieviel
pourquoi	warum
et	und
ou	oder
je voudrais	ich möchte
nous voudrions	wir möchten

EINKAUFEN

pharmacie	Apotheke
boulangerie	Bäckerei
pâtisserie	Konditorei
boucherie	Metzgerei (ohne Wurst)
charcuterie	Wurstwaren
poissonnerie	Fischhandlung
fruits et legumes	Obst und Gemüse
librairie	Buchhandlung
alimentation	Lebensmittel
libre service	
epicerie	
le coiffeur	der Friseur
ça fait combien?	was kostet das?
c'est trop cher	das ist zu teuer
ce n'est pas cher	das ist nicht teuer
la réduction	die Ermäßigung
quelque chose contre	etwas gegen
le mal de gorge	Halsschmerzen
le mal de tête	Kopfschmerzen
brûlures solaires	Verbrennungen (Sonne)
de la pâte dentifrice	Zahnpasta
du savon	Seife
du shampooing	Haarshampoo
de la creme solaire	Sonnencreme
des contraceptifs	Verhütungsmittel

WEG & RICHTUNG

pardon où est la gare?	wo ist der Bahnhof bitte?
la banque	die Bank?
le bureau de poste	die Post?
le camping	der Campingplatz
où sont les toilettes?	wo sind die Toiletten?
tout droit	geradeaus
tourner à gauche	links abbiegen
tourner à droite	rechts abbiegen

jusqu'au feu rouge	bis zur Ampel
combien de kilomètres?	wieviel Kilometer?
à pied	zu Fuß
en voiture	mit dem Auto
le départ	die Abfahrt
l'arrivée	die Ankunft
la correspondance	die Verbindung
l'autocar	der Autobus
le train	der Zug
l'avion	das Flugzeug
le quai	der Bahnsteig
cette place est libre?	ist der Platz frei?
les bagages	Gepäck

Verkehr:

où se trouve la route de...	wo ist die Straße nach...
pour aller à...	wie komme ich nach...
la première rue à gauche	erste Straße links
à droite	rechts
le carrefour	die Kreuzung
passage interdit	Durchfahrt verboten
sens unique	Einbahnstraße
impasse	Sackgasse
déviation	Umleitung
stationnement interdit	Parken verboten
sortie	Ausgang
attention	Achtung
je suis en panne	ich habe eine Panne
appelez un docteur	rufen Sie einen Arzt
une ambulance	einen Rettungswagen
l'accident	der Unfall
dépannage	Abschleppdienst
les frains	die Bremsen
les vitesses	Gangschaltung
l'embrayage	Kupplung
le dynamo	Lichtmaschine
l'allumage	Zündkerze
le démarreur	der Anlasser
le pneu	der Reifen
l'huile	Öl
le carburateur	der Vergaser
le radiateur	der Kühler
...ne marche pas!	...geht nicht!
rallentissez	langsam fahren
le garage	die Reparaturwerkstatt

Häufig vorkommende Hinweise für Autofahrer:

rappel	Erinnerung
sortie	Ausfahrt
entrée	Einfahrt
toutes directions	alle Richtungen
autres directions	andere Richtungen
chaussée déformée	unebene Fahrbahn
péage	Maut, gebührenpflichtig
préparez monnaie	Kleingeld bereithalten
vehicules lents serrez à droite	langsame Fahrzeuge fahren rechts
vous n'avez pas la priorité	sie haben keine Vorfahrt
chantier	Baustelle
danger	Gefahr
limitation de vitesse	Geschwindigkeitsbegrenzung
passage interdit	Durchfahrt verboten
priorité à droite	rechts hat Vorfahrt
sens unique	Einbahnstraße
voie sans issue	Sackgasse
travaux	Straßenarbeiten
virage	Kurve
déviation	Umleitung

Wichtige Ausdrücke für Bus/Bahnfahrer:

départ	Abfahrt
autocar	Bus
ligne	Buslinie
horaire	Fahrplan
semaine	Woche
période scolaire	Schulzeit
correspondance	Anschluß
circulent	sie verkehren
valable	gültig
sauf	außer
de....à....	von...bis.....
ne fonctionne....que	fährt nur am...
aller-retour	Hin- und Rückfahrt
aller simple	einfache Fahrt
jour férie	Feiertag
quotidien	täglich
tous les jours	täglich
arrivée	Ankunft
train	Zug
gare	Bahnhof
gare routière	Busbahnhof
particularités	Besonderheiten

lu(ndi)	Montag
ma(rdi)	Dienstag
me(rcredi)	Mittwoch
je(udi)	Donnerstag
ve(ndredi)	Freitag
sa(medi)	Samstag
di(manche)	Sonntag

CAMPING

je cherche le terrain de camping	ich suche den Zeltplatz
y a-t-il encore de la place	haben Sie noch Platz
la tente	das Zelt
la vaisselle	das Geschirr
le linge	die Wäsche
le sac de couchage	der Schlafsack
le sac à dos	der Rucksack
l'eau potable	Trinkwasser
courant électrique	Stromanschluß
la roulotte	Wohnwagen
le tire-bouchon	wenn man den Korkenzieher vergessen hat
l'ouvre-boîte	...oder den Büchsenöffner

Im Restaurant

une table pour...personnes	ein Tisch für...Personen
la carte s.v.p.	die Speisekarte bitte
vous avez choisi?	haben Sie ausgewählt?
comme boisson?	was möchten Sie zu trinken?
comme dessert?	was möchten Sie als Dessert?
le hors d'oeuvre	die Vorspeise
la fourchette	die Gabel
le couteau	das Messer
la cuillère	der Löffel
tout compris	alles inbegriffen
l'addition s.v.p.	die Rechnung bitte

KLEINES SPEISELEXIKON:

anguille	Aal
aziminu	korsische Bouillabaisse, gehaltvolle Fisch suppe
cabrettu a l'istrettu	Zickleinragout in kräftig gewürzter Soße, erst im Oktober
calmar	Tintenfisch
canistrelli	korsisches Gebäck
carrée d'agneau	Lammrücken
coppa	geräuchertes Schweinefleisch, wurstartig im Darm eingerollt
côte d'agneau	Lammkotelett
côte de veau	Kalbskotelett
côte de boeuf	Kotelett vom Ochsen
côte de porc	Kotelett vom Schwein
crêpe	eine Art Pfannkuchen
crevettes	Krabben
crudités	gemischter Rohkostteller
dorade	Goldbrasse
entrecôte	Schnitzel
fiadoni	Torte mit Quarkfüllung
figatelli	kleine Schweinsleberwürstchen
friture du golfe	gebackene Fischchen, oder 1 größeres Exemplar
fritelli	Omelett aus Kastanienmehl
fromage	Käse
huitres	Austern
jambon	Schinken
langoustes	Langusten
lapin	Kaninchen
lièvre	Hase
lonzu	Wurstart aus geräuchertem Schweinefleisch
loup	Wolfsbarsch
marcassin	Spanferkel
moules marinières	Miesmuscheln mit Pfeffer, Petersilie, Wein und Butter angemacht
omelette aux herbes	Kräuteromelett
paella	span. Reisgericht mit Meeresfrüchten
pâté de merle	Amselpastete
pan bagnat	Weißbrot, gefüllt mit Salat, Thunfisch, Tomaten,Oliven ... mit Öl begossen (bagnat = gebadet)
pâtisserie	Kuchen, Torte
plat du jour	Tagesplatte

poulet rôti	gegrilltes Hähnchen
quiche terrine	Pastete in Mürbeteigtörtchen
rouget	Meerbarbe
sanglier	Wildschwein, zwar nicht in Pfefferminzsoße wie beim Asterix, dafür in köstlicher Weinsoße
sole meunière	Seezunge Müllerin Art
soupe poisson	Fischsuppe
tripette	Tierinnereien mit scharfen Gewürzen
truite	Bachforelle
zuppa corsa	korsische Gemüsesuppe

Im Hotel

vous avez une chambre pour...personnes?	haben Sie ein Zimmer für...Personen?
une chambre à deux lits	mit 2 Betten
une chambre qui donne sur la cour	ein Zimmer zum Hof
une chambre qui donne sur la rue	ein Zimmer zur Straße, nach vorn
une chambre qui donne sur la mer	ein Zimmer mit Meerblick
nous restons une nuit	wir bleiben eine Nacht
une semaine	eine Woche
quelques jours	einige Tage
on peut voir la chambre?	können wir das Zimmer sehen?
avec salle de bains	mit Bad
avec douche	mit Dusche
le petit déjeuner compris?	mit Frühstück?
demi-pension	Halbpension
pension complète	Vollpension
c'est combien	wieviel kostet...
je ne prends pas la chambre	ich nehme das Zimmer nicht
réservez la chambre pour le..	reservieren Sie das Zimmer zum..
à quelle heure fermez-vous?	wann schließen Sie?
la salle à manger	Speisezimmer
pouvons-nous avoir?	können wir haben
un renseignement	eine Auskunft
un billet	eine Fahrkarte
une chambre	ein Zimmer

Korsischer Wortschatz

cumu si	wie geht's?
tutti be?	geht es allen gut?
abastanza	ziemlich
site stancu?	seid ihr müde?
vulete pusa?	wollt ihr euch setzen?

Reise

l'aviu era carcu	das Flugzeug war voll
a u campu (: gampu)	am Flughafen
cu u trenu e u battellu	mit dem Zug und dem Schiff
u viaghju durava dui ghjorni (: uiadyu uraua ui yorni)	die Reise dauerte 2 Tage
si ghjunghjia stanchi morti (: yundyiha)	man kam mehr tot als lebendig an
so ghjuntu stamane in Puretta	ich bin heute morgen in Poretta angekommen
aghju tre simane (: adyou)	ich habe 3 Wochen Zeit
quantu ci vole a ghjunghje a..	wie lange braucht man bis...
trinchemu a manu manca	wenden wir uns nach links
un aghju vittura	ich habe kein Auto

Im Hotel

avetene camere? (: auedene)	haben Sie ein Zimmer?
ci ne vole duie	wir brauchen zwei
u patrone	der Besitzer
quantu ci avete da sta?	wie lange bleiben Sie?
una notte e basta?	nur eine Nacht?
un ci stabilimmu micca in...	wir bleiben nicht länger in...
piglierete a camera a u secondu pianu	Sie nehmen das Zimmer im zweiten Stock
he chjuca	es ist klein
ci he a so duscia	es ist mit Dusche
l'altra he piu maio	das andere ist größer

a bagnarola (: uanjarola)	das Badezimmer
u giardinu	der Garten
u caffe u ci cullate in stanza?	bringen Sie uns den Kaffee aufs Zimmer?
he in u prezzu	es ist im Preis inbegriffen
u caffe, a latte, u pane	Kaffee, Milch, Brot
butiro, mele corsu	Butter, korsischer Honig
u cuscinu impiumicciatu (: mpyumitschadu)	das Federkissen

Restaurant

andemu a pigliacci qualcosa (: piyatchi kualkoza)	gehen wir etwas trinken, essen
ci he un tavulino liberu	hier ist ein freier Tisch
chi vulete beie (: bulede ueye)	was möchten Sie trinken
datemi un cafe callu callu	bringen Sie mir einen richtig heißen Kaffee
a me una limunata	mir eine Limo
manghjatu che no avemu pigliemu u caffe	wenn wir mit dem Essen fertig sind, trinken wir einen Kaffee
fasgioli (: vajoli)	Bohnen
chi ghjurnale lighjite (: dyurnale)	welche Zeitung lesen Sie?
chi he ora d'apperitivu	es ist Zeit für einen Aperitif
vulete vene ancu voi	wollt ihr auch kommen?
un antra volta	ein anderes Mal
m'aspettanu a culazione	sie erwarten mich zum Mittagessen
piglieremu l'apperitivu in caffe	wir nehmen einen Aperitif
u tempu di manghja (: dinpu i mandya)	Essenszeit
chjachjere (: dyatyere)	Plaudereien
ragiona cu l'amichi	er diskutiert mit seinen Freunden
vi presentu u me ziu	ich stelle Ihnen meinen Onkel vor
aghju dui ghjorni di permissione (: yorni)	ich habe 2 Tage frei
mi face piace (: vadje biadje)	das gefällt mir
oghje he dumenica (: odye)	heute ist Sonntag
chi faci mercuri	was machst du am Mittwoch
marti da mane	dienstags morgens
si videra	man wird sehen
pe sta volta	für dieses Mal
a vedeci	auf Wiedersehen

Apotheke

ind' u spiziale (: spidziale)	beim Apotheker
datemi una medicina pe a pena in capu	geben Sie mir ein Mittel gegen Kopfschmerzen
senza repice (: rebidje)	ohne Rezept
mi so fattu male	ich habe mir weh getan
aghju a pena in capu (:adyu)	ich habe Kopfschmerzen
cumu l'aghiu da ingolle	wie soll ich sie nehmen?
sane o sdrutte in l'acqua	ganz oder in Wasser aufgelöst

Friseur

u piluccheru (: bilukeru)	der Friseur
pusate	nehmen Sie Platz
cumu i v'aghju da taglia	wie soll ich sie schneiden?
i capelli (: gabelli)	die Haare
accurtateli daretu	hinten kürzen
li demu una lavata	wir waschen sie
a quale tocca?	wer ist an der Reihe?
tucchera a noi	wir sind an der Reihe

Wetter

a sciappittana (: schapitana)	bei der Hitze
ci stemu a u frescu	wir bleiben im Freien
a'chi ora sorte u sole	um wieviel Uhr geht die Sonne auf?
surtera a cinque ore	sie geht um 5 Uhr auf
chi ventu	was für ein Wind
aspettemu una stonda ch'ellu si cali	warten wir einen Moment, daß er sich legt (der Wind)
u parasole	der Sonnenschirm
a carne ghjallinina (: yallinina)	Gänsehaut
he fattu u fretu	es war kalt
he annivulatu	es ist bedeckt
cascanu e candelle (: gandelle)	es fallen Tropfen
un sara tantu timpurale	das wird kein zu starkes Gewitter

Auf der Post

u pidone	der Briefträger
una lettera e un dispacciu (: dispatchu)	ein Brief und ein Telegramm

datemi ghja duie franchizie (: ya, vrankidzie)	geben Sie mir noch 2 Briefmarken
un' ne aghju manc'una...	ich habe nicht einmal eine...
ci he nunda per me (: tche nunda)	gibt es nichts für mich

Einkaufen

tocca a voi	Sie sind an der Reihe
ci he u casgiu (: gayu)	es gibt Käse
l'aghju tastatu, he bonu (: dastadu)	ich habe ihn gekostet
inno, un l'aghju micca tastatu	nein, ich habe ihn nicht gekostet
piglieraghju issu lonzu (: pilyeradyu)	ich nehme diesen Lonzu
salciccia micca	keine Wurst
quantu ti devu	wieviel schulde ich dir
quantu costa	was kostet es
u furmagliu (: vurmalyu)	Käse
he cara a roba corsa	korsische Ware ist teuer
u panatteru	der Bäcker
ghjunghje a vittura di u panatteru (: yundye)	der Bäckerwagen kommt
dui pani	2 Brote
chi ci vole dinu? (: tschole inu)	was brauchen Sie noch?
una scatula di fulminanti	eine Streichholzschachtel
i spichjetti da sole	Sonnenbrille

Waldbrand

l'aschime	Rauch
a machja picciava	die Macchia brannte
u focu (: vogu)	das Feuer
tuttu u ghjornu si vissenu e fiaccule	den ganzen Tag sah man die Flammen
a cendara	Asche
in paese di...	im Dorf
i pumpieri	die Feuerwehrmänner

INDEX

Fl. = Fluß

A

Abatesco, Fl. 280
Agnone, Fl. 339, 373
Aiguilles de Bavella 348
Aiguilles de Popolasca 301, 324
Aitone, Fl. 198
Aitone, Wald 200, 316
Aitone, Wasserfälle 316
Ajaccio, Golf 211
Ajaccio, Stadt 211
Albano, Monte 312
Albertacce 312
Albo, Genues.Turm 158
Aleria 277
Alesani, Kloster 322
Algajola 173
Aliso, Fl. 164
Alo Bisucce 252
Alzeta Bergerie 374
Alzo Bergerie 335
Anghione 272
Antia, Fl. 335
Aquila, Turm 154
Arcarotta, Col de 323
Aregno 172
Arinella, Col de 335
Arraghju 294
Asco, Fl. 302
Asco, Ort 304
Ascotal 302
Asinao Bergerien 379
Asinao, Fl. 379
Asinaohütte 349, 379
Asinaotal 349
Aullène 346
Avartoli, Col d' 365

B

Balagne 167
Ballone Bergerie 312, 367
Barcaggio 156
Bardiana 190
Bastelica 229
Bastelicaccia 230
Bastia 137
Bastianisee 345
Bavella, Col de 361, 380
Bavella, Gebirge 348
Bavella, Ort 348
Bavella, Paß 348
Belgodere 173, 302
Belvédère 252
Bevinco, Fl. 163, 271
Biguglia, Etang 272
Biguglia, Ort 148, 271
Bilia 252
Bocca a Reta 370
Bocca alla Meta 341
Bocca Culaghia 366
Bocca d'Illarata 296
Bocca d'Oreccia 341
Bocca d'Oreccia 372
Bocca di Laparo 377
Bocca di Porcu 339
Bocca Minuta 367
Bocca Reta 315
Bocca Soglia, Col de 371
Bocca Tripoli 340
Bocognano 342
Bonifacio 255
Bonifato 356, 363
Bonifato, Wald von 184
Borba, Bocca 306
Borgo 147, 148
Bracciutu, Col de 381
Brêche de Capitellu 370
Brêche de Stagnu 365
Bussaglia, Bucht 196

C

Calacuccia 310
Calanche 196
Calasima 312, 367
Caldane, Thermalpool 249
Calenzana 185, 356, 363
Calesa 351
Calvi 177
Campoloro 274
Campomoro 241
Campotile, Ebene 370
Canaglia 372
Canari 151
Canonica, Kirche 147
Cap Corse 149
Capanelle 361
Capanelle Bergerien 344
Capanellehütte 375
Capello Bergerien 381
Capitellosee 333, 371
Caprunale, Bocca di 190
Capu a u Carrozzu 307
Capu a u Tozzu 314
Capu Rossu, Grotte 194
Capula 351
Carbini 350
Cardo 151
Cardo Bergerie 374
Cargèse 201
Carozzuhütte 363, 364
Casaglione 209
Casamaccioli 311
Casamozza 272
Casatorra 271
Cascades des Anglais 339, 373
Castagna 230
Castagniccia 319
Castellare, Strand 272
Castello di Rostino 301
Castellu d'Arraggiu 294
Castellu di Cucuruzzu 351
Castiglione 324
Cateri 185
Cauria 250
Cavallo, Insel 264
Ceccia 293
Centuri Port 156
Cerbicali, Inseln 290
Cervello, Wald 340
Cervione 323
Chiuni, Golf 204
Cinarca 208
Cinto, Monte 306, 314
Ciottoli di Mori, Hütte 313,316
Cirque de la Solitude 366, 367
Col d'Aqua Ciarnente 370
Col de Verde Hütte 376
Col de Vergio 315, 369
Col Perdu 367
Colga Bergerien 315
Conca 356, 381, 382
Corbara 171
Corte 325

Côte des Nacres 281
Coti Chiavari 230
Cozzano 345, 378
Crenosee 370
Crête de Muratello 373
Croix, Col de la 191
Crovani, Bucht 187

D

Défilé de l'Inzecca 344
Défilé de Lancone 163, 271
Défilé des Strette 344
Désert des Agriates 165
Diane, Etang 272, 275

E

Elbo, Bucht 184
Erbalunga 152
Erco, Hütte 314
Ersa 156
Etang de Biguglia 146, 147
Etangs 272
Evisa 199

F

Faggiola, Bucht 165
Fango, Fl. 190
Faoutea, Bucht 282
Favone 282
Fazzio, Bucht 263
Feliceto 172
Fiasca, Col de la 376
Ficarella, Fl. 184, 363, 364
Figari, Bucht 253
Figari, Flugplatz 264
Filitosa 239
Finosa, Col de 380
Fium'Orbo, Fl. 280
Fiume Grosso 208
Foce, Fl. 342
Focolara, Berg. 191
Foggiale, Col 314, 368
Folelli 272
Fontaine de Radicale 381
Fontanaccia 250
Forêt de Bonifato 363
Forgerons, Col de 379
Formicola, Monte 377
Fozzano 242
Francardo 308, 325
Fuata, Col de 191
Furiani 146

G

Galeria, Golf 187
Galeria, Ort 188
Ghisonaccia 279
Ghisoni 343
Ghisoni-Capanelle 344
Gialghello Bergerie 340
Gialgo Bergerie 372
Gialgone Plateau 376
Giraglia, Insel 156
Girolata 191
Golo, Fl. 300, 308
Golotal 316, 368
Goriasee 333
Gradule Bergerie 316
Grat der Statuen 378
Gravone, Fl. 208, 342
Grossa 252
Grottaccia, Fl. 372
Grottelle Bergerie 332
Guagno 208
Guagno les Bains 208
Guagno, Wald 341
Guitera, Thermalbad 346
Gurgazo 265

H

Haut Asco 304, 356, 366,
Haute Route, Col de la 371

I

Ile Rousse 167
Incudine, Monte 379
Inselinneres 299
Inzecche Bergerie 370

L

L'Omu di Cagna, Bergmassiv 253
L'Onda Bergerie 373
L'Ondahütte 373
La Canonica, Kirche 146, 147
La Chiappa 290
La Porta 321
La Scandola, Naturreserv. 194
Lac d'Argentu 306
Laparo, Col de 376
Lavasina 152
Lavezzi Inseln 264
Levi 350
Liamone, Bucht 206
Liamone, Fl. 206
Liscia, Bucht 206
Liscia, Fl. 201
Losse, Genues.Turm 154
Lozari 165
Lozzi 314
Luana, Col de 379
Lumio 176
Luri 154, 158

M

Macinaggio 155
Maddalena, Insel 264
Madonna della Serra 183
Malfaco, Bucht 165
Manganello, Fl. 341, 372
Manganellotal 371
Manganuhütte 370
Manicatal 305
Maora, Strand 265
Marina d'Albo 159
Marina de Bravone 275
Marina di Giottani 158
Marine de Farinole 159
Marine de Meria 154
Marine de Pietracorbara 154
Marine de Porticciolo 154
Marmane, Fl. 376
Marmano, Wald 345
Marsolinu Paß 186
Mattei, Mühle 156
Maures, Col de 317
Melo, Wald 335
Melosee 333, 371
Menasina, Bucht 204
Migliacciaro 280

Minervio 158
Miomo 151
Molini, Bucht 228
Moltifao 303
Monte Cinto 306, 314
Montemaggiore 184, 186
Moriani Plage 273
Morosaglia 320
Muraccioli Bergerien 340, 341
Muratello 339
Murato Kirche 163, 164
Murato, Ort 164
Muro 172
Muvrella 306, 366
Muvrellasee 365

N

Nebbio 160, 163
Ninosee 314, 370
Niolo, See 310
Niolotal 308
Nonza 158

O

Ocana 230
Ogliastro 158
Oiseau, Col de l' 349, 380
Olcani 158
Oletta 163
Olmeto 242
Olmo 186
Ominanda, Col de 325
Ondahütte 341
Orezza, Fl. 322
Orezza, Klosterruine 322
Orezza, Ort 322
Oro, Monte d' 339, 373
Ortivinti, Quelle 364
Orto 370
Oso, Fl. 295
Ospedale, Ort 295
Ostküste 269
Ota 198

P

Padulone, Strand 278
Paglia Orba 313, 317
Palavesa 294
Palirihütte 380
Pallagiu 250
Palmarella, Col de 191
Palmente, Col de 374
Palo, Etang 272, 280
Palombaggia, Bucht 290
Parciola, Fort de 338
Pargolu, Col de 380
Patrimonio 159
Penta di Casinca 272
Peraiolo, Bucht 165
Pero, Bucht 203
Pertusato, Leuchtturm 265
Petrabello 303
Petrella, Fl. 308
Petreto-Bicchisano 242
Piana 197
Pic von Cube 306, 367
Piedicroce 322
Pietra Piana Hütte 341, 371
Pietrapola 280
Pieve, Fl. 164
Pigna 172
Pinarello, Golf 292
Pino 157
Piobbu 364
Piscia di Gallo 295
Plateau de Stagnu 304, 366
Poggio, Monte 155
Pont de Castirla 308, 324
Pont du Vecchio 337
Ponte Leccia 301
Ponte Nuovo 300
Popaja, Forsthaus 314
Popolasca 324
Poretta 147
Porticcio 226
Portigliolo 234
Porto Pollo 238
Porto Vecchio, Golf 289
Porto Vecchio, Ort 283
Porto, Golf 193
Porto, Ort 193
Pratihütte 377
Prato, Col de 320
Prato, Col de 377
Propriano 234
Prunelli di Fiumorbo 280
Prunelli, Fl. 229
Prunete 274
Punta Culaghia 366
Punta del Prato 377
Punta di a Revellata 183
Punta di Campolongo 377
Punta di Pinzi Corbini 341
Punta di u Diamante, Berg 295
Punta Ghialla 306, 365
Punta Latoncello 377
Punta Mezzagnu 307
Punta Mozza 377
Punta Mozzello 371
Punta Muratello 341
Punta Tafunata di i Paliri 348
Punta Tula 314

Q

Quenza 346
Querciolo 272

R

Radule Wasserfall 368
Rapale 164
Rapari, Col de 377
Refuge Asinao 379
Refuge Capanelle 375
Refuge Carozzu 364
Refuge Ciottoli di i Mori 313, 316
Refuge Col de Verde 376
Refuge d'Usciolo 378
Refuge de Manganu 370
Refuge de Paliri 380
Refuge de Prati 377
Refuge di l'Ortu di u Refuge im Virotal 367
Refuge L'Onda 373
Refuge L'Ortu di u Piobbu 363
Refuge Pietra Piana 341, 371
Refuge Pietra Piana 371
Renoso, Monte 345
Restonica, Fl. 332
Restonicatal 332
Rinaggiu 251

Rinososee 371
Rizzanese 351
Roccapina, Golf 252
Roccapina, Löwe 253
Rogliano 155
Ronco, Furt 364
Rondinara, Bucht 263
Roscana, Insel 349
Rotondo, Monte 333
Rotondomassiv 340
Rotondosee 341

S

Sagone, Golf 201
Sagone, Ort 204
Salvi, Col de 186
San Gavino di Fiumorbo 280
San Martino di Lota 151
San Pancrazio 272
San Parteo 147
San Petrone, Monte 320
San Pietro di Tenda 164
Sanguinaires, Inseln 225
Santa Manza, Bucht 265
Santa Severa 154
Santa Teresa di Gallura 264
Sari d'Orcino 209
Sartène 246
Scala di Santa Regina 308
Scarpaccedie Bergerie 374
Sdragonato, Grotte 264
Sega, Hütte 335
Senecaturm 157
Sevi Paß 200, 208
Silgaggia 152
Sisco 153
Site de Castiddacciu 251
Sogno, Golfe de 291
Solenzara 280
Sorba, Col de 338, 343
Sorio 164
Speloncato 172
Spelunca, Schlucht 198
Spin a Cavallu, Brücke 249
St. Ambroggio 175
St. Antoine, Bucht 226
St. Antoine, Grotte 264
St. Antonino 172
St. Cyprien, Bucht 291
St. Florent 160
St. François 351
St. Georges 228
St. Giovanni, Kirche 331
St. Michele 336
St. Nicolao 273
St. Pierre de Venaco 337
St. Pierre, Fl. 380
St. Stefano, Col 271
Sta. Lucia di Moriani 324
Sta. Maria Assunta, Kirche 147
Sta. Mariona, Kirche 332
Stantare 251
Stazzona, Col de 315
Ste. Christine, Kapelle 324
Ste. Lucie de Tallano 351
Ste. Restitute, Kirche 186
Ste.Lucie de Porto Vecchio 283
Stello, Monte 152
Strada tra Mare e Monti 185, 188
Südspitze 245

T

Taccana , Thermalbäder 242
Tafoni 197
Tafunatu, Berg 318
Taita, Fl. 306
Tappa 293
Taravo, Fl. 230, 238
Tarco 282
Tarco, Fl. 381
Tassinetta, Fl. 305
Tattone 336, 338, 372
Tavera, Menhir 342
Tavera, Ort 342
Tavignano, Fl. 315, 335, 370
Tavignanotal 335
Tavulella, Fl. 199
Teghime, Col de 159, 160
Tiuccia 206
Tolla 230
Tolla Bergerie 372
Tollare 156
Tollastausee 229
Tomino 154
Tonnara, Bucht 253
Torre 294
Traggette Bergerie 376
Trinitè de Porto Vecchio 294
Tuarelli 190
Tula Bergerie 316, 368

U

U Nativu, Menhir 159
Urbino, Etang 272
Usciolo, Col 378, 381
Usciolohütte 378

V

Vaccaghia Bergerie 370
Vaccherecciu 340
Vaccia, Col de la 346
Valdo Niello, Wald 314
Valinco, Golf 233
Valle di Rostino 301
Varghello, Fl. 340
Veaux Marins, Grotten 184
Vecchio, Fl. 337
Venaco 337
Venzolasca 272
Verde, Col de 338, 343, 361, 376
Vergio, Col de 361
Vescovato 272
Vico 207
Villaghello, Col de 381
Virotal 312
Vivario 337
Vizzavona 338, 361
Vizzavona, Col de 342
Voile de la Mariée 342

Z

Zicavo 345, 378
Zonza 347, 380

Vielen Dank für Tips und Hilfe

Herbert Ahlhaus
Hans Bausenhardt
Nicole u. Ulrich Berner
Jörg Brandl
Jürgen Feilhauer
Uwe Feuerstein
Michael Fick
Peter Friedrich
Reinhard Gämlich
Eva Groth
Eduard Gugumberger
Wolfgang Hötig
Norbert Hohl
Marion Howe
David Kägi
Dorothea Kehl
Stephan Klopfer
Heidy Kempe Böttcher
Harry Laub
Rita Lawniczak u.
Günter Lingemann
Sabine Metz u.
Jörg Friedrich
Astrid Oesterreich
Sabine Pfundstein
u. Tilo Mörgen

Stefan Plieth
Doris u. Joachim Raumer
Karin Rohlfs
Andreas Schäfer
Bernd Schmidt
Claudia Schmidt
Gerhard Schnaiter
Heide u. Dirk Schönheit
Achim Schubert
Sieglinde u. Dieter Schubert
Claudia Schweigler
Jürgen Sosna
Uli Steger
Petra Stein
Silvia Striebeck u.
Günter Blochmann
Claudia Töppe
Hedy Verwey u.
Ludger Gerritsen
W. Welz
Alexander Willmann
Eva Maria u.
Helmuth Wimmer
Bärbel u. Jan Wirrer
Gerd Hoppe
Michael Herrmann
Gerhard Neubauer
Clemens Cebulla
Elke Gutermann
Uta und Kai Mergenthaler
Rudolf Zimmermann

Wilfried Brunck
Dietmar Jahnel
Christiane Fischer
Hubert Ströhle
Reiner Heifenstein
K. Rölke
U. Reiter
Susann Folster
Angelika Gander
Herr Brünnich
Ralf Dreizler
Markus Geiges
Ello und Toni Kerber
Anke Schulz
Editz Wöhrlein
Michael Schütterle
Martina Dzialdouski
Anette Schwämmle
Ralf Schneider
Klaus Rittenhofer
Daniela Treipl
Sabine Becker

NOTIZEN

NOTIZEN

BAHAMAS*FLORIDA
MARTIN VELBINGER

TOLLE TIPS!

Südamerika
— FÜHRER —

Band 3: Zentralamerika/Mexico

Mexico, Guatemala, Honduras, Nicaragua, San Salvador, Costa Rica und Panama

Rund 4oo Seiten 39,8o DM

in Vorbereitung

VELBINGER-VERLAG

Band 1: Südamerika

Guyana, Surinam, Franz. Guyana, Kolumbien, Venezuela, Ecuador, Peru, Bolivien, Brasilien, Paraguay, Uruguay, Argentinien, Chile, Osterinseln und Galapagos.

Völlig überarbeitete Neuausgabe.

1.584 Seiten 68,— DM

VELBINGER-VERLAG

Band 2: Südliche Karibik

Detaillierte Konkretinfos zu den schönsten Inseln der Karibik: Guadeloupe, Les Saintes, Marie Galante, Desirade, Dominica, Martinique, Barbados, St. Lucia, St. Vincent, Grenadinen, Grenada, Trinidad, Tobago

512 Seiten 39,8o DM

VELBINGER-VERLAG

Südost-Europa
—FÜHRER—

Band 1o: Wien

Wiener Szene, Beisln, Unterkunft, Shopping, Musik-Szene, Kunst. Viele Tips zu Hotels, Restaurants, Heurigen. Geschrieben von einem Redakteur des ORF, der Wien wirklich kennt.

48o Seiten 24,8o DM

VELBINGER-VERLAG

<u>Band 16</u>: Jugoslawien/Gesamt

Kompakt in einem Band: Alles für den Jugoslawien-Trip: Küste, Inseln, und Inland. Viele Tips zu Sport, Stränden, Hotels, Camping, Essen, Wildwasser, Kanutrips, Höhlen.

Eine Fülle nützlicher Tips, die vor Ort viel Geld sparen.

32o Seiten 29,8o DM

VELBINGER-VERLAG

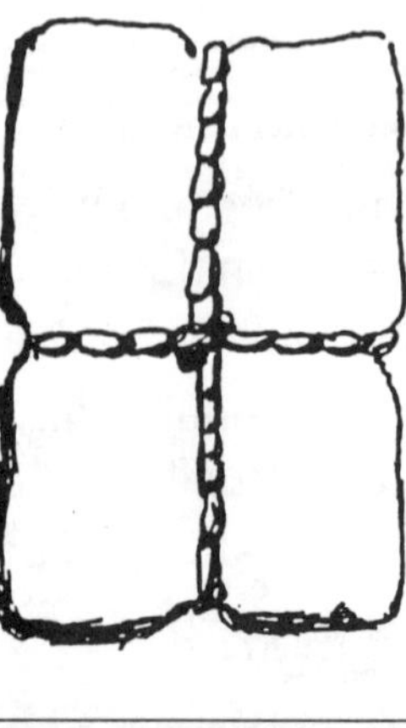

Band 34: Jugoslawien/Inseln-Küste

Der detailreichste Führer zur Küste Jugoslawiens und den vorgelagerten Inseln. Ideal für Bade-, Erlebnis-, Sporturlaub. Viele unentbehrliche Tips für den Aktiv-Reisenden.

Alles Wissenswerte über Anreise, Fähr-Know-how, Camping und Essen.

Ca. 45o Seiten 32,-- DM

VELBINGER-VERLAG